思想@网络.中国
Ideas @ Internet.Cn

信息时代的世界工厂

新工人阶级的网络社会

邱林川 著

广西师范大学出版社

Working-Class Network Society:
Comunitation Technology and the Information Have-Less in Urban China
by Jack Linchuan Qiu

著作权合同登记图字：20-2010-334号

图书在版编目(CIP)数据

信息时代的世界工厂 / 邱林川著. —桂林：广西师范大学出版社，2013.9
ISBN 978-7-5495-4338-0
Ⅰ. ①信… Ⅱ. ①邱… Ⅲ. ①传播媒介－群体－研究 Ⅳ. ①G206.2
中国版本图书馆CIP数据核字(2013)第209512号

广西师范大学出版社出版发行
桂林市中华路22号 邮政编码：541001
网址：www.bbtpress.com

出 版 人：何林夏
全国新华书店经销
发行热线：010-64284815
北京联兴华印刷厂

开本：710mm × 1000mm 1/16
印张：20.75 字数：320千字
2013年9月第1版 2013年9月第1次印刷
印数：0 001～7 000 定价：39.80元

imaginist

主　编　　张树新　胡　泳

谨以此书

献给珠江三角洲地区的

工殇职业病工友

目 录

序　一

这个残酷的、充满剥削与排斥的信息时代

曼威·卡斯特

这本极富原创性与广泛理论意义的书探讨了中国网络社会的文化、社会、与体制的特殊性。“网络社会”是信息时代的社会结构特征，正如“工业社会”之于工业时代一样。这一全新的社会结构基于通信、商务、工作、文化、社交和科技所构成的网络，当然也包含了社会运动和政治的网络。网络化的组织形式就像人类历史本身一样古老，但直到近些年来才成为社会组织的主要形式。这得益于基于微电子学的通信技术革命，这场革命自70年代以来构成了新的技术范式，并在21世纪借由互联网和无线网络发展成为全球性的通信网络。

网络无边界，因此，网络社会是一个全球性的社会。全球化进程正是在这一全球网络的组织下展开，因此全球化本身就是这一网络化社会的具体表现形式。网络如何运转？这要看社会行动者将怎样的程式编入网络结构之中。如此的“编程”总会产生冲突，总会面临挑战，因为社会上总有其他人的利益在主流网络中得不到体现和保障。在当下的全球网络社会中，一切在网络中具有价值的东西，不管是在我们这个星球的何处，都可以被囊括在这一网络结构里。

相反，在全球利润的算计和被遗弃的地方，也有人和事失去其价值或被贬值，于是被排除在全球网络之外。因此,在不断地吸纳与排斥领土和人群的过程中，我们世界的网络架构形塑了全球化不平等的面貌。这样看来，在某种程度上，所有的社会都是网络社会，因为这些社会中的主导部门和功能，都是通过联通全球网络，从而获取财富、信息和权力的。此外，那些没有被包含在这一网络中的人，仍然被这种排斥定义着他们的存在，仍然为求生存而创造他们自己的另类网络——无论是全球犯罪经济网，或是各种形式反抗主导秩序的网络。

网络社会的动力机制使得它跨越了民族国家的界限，然而，网络社会的全球性并不等同于全球社会的同质性。世界不是平的，市场可能是平的。但是，那些被不同的历史和地理特殊性塑造出来的时空认同，那些由此生产出的不同的社会、文化与机构，却从来都不是平的。因此，每个社会既是我们所说在社会结构上存在普遍性的网络社会，又是一个独特的网络社会，其独特性来自当地的文化、制度及它在全球分工和世界权力格局中的特殊位置。这已被来自不同国家相当数量的研究者所证实，这些成果已收入我编辑和共撰的 2004 年的一本书中。

在那本书里，我们以跨文化的视角检视了网络社会的方方面面。邱林川教授将这一思路推进了一步：他实际上分析了网络社会在中国的独特性，并提出了“工人阶级的网络社会（Working-class Network Society）”这一概念。像所有创新的提法一样，这个概念起初听起来有些奇怪。但如果我们将它与现有的对当代中国的普遍认识联系起来，这个概念就变得非常浅显易懂。大多数分析者认同，中国是 21 世纪初全球制造业的主要动力。“世界工厂”就是今日中国所扮演的角色，就像 19 世纪的西欧和 20 世纪的美国与日本。不过，这家工厂已经与整个全球经济网络互连，并且被组织进信息化发展模式里。它在进行的不是简单的产品生产，而是同时将信息和知识纳入到劳动过程之中。由此，基于不同的信息获取和控制能力的阶级分化出现了，并最终体现在工作和生活的方方面面。历史讽刺性地将全球信息时代被剥削的工人阶级主体，放置在了工业时代遗留下来的最后一个社会主义国家。

针对全球网络社会的不同动力机制，和信息时代语境下新的不平等和阶级形成过程，本书提供了一个系统的分析框架。这些分析依据第一手的田野调查、系统的档案和统计分析，以及对于全球技术变迁方面研究文献的深入了解。它开启了一条新的研究路径，必将引领世界各地的研究者和学生投身其中。这也促使我们不断地思考，并动摇我们对无数不公正现象和人类痛苦的超然态度。这些不公和痛苦正是经济增长和技术创新过程造成的，它们带来新时代苦难与进步的戏剧冲突，也许会使人类过往的工业化史诗变得一文不值。邱教授带我们远离那些兜售未来的小贩，和他们盲目的技术乐观主义，带我们进入这个残酷的、充满剥削与排斥的信息时代。

2008 年 3 月

于加州圣塔莫尼卡

序　二

直面新时代的工人阶级

沈原

大约在2008年夏，我偶然得到一个机会，参观京郊某地的一间合资汽车制造厂。那次走马观花式的访问自然难以使我留下什么具体的印象，依稀留下的无非是些宽敞高大的厂房、复杂的自动化生产装配线以及洁净的食堂之类的印象——全都是厂方存心想让外人看到的东西。不过，有一帧图像却牢牢地嵌入到我的脑海，那就是碰巧在总装车间看到的工休场景：正在工休的年轻工人们并没有彼此热切地交谈或开玩笑，以增加“内部的互动和整合”，如“伟大的芝加哥民族志学者”罗伊在其经典论文《香蕉时间》中所描述的那样；恰恰相反，他们各自静静地坐在板凳上，全神贯注地操弄自己的手机，根本罔顾近在咫尺的工友们。每个人都是如此。面对此情此景，一个油然而生的问题是：手机之类的信息工具是否割断了工人之间的联系，使得他们在车间中“原子化”了？

两年以后，即2010年春夏之际，其时此起彼伏的罢工浪潮席卷了南北各地。在这场工潮中，肇始者似是广东南海的本田工厂。那些年轻的男工和女工们勇敢地停下生产线，以罢工的方式表达了自己的诉求，在坚持多日后基本赢得胜利。关于此次南海本田罢工过程的描述多种多样，但面对工人是如何组织起来的这个问题，答案却是一致的：工人们首先是在互联网上，通过 QQ 来讨论和发起罢工行动的。我曾经在中国人民大学常凯教授组织的一次会议上碰到过南海本田的一位工人代表，这位刚刚 20 岁的女工亲口描述了厂内的少数积极分子最初是如何通过 QQ 来提出和讨论日后的罢工行动的。

这两件事突显出一个事实：当今的中国工人，特别是被称为“新生代”的青年工人，早已同互联网密切地结合在一起。飞速发展的现代信息技术绝不仅仅惠及国家、资本和中产阶级，而且同样也日益植根于工人群众之中，成为他们日常生活的一个部分，甚至是开展斗争的新型组织媒介。这两件事（以及其他可观察到的事实）更是提出了一个严肃的理论问题：在我们这个互联网的时代，应当如何看待和探索工人阶级形成的特殊路径?

每一时代工人阶级的形成和发展都必然受到其所处时代的限制，因此也必定体现出那个时代的特点。在工业资本作为主导力量的早期资本主义时代，马克思笔下的工人阶级主要是经由他们在生产中的结构位置而到界定的，组织化的大生产成为最为基本的形成条件。差不多 100 年以后，汤普森把文化范畴，把工人工作和生活的“生动经验”纳入了工人阶级形成的过程，布洛维把工人们在工作现场体现出来的“主体性”作为垄断资本主义时代工人阶级的基本特点之一。此后，诸如“公民权”、“社会性别”和“种族”之类的范畴陆续引入，使得人们看待工人阶级的眼光日渐深邃和丰富起来。

但是当代的经济和社会条件正在发生根本的变化：工业资本的主导地位已经让位给金融资本；现代信息技术正在深刻地重组全部人类生活；全球化浪潮穿越民族国家的边界，推动资本和劳工在世界范围的大流动。对于中国来说，还要加上一条，即 30 年来的体制改革和市场转型。所有这些都表明：我们现在身处一个不同于以往的新时代，而新时代的种种特征和演化趋势是以往的理论所不曾面对，当然也未能表述的。在这个意义上说，现有的理论都正在褪色为“昨日的经典”，时代要求新的创造：就工人阶级研究而言，它要求在厘清现有理论尚存解释能力的基础上继续前行，面对新时代，形成新理论。

在我看来，摆在面前的邱林川的新作《信息时代的世界工厂》就是面向新时代的一个新尝试——它是我所看到的，把互联网这种现代信息技术，与当代中国工人阶级形成联系起来考察的第一部中文著作。当然，他在书中提出的某些论断似乎未臻成熟，或可置疑和商榷，但是他所努力开拓的研究路径却无疑是至为重要的。沿着这条路径前行，一定可以获得丰厚的成果。

于清华大学

序　三

网络社会与信息科技不是“平”的

马杰伟

本书以创造性的理论语言及扎实的田野考察，展现了中国新工人阶级形成的雏形；其学术活力与人文关怀，是近年渐趋专业化的社科论文所鲜见的。邱林川精通西方理论，却没有硬套于中国现况；他倾情于阶级分析，却没有拘泥于意识形态的原典；他关怀中下阶层，并带有社会批判与革新的愿景，却没有口号式的规范陈述；他的篇章，均以丰厚的实证，带出理论再造的可能。抽象论述之中见具体血肉，严谨分析之中见人物面目，拓展视野的同时又能呈现生活气息。

阶级分析不时髦，在泛中产化的西方学术界，工人多被化约在流动的人生政治中，要不跌入某个过时的现代社会阶段，要不成为狭隘的斗争工具。邱林川给阶级分析注入新动力，一方面打破“数字鸿沟”的二分法，亦化解了传统“阶级”概念的排他性。在他笔下，信息拥有者与信息无产者之间，还有多层次的信息高中低阶层，并灵活多变地扣连阶级、种族、性别的强势与弱势博弈。而他创新的新工人阶级分析框架，更结合了物质与非物质劳动，为信息化社会作出时代的响应。网络社会与信息科技不是“平”的，也不是自由平等的。阶级资源接驳网络，既有科技的解放性亦同时强化了权力不平等。具体操作如何，就要看时地之宜，作出细致的情境分析。

本书建基于曼威—卡斯特研究团队有关“网络社会”与“信息主义”的论述。但邱林川并不止于理论借用，他充分拓展了“中国工人阶级网络社会”的概念，并以绵密的实证勾画出中国特性，进而指向中国在全球资本主义扩展的巨大作用。“中国特色”的说法常见于学界，但鲜有如此书深刻把中低层信息科技引带出中国社会变迁。其具体分析令读者如在现场，其理论分析令学者看见流行概念之间还有可开拓的中层分析。

书的第二章是“在地”的空间分析，从多个城市的网吧可看出中国中低层信息技术如何凝聚工人社群。第三章以手机切入，沿用“科技史”交叠“俗民史”的“微宏观”手法，生动说明手机如何促进草根社会网络形成。第四、五章分别以“流动者”、“老与少”的案例说明信息中下阶层的生活世界。第六、七章可说是作者由网络技术之普及，到信息中下阶层之描述，再扩展至新阶级的推论。在“城中村”与“生死之时”那些栩栩如生的案例分析之中，读者不单看见“田野”，更看见蠢蠢欲动的理论跳跃。

就我个人而言，社科研究其中一个关键就是谦卑。谦而能好奇，好学、求真、改错。邱林川在“研究方法附录”中详述他多元化的方法，并清楚道出他谦学求知的心态。他实验性地使用“多媒体行动研究”，展现了他从批评中进步的韧力。十多年前我已认识在中文大学修读硕士班的邱林川，到今天他重返母校执教鞭多年，他持之以恒的，是对社会文化的关怀，以及对学术清谈的想往。多年来，我们都在中文大学校园的斜阳里，在正规课堂之外，独立自由地组织书会、讨论会，师生畅所欲言，文思迸发，上下导索，追逐学术幽径的清源。邱林川这本力作，正是他多年来以学术观照社会的见证。

于香港中文大学

绪　论

中国式网络社会大机器里的小小齿轮

> 不懂机器构造的人，无法想象机器最重要的部分之一，是那个无声转动的小小的连接齿轮。
>
> ——列夫·托尔斯泰：《战争与和平》

新型网络信息传播技术，如互联网、手机，真的能帮助穷人吗？抑或只是为富人服务？它们能否消除人与人之间的不平等，还是令社会分化更严重，更畸形？谈到网络媒体的不均衡发展及其社会后果，大家往往立刻想到"数字鸿沟（digital divide）"。这个最早由美国智库提出的名词，在20世纪90年代被克林顿政府变为政策，到世纪之交成为全球话语，直到今天依然有广泛影响。[1] 它的基本假设是，在网络媒体高速发展的信息社会中，最重要的社会结构特征是信息拥有者（information haves）与信息无产者（information have-nots）之间的对立。

对此我不敢苟同。这本书将说明我的观点。在这里，我将记录、梳理、分析网络媒体在中国社会过去十年，尤其是在城市中下阶层的发展情况，再在此基础上对新工人阶级网络社会进行勾勒。这十年是中华人民共和国的第六个十年，也是新世纪伊始的十年。西方概念或许可以管中窥豹，但面对城市中国的大转变，尤其是新型网络媒体在各种劳动者群体中的迅猛扩散，我们还能只满足于照搬人家吗？难道，在非常不同的时空、非常不同的社会现实里，我们不应找到更准确、更全面，同时在中国宪政传统中更有意义的新东西？而这些新发现又可以促进我们去诊断和解决社会问题？

2002年夏，我从大洋彼岸回国做田野考察。年少轻狂的我以为自己充分消化了西方概念，泡了下图书馆，就创出一套美其名曰“信息分层（informational stratification）”的中国式研究框架。[2] 好好花三个月时间，还不把中国的数字鸿沟问题彻底解决？自负的根源是无知——对中国现实的无知。戴着舶来的有色眼镜，我从沿海大城市一直看到西南的小山村。刚参加完浮华富贵的高科技展销会，又走进贫困地区的泥房子，里头黑乎乎的，连窗户都没有，一家人只能勉强靠吃洋芋（土豆）维生，哪有现代传媒和他们做伴……

三个月转眼过去。反思每天的经历，我突然发现，自己大部分观察并不像数字鸿沟的概念预设那样：要么极富，要么极贫。两极分化确实存在，但把这些只鳞片爪汇集起来，才发现观察到的现象主体是处在两个极端之间的。这包括我在此以前从未接触过的手机短信，还有小灵通，包括各式各样的网吧出现在大小城市的弄堂里，乃至国家级贫困县的街道上。在北京的公交车上，我第一次看到皮肤黝黑、满脸皱纹的老工人原来也有手机，而且是彩屏，比我的好。在珠海的小面馆里，我第一次听到，中学毕业的打工妹们都开始用“小企鹅”（QQ）网聊了，自己却不知她们在说什么。

更重要的是，我第一次意识到，在网络媒体带来的希望与幸福背后，原来隐藏着无数基层民众的困惑与无奈、辛酸与愤怒，草根的爱恨情仇，如万花筒里的彩色碎片，溶入新媒体之中。它复杂多变，难以预测，却意义深远。它常被精英忽视，被主流人群蔑视，甚至污名化，却依然充满生机，蓬勃发展，为国家现代化贡献良多。它迫使我摘下有色眼镜，直面劳动人民的社会现实。它令我谦卑，令我折服，令我惊叹，令我沉思。

转眼，三个月成十年。又是一转眼，三个月变成十年。2002 年的蓝极速网吧大火离我们好像越来越远，但一次又一次的宝马撞人案、一个又一个小悦悦式的悲剧，还有富士康 N 连跳和南海本田罢工这样的重大事件，却好像越来越多。在此期间，我有幸和许多同事一起讨论、分析、总结这些看似零散但却普遍联系的现象和问题。[3]它依然方兴未艾，但它也已经走过了自己的第一个十年。它就是新工人阶级的网络社会。

□ 中国与世界

过去十年到底发生了什么？回到信息技术与社会不平等问题这个原点，可以非常肯定地说，这十年的巨变是史无前例的。中华人民共和国历史上如此，中华民族历史上如此，世界传播史上还是如此。

自古以来，传媒就是中国社会不平等结构的基石。由甲骨文到秦朝统一文字，由焚书坑儒到科举考试，王公贵族和官僚士大夫能在如此大的疆域里，延续几千年的剥削统治，在很大程度上要依赖传播技术领域的创新。四大发明，三个半都是信息技术：造纸术、印刷术不在话下，指南针是当年的地理信息系统（GIS），火药则在其物理爆破功能以外，更为节日庆典及军事信息传递提供了仪式性、工具性的新型传播手段。[4]这些发明都是在劳动人民实践基础上总结和改良出来的。但应用到历代社会制度里，它们却往往变成只为少数权贵服务的奢侈品，以及他们用来压迫和愚弄人民的手段。一方面，以儒释道为代表的统治阶级文化借助这些古代媒体技术日益强大；另一方面，民众识字率低，“没文化”，即使偶有农民起义成功夺权，但却没人能够改变劳动人民缺乏媒体工具和文化主体地位这一深层社会问题。用马克思、恩格斯的话来说，就是被统治阶级在精神上和文化上依然受到统治阶级支配。[5]前者是后者的延伸，且前者不能从根本上挑战后者的价值观和意识形态。究其原因是唯物的：因为传媒技术在最根本的政治经济体系中，不由劳动人民掌握。

1949 年中华人民共和国成立。这不再是过去的改朝换代，因为新政权在马列主义、毛泽东思想指导下，为彻底改变劳动人民不掌握传播媒体的状况进行了大胆尝试：20 世纪 50 年代，汉字简化改革；六七十年代，有线广播遍及城乡；八九十年代，“电信村村通”工程进一步推广。这些都是新中国进行的新尝试，都取得了瞩目的成就：全国识字率大幅上升，由解放初的百分之十几增加到 1981 年的 61%；改革开放以来，大力推行义务教育；广播、电视覆盖率超过 95%，手机、互联网普及率超过世界平均水平。这些是在过去难以想象的。

然而，由于历史条件限制，自上而下的政治传统不可能一夜消失，也由于传统主流大众传媒如报纸和电视的超强势地位，虽然普通劳动人民有了空前的信息接收渠道，但他们的信息表达自由还很有限。他们可以阅读《人民日报》，听大喇叭广播，看中央电视台，但他们能利用这些渠道进行表达的机会还是不多。虽然新中国也尝试过依照列宁主义新闻学，让工农兵当记者编辑，有过一段“大鸣大放”、“大字报”的历史，但到了 20 世纪 90 年代，传媒业从业人员与工农群众的社会距离依然相当遥远。具体到有较强互动传播功能的电子媒体手段（不包括广播电视，因为它们主要是单向传播），如电报、电话等现代电信通讯工具，基层群众能接触到的就更少了。

回想 20 世纪 90 年代，在那腰里别着汉显寻呼机就能招摇过市的年头，在那打公用电话排长队、家里装电话要买烟送酒走后门的年头，在那上网难得见到中文、手机话费一个月一万多的年头，谁能料想今天的情形？收废品的大嫂怀揣诺基亚，在深圳街头打个地铺，一块皱巴巴的布，摆放着一堆刚从工业区收来的货，都是打工妹用过淘汰的翻盖手机。“怎么卖？”“十块一个！”大专没毕业的学生，在乌鲁木齐的网吧里干起网游代练，白天女生，晚上男生，12 小时两班倒。“为什么？”“毕业实习！”一群热爱文艺的进城务工人员，在北京远郊搭起属于自己的舞台，有出 CD 的，有拍 DV 的，有开博客的，“干啥？”“新工人文化艺术节！”

十年河西，十年河东。当年谁能料到，联想可以收购 IBM 的全球个人电脑业务？中国可以在进入世界贸易组织后短短几年内，迅速成为世界最大的电子制造业代工基地？谁能料到，不光是外资，名不见经传的民营企业比亚迪也可以在高科技电池领域打败日立和三洋？模仿 ICQ 起家的腾讯 QQ，竟如此成功，甚至摩拳擦掌，意欲收购当年模仿的对象？谁能料到，2011 年底，面临丧失土地威胁的乌坎农村村民也开起微博，成功利用新媒体发声，捍卫自己的合法权益？

又有谁能料到，如日中天的金融资本主义会在 2008 年遭遇破坏性如此之强的经济危机，以至华尔街投行几乎统统倒掉，要靠政府救济才能苟活，危机阴影至今徘徊在欧元区头上？西方资本主义受到严重打击，影响的不单是冷战后一面倒的全球意识形态，也包括网络媒体产业高度依赖风险投资的发展模式。

谁能料到，中国的流动打工者已开始远赴亚非拉，仅非洲就有 75 万人之多，主要从事建筑、农业，也包括为当地建起移动通信和互联网基础设施？[6] 谁能料到，即便在军事化、原子化管理的富士康，2012 年以来也出现多起一线工人集体抗争，并将自己拍的视频放到网上和公众分享？谁又能料到，2009 年 12 月，“中国工人”居然登上美国《时代》杂志年度风云人物榜？他们四女两男，单位是深圳宝安区石岩镇一家名为莱依迪光电科技有限公司的电子厂。他们来自湖南邵阳、湖南常德、广东梅州、四川成都，大多只有初中学历，或初中也没毕业，却在排名榜上站到周小川和奥巴马的前面，因为他们的辛勤劳动“引领世界经济走向复苏”？[7]

美国资产阶级精英媒体如此高调地为中国工人阶级做宣传，这可不是一般的怪事。它反映出金融海啸以来西方世界面临的重大危机，反映出中国日益凸显的国际地位，更表明全球范围内一场深刻的产业革命已在进行，虽然不少人对此还反应迟钝。这场产业革命标志着世界传播史的一场空前巨变。它不单是中国成为全球制造业，尤其是网络技术制造业的“世界工厂”；也包括印度软件业和服务业的快速崛起，成为全球产业的重要支柱；还包括原本西方垄断的信息产业开始进入东南亚菲律宾、非洲肯尼亚等其他发展中国家；还包括拉美地区以反美著称的委内瑞拉也在中国帮助下有了自己的通信卫星和手机制造厂；甚至还包括中东卡塔尔半岛电视台日益崛起，挑战 CNN 在国际新闻领域的西方霸权。这十年间，世界信息传播秩序依然没有摆脱西方资本垄断的阴影，但在媒体传播手段的制造、信息产业服务提供以及技术扩散等方面，都出现了空前变革。中国在硬件制造业的异军突起只是全球格局改变的冰山一角。崛起的根本性市场基础是新型网络传播手段，尤其是手机，在亚非拉地区的广泛扩散。

从撒哈拉以南的非洲农村到拉美安第斯山的印第安部族，从洪水泛滥的孟加拉低地到世界屋脊青藏高原，全世界的中下阶层劳动人民都开始采用手机通讯。2007年12月，国际电联（ITU）宣布，人类历史上第一次达到平均每两人有一部手提电话，这是一个划时代的里程碑，因为经过了一个多世纪的发展，固定电话的全球普及率还不到20%，且主要集中在发达国家。这50%的门槛对我们的世界，特别是发展中国家来说，实在意义深远。然而，仅仅过了两年零两个月，国际电联又在2010年2月宣布，全球手机总量达到46亿部，也就是平均每三人有两部手机。其中发展中国家手机普及率为57%，比2005年的23%增加了几乎1.5倍。[8]这样快的高速发展令许多电信分析专家瞠目结舌。

全球电话普及率可以在如此短的时间内出现如此重大的变化，在相当大程度上要归功于以中国为代表的新兴通讯设备制造业及网络建设、网络服务提供业。印度在这方面也有涉足，此外还有韩国、巴西、土耳其等国，都开始在不同区域内形成对美欧日传统产业霸权的挑战。当然这还只是技术扩散层面的变化。但它依然清晰表明，由西方资本掌控世界的时代已开始走下坡路，新型网络媒体在亚非拉大发展的背后，是新型的"南南合作"，是全球南方（Global South）的崛起。这也是我们想象新工人阶级网络社会的现实基础。[9]

然而，有了技术扩散和亚非拉广大的新兴市场，就一定会挑战西方资本主义社会的主体地位吗？会不会重复拉美的道路，虽然有新媒体（当年主要是广播电视）和新型文化表达工具的普及，但依然受制于殖民体系桎梏，结果反倒更加依赖西方？[10]或是重复日本的教训，虽然经济起飞了，但在政治和社会制度上却归依到西方阵营里，成为"非正式美帝国主义"的一员？[11]有了物质基础，并不等于可以盲目乐观。假如我们不在细致研究社会现实的基础上进行严肃反思，新的产业革命同样可以服务于旧的意识形态、旧的全球体系、旧的阶级关系。

未来的发展，世界的走向，已在过去十年渐露端倪。在此意义上，这十年中国的巨变不光是世界传播史巨变的缩影，更是它的有机组成部分，甚至是它的战略重心。了解中国的新工人阶级网络社会，解决它所面临的问题，不过是开创后资本主义世界体系的其中一步。这本书也不过是抛砖引玉，希望为我们迈出这极为重要的一步做好准备工作。如丹·席勒 2005 年在《全球媒体与传播》（*Global Media and Communication*）创刊号上发表文章所述，当代全球资本主义（他称为“数码资本主义”）的发展可归结为两个“极”：一是信息技术；二是中国崛起。两股力量如同北极和南极，左右世界的发展。未来的具体走向现在还言之尚早，唯一可以肯定的是，它会有极高的“不确定性”。[12] 我们可以在此基础上进一步强调，无论“南极”还是“北极”，联系信息技术产业革命和中国崛起这两者的轴心力量，正是已在形成中的新工人阶级。换言之，中国新工人阶级的发展态势将是对未来世界最具决定性影响的“不确定性”因素之一。

表 1.1　1999 至 2009 年中低端信息传播技术在中国的普及情况（年末数据）

	网吧用户数（万人）	小灵通用户数（万人）	预付卡移动电话用户数（亿人）	短信业务量（亿条）
1999	98	60	*	*
2000	464	130	0.149	14
2001	519	600	0.462	189
2002	1,147	1,300	0.886	900
2003	1,614	3,730	1.244	1,371
2004	2,303	6,520	1.878	2,178
2005	2,997	8,530	2.350	3,047
2006	4,425	9,110	2.906	4,297
2007	7,119	8,454	3.609	5,921
2008	12,635	6,893	*	6,997
2009	13,478	4,559	*	7,840

数据来源：依中国互联网信息中心《中国互联网络发展状况调查统计报告》（1999—2010）、工信部、信产部历年《全国电信业统计公报》（1999—2009）、《中国移动公司年报》（2000—2007）、《中国联通年报》（2000—2007）综合整理而成。

* 无数据

□ 网络媒体与中国社会

在讨论如何定义新工人阶级网络社会以前，让我们先看四组数据，以对急速变迁的网络媒体与中国社会现实有个基本把握。

首先，表1.1展现的是过去十年中低端信息传播技术在中国的发展状况。所谓中低端，就是指这些互联网或手机服务资费一般而言比较便宜，其用户群体包括收入偏低、教育程度不高、社会地位不高的人群（如网吧、小灵通用户），或是对这些信息中下阶层有着特别重要的作用（如预付卡移动电话、短信）。以网吧为例，一般城市中产人群不会去，但对普通工人尤其是青年工人、流动人口以及学生特别重要。根据中国互联网信息中心统计，1999年底，在网吧上网的网民有98万，占当时全国网民总数的11%。2009年底，在网吧上网的网民攀升到1.3478亿，占网民总数的35.1%。十年间，在全国网民总量增加了43倍的同时，通过网吧上网的网民总数增加了138倍。

小灵通又称无线市话，是在一个城市内使用的移动功能有限的低端手机，尤其受到中小城市居民、下岗工人、退休职工、个体商贩等的欢迎。1999年它在全国有60万用户，2006年达到9110万用户的峰值，7年增长152倍，年均增速126.8%，是同期手机年均增速（42.9%）的差不多三倍。2007至2009年，随着3G技术的推广运用，小灵通开始负增长，截至2009年底，下跌了几乎50%，全国只剩下4559万用户。中低端网络媒体不但发展速度惊人，原来有的已经开始萎缩，而且萎缩速度更加惊人。个中的缘故与挣扎，有谁知？

预付卡和短信一样，都是既为城市富裕人群又为中下阶层服务的。但它们对中下阶层尤其重要，特别是在手机普及的早期。试想，居无定所的打工者，没有属于自己的通信地址，更没有城市户口（当年必须要所在地城市户口才能申请手机号），除了用预付卡，他们怎么可能得到合约制手机服务？试想，每月五六百元收入的打工妹，每分钱都要省着花，除了发短信，她们怎么可能负担得起一分钟一块多的高价话费？所以我们看到，预付卡手机用户2000年只有1490万，到2007年则增加了24倍多，达到3.6多亿。2000年，预付卡用户总数只是合约制用户的34.6%，说明当时手机市场以高端用户为主。2007年，预付卡用户则变成合约制用户的 2.1 倍，占压倒性优势，说明手机用户市场的阶层结构出现了根本性的变化。[13]

自从 2000 年短信业务问世以来，全国业务量由 2000 年的 14 亿条短信跃升到 2009 年的 7840 亿条，9 年间增长了整整 560 倍。这包括不同阶层的用户，但对低收入人群来说，短信的作用不可替代。而且，短信不但是满足中下阶层通讯需求的重要工具，它的流行更导致出现短信写手这样的新兴行业。虽然短信写手也算提供数字化内容的行业，但这些人收入多数不高，工作条件、工作待遇也都一般。和网吧管理员、小灵通制造厂工人、预付卡充值店小老板一样，他们的收入偏低、社会地位也偏低，虽然他们的工作都属于广义网络媒体产业

图 1.1　中国网民平均教育程度与全国人口之比较

1998 年

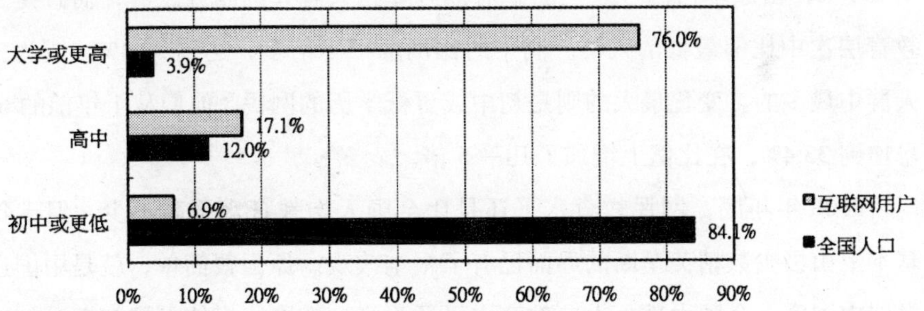

2008 年

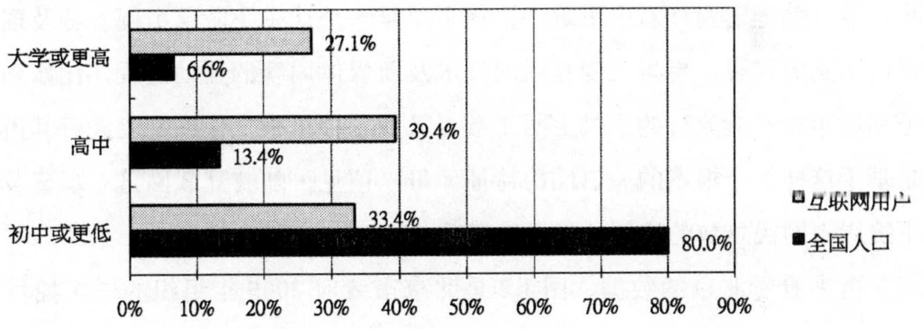

数据来源：依中国互联网信息中心《中国互联网络发展状况调查统计报告》（1999、2009）、《中国人口年鉴》（1999、2009）综合整理而成。

的范畴；他们如今多数默默无闻，有时还受人歧视，尽管他们的行业都曾是网络媒体产业十年来的增长亮点。

看完中低端产业发展态势，再看看我国网民教育程度分布情况与全国人口平均特征的比较。图 1.1 用的是 1998 年和 2008 年的数据，具体也就是 1999 年和 2009 年年初的情况。1998 年，全国网民中超过四分之三（76%）是大学或研究生学历，高中学历占 17.1%，初中及更低学历只占 6.9%。三个教育层次的分布与全国人口特征几乎正好相反。当时全国人口的总体情况是，大学及以上、高中、和初中及以下的比例分别为 3.9%、12%、84.1%。很明显，在 1998 年能上网的只是极少数社会精英。

十年之后的 2008 年，全国人口教育程度稍有提高，接受过大学教育的比例上升到 6.6%，高中比例上升到 13.4%，初中及以下的则减少到 80%。然而，网民教育水平的分布则发生了极大变化。大学及以上的比例由 76% 陡降到 27.1%，由原本占四分之三的绝对优势降到只有大约四分之一，而且是三个教育层次中比例最低的人群。高中的比例翻了一倍多，达到 39.4%，成为三个人群中最多的。变化最大的则是初中或更低学历的网民，他们从十年前的 6.9% 暴增到 33.4%，在比例上增加了几乎 5 倍。

2008 年年底，网民教育水平还是比全国人均教育水平高不少，但十年前基本上由极少数精英垄断的局面已有了根本改观。原因很简单，就是中国还是发展中国家，全国大部分人口教育水平还不高。在网络媒体发展初期，精英们可以很快采用新技术，但他们只占全国人口极少数，很快饱和。互联网要进一步扩散，就一定要针对中下阶层。这不单是一个让中下阶层上网、普及现代化通讯工具的过程，更是改变互联网技术及新媒体内容的互动过程，比如利用网吧和近年来日益流行的手机上网工具，又如各种草根文化在网上大行其道，都是基于这样一个根本的人口结构特征。可以预见，随着互联网进一步普及，中下阶层占网民总数的比例还将继续攀升。

再来看看北京的数据。图 1.2 是北京市政府 2005 年组织的一次抽样调查结果。该次调查目的是为了研究北京的“数字鸿沟”情况。它采用随机抽样法在北京八个城区和四个郊区共获有效样本 1722 人，包括流动人口、京郊农

图 1.2　北京市居民信息传播技术分层情况（%）

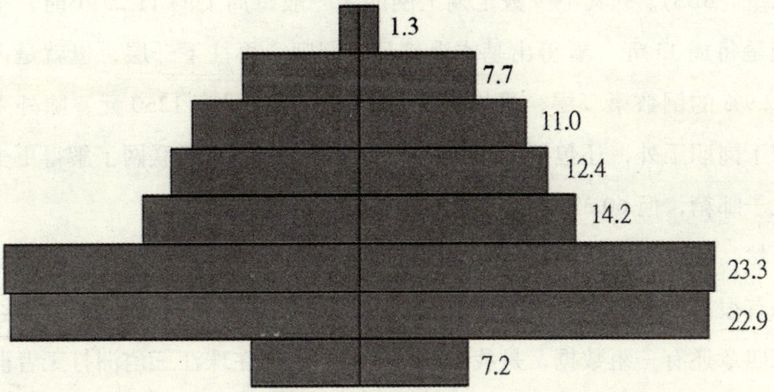

数据来源：北京市信息化工作办公室：《北京市数字鸿沟研究报告》，中国发展出版社，2005年11月，第62页。

民、下岗职工等。问卷分析再按照受访者拥有、使用和了解信息传播技术的程度进行统计。结果将所有样本分为八层，在图中位置偏高的就是信息拥有者（information haves），位置越低的则是信息无产者（information have-nots）。如前所述，数字鸿沟概念的假设是社会分层结构两极分化，出现信息拥有者和信息无产者互相对立，而且缺乏两者之间状态的人群。用图形表示出来，数字鸿沟应该是上下两头大、中间小的沙漏形结构，或至少接近沙漏形状。然而，图1.2呈现的则是梨形结构，也就是中下阶层比重最大，在信息技术方方面面都最富有的最上层人数最少（1.3%），与其对应的最下层，人也比较少（7.2%）。而从下往上数第二层占样本总量的22.9%，第三层占23.3%，中下阶层群体加在一起几乎占到全部样本的一半之多（46.1%）。

该研究发现，从下往上数的第三层，也就是人数最多（占全部样本23.3%）的阶层中，被访者家庭月收入平均为1750元。他们多数只有初高中教育水平，一般来说包括个体户、郊区农民、下岗工人、外来务工人员，基本上正是十年来中国网民依教育程度来划分的增长最快的人群。虽然社会经济地位不高，但他们中82%有手机或小灵通，22.4%的人有电脑，但只有4.4%的人上过网，只有 0.3% 的人有电子邮箱，而且大多数没听说过搜索引擎和电子公告牌系统（BBS）。[14] 其中少数定期上网的人一般每周上网 11.29 小时，平均上网开销是每周 11 元，看得出基本上都是在网吧。再往下一层，也就是占全部样本 22.9% 的倒数第二层，平均家庭月收入更低，只有 1250 元。除外来务工人员和下岗职工外，还包括老年人、残疾人等。他们对互联网了解得更少，都没有电子邮箱，但 60.3% 的人依然有手机或小灵通。

当然，北京不能完全代表全国情况。但这组数据对我国城市信息化的基本情况仍有很高参考价值。这尤其因为类似的随机抽样调查在其他城市非常少见。本书第四章还有一组数据，是我 2002 年和 2006 年在珠江三角洲打工者群体中进行的问卷调查结果，虽然地点、抽样方法均有不同，但在呈现城市中下阶层已开始大规模使用新型网络传播技术这一点上是完全一致的。值得强调的是，图 1.2 的数据发表于 2005 年，还只算过去十年中低端信息传播技术快速扩散期的中期阶段。

图 1.3　我国城市结构性变迁与网络传播技术扩散之间的关系

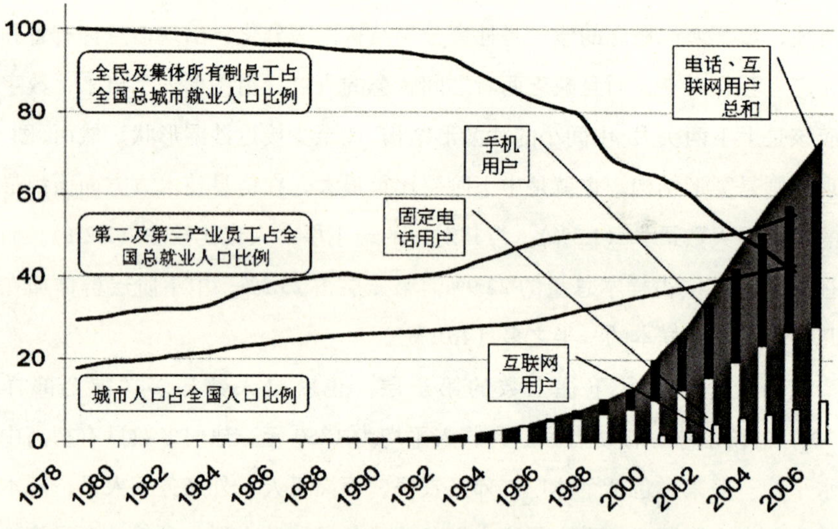

数据来源：依《中国人口统计年鉴（2006）》、信产部《全国电信业统计公报》（1999—2006）、中国互联网信息中心《中国互联网络发展状况调查统计报告》（1999、2007）综合整理而成。

为什么普通百姓，尤其是城市中下阶层，如此迅速、如此大规模地采用现代化网络通讯工具？是因为新技术有“魔力”，自然会普及？是因为手机广告说服力强？还是因为普通劳动者都富起来了？原因没这么简单。本书的一个主要观点是，只有把新技术扩散放到我国城市变迁的大背景中，才能看出互联网、手机在中下阶层快速普及这一现象背后到底发生了什么。

如图 1.3 所示，我国的城市化、工业化和经济体制改革都对信息传播技术的扩散有深刻影响。图的右侧是电信业发展数据，柱状图分别代表手机、固定电话（含小灵通）和互联网用户数占全国总人口的比例；灰色阴影则是电话（包括手机和固定电话）和互联网用户总数占全国人口的比例。这是常见的产业数据，显示出网络媒体用户总体规模从 20 世纪 90 年代平稳增长到 21 世纪初快速增长的拐点是 1999 年。然而，电信业起飞背后有怎样的结构性变迁大背景？

首先是城市化。1978 年，城市人口只占全国人口的 17.9%，到 2005 年则增长到了 43%，也就是说，超过全国四分之一的人由农村居民变成了城市居民，而这只用了大约四分之一世纪的时间。其速度和规模都是空前的。

其次是产业结构调整。1978 年，第二产业和第三产业只占国民经济总量的 29.5%，到 2005 年则达到 55.2%。换言之，农林牧副渔所占的比例由占绝大多数的 70.5% 下降到不到一半的 44.8%，也是在大约四分之一个世纪里，大幅下降了 25% 还多。数亿农民脱离农业，开始成为工业、建筑业、服务业的主力军。

第三是城市内部的经济体制改革。1978 年，我国城市就业人口 99.8% 都属于全民所有制或集体所有制单位。但到 2005 年，该比例剧降到 41.8%。这可能是影响城市中下阶层劳动者最直接、最深刻的变化。它从 70 年代末到 90 年代初还只是逐步下降，但在大约 1992 年后则开始陡降。假如用这条曲线做自变量（即原因），再用电话和互联网用户总数占全国人口的比例做因变量（即结果），来进行统计学回归分析，前者可解释后者 87.9% 的变化（$p < .001$）。[15] 由于前者的拐点出现在 90 年代初，后者的拐点出现在 90 年代末，我们更可以确认两者的前因后果关系。也就是说，城市社会经济结构变迁的宏观背景对电话、互联网的普及影响极大。

城市化、国民经济结构调整、城市经济体制改革之所以影响电信业发展是因为它们都打破了过去相对封闭、相对稳定的信息环境。不论是过去生产队里的农民还是企事业单位里的员工，在就业、住房、医疗、教育等方面都可以靠公家、靠集体，也就是一般不用自己想办法解决生存性传播需求（existential communication needs）。但随着城市社会的宏观变迁，中下阶层在微观层次上必须自行解决生存性传播需求，因此才有了手机互联网在草根人群中迅速扩散的现象。此论点在本书第四、五章中会详细讨论。这里要强调的是，生存性传播需求问题是区分新工人阶级网络社会与中产阶级乃至资产阶级网络社会的一个重要维度。

□ 新工人阶级？

透过现实发展中的现象、规律和问题，我们需要在理论上对新工人阶级的网络社会进行界定。要形成比较清晰的定义，首先要对基本概念进行讨论，这些概念有的和新工人阶级相关，有的和网络社会相关。让我们先从阶级开始，之后再讨论网络社会及新工人阶级与网络社会的内在联系。

阶级是社会科学理论中一个具有核心地位的学术概念。它可以说是最富想象力的社科概念，因为阶级虽是用来划分人群的，但与种族、性别、宗教信仰乃至单纯的贫富划分都不一样，阶级是一种隐蔽性更强，同时又更加根本的社会关系。马克思强调该社会关系的重点是是否占有生产资料：有人不占有生产资料，以出卖劳动力为生，是无产阶级；有人占有生产资料，靠工人生产的剩余价值完成资本积累，是资产阶级。然而，是否占有生产资料并不是阶级关系的唯一内容，一方面，无产阶级的形成要超越“自在”状态，进入“自觉”、“自为”的状态，就要有自己的社会组织和政治组织，如工会、政党，还要有自己的阶级文化和阶级认同，能在价值观、世界观上挑战过去的统治阶级意识形态，最终实现一套新的、不同于资本主义的社会制度，即社会主义。另一方面，强调阶级关系并不否定个体的主观能动性，资本家如果觉悟高也可投身无产阶级革命，利欲熏心的工人同样可能沦为剥削阶级的走卒，在组织和文化层面上被异化为历史进步的绊脚石。这些都是历史唯物主义的原有之意。[16]

马克思不是唯一一个探讨阶级的社会理论大师，虽然他赋予阶级的重要性以及他对阶级分析的贡献都是最大的。除马克思外，韦伯也关心社会不平等问题，并且把阶级看做是影响社会分层的三个主要因素之一（另两个是社会地位和政治团体）。他的理论强调不同阶级享有不同的“生命机会（life chances）”，比如职业的跨代传承，银行家的子女更有机会成为银行家，农民的子女要成为银行家就难很多，后者更可能继续当农民。究其原因，是因为制度设置的不平等、不公正，在例如传统中国儒家士大夫文化垄断的情形下，往往令精英阶层子女有更多、更好的生命机会。[17]

此外，承接涂尔干学术脉络发展出来的结构功能学派也部分涉及阶级问题，虽然他们（如帕森斯）的重点是在肯定资本主义合理性的前提下对社会分层的状况进行描述。该学派在忽视马克思、轻视韦伯的美式实证主义传统中算是主流。不少“数字鸿沟”研究便属该派。它们重描述，轻解释，特别注意技术上的细节，却对更根本的社会结构性问题视而不见。这也是我决定不再使用“数字鸿沟”概念的原因之一。

虽然马克思和韦伯对阶级的具体看法不同，但他们都把阶级看成一种相对的社会关系，没有雇主就没有被雇佣者，没有无产阶级就没有资产阶级。这些都是辩证的结构。而且，对他们而言，阶级关系还是随历史演进而改变的。当然，马克思的批判锋芒，尤其在生产方式、劳动关系和政治组织维度上，远胜过韦伯，但韦伯的阶级分析也指出资本主义制度的内在矛盾，特别在文化方面有独到之处。这都是与结构功能学派大相径庭的。

阶级分析还有一个重要层面，就是让我们更好地理解日常生活中的不公，包括媒体使用和网络经历中碰到的种种不平等现象及其结构性根源。在论及阶级关系和新闻传播研究的时候，赵月枝写道：

> “阶级”和“阶级意识”这样的词汇没有“受众”和“话语”这样的词汇符合主流学科话语，但是，也许它们还真的具有社会分析的价值。我们不能因为这套话语有其过去复杂而沉重的历史包袱就将其丢弃。毕竟，任何一种社会理论和分析话语不仅要在学理上自圆其说，

还应有理解和解释日常生活与体验的功效。[18]

那么究竟什么是当代中国语境下的新工人阶级呢？它也是一种变动中的社会关系。一方面，它还是工人阶级，尤其是在我国经历了空前的工业化进程，成为“世界工厂”以后，我国的工人阶级队伍，不论在制造业、建筑业、运输业，还是服务业，都空前壮大了。不光是产业工人，还包括他们的家属（如留守儿童、留守老人），都成为阶级形成过程中的有机组成部分。同时，它又是一个新的工人阶级。阶级关系本来就应该是与时俱进的，但本书还是用“新工人阶级”，是为了特别强调以下几点：

1．新工人阶级的主体不再是我国20世纪50年代以来建立的，以单位为基础且拥有城市户籍的老工人阶级。新工人阶级成员处于新的制度条件下，在就业、社会组织、文化表达等方面均呈现出新的特征与态势。

2．新工人阶级的对立面不再局限于国内的“帝官封”（帝国主义、官僚资本主义、封建主义）或“走资派”，而是直接针对全球资本主义世界体系。中国是当代世界资本积累体系中的一个新的“极”，[19]中国的新工人阶级也是反对全球新自由主义运动中的一个新的“极”。

3．这是一个新的阶级形成过程，除传统产业工人外，它还包括大量网络媒体业、信息服务业及相关零售业的从业人员。用意大利左派学者拉扎拉托的说法，就是还包括“非物质劳工（immaterial labor）”。[20]

4．对于新工人阶级和他们面临的问题要进行新的阶级分析。这要求我们在吸取前人经验的基础上，要敢于创新，敢于跳出20世纪阶级斗争的条条框框，争取走出21世纪社会主义的新路。[21]这也包括吸取过去的教训，比如为什么美国的无产阶级运动会让位于黑人民权运动、女权运动、环保运动？为什么苏联的红旗打不到70年，无产阶级政党就日益脱离现实，且丧失了自我更新的能力？

总结教训的一个重点就是要把阶级看成是普遍联系的概念，而不是排他性概念。[22]也就是说，不能讲阶级就不讲种族和性别，不能光看工人就忘了农民。毛泽东思想的一大贡献就是提出了适合中国国情的工农联盟概念，并成功将其付诸实践。同样道理，不能光讲新工人就忘了老工人，如下岗职工；也不能只顾分析新工人阶级的内部情况，就忽视资本主义体系的运转。如何加强新老工人之间的团结，如何在尊重劳动的前提下形成新型劳资合作关系，这些也是新的阶级分析所应涵盖的范畴。

本书主要探讨新型网络传播技术和中国城市社会的变迁，而引入阶级概念对分析电信业和网络传媒来说是一种新的尝试。我们关心的问题不但是技术和经济层面的，如网络建设、国家发展、市场竞争，更涉及权利分配和文化表达，如结构性不平等的根源及其消除、制度改革、草根社会创新等。这是一个有意义的讨论，因为过去针对网络新媒体的主流研究往往假设新型信息社会（或曰网络社会）与阶级无关，因为互联网、手机网应该是"扁平的"、"民主的"、"自由的"，所以他们带来的社会形态就肯定是平等的、美好的。前面对近十年来社会现实发展情况的综述已足以说明这种"技术决定论"观点是多么荒谬。即使有研究者从"数字鸿沟"的角度出发，关心网络技术扩散过程中的不平等问题，也多把注意力放在年龄、性别、种族等方面，而极少做阶级分析。

这里值得指出的少数例外包括加拿大学者文森特·莫斯科（Vincent Mosco）、美国学者丹·席勒（Dan Schiller）以及加拿大华裔学者赵月枝。他们都从各自的传播学批判学派视角把阶级概念带回到新型网络媒体的分析之中，例如莫斯科针对"知识工人"的研究[23]和席勒的"数字资本主义"[24]。特别要强调的是赵月枝对中国电信业、文化产业的政治经济学分析，包括她2000年以来的一系列文章，[25]也包括她在近作《中国的传播》（*Communication in China*）和《传播与社会：政治经济与文化分析》中不但对电信改革宏观议题，包括与全球资本的关系，进行了深刻分析，而且还专门论述了孙志刚案和王斌余案涉及的阶级问题。[26]此外，在传播学以外的社科领域中，潘毅、沈原、李静君、郭于华、卢晖临等学者也一直在不遗余力地推动当代中国的劳工研究和阶级分析。[27]本书目的之一就是希望站在这些学者的肩上，进一步推动针对新型网络媒体的阶级分析，使之更系统、更全面、更细致、更准确地理解中国新工人阶级在21世纪第一个十年的发展动态。

讨论了阶级，再看阶层。前文已经多次用到"信息中下阶层（information

have-less)”这一提法。它有两层含义。一方面，是要质疑数字鸿沟的研究传统及其二元论概念假设：信息拥有者（information haves）和信息无产者（information have-nots）之间的两极分化是信息社会的主要矛盾。该假设或许符合西方后工业社会里传统中产阶级式微的状况，但它并不符合我国国情，尤其不能反映过去十年来中低端信息传播工具迅猛崛起的社会现实。以图 1.2 为例，在今日城市中国的阶层结构中，不但有两极分化以外的中间阶层，而且这些主要处于中下位置的阶层不但是城市社会的主体人群，还是拉动网络传媒市场总量增长的主要力量。

另一方面，阶层还不是阶级。也就是说，虽然我国 1.5 亿流动人口、3000 万下岗工人、1 亿多离退休人员和近 2 亿青少年中已有很多人开始使用中低端信息传播技术，但这并不表明他们已经有阶级意识和阶级组织。现实情况是，他们中很多人都还只能看到个体或小群体利益，很难超越诸如职业、性别、地域等因素的限制，去形成跨群体的阶级认同，去有组织、有意识地挑战资本霸权。而且，这些各种类型的中下阶层群体往往是弱势群体，时刻面临异化的危机。除了在生产线上创造剩余价值，除了在网吧和手机商城充当消费者外，他们真正拥有的权力，包括话语权，依然相当有限。

然而，阶层的存在，尤其是信息中下阶层在过去十年间的快速大规模扩张，还是为阶级形成打下了极为重要的基础。比如本书将介绍北京新工人艺术节、深圳友利电事件以及南方打工诗歌网上论坛的情况。他们的这些尝试虽然还处在探索阶段，也都面临各自的问题，但都表明信息中下阶层为新工人阶级的形成提供了肥沃的社会土壤。本书第六、七章还会讨论这一至关重要的新阶级形成过程是如何在特定的空间范围和特别的历史时刻，以超乎想象的方式成功建立阶级内部认同，甚至达成跨越阶级界限的全民认同，最终影响国家行为。阶层问题因此可以被看做是阶级问题在现阶段的一个维度。也可以说，信息中下阶层的发展壮大是新工人阶级形成的必要条件，但非充分条件。

除了信息中下阶层，还需很多其他因素，包括工人自己的社会文化组织，如深圳的基层色素工人摄影队。他们使用二手数码相机和有照相功能的山寨手机拍摄作品，反映工业区生活。本书有幸得到其中一张摄于 2010 年 1 月的作品做封面，地点是横岗188工业区的废弃厂房。其意涵之一是提醒我们不要忘记日夜劳累的工人，好像这位正在骑车的建筑工师傅。虽然照片中的他无暇上网，但信息时代的世界工厂正是因他这样千千万万的劳动者才可运转下去。意涵之二是拍摄这张照片的基层色素工人摄影队，他们不是单打独斗，而有自己的集体；他们不受主流商业审美观的限制，而用自己的创意，实践出属于新工人文化的新天地。封面还有第三层意涵，那就是——“自行车之后怎么办？”[28]这是篇文章的标题，作者是加拿大著名传播政治经济学者达拉斯·史麦兹(Dallas Smythe)。他在1972到1973年访问中国，看到工农群众多数解决了最基本的生存需求，自行车也在厂矿企业单位基本普及。他于是建议当时的中共领导建立自己的技术文化体系，比如“双向电视”（即类似今日网络视频的多向互动分布式媒体系统），以促进属于劳动者的新闻娱乐科技体系，避免落入资本主义文化陷阱，超越狭隘的西方个人主义、消费主义发展模式，创出新的无产阶级文化。该建议未得到回应，但在全球学界却影响深远，直到2007年再由赵月枝勾连，于信息社会手机普及的新环境下重新提出。[29]封面图片因此提醒我们不断反思史麦兹当年的提问，在直面信息中下阶层现实的同时，不忘思考科技发展和社会进步的多种可能，尤其是新工人阶级文化与意识形态的根本性问题。

□ 网络社会与网络劳工

本书用的网络社会概念源自西班牙学者曼威·卡斯特（Manuel Castells）。他最重要的著作是“信息时代三部曲”，即《网络社会的崛起》、《认同的力量》、《千年终结》。[30]著作出版时，他是加州大学伯克利分校社会学系教授，工作单位离北加州硅谷很近，因此也被称为“硅谷的头号思想家”。卡斯特在三部曲中提出，人类社会有三种最基本的组织形态，一是由上而下实行控制的国家主义（statism），二是自由竞争相对扁平的市场（market），三是灵活多变的网络(network)。网络因应社会需要，可以是扁平的也可以等级森严，最重要的是，它的内在运行逻辑不受制于地域性权力结构（如国家主权），也不受制于经济因素方面的考量（如资本积累），而是高度选择性地去吸纳或排斥各种社会组织因素。简言之，吸纳或排斥（inclusion/exclusion）是网络最根本的运行逻辑。这样的网络组织形态一直存在于人类社会中，但长期以来，历史总是要么被国家主义左右，要么跟随市场逻辑。直到20世纪90年代冷战结束，互联网崛起，全球化达到空前规模，网络才开始第一次超越国家主义和市场，成为人类社会最根本的社会组织形态。我们的时代因此是“网络社会”。

信息时代三部曲问世之时正是西方学界经历了福山“历史的终结”，开始再次面对社会现实的时刻。当时互联网经济泡沫还没破灭，书商们把三部曲（尤其是第一本）作为新形态资本主义——网络资本主义——的圣经到处推销，一时洛阳纸贵，以至出现很多误读，包括把卡斯特当做未来学家等，不一而论。然而，真正通读过这三本书，就会发现卡斯特对采用了网络形态的资本主义制度充满了深刻质疑。他认为，网络化了的全球资本体系最本质是采用“网络企业（network enterprise）”为主导的灵活积累方式，但网络企业并不能解决深层次社会问题，比如国际贩毒网络、亚洲金融风暴，还有西方国家内部民主机制失灵、贫富悬殊等。与此同时，国家也开始网络化，出现以欧盟为代表的“网络国家（network state）”。具体到东亚，还有仍具潜力的“发展主义国家（developmental state）”。说国家主义已经完全被打败，恐言之尚早。此外，各种同样网络化了的反资本主义社会运动，包括反对北美自由贸易协定运动、环保运动等，也都借助日益发达的跨国社会网络和新型网络媒体开始崭露头角。[31]

也就是说，卡斯特论述的网络社会并不一定是资本主义社会发展的更高阶段，它同样可以是终结资本霸权的一个新的历史时期，只要反对资本逻辑的各种力量能有足够政治意愿去组成属于自己的强大的网络联盟。用卡斯特贯穿三部曲的一个比喻就是，网络社会的主要矛盾是“网络（the Net）”和“自我（the Self）”之间的矛盾：如果说网络是物化了的通讯网，自我就是心灵和文化的认同；如果说网络是建立在剥削压迫基础上的资本主义生产方式，自我就是反抗异化、尊重劳动的阶级意识；如果说网络是全球化经济体系，自我就是地方政策与历史传统；如果说自我也会变成个人主义、消费主义的场域，那么网络同样可以是21世纪全世界无产者联合起来的新天地。

以上最后一点是我自己的发挥。基于20世纪90年代西方资本霸权处于强势这一现实，卡斯特在三部曲中并没有对网络社会主义的可能性进行探讨。[32]然而，他从来没有否定该可能性的存在，尤其在非西方国家，如中国。2006年，在《传播与社会学刊》创刊号上，卡斯特与华人传播学界进行了一次题为“中国、传播与网络社会”的学术对谈。当被问到网络社会理论在多大程度上适用于中国时，他答道：

> 网络社会建立于资讯和传播技术与社会整体之间的互动。网络社会是全球的。但是，如我在三部曲中详细论述的，网络社会的建立，是基于网络与自我之间的对立以及具有工具性的全球网络与身份认同的文化建构之间的相互对立。因此，中国是个网络社会，因为她处于全球性的相互依赖之中，同时，中国又建立在自己独特的文化认同之上。互联网与移动传播网络在中国是新型社会关系和组织形态形成的基础设施。但是，我的理论是个具有一般意义的理论，在中国的适用程度如何，只能有待中国的学者们，通过在中国的现实中予以应用和修正。我将吸收、采纳他们的发现，修正我的理论。[33]

本书很大程度上正是受到这段话启发，把卡斯特的理论带到近十年的中国社会现实中，对其“予以应用和修正”。所应用的，除了前面所述的网络相对国家主义及市场、网络与自我之间的概念关系外，还有一点值得强调：全球网络社会有个重要特征，就是“全球联系但地方分隔（globally connected but locally disconnected）”这一悖论。随着通讯手段的进步，中国大城市高楼里的人们可能随时随地、毫不费力就可了解美国华尔街的股市行情、法国巴黎的潮流时装、南非开普敦的足球赛况。但他们是否知道自己家楼下地下室里住的家政工是从哪儿来的？他们每天经过的城中村里发生了怎样有意思的事？他们生活的这座城市里，最低工资是多少？他们持股、每天紧盯着股价的那家大公司就在几公里外，最近那里又有几个员工自杀了？他们不但不知道这些事，而且可能不想知道、不愿知道，虽然这些社会现实离他们非常近。因为他们现在有互联网和智能手机了，可以更容易地忽视身边发生的事，把时间和精力投放到远方世界里。因为那里有资本、有美人、有怪兽，而且好像那些都可以由他们的指尖来控制，不用走出自以为安逸，但其实非常狭隘的信息肥皂泡。

网络媒体不单给我们天涯若比邻的快乐，也带来比邻若天涯的痛苦。这就是“全球联系但地方分隔”。卡斯特在三部曲中论述此点时，专门举珠江三角洲为例，还配有一张珠三角区域交通规划图。[34]这里是全国乃至世界上全球化程度最高的区域之一，但它同时也有非常大的空间不连续性，比如商业区、工业区和旅游区之间，以及不同工业区之间，都在很大程度上相对独立。因此，卡斯特进一步提出，珠三角很可能拥有全球范围内“最有代表性的二十一世纪城市面貌”。[35]由于我的工作地点正好在珠三角，本书很多内容都将来自这个卡斯特在其理论建构中特别重视的地方。

除了应用网络社会理论，本书也对其有所修订。其中最重要的是提出“网络劳工（network labor）”，以补足网络企业和网络国家之外的第三种力量。它是这十年来，以中国迅猛增长的信息中下阶层为基础、与新工人阶级形成过程相伴随出现的一股至关重要的社会力量。所谓网络劳工，一指“网络化劳工”，也就是制造业、服务业生产过程随信息技术普及和全球化程度提高，而被网络化；二指“网络即劳工”，也就是说网络不光是物化了的生产工具，更是一种新的生产方式，“一种可以把非物质劳动集腋成裘，再转化为资本积累的生产活动”。[36]这在本书第四、五章会展开论述。现在只要强调三点：

1. 网络劳工概念的提出是以网络社会过去十年在中国日益拓展的现实情况为基础的。可以说，在当代中国乃至全球语境下，网络劳工都是网络社会近期拓展最值得瞩目的一股新力量，因为它有可能与网络企业、网络国家形成三足鼎立之势。

2. 网络劳工在生产过程中有可能代表劳动者异化程度进一步加深，比如属于“灰领”阶层的短信写手，又如所谓“玩工（playbour）”[37]，但如果在政治组织和阶级认同方面安排得当，它也可能成为新工人阶级形成的急先锋和领导力量。

3. 劳工问题其实也是卡斯特始终关注的问题之一，网络劳工概念因此是网络社会理论的合理延伸。

早在20世纪60年代，卡斯特就以其马克思主义城市研究而成名，[38] 20世纪70、80年代，他又分析世界各地的劳动阶层生存状态、工作状态，包括香港社会底层的公屋住户。[39] 随着新自由主义扩张以及贫富差异加剧，劳动者内部进一步分层，他于是提出全球网络社会里的劳工有两大基本类型[40]：一是"自我程控劳工（self-programmable labor）"，如软件工程师、金融分析员等。他们收入和社会地位较高，但仍因工作压力过大、福利无保障而焦虑；他们会用网络科技自我增值，且在相当程度上内化了利润最大化的资本原则，但他们仍不拥有自己工作所需的生产资料，仍要靠出售劳动时间取得收入，因此仍是"劳工"。另一种是"原始劳工（generic labor）"，如清洁工、保姆、餐厅小工等，也包括下岗工人和待业人员。他们社会地位低，劳动福利少，甚至完全没有福利。他们没有值钱的文凭，而且一般不用网络媒体，所以常处于被忽视、被欺压的悲惨境地，只能在社会边缘勉强度日。

这种对劳工形态的两分法并非卡斯特独创。类似划分也见诸丹尼尔·贝尔、德鲁克以至哈贝马斯20世纪70、80年代的著作中。到了冷战刚刚结束的20世纪90年代，特别在后工业化了的西方社会"数字鸿沟"日益明显的语境中，劳工两极化、中间阶层的消失，是有现实依据的。但十年后的今天，在工业化、信息化同时大幅发展的中国，而且是在全球资本主义遭遇了2008年严重经济危机之后，我们确有必要对其进行修正。

修正的主要内容之一就是在自我程控劳工和原始劳工之间还有一层可称为"程控劳工（programmable labor）"的劳动者，他们是工业时代泰勒主义、福特主义延伸到信息时代的对应群体。他们大量存在于我国出口加工企业及新型网络媒体行业中，如质量检测、短信写手、网游代练。他们常常是坐在电脑前工作的"灰领"。他们是新工人阶级队伍中的一支生力军，是中国式信息主义可以超越西方、超越日本，成为世界网络经济重心的关键因素之一。"信息主义"（informationalism）又是借用卡斯特的概念，指的是和工业主义相对应的以加工、处理信息为主要价值增长点的生产方式。中国式信息主义的崛起代表着信息化了的新工人阶级网络社会有可能成为21世纪城市政治经济结构变迁的关键转折点。不仅对中国如此，对全球南方亚非拉各国亦然。

"程控劳工"的提法听起来有些令人毛骨悚然，因为工人好像已经不是人，而彻底成了科学管理监控下的机器。但这层意思是不错的，就是要强调劳动异化现象在网络劳工阶段仍在不断涌现，解决这个至关重要的社会问题因此才更加迫切。换个角度说，正是因为异化已从外在的、强加的制度框架，无孔不入地以更隐蔽的方式进入到新工人阶级的生命世界中，我们才会看到如此强烈的草根传播需求，自下而上，导致中低端信息传播技术的迅速普及和信息中下阶层的大规模出现。

我们在这里要了解的是具有根本性的与新工人群体生存议题相关的传播需求（needs），而不是来自广告和同伴压力的欲求（wants）。而有需求，却没有制度化的解决途径，就会出现各式各样的草根社会创新，比如改变网吧的社会功能，比如山寨文化的兴起，比如新工人社区中的手机铃声下载服务和数码相机出租服务等等。劳动者的创造力是无穷的。这是因为劳动者面临的社会问题最严重、最至关生死存亡，而他们的手中又开始掌握包括网络新媒体在内的最新生产工具。难怪他们的创新常令精英阶层始料未及。这也是为什么作为研究者，我不认为自己能够预测新工人阶级网络社会的最终形态的原因。我只能说，它是一个潜力无穷的社会变迁过程，是一次在网络信息时代发扬新中国宪政精神的重要机遇，是一场足以影响全球的伟大变革。同时，它也还只是一个方兴未艾的历史现象。本书希望对新工人阶级网络社会的第一个十年进行一下梳理。如能达此目的，我便满足了。

□ 本书结构

本书分为三大部分。第二章和第三章为第一部分："网络之普及"。它们分别讨论网吧和手机如何在信息中下阶层中迅速扩散，而又在扩散过程中发生变异。第二章将讨论网吧如何从当年现代文化启蒙的象征沦为反复受到严厉打击的对象。即便如此，它仍然成为网民快速增长的重要支柱。第三章主要讨论手机的发展及其相关的中低端无线通讯服务，如短信、小灵通、预付卡，还有不应被遗忘的寻呼机。与前一章一样，第三章也涉及基本政策环境和劳工状况，虽然主要着眼点还是技术普及的过程以及该过程中存在的问题。

第二部分是“信息中下阶层”，重点讨论流动人口（第四章）、青少年与老人（第五章）与中低端信息传播技术之间的关系。该关系必须放到当代中国城市社会变迁的宏观语境中才能看出端倪。第四章强调的宏观语境包括城市化、工业化、全球化，再探讨流动人口内部的分层情况，以及相关的性别、民族、地域身份等的区分。这一章还会讨论网络劳工、程控劳工的基本形态和中国式信息主义的相关问题，以及具有典型意义的新工人阶级网络文化代表。第五章则讨论中下阶层的青少年和老年人所面临的生存议题，其背景一是传统单位体制式微，二是涉及住房、教育、医疗等方面的城市改革。

第三部分是“新工人阶级之雏形”。其中第六章集中梳理新阶级形成过程在空间层面的表现，如城中村、工厂厂房和宿舍区等。这里涉及传统工业时代的异化问题，也涵盖网络技术条件下出现的新的控制与颠覆。魔高一尺，道高一丈。新工人阶级的社会创新就在这样的空间里逐渐成长。第七章观察时间维度上的阶级形成，具体对三次新媒体事件进行分析，包括 2002 年蓝极速大火、2003 年孙志刚案和 2004 年的马加爵案，再对 2001—2010 年间涉及信息中下阶层的重大事件进行回顾、比较和分类，如杨佳案、开胸验肺案、富士康 N 连跳案、南海本田罢工案、宜黄事件等。这一章强调指出，在新阶级形成过程中，死亡并不简单等于绝望，它同样可能是影响国家行为、推动形成社会变迁的关键契机。

最后一章是“结论与反思”。本书还附有“研究方法附录”，包括定性和定量的内容，也有在本书调研过程中自创出来的方法，如调查组、社会空间制图、多媒体行动研究。附录收入关于这些方法的介绍，供同行参考指正。

新工人阶级网络社会的社会实践特别复杂，其理论意义又特别重大。本书只是一个阶段性整理。但我希望它足以说明，新工人群体虽然平时默默无闻，但他们却是中国式网络社会这部大机器里“无声转动的小小的连接齿轮”。他们被忽视得太久。现在终于是时候好好了解一下他们的发展历程了，终于可以好好倾听一下他们的声音，好好讨论一下他们在经济、政治、文化层面的动态，好好思考一下他们对中国式社会主义道路和全球南方的重大影响了。让我们带着这样的期盼，开始本书的旅程。

注释

1 参见 National Telecommunications and Information Administration（NTIA），"Falling through the Net: Defining the Digital Divide"，1999, http://www.ntia.doc.gov/ntiahome/fttn99/；NTIA, "Falling through the Net: Toward Digital Inclusion"，2000, http://search.ntia.doc.gov/pdf/fttn00.pdf

2 参见 Qiu, Jack L., "Coming to Terms with Informational Stratification in the People's Republic of China"，*Cardozo Arts and Entertainment Law Journal* 20（1），(2002)，pp. 157-180.

3 包括我在北京、上海、广东、香港以及美国、澳大利亚的许多同事们和同学们。其中部分成果以合著文章发表，参见 Cartier, Carolyn, Castells, Manuel, and Qiu, Jack L., "The Information Have-Less: Inequality, Mobility and Translocal Networks in Chinese Cities"，*Studies in Comparative International Development* 40（2），(2005)，pp. 9-34; Qiu, Jack L., and Zhou, Liuning, "Through the Prism of Internet Café: Managing Access in an Ecology of Games"，China Information 19（2），(2005)，pp. 261-297; Qiu, Jack L., and Kim, Yeran, "Recession and Progression? Notes on Media, Labor, and Youth from East Asia"，*International Journal of Communication* 4, (2010)，pp. 630-648; 王洪喆、邱林川："空间、科技、与声音：新老工人阶级文化空间的比较研究"，台湾新竹：中华传播学年会，2011 年 7 月 4-6 日。

4 关于仪式性传播见 Carey, James. *Communication as Culture: Essays on Media and Society*, London: Routledge, 1989, pp. 18-23.

5 《马克思恩格斯选集》（第一卷），人民出版社，1972 年版，第 52—53 页。

6 马佳："促当地经济发展，中国人赴非洲"淘金"喜忧参半"，《北京科技报》，2008 年 07 月 21 日，http://www.chinaqw.com/news/200807/21/124223.shtml 另见丁大伟："中国人来晚了"，《凤凰周刊》（封面故事），2011 年 6 月 15 日，第 22-38 页。

7 余柏全："中国工人带泪的荣耀"，《大公报》，2009 年 12 月 27 日，第 A18 版。

8 参见 International Telecommunications Union（ITU），"World Telecommunication/ICT Indicators database 2010"，http://www.itu.int/ITU-D/ict/publications/world/world.html

9 参见《中华传播学刊》第 18 期，2010 年 12 月，关于"后危机时代的传播新视野"专题论文集，包括赵月枝的"向东看，往南走"（第 3-30 页）及拙文"南方的想象"（第 51-69 页）。

10 参见 Frank, Andre G.,：*Capitalism and Underdevelopment in Latin America,* New York: Monthly Review Press, 1969.

11 赵月枝："中国与全球资本"，《新闻与传播评论》，2005 年卷，第 140-153 页。

12 参见 Schiller, Dan, "Poles of Market Growth? Open Questions about China, Information, and the World Economy"，*Global Media and Communication* 1（1），(2005)，pp. 79-103.

13 2008 年以来，中国移动和联通的年报里不再单独列出各自预付卡用户的总量及其比例。估计原因之一是由于比例太高，不利于吸引只关心高端用户的投资者；同时也因为部分只想吸引高端用户的手机提供商对此不感兴趣，甚至视预付卡用户为累赘。

14 值得注意的是，为什么要选搜索引擎和电子公告牌（BBS）系统作为衡量网络媒体相关知识的标准？为什么不用网络游戏、手机彩信或其他草根阶层比中产阶级更熟悉的网络媒体知识？该量表中是否过分自上而下？这些都值得讨论。

15 如果将二三产业员工比例和城市人口比例也作为自变量，三条曲线加在一起，共可解释因变量 93.9% 的变化（$p < .001$），表示这些变量之间存在非常强的相关性。

16 肖前、李秀林、汪永祥（编）：《历史唯物主义原理》，人民出版社，1983 年。

17 参见 Bendix, Reinhard, Max Weber: *An Intellectual Portrait,* Berkeley, CA: University of California Press, 1977, pp.

85-87.

18 赵月枝：《传播与社会：政治经济与文化分析》，中国传媒大学出版社，2011 年，第 48 页。

19 参见 Schiller, Dan, "Poles of Market Growth? Open Questions about China, Information, and the World Economy", *Global Media and Communication* 1（1），(2005)，pp. 79-103.

20 参 见 Lazzarato, Maurizio, "Immaterial Labour," in Paulo Virno and Michael Hardt（Eds）, *Radical Thought in Italy: A Potential Politics*. Minneapolis: University of Minnesota Press, 1996, pp. 132-146; 邱林川："新型网络社会的劳工问题"，《开放时代》，2009 年 12 月，第 127-139 页。

21 一般提到"21 世纪社会主义"就会提到拉丁美洲委内瑞拉、哥伦比亚等国领导及学者近年提倡的社会主义建设道路，包括将解放神学与传统马列主义结合等内容。我们在中国语境下谈论"21 世纪社会主义"并非要学习拉美的模式，而是强调必须与时俱进有所创新。

22 参见 Wright, Erik Olin, "Understanding Class: Towards an Integrated Analytical Approach", New Left Review 60 (November/December)，(2009)，pp. 101-116.

23 文森特·莫斯可著，胡正荣等译《传播政治经济学》华夏出版社，2000 年；Mosco, Vincent, *The Digital Sublime: Myth, Power and Cyberspace*, Cambridge, MA: The MIT Press, 2004; McKercher, Catherine, and Mosco, Vincent,（Eds）, *Knowledge Workers in the Information Society*, Lanham, MD: Lexington Press, 2007; Mosco, Vincent, and McKercher, Catherine, *The Laboring of Communication*, Lanham, MD: Lexington Press, 2008.

24 参 见 Schiller, Dan, *Digital Capitalism: Networking the Global Market System*, Cambridge, MA: The MIT Press, 1999; Schiller, Dan, "Poles of Market Growth? Open Questions about China, Information, and the World Economy", *Global Media and Communication* 1（1），(2005)，pp. 79-103; Schiller, Dan, *How to Think about Information*. Urbana, IL: University of Illinois Press, 2007.

25 赵月枝："全球电信危机和产业重组的困境——一位美国学者的警示"，《现代传播》2003 年第 2 期，第 16-18 页；赵月枝："中国与跨国资本：文化视野中的考量"，《新闻与传播评论》2005 年卷，武汉：武汉出版社，第 140-153 页；赵月枝："文化产业、市场逻辑和文化多样性：可持续发展的公共文化传播理论与实践"（上），《新闻大学》2006 年冬季号，第 1-7 页；赵月枝："文化产业、市场逻辑和文化多样性：可持续发展的公共文化传播理论与实践"（下），《新闻大学》2007 年春季号，第 56-62 页；赵月枝："国家、市场与社会：从全球视野和批判角度审视中国传播与权力的关系——兼论中国传播研究的理论框架"，《传播与社会学刊》第一卷第 2 期，2007，第 23-50 页；赵月枝："世界不是平的：新媒体与社会发展的多元化"，《二十一世纪》，2008 年 2 月，第 101-105 页；赵月枝："手机之后，是什么？中国'数字革命'的社会层面再认识"，《全球传媒学刊》电子版（第四期），2009 年 6 月，http://www.tsjc.tsinghua.edu.cn/gmj/

26 参见 Zhao, Yuezhi, *Communication in China: Political Economy, Power and Conflict*, Lanham, MD: Rowman & Littlefield, 2008; 赵月枝：《传播与社会：政治经济与文化分析》，中国传媒大学出版社，2011 年。

27 参见 Lee, Chin Kwan, *Gender and the South China Miracle: Two Worlds of Factory Women*, Berkeley, CA: University of California Press, 1998; 沈原：《市场、阶级与国家：转型社会学的关键议题》，社科文献出版社，2007 年；潘毅：《中国女工：新兴打工阶级的呼唤》，任焰译，明报出版社，2006 年；潘毅、卢晖临、张慧鹏：《大工地上——中国农民工之歌》，商务印书馆，2010 年；潘毅、卢辉临、郭于华、沈原（编）：《富士康辉煌背后的连环跳》，商务印书馆，2011 年。

28 参见 Smythe, Dallas W. (1994). "After Bicycles, What?" In Gubeck, T. (Ed.), *Counterclockwise: Perspectives on Communication*, Dallas Smythe (pp.230-244). Boulder, CO: Westview Press. 此文已由王洪喆译为中文。

29 参 见 Zhao, Yuezhi. (2007). After Mobile Phones, What? Re-embedding the Social in China's "Digital Revolution"? *International Journal of Communication*, 1, 92-120.

30 信息时代三部曲英文版由英国 Blackwell 出版社于 1996 至 1998 年之间出版。中文版由夏铸九等翻译，社会科学文献出版社 2003 年出版，书名分别为《网络社会的崛起》、《认同的力量》、《千年终结》。

31 参见卡斯特新书 , Castells, Manuel, *Communication Power*, New York: Oxford University Press, 2009.

32 其他学者如哈特和尼格瑞已在他们的著作中对这条假设进行了深入讨论。参见 Hardt, Michael, and Negri, Antonio, *Multitude: War and Democracy in the Age of Empire*. New York: Penguin Press, 2004.

33 曼威·卡斯特："学术对谈：中国、传播与网络社会",《传播与社会学刊》，2006 年第 1 期，第 3 页。该学术对谈也已被收入陈韬文、黄煜、马杰伟（编),《与国际传播学大师对话》，中国人民大学出版社，2011 年。

34 参见 Castells, Manuel, *The Rise of the Network Society*, Oxford: Blackwell, p. 406.

35 同上，第 409 页。

36 邱林川："新型网络社会的劳工问题",《开放时代》，2009 年 12 月，第 135 页。

37 同上，第 134 页。另见 Kücklich, Julian, "Precarious Playbour: Modders and the Digital Games Industry," *Fibre Culture* 5,（2005）, http://www.journal.fibreculture.org/issue5/kucklich.html

38 参见 Castells, Manuel, *The Urban Question: A Marxist Approach*（Trans by A. Sheridan）. London: E. Arnold, 1977.

39 参见 Castells, Manuel, Goh, Lee, and Kwok, R.Yin-Wang, *The Shek Kip Mei Syndrome: Economic Development and Public Housing in Hong Kong and Singapore*, London: Pion Ltd, 1990.

40 参见 Castells, Manuel, *The Informational City: Information Technology, Economic Restructuring, and the Urban-Regional Process,* Oxford, UK: Blackwell, 1989; Castells, Manuel, *The Rise of the Network Society*, Oxford, UK: Blackwell, 1996.

上 编

网络之普及

第一章

网吧

1995 年，中国刚开通公众互联网。那时的网吧叫“网络咖啡屋”，是精英人群向往的地方。“中国人离信息高速公路还有多远？”北京中关村附近的首都体育馆旁，赫然立起这样一块巨大的广告牌。答案 :“向北 1500 米”。[1] 广告指向我国最早，也是当时最有影响的互联网地标 : 瀛海威公司“网络科教馆”。

我是 1996 年在离瀛海威不远的北大东门附近学会收发电子邮件的。那里当时还都是胡同，经过一家肉夹馍小店，就到了。那家网络咖啡屋好像没有正式名字。只记得是间普通平房，没特别装修，但屋里明亮、安静、整洁，总能闻到速溶咖啡的香味。老板是计算机系毕业生，人很好，热心教我怎么输入 UNIX 指令，还跟我解释怎么按国际通信流量收费。当时算的都是国际通信流量，因为几乎所有电子邮件都是发到海外的。一屋人有大约一半是外国留学生，另一半包括我在内都是正在联系学校准备出国的北大同学。

那家店生意不错。原因是电邮比寄信更快、更便宜。一封普通国际平信那时要 4 块多，而且至少走一礼拜。用电邮只要几毛钱，几分钟就可发到。所以

图 2.1　1995 年的瀛海威网络科教馆巨幅广告牌

图片来源：互动百科，http://www.hudong.com/wiki/ 瀛海威

生意兴隆，店门口排起队来。那屋里有十几台电脑终端，用的是还是只显示绿色文字的老式显示器。每部终端配一个键盘，但都没有自己的硬盘，而要和其他终端一起共享主存储机。整个屋里只有一台装了 Netscape 1.1 的高级机器有彩色显示器，还有鼠标！它端坐在两扇门之间的显眼位置，如同神龛一般。大家对它心中向往，却极少有机会触碰它。因为用它上网，一小时 20 元！

十多年过去了，再也见不到代表新文化启蒙的“网络咖啡屋”，取而代之的是不计其数的“网吧”。虽然都是上网的地方，但环境差别很大。今天的网吧多数不再安静明亮。那里灯光一般较暗，进到里面，马上会被各种喧嚣声和色彩所包围。放眼看去，都是在打网络游戏、看网络视频和网上聊天的青年。大部分电脑配了耳机和话筒，不时有人大声说话甚至叫喊，针对的人可能在这家网吧里，也可能在千里之外。同是年轻人，他们多是来娱乐消遣的。一般很难见到有人查邮件。再没了咖啡的香味，闻到的是或浓或淡的二手烟。饿了，叫碗方便面。累了，趴在电脑前睡一会儿。很少有人是为了出国来上网的。好多人连座位都懒得离开。

这些年来，机器配置也发生了很大变化。十年前，网络咖啡屋里的电脑与办公室或家里用的个人电脑是差不多的，不论硬件、软件都基本一样。然而，如今网吧里的电脑已在相当程度上演变成专供集体消遣的娱乐机器。从清一色的耳机到防水键盘，从特别的操作系统到最新的网络游戏，它们比一般的个人电脑在机器配置方面可能更胜一筹。但它们却很少有优盘接口、光碟机或WORD文字处理软件。“网吧电脑”几乎变成另外一个种类的电脑，以至于在有的电子产品大卖场里，出现专门针对“网吧电脑”的楼层，规模颇为可观，如广州石牌西路上的网吧电脑专区。

名字的变化同样说明问题。十年前“网络咖啡屋”这一名称代表着现代化的启蒙、社会进步以及一种高品位的新文化浪潮。十年后，它变成了“网吧”。所谓“吧”，是英文bar的音译。它来自“酒吧”，但和下两章要提到的“长话吧”（又称“话吧”，供人打付费电话的地方）一样，都是指价格便宜、可供多人同时使用的中下阶层信息服务设施。与“网络咖啡屋”不同，“网吧”的叫法更贴近生活，也更强调娱乐、社交、打发时间。2004年全国调查发现，91.4%网吧平均每小时上网收费不超过2元。[2] 2005年以来，网吧收费更加低廉，一元一小时也很常见。

虽有诸多变化，还是有东西保持不变。一是网吧针对的用户群，不论学生、游客，还是打工者，一般都比较年轻，而且男性居多。二是网吧老板年纪不会太大，多数也是男性，且按当地标准，他们的文化教育水平还比较高。三是网吧员工，尤其是大型网吧里的普通员工，无论是收银的还是扫地的，都包括很多年轻女性。她们收入微薄，工作时间长，但不同于男性顾客、男经理以及男网管，她们往往一声不吭，是男性技术文化里的沉默者。

网吧是一片“新型公地（informational commons）”[3]，也是新工人阶级的“共有媒体”[4]。虽然网吧都有自己的私人老板，但由于价格低廉，店铺众多，所以对交得起每小时一两元租金的基层用户来说，它是相当开放的，而且它是一种集体上网而非个体上网的接入模式。与此相比，在家中或单位上网对大众都是开放性不足的。这些中下阶层人群，很多人没钱买电脑、没钱按时缴上网费；或者是就算有钱，也没有条件，因为宿舍空间小，电脑易被偷；还有很多用户是没有固定居住场所的；也有人是各方面客观条件都具备，但不想自己维护机器；或是喜欢和朋友一起上网，独乐乐不如众乐乐的。总之，网吧作为公众上网场所，起着其他上网模式不可替代的作用。它以灵活的接入方式和低廉的经济成本，满足中下阶层需求，尤其是基层群体自下而上的社会网络传播需求。它因此是新工人阶级网络社会的重要基石之一。

然而，网吧还是一个频出问题的畸形市场。在理论上，它可以自下而上自由发展，但在实际操作中，它往往受制于自上而下的结构性制约，以至个体老板的商业抉择和网吧员工、网吧顾客的自由选择范围都可能被忽视、被扭曲。这在电信史上有很多先例。一百年前，在20世纪初的北美也曾出现过大型电信运营企业想尽办法打压乃至消灭中下阶层集体“上网”的事，只不过当时上的不是互联网，而是传统有线电话网。那时在较偏远的郊区和农村，基层家庭可以左右邻里好几户人家共用一条电话线，叫做“派对线（party line）”。这样价格低廉的集体联网形式本来很受中下阶层欢迎，但却因遭电信大企业反对而消失。[5]背后原因并不复杂：在资本主义社会里，大企业只想赚钱，不认为自己的首要任务是为中下阶层服务。它们更喜欢一家一条线的商业模式，因为那样更方便它们盈利和管理，即使那意味着每条线成本更高，利用率更低，还有些潜在用户因此无法使用新媒体科技。

当然，背后的商业动机一般不会拿到台面上。常见的是用非商业因素来说事，比如妨碍治安、不利青少年成长等。这对20世纪初的“派对线”和21世纪初的网吧而言，几乎如出一辙。商业媒体报道也强调网吧里的混乱情况。然而，主流媒体报道往往只触及问题表面，缺乏深入分析，甚至有意添油加醋，进行渲染，挑起大众恐慌。于是造成学校和家长对网吧存在刻板印象乃至偏见，一味要政府强力打压，结果进一步激化信息中下阶层与相关部门之间的矛盾。

就是在这样的背景下，网吧市场和国家及地方的网吧管理体系相互作用，逐渐演变出十年前难以预料的各种商业模式和技术方案。这其中，政府介入的影响更甚于东亚地区日本、韩国的“发展主义国家（developmental state）”模式，包括台湾地区，因为它涉及的不单是经济发展和信息产业，还有围绕集体上网的阶层和阶级问题。那么究竟是自上而下的传统权力体系更强大还是自下而上的草根社会网络更强大？网吧除了让中下阶层上网，真的可以支撑新工人阶级和网络劳工的形成吗？

□ 叛逆的攀升

在新世纪初的几年里，网吧的公众形象突然发生变化。一旦成为新闻标题，无论是个别网吧还是整个网吧业，都往往和“整顿”、“治理”、“打击”、“清理”、“关闭”这样的动词一起出现。这几乎成了一个固定的新闻报道套路。[6]如新华网报道，2001年4月至10月，全国关闭了17488家网吧。[7]2002年12月，美联社报道，3300家网吧遭到整顿。[8]2004年3月至11月间，1.8万多家网吧被迫关门整改，其中1600多家被吊销营业执照。[9]2009年又有8102家网吧被停业整顿，4万家黑网吧被取缔。[10]这些不是简单的事实陈述，而有强调整顿力度的成分。国内媒体希望借此达到的效果是让大家少去网吧上网，不再去开新网吧，杀鸡儆猴。同时，国外媒体借此强化对中国政府的刻板印象。两者异曲同工，都把网吧看作被动的受打击对象。

同时，一整套全国规模的管理体系也建立起来。[11]它包括不同级别的政府机构，也包括民间各种势力，以充分调动行政资源和社会资源，对网吧进行控制。1998年、2001年和2002年分别通过的网吧管理法规就是很好的例子，它们一部比一部严格。介入其中的公权机构包括当时的邮电部(信息产业部)、公安部、文化部等。

但最后结果呢？严格的法规、反复的整顿、大众媒体的妖魔化，加在一起是否真能让人不去网吧，也不再开新网吧？对中国互联网络信息中心提供的官方数据进行一下纵向整理，其结果相当出人意料：原来尽管有这么多限制因素，尽管治理整顿了这么多家网吧，但网吧业发展依然呈现出惊人的强势。

将网吧增长情况和其他上网方式进行比较，看到的是一个中低端信息传播技术崛起的重要过程。从1999年1月到2009年1月，与网吧几乎平行发展的是在家中上网。1999年1月，在家上网的网民占全国网民总数的44%，该比例到2011年7月攀升到89.2%。家庭上网比例的提高有赖于互联网运营商的广

图 2.2　不同场所上网网民占全国网民总数的百分比

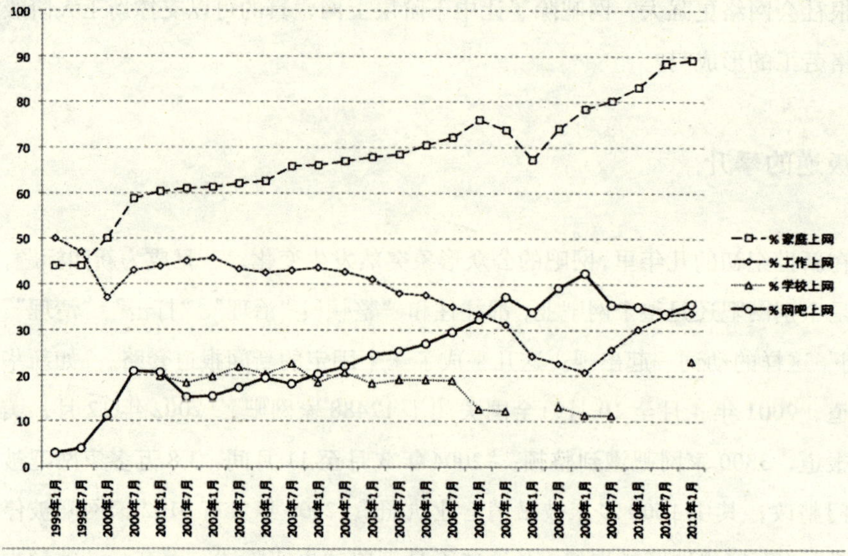

数据来源：中国互联网络信息中心《中国互联网络发展状况调查统计报告》

图 2.3　在网吧上网的网民数量增长情况

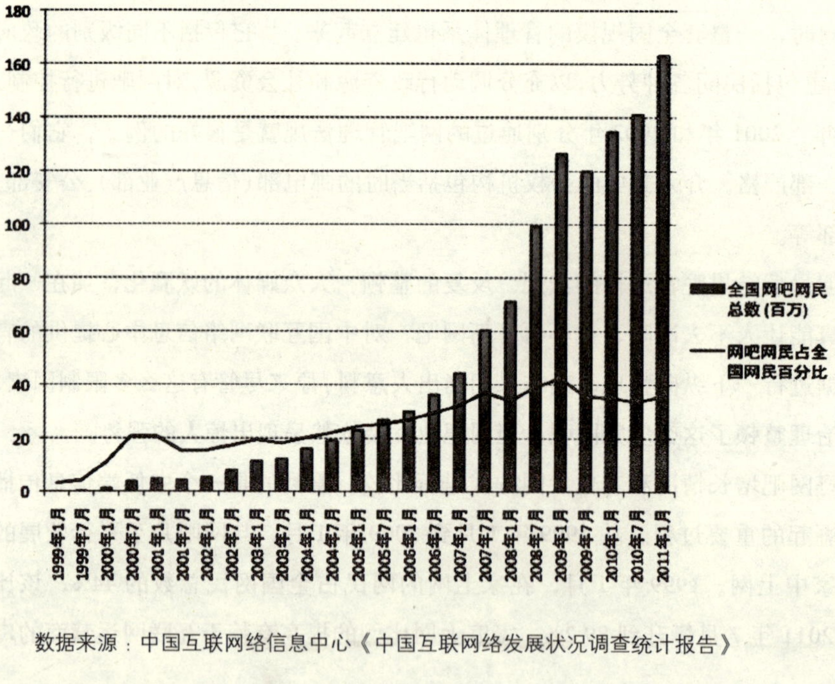

数据来源：中国互联网络信息中心《中国互联网络发展状况调查统计报告》

告促销活动和各种政府优惠政策，至少它不用像网吧碰到那么多制度障碍和社会偏见。因此可看到家庭上网比例提高的曲线基本是平滑的，只是在 2008 年前后出现过一次波折（见图 2.2）。

从 1999 年 1 月到 2011 年 1 月，通过网吧上网的网民人数由大约 6 万人增长到 1.63 多亿（见图 2.3）。同时，网吧用户占全体网民总数的比例也从 3% 攀升到 35.7%。整个过程中，网吧发展出现最明显下降态势的阶段是 2000 年 7 月到 2001 年 7 月，很可能是当时的严打措施所致。2003 年上半年也有一次增速放缓，应与“非典”有关。2009 年 1 月网吧所占比例达到峰值 42.4%，此后开始下降，这和手机上网等其他上网方式的增长很可能有关系。但总体来看，网吧业十年来基本保持了快速增长的态势。

与此同时，用办公室电脑上网的用户比例明显下降。1999 年 1 月，全国网民一半都在工作单位上网。但到 2009 年 1 月，该比例只剩下 20.7%。此后单位上网比例有所回升，2011 年 1 月为 33.7%，仍比网吧上网的用户比例低两个百分点。也就是说，没有工作单位上网条件的中下阶层在人数上已超过可在办公室上网的中上阶层。该超越能够实现，网吧功不可没。

目前全国每三个网民中至少有一个在网吧上网。网吧对信息中下阶层的迅速出现，对促进互联网大规模普及，有不言而喻的重要意义。全国到底有多少网吧？准确答案很难找到。但有几个可供参考的数字。2004 年 11 月，新华网文章中提到当时全国有 11 万个在相关部门注册的网吧。[12] 而在 2002 年 10 月，新华社从文化部了解到，2002 年 5、6 月期间“据当时不完全统计，全国共有 20 余万家网吧，其中非法网吧达到 11 余万家”。[13]

2004 年 10 月，一位文化部官员提供的数据是全国至少有 180 万家网吧，[14] 还有外国媒体在 2005 年 9 月报道全国网吧总数超过 200 万，[15] 这些应包括未完成注册手续的网吧。2006 年 7 月的另一份政府新闻稿里提到，全国当时有 112264 家网吧，它们共有超过 600 万台电脑和超过 78.6 万名职工。[16] 文化部、财政部主持的 2008 年《中国网吧、网络游戏调查报告》指出，2006 年网吧产业年产值为约 256.8 亿元，从业人员达 110 万人，就业人数比 2001 年的统计数字增长了 17.6 倍。这应是不包括未注册网吧的数字。另据文化部 2011 年 1 月公布，截至2009年底，全国依法设立的网吧共13.8万家，电脑终端1316万台，从业人员约58万人，2009年全国网吧市场总规模达886亿元。[17]尽管上述数字差别颇大，统计方法解释不尽周详，但基本上还是可以下这样的结论：虽然管制严格，但网吧依然快速增长，已成为一个庞大的产业。

网吧业的高速增长和庞大规模对压制它的控制体系来说，是一个叛逆的现象。它挑战了上层社会居高临下藐视中下阶层信息需求、娱乐需求和社交需求的片面价值观，以及那种认为信息网络技术的发展方向一定只能由传统权贵阶层来左右这样一种常见的错误观念。精英阶层的市场已渐饱和，互联网要普及，重要途径之一就是要通过网吧这样的集体上网方式来满足社会大多数人的需要。不论是沿海大城市的普通居民区还是内地二三线城市以及更小的城镇，都为网吧发展提供了巨大空间。过去十年，网吧业到底在这样的空间里怎样发展？它的发展路径有什么特点？为什么是这样的轨迹？

网吧究竟是如何从一种为精英服务的中上阶层新媒体服务演变为与信息中下阶层命运相连的中低端行业的呢？该过程包括几个重大转变。首先是网吧消费群体从20世纪90年代的精英变成十年后规模庞大的信息中下阶层。其次是网吧上网传播方式的变化，以前主要是为了进行交互性信息传递，如跨国电子邮件等。现在的网吧则以提供娱乐为卖点，包括相当多的单向传播内容，如看电影、听音乐，其传播方式根本还是大众传播的延伸。第三，过去的网络咖啡屋是个特别的符号，代表新经济和社会进步。今天的网吧则面临沉重的公众形象问题，因为它长期被打压、被抹黑，即便证照齐全的正规网吧也要背负“黑网吧”的恶名。哪怕它们在不少方面比以前的网络咖啡屋可能做得更好，可以发挥出更正面的社会作用，哪怕网吧业者付出辛勤的劳动，但由于久积的误解与怀疑，美好理想依然很难实现。

网吧的沉沦不是历史宿命使然。这样一条发展路径绝不单因为运气不好，也不是政府规管日益严格、市场规模日益庞大所致。真正的发展过程其实相当混乱，公的私的、新的旧的，多种势力都曾影响网吧发展。它们之间一方面互相博弈，一方面又受到当时一些关键事件的影响。这些事件不光包括精英决策层内部发生的“大”事，还包括庙堂之外街头巷尾的“小”事。主流媒体多数记“大”忘“小”，但要全面分析，就要两者兼顾。

网吧行业的发展，1999 年前是小规模、快速增长的第一阶段。1999 年到 2002 年是大规模普及，但反复被严厉打压的第二阶段。此后算较平稳增长的第三阶段。十多年来，网吧本可发挥更多元的社会功能。然而，出于种种因素的影响，它却被限定在沉沦的轨迹上难以自拔。最早一批有抱负的网吧从业者要么碰得头破血流，被迫黯然收场，要么弃明投暗，向现实低头。

总体而言，网吧至少可分为四个基本种类，也就是说并非所有网吧都有一样的发展轨迹。这里用的是广义的网吧定义，即通过租赁形式向公众提供上网服务的经营场所。四个种类包括：1. 促销式网吧；2. 精英阶层网吧；3. 大众服务网吧；4. 非法或部分合法的“黑网吧”，包括有意逃避政府管理的，也包括因地方政府政策调整及主流社会歧视而无法办齐证照的。在北京中关村附近，也就是我最早学会用电子邮件的地方，刚好可以找到代表四个基本类型的四家较出名的网吧，可惜它们已经全部不在了。有两家因公司内部原因而关门，一家因改建被迫搬迁，还有一家则葬身火海。

促销式网吧

促销式网吧最早出现，最好的代表还是瀛海威公司的网络科教馆，也就是本章开始提到的地方。我有幸在 1996 年去那里“朝圣”。从北大骑车去，一会儿就到了。还记得当时的兴奋，在里面上了什么网站却没印象了。只模糊记得，科教馆的玻璃门很新很干净，里面用白瓷砖装修再加上其他摆设，照当时标准也算摩登。不过好像只有两台电脑，速度慢，但上网不要钱。收入不重要，因为这是进行科普教育的“科教馆”，目的是让更多人知道互联网，然后再加入瀛海威，使用它的互联网接入服务。虽然 20 世纪 90 年代末瀛海威公司出现财务困难，2004 年公司被兼并，瀛海威科教馆依然青史留名。[18]

促销式网吧在各大城市互联网草创时期均功不可没。1996 年，中国电信在广州开的“信息时空”就是要鼓励大家使用 ChinaNet。[19] 2002 年前后，珠江三角洲地区规模较大的餐厅和休闲场所开始用免费上网招徕顾客。[20] 类似情况在成都的电脑商城里也可见到。[21] 在上海，复旦大学附近的一家书店也用这招吸引人流，同学们为此排起长队。[22] 然而，随着时间的推移和互联网的普及，促销式网吧日益减少，乃至基本绝迹。原因在于促销的主体，无论是互联网公司、电脑商城，还是餐厅、书店、休闲娱乐场所，它们针对的往往是收入较高的“新贵”消费者。这些人都已经可以在家中或单位上网了，免费上网不再有吸引力。用户阶层的变化，于是成为促销式网吧日渐稀少的主要原因。

精英阶层网吧

精英阶层网吧针对中上阶层消费者，其代表是“实华开”网络咖啡屋，地点就在首都体育馆西门，也就是瀛海威巨幅广告的边上。1996 年 11 月实华开正式营业，吸引了不少附近友谊宾馆的外国人。它要价不菲，1999 年时高达每小时 20 元，一般老百姓绝对支付不起。2000 年，美国科网股暴跌，实华开反倒看好中国市场的潜力，逆市推进，在全国一口气开了 14 家分店，成为最早的全国网吧连锁。然而，仅时隔两年，网吧业的大起大落就让实华开深受其害。在 2002 年夏天严打网吧的尘嚣中，实华开正式宣布放弃网吧生意，“以便更专注于 B2B 商业服务”。[23]

尽管如此，在大城市的繁华地段依然可以找到精英阶层网吧。它们机器配制精良，多专门针对高端网游用户。如 2004 年上海淮海路上的一家网吧，收费每小时 10 元。当时上海一般收费标准是 3 元，但这里不但机器更好、速度更快，而且还无限量免费提供各种饮料。这里每个座位的空间更宽敞，座位之间有分隔板，还有无烟区。类似的高端网吧在北京、深圳等大城市也可以找到。但总体上，精英阶层网吧的市场份额也已在日益减少，因为全国互联网增长的重心已先从大城市最繁华地段转移到周边地区，后又从大城市进一步转移到中小城市。

大众服务网吧

大众服务网吧分两种：一种规模庞大，一家网吧可容纳许多顾客；另一种每间规模较小，但总体数量庞大，可在广大地区内为各式各样的中下阶层用户服务。第一种大众服务网吧以飞宇为代表。飞宇鼎盛时期一度在北大南墙一字排开，拥有1800部上网电脑。这恐怕是迄今为止中国规模最大的一家网吧，在全世界也首屈一指。虽然1998年开业时只有25台电脑，飞宇在之后的两年半时间里以惊人速度大幅扩张。它先后租下附近的9间店铺，开拓出1万多平方米的巨型网吧空间。“飞宇网吧一条街”出现在中关村核心地带。[24]

表 2.1 飞宇网友网吧收费标准

项 目	单 价	时 间
网友东厅上机	免费	早上 7：00—上午 9：00
	5 元 / 小时	上午 9：00—中午 12：00
	10 元 / 小时	中午 12：00—凌晨 2：00
	5 元 / 小时	凌晨 2：00—早上 7：00
网友西厅上机	免费	早上 7：00—上午 9：00
	3 元 / 小时	上午 9：00—中午 12：00
	6 元 / 小时	中午 12：00—凌晨 2：00
	3 元 / 小时	凌晨 2：00—早上 7：00
网友地下东厅	免费	早上 7：00—上午 9：00
	3 元 / 小时	上午 9：00—中午 12：00
	5 元 / 小时	中午 12：00—凌晨 2：00
	3 元 / 小时	凌晨 2：00—早上 7：00
网友地下西厅	免费	早上 7：00—上午 9：00
	3 元 / 小时	上午 9：00—中午 12：00
	4 元 / 小时	中午 12：00—凌晨 2：00
	3 元 / 小时	凌晨 2：00—早上 7：00
打印	1 元 / 张 A4 纸	
复印	0.2 元 / 张 A4 纸 单面	0.4 元 / 张 A3 纸 单面
扫描	4 元 / 张 7 寸照片或 A4 纸	
免收服务费	免费提供纯净水	
持贵宾卡者和学生证者八折优惠	记费时间按分钟计算	

资料来源：参见飞宇网 http://www.feiyu.com.cn/wangbatupian/jianjie/HTML/hhtsj.htm

飞宇老板王跃胜来自山西农村。他靠做建材和石油生意起家，虽然挣了不少钱但仍不忘自己的草根出身。他认为互联网应最大程度为社会各阶层服务，而不仅限于精英。他选“飞宇”为名，因为这两个字笔画简单，但寓意深远，教育水平低的人也能理解。[25]

当时的飞宇针对不同用户设立不同分区，有电脑配置更好的，网络速度更快的，也有针对低收入人群的普通机器。这样分区在各地都很普遍。同时，飞宇还按每天不同时段灵活收费，包括免费时段。这在其他地方很少见。

从表 2.1 中可看出，飞宇当年服务对象的涵盖面比今天大多数网吧更广。光是早 7 点到 9 点的免费上网时段就不简单，它让周围手头拮据的学生们不睡懒觉，来这里排队上网。[26] 据中国社科院郭良观察，当时连附近理发店小妹都利用免费时段上网。此外，飞宇还为下岗工人和离退休人员提供上网培训及费用优惠，在向中下阶层普及互联网方面非常有超前意识。[27]

飞宇的服务范围也很广。除了单纯的上网服务外，还包括打印、扫描、复印等。这些理应提供的附带服务，在今天的网吧里却日益难觅，连高端游戏吧里也不多见。原因还是网吧变成了纯粹娱乐的场所。飞宇免费提供饮用水、按分钟收费，这两点今天的网吧又有几家能做到？2000 年时，飞宇还是先上网后缴费的。[28] 十年后，除了少数例外，大部分网吧还是要顾客先交押金，或先办好卡才能上网。这样的细节说明，飞宇不是一家唯利是图的企业。它对中下阶层用户的尊重，至今仍不多见。

可惜命运坎坷，飞宇的辉煌理想碰撞在现实的墙上，终于成为历史。2000 年 12 月，两百多名警察光临飞宇。他们用了差不多两个小时，检查了 860 部电脑，在其中 56 部中发现有非法淫秽信息。[29] 有问题的机器占受检机器总数的 5.6%。飞宇被罚 1 万元，而这仅是噩梦的开始。媒体不由分说，把飞宇和青少年道德败坏联系起来。北大也开始“治理外围环境”，重新考虑是否让飞宇“网吧一条街”继续存在。2001 年 4 月 16 日，警方行动四个月以后，北大突然切断电力供应，网吧生意被迫中断。[30] 两天后，飞宇搬到附近的资源东楼。不但面积小了，铺面不起眼了，机器也少了，由原来 1800 多台降到 900 多台。自此，飞宇无法重现当年最高日人流量 2 万多人次，平均 1.2 万多人次的业绩，员工总数也由

340人降为180多人。[31]

强迫搬迁令飞宇元气大伤。原来每台电脑每天有74元收入，搬迁后锐减为20元，下降幅度73%。[32] 为减少一次性风险，防止类似情况再次发生，王跃胜开始改变策略，转而经营多家规模较小，平均每家约50到100部机器的连锁网吧。[33] 他再不挑中关村核心地带这样的地方，而变得低调。即便如此，2002年2月，警方仍再次突袭，并开出更严厉的罚单，责令停业整顿三个月。[34]

至此，飞宇已由大众服务网吧的第一种类型演变为第二种类型。原来网吧一条街的气宇轩昂不复存在，取而代之的是个体店面规模较小但有许多分店的、这一日后大众服务网吧的典型经营模式。每家都不再引人注目，要么从主干道搬到弄堂里，要么从临街一楼最好的铺位搬到楼上或地下室。尽管当初雄心壮志，今天只有为生存向现实低头。网吧十多年来的命运，从飞宇的转变可见一斑。

一家“模范”网吧的挣扎

这家网吧坐落在华东某大学附近。它1998年开张，12年没换过老板、没搬过家，是笔者走访过几十家网吧中历史最悠久、最“稳定”的一家。进门当眼位置除了各种文化、公安、工商等部门的营业许可证外，还有当地政府颁发的模范网吧标志和一块“未成年人不得入内”的大字提示。

谈到12年来的变化，网吧老板很有感慨。表面上看，从当年的486电脑到今天的新机器，从当年每月十万元的电信联网费到现在每月八千的专网专用费，网吧在硬件和支出上看好像进步了不少。但这加在一起也没有价格下降一个因素影响大。12年前的上网收费是每小时25元，现在平均是每小时2.5元，足足相差十倍。再加上电脑定期更新、铺面租金猛涨、相关部门管理过严导致经营成本大幅上升等因素，网吧生意亏本，用老板的话概括就是“惨淡经营”。

惨淡经营的结果一是上网电脑数目减少，由最多时一百多部机器减到现在的几十台，只剩下不到一半。节省出的空间有的隔出来变成一家小饭馆，有的分租给其他人。即使如此，网吧还是亏本，要靠老板经营其他生意来补贴。网吧员工的工作压力也因此加大，因为没法请新的网管和服务员。

网吧经营前几年，互联网界的大公司一般很关心网吧，如新浪、网易都曾来免费送鼠标垫，还按点击量给予优惠奖励，但这已是历史。网游公司也不会特别关照网吧。

相关职能部门就更别说了。文化、公安、工商、税务、消防，各自管理模式不但不同而且有时相互抵触。怎么同时和各部门处好关系是最让人头痛的问题。总体感觉是，它们的心态不是为网吧服务，而是把政府应该做的事推到企业头上。比如顾客上网登记用假证件居然也算网吧问题，也要进行罚款。而且，虽然这家已是模范网吧，但直到2010年还是有些部门会派人来“钓鱼式执法”，稍有不慎就受重罚。

怎样走出困局？网吧老板一筹莫展。他也想进一步改善网吧环境、提升经营水平。可是没有政府和大企业的支持，他非常清楚，贸然出击的结果是连现在的摊子都守不住。“模范”尚且如此，其他网吧呢？

“黑网吧”

最后一定要提的是所谓“黑网吧”，包括有意无照非法经营的，也包括由于各地政策限制或官僚主义等原因，多个所需证照中有一两种不齐全的。后者严格来说不应算作“黑网吧”，但它在现实中大量存在，媒体报道中一般也不对两者进行区分。就算证照齐全的网吧，只要有未成年人入内，无论是否有家长陪同，就可能被视为“黑网吧”。一时间，“黑网吧”甚至成为“网吧”的代号，只要出现在媒体报道中，就一定涉及非法内容，因为网吧有意无意，乃至“被违规”的情况实在太多。

最出名的“黑网吧”当数离北京科技大学不远的蓝极速。这家店2002年5月底开张，离警方那年2月再次整顿飞宇不过3个月。但只营业了两个多礼拜，蓝极速就在6月16日凌晨两点半被纵火烧毁。此前，蓝极速网管曾拒绝两位年龄分别为13岁和14岁的少年进入网吧。[35] 两人为了报复，将汽油泼到网吧门口，然后点火。由于店门被锁，窗户上又有焊死的铁条，所以造成25死13伤的惨剧。死者中21人来自北科大，其中9人为计算机专业预科班的同班同学。[36]

蓝极速在不少方面很像王跃胜在飞宇遭整肃后认为“合适”的那种网吧。它规模适中，有接近100部电脑。它位置不打眼，栖身普通住宅区里，在一栋老房子的二楼。上网一小时收费3元，如果过夜，从晚12点到早8点只收12元。[37]本书第七章将着重探讨火灾背后的深层次社会问题。这里首先要关注的是：蓝极速火灾和清理网吧之间究竟是怎样的因果关系？

大部分媒体报道给我们的印象是，因为蓝极速太“黑”，所以相关部门才严厉整肃。潜台词是：蓝极速非法经营是因，打击网吧是果。网吧业者太不像话，他们自食其果、罪有应得。然而，稍有一点逻辑就会发现这个看法存在很大问题。判定因果关系有个必要条件，就是原因必须发生在结果之前。在北京，或者具体到中关村一带，到底是蓝极速事件先发生，还是严厉整肃网吧先发生？

飞宇的遭遇很能说明问题。一来飞宇“网吧一条街”距蓝极速并不太远，二来飞宇早在2000年12月就遭到警方整肃，到2001和2002年更是雪上加霜。还有一个巧合，与王跃胜及不少第一批开网吧的弄潮儿一样，蓝极速老板郑文京恰好也是在1998年年初开始在海淀区经营网吧生意的。而1998年12月，我国有关治理网吧的第一部规定才出台。[38]郑文京2002年以前已经在海淀区开过两家网吧，而至2001年4月他已曾六次遭罚款。[39]可见，对网吧的严厉整肃早在大火以前就经常影响网吧运作，我们不能倒果为因。

从微观层次上看，蓝极速老板是不是唯利是图的坏人？2002年的报道里看不到郑文京本人，倒是2009年《法律与生活》杂志的一篇“蓝极速网吧老板今安在？”引用郑的代理律师王九川披露，原来郑文京是“一位内向的、三十几岁的工程师”。[40]对蓝极速悲剧而言，他的确有不可推卸的责任。但稍微想想，为什么网吧会隐蔽在那样危险的楼上？为什么那么多学生会挤在里面？假如没有制度层面的过分打压，是否业者不必那么偷偷摸摸？是否对新事物好奇心强的青少年不会那么趋之若鹜？

回到宏观层面，再看看官方数据，2000年7月到2001年7月对网吧业而言是个非同寻常的时期。从1999年开始的近十年间，网吧上网用户数占全国

图 2.2 不同场所上网网民占全国网民总数的百分比：
家庭上网、工作单位上网、学校上网、网吧上网

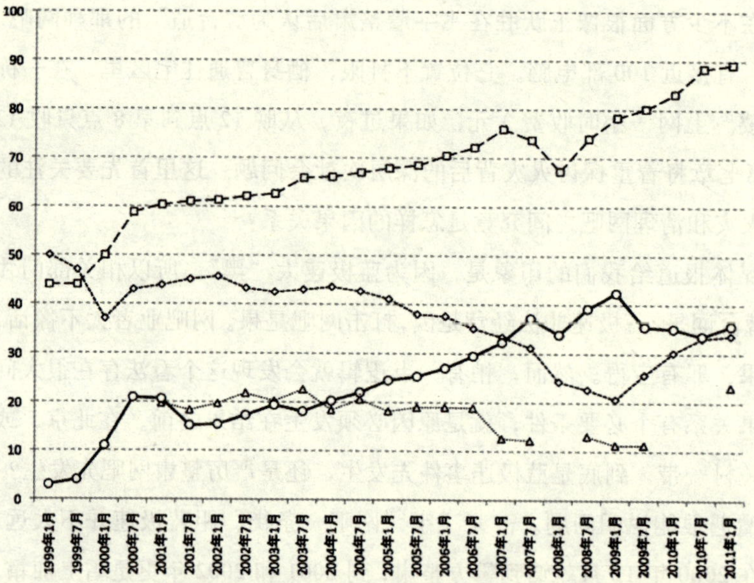

数据来源：中国互联网络信息中心《中国互联网络发展状况调查统计报告》

网民总数的比例一般都是在不断上升的，但这段时间却呈现明显下降趋势。从绝对数字来看，仅2001年上半年，全国网吧用户总数就减少了500万。而据报道，仅2001年4月到10月间，全国就有17488家网吧被取缔，另有28272家限期整改。[41] 2001年底，当精英网民为中国加入世界贸易组织欢呼雀跃的时候，网吧业却面临着自20世纪90年代中期以来最严重的生存危机。所有这些都发生在2002年6月蓝极速网吧大火之前而不是之后。

蓝极速大火发生前的19天，我和中国社科院的卜卫老师刚好在四川凉山彝族自治州的西昌市做调研。早上6点，我们好不容易敲开一家网吧的门，发现原来远在西南一隅的小城市，网吧也因惧怕整肃而反锁着门通宵营业。西昌离北京2000多公里，却也有如此相似的情形，这背后的问题一定不是个别情况。

前面讨论的促销式网吧、精英阶层网吧、大众服务网吧、“黑网吧”，是发展至今的四种主要类型。但网吧其实还曾发挥过别的功能，特别是 1998 年到 2001 年的多次网络事件中，如 1998 年反印尼、1999 年反北约、2001 年南海撞机事件等。在这一系列事件中，网吧成为社会公共能量的聚集点，如黑客进攻某些境外势力时会用网吧作根据地。江西九江共青城甚至有网吧老板在网络论坛中发帖，宣布为有能力进行网络攻击的爱国黑客提供免费上网。[42] 该时期还有“法轮功”示威等其他事件，国内宏观氛围发生很大变化，媒体行业受冲击不足为怪。而网吧业受影响尤甚，因为网吧里的电脑有不少会用当时流行的网络翻墙工具做浏览器初始页，就连有电信或其他官方背景的网吧也会如此吸引网民。[43]

有关部门在全国范围内严厉打击网吧确有政治经济多方考量，不是一句“保护青少年”的道德说词就能概括的。但部门利益不能凌驾于公众利益之上，公共政策要解燃眉之急，也要防止用药过猛产生副作用，对中国式网络社会的长远发展形成制约。部门领导不喜欢网上的奇谈怪论、黑客战争，这都可以理解。但不应该不由分说把网吧里的各种社会表达和公众活动全部一棒子打死，尤其是那些有利普通工农大众进行社会参与的有益尝试，如飞宇早上的免费时段和针对下岗工人及离退休人员的培训。可惜这在当时未得到充分讨论，导致网吧多方面发展潜能无法开发，只保留一项功能：娱乐。

然而，娱乐本身也不是问题。报纸、电视同样娱乐大众。但只能发展娱乐不能发展其他功能，如教育、信息、文化、社会表达等，这就是问题了。网吧娱乐化在许多方面却又切合了社会市场化、媒体娱乐化的总趋势，因此单向度膨胀，一发不可收。只要有钱赚，就有人愿意砸下本钱，博取利润。娱乐本是最安全的挣钱方式，但如果还是挣不到预期收益，即使冒风险也在所不惜。商业短视行为也是只从自身利益出发，不顾长期公众利益，结果导致网吧娱乐化过程迅速加快，在单一发展模式上越陷越深。

□ “升级换代”

网吧业面临的困境在很大程度上是由于内部恶性竞争。恶性竞争背后更深层原因是单一的线性思维模式问题。一言以蔽之，就是什么都要“升级换代”，且升级总是要自上而下地统一化、标准化，从而忽视了基层网络实践的实际需求。“升级换代”本是电信行业的技术语言，现在却广泛应用到社会政治文化意义体系的方方面面，成为技术官僚思维逻辑的核心比喻：电脑的硬件和软件不时需要升级，普通用户对升级的细节知之甚少，也不想知道具体内容，往往是按一下“同意”键就算完事。与此类似，网吧业者及其用户也极少介入行业发展的方向性讨论，什么时候升级、怎么升级，都是被动听人摆布。

然而，网吧与一般个人或单位上网的情况有两点重要区别。一来网吧是面向公众的集体上网模式；二来网吧大多为信息中下阶层服务。如果在公共政策中只强调精英式“升级换代”，就很难听到来自草根的声音。结果造成行业生态迅速恶化。20 世纪 90 年代末，大家的顺口溜是：“要想发，开网吧！”几年后变成一声哀鸣：“要自杀，开网吧！”即使如此，令人不解的是，网吧市场规模为何仍持续扩张？这是“升级换代”的功劳吗？还是因为中下阶层需求实在太强，用户数即使在不利条件下依然保持增长？网吧业还是可以在精英逻辑的缝隙中找到发展机会？

监管与抵抗

首先看网吧相关政府管理体系的升级换代。从 1998 到 2002 年，相关部门先后出台了三个全国性行业法规，管理制度从无到有，日益严格。[44] 三部法规的出台标志着不同时期有不同领导部门，以及不同的监管重心：1998 年起以公安部为主；2001 年后则以信息产业部为主；2002 年又变成文化部主管。2002 年 11 月 15 日生效的《互联网上网服务营业场所管理条例》作为主要管理规定沿用至今。

起初，不少国外人士觉得这些专门针对网吧的法规令人费解，因为中国在对互联网运营商、内容提供商乃至网民的管理上已经相当严格，为什么在这些互联网条例外还要具体制订网吧法规？[45]是否表明那些互联网条例没能很好实施？或是相关部门间缺乏协调？这些看法一度流行，但并不能很好解释为什么全国监管体制在2002年文化部接手统筹以来没再出现显著变化，而是保持相对稳定。

当然，目前的相对稳定不表示文化部监管是十全十美的。其实文化系统2003年以来推进的全国网吧连锁经营模式就并不成功，至今全国网吧连锁店依然影响甚微，达不到行业整体“升级”的预期效果。比较成功的网吧连锁一般都是省市级连锁，而非全国连锁，单体网吧仍大量存在。省市级连锁店和文化部门间的关系也因地方不同又有变化。而且地方上还经常看到公安强势主导网吧监管的情况。总之，要全面了解网吧管理体系的变迁，就不能仅停留在法规条文的层次上，而应当回到现实运作中去。

整个网吧管理体系中，还有一个没有直接管理权，但却有相当影响力的系统，就是大众传媒，尤其是那些市场导向的新兴商业媒体。它们自20世纪90年代大规模兴起，比互联网早不了几年。我接触过的第一代网吧业者基本分两类：一是学电脑或相关专业的，如教会我收发电子邮件的老北大东门边的网吧网管；二是本来经营其他行业有所积累，再转行过来开网吧的，如飞宇老板王跃胜。不论哪类，都受到20世纪90年代中后期媒体正面报道互联网经济的影响，从而相信网吧业的美好明天。料不到，世纪之交，媒体对网吧的态度180度大转变，突然由新经济倡导者变成网吧污名化的急先锋。

为什么会出现昨是今非的情况？原因在于商业媒体必须不断“更新”自己的报道，以新鲜爆料煽起受众情绪，而对相对弱势群体的污名化和道德审判正是煽情的有效途径。但到2003年前后，网吧已基本上完全被污名化，读者和观众见怪不怪，再进行负面报道也无动于衷。加上该时期以来，全国范围内体制相对稳定，严打的频度和力度都比从前有所降低，让网吧有了些休养和发展的空间。

经过几年的发展，由文化部牵头的全国网吧规范管理体系实际上与当初的预期目标去甚远，呈支离破碎状。各地哪怕是相邻县市，也可能管理模式不同，由不同机构负责实际操作，监管力度可能完全不一样。这从全国一盘棋的“系统升级”角度来看可能不尽理想。但它却是现实城市管理的常态，无论国内外均如此，因为城市的信息版图往往非常复杂，常应不同社区、不同人群的不同需求而有变化。同时，管理体系还会反映出当地发生的具体事件和相关方的博弈，出现地方差异因此不是问题。真正问题在于它们是否真实反映当地情况，其形成原因是自下而上的传播需求，还是自上而下的长官指令。

2004 年的丽水罢市事件集中体现了地方因素对网吧管制的影响。丽水是浙江的小城市，2003 年人口不到 26 万。[46] 2004 年 11 月 15 日，当地主要报纸《滁州晚报》以头版醒目篇幅报道该市网吧“问题”，指责网吧管理不善，对青少年造成不良影响。这在当时各地报章是相当常见的报道手法。

丽水的网吧在很大程度上依然由公安局管理。由于来自报纸的舆论压力，当地公安希望采取行动，但又觉人手不够，于是促请市政府很快决定，将直接管理网吧的权限由市级公安机构下放到层级更低的街道派出所。也就是说，普通民警可在任何时候对网吧进行巡查和处罚，不必由市公安专门管理小组过问。[47] 相应调整还包括加大处罚力度。整个决策过程没有很好咨询当地网吧业者意见。

气愤的网吧业主决定采用罢市这一在网吧业界少见的集体行动方式。从 2004 年 11 月 22 日早 8 点起，丽水的 61 家主要网吧同时歇业，在门口贴出告示：“万般无奈，网吧停业！！！”为保证所有店铺一致行动，罢市组织者收走各网吧的路由器。数千网民突然无法使用互联网，纷纷涌上街头。

停业只持续短短两天，却有相当重要的意义。它史无前例地让当地部门看到，网吧业主原来也可以采取集体行动，不能完全无视他们的声音，必要时还是需要协商。丽水政府也进行了一定妥协，如明确谁是有管辖权限的警员，而不是任何警察都可在任何地方处罚网吧。当然，并非所有网吧业主的诉求都得到满意答复，但停业彰显出中低端信息传播技术运营者原来也可在城市地方政策博弈中占一席之地，而非永远被动听命于“升级换代”。

技术设计：硬件与软件

网吧升级换代还涉及软硬件技术设计。其中，同样可以看到精英与基层的相互作用及其影响。前面提到飞宇网吧一条街的变迁就是例子。2000 年前后，飞宇在最辉煌时期提供复印、打字、扫描等多种服务，有相应的软硬件配套，为不同使用需求的用户提供多元服务。但随着自上而下的控制模式逐渐占据主要地位，很多为草根多元需求服务的软硬件配套措施就不见了。

大部分网吧只专注提供娱乐，所以升级后的软硬件都相应地为游戏玩家、视频看客及网聊的人们进行了优化，采用较新的机器、配件、程序、软件，让网吧用户可以充分享受互联网提供的各种娱乐服务和内容。这些速度很快又有大屏幕的机器可能很适合打游戏、看电影，但它们却往往没有光碟机，也没有优盘插口。总之，输出功能远大于输入功能，并不适合用户创制内容。结果是网吧用户日益被动，多数人都只在打发时间，寻求享乐。特别的网吧机器养出特别的网吧网民。他们中很多人天天上网，但却没有电子邮箱，因为邮件服务器远远慢过游戏、视频服务器，也因为他们中大部分人同时在用短信、QQ、飞信，没电子邮箱也无所谓。

虽然多样性不足，但全国有超过13万家网吧，电脑设备就算两年更新一次，还是非常庞大的市场。商业竞争激烈，不做好升级换代，顾客就会流失。但何时升级？怎么升级？这些本应由网吧自行决定的问题却常受到相关单位左右。例如网吧内容监控系统“过滤王”市场份额很大，其主要原因是因为它最早得到公安部认可，因此省市级公安往往要求网吧必须装过滤王硬件和软件平台。提供过滤王的是珠海网博信息科技有限公司。从2002年推出“过滤王1.0”至今，它已对该系统进行了多次升级。2007年推出主打产品“NB1000网吧综合安全管理系统”。其主要功能包括让上级部门“通过网络远程实时监控网吧”、“发生案件时，可通过视频录像事后检查事发情况”以及“通过视频检查网吧未成年人上网，超时营业情况”。[48]

过滤王系统的核心服务器一般直接由当地公安网监人员控制，它与当地所有注册网吧相连，对这些网吧里的所有上网电脑进行实时监控。这套系统要运行，各网吧的过滤王系统就要和公安系统是一样版本。也就是说，只要网监的过滤王升级了，当地所有联网网吧里的过滤王就都要升级并缴纳相关费用。

作为全国网吧管理的主导部门，文化部也希望在监控市场里有所行动。但他们主推的“净网先锋”管理软件在普及率上和过滤王相比有相当差距。它据说更易被破解，从而达不到监管目的。[49] 而且净网先锋收费是以每台机器为单位计算的，比过滤王贵不少。网管们还常反映，安装净网先锋后，系统运行速度变慢，有时系统自己出问题，或者和公安的系统不兼容。结果虽交了钱，有的网吧还是偷偷卸载净网先锋。更有甚者，稍做搜索就可在网上找到专门破解净网先锋的程序供人免费下载，这对过滤王来说是难以想象的。

除部级单位外，地方政府支持也是一个重要因素。Pubwin 是国内网吧常用的操作系统，它的成功在相当程度上得益于上海市信息委对该市新浩艺公司的扶植。新浩艺成立于 1998 年 11 月，是较早涉足网吧管理系统的企业。[50] 它开发的 Pubwin 首先在上海及周边地区普及，由最初的测试版逐步升级到 4.0 版，最后拿到公安部认可，在全国推广。至 2005 年，Pubwin 已占国内市场逾 50% 份额。[51] 据新浩艺公司介绍，新版的 Pubwin2009 不但“具备高度的安全性能”和“灵活部署、集中管理的特征”，而且“与国内大部分公安与文化监控软件实现了无缝衔接”。[52]

与此同时，跨国资本也开始加入。新浩艺 2005 年 7 月曾得到美国国际数据集团（International Digital Group，简称 IDG）的风险投资。文化部的网吧产业“阳光计划”也有诸如英特尔、飞利浦的外企赞助。根据英特尔（中国）研究中心总经理杜江凌的说法，他们之所以要帮助中国网吧行业“更新换代、监管并维护好电脑”是因为他们认为网吧业将是“下一代用户使用模型”的重要组成部分。[53]

与监管体系的变化相比，网吧行业在软硬件更新方面自主性稍强，文化部乃至公安部自上而下的控制相对弱一些，地方企业和全球资本因此有更大空间。国家政策虽然重要，但市场因素在网吧决策中起到的作用相对更大。在此空间里，至少网吧被当做具有一定推动市场发展后劲的“产业”，而不是在法律边缘苦苦挣扎着前进。

新旧商业模式

1990 年代中期开始的“网络咖啡屋”采用分销盈利模式。当时电脑是奢侈品，很少人会电脑操作。所以懂行的商家用按月计算的批发价购买上网流量，再以按小时乃至分钟计算的零售价转卖给个人用户，赚取差额。投资成本一是购买设备和流量，二是店铺装修（有时可省），三是房租、雇人和机器维护方面的运行开销。零售和批发中的差额减去成本就是纯利。这种相对简单的商业模式在90年代确实奏效，因为当时零售批发的差额很大，而且市场扩张很快。

新世纪来临，网吧运营模式日益复杂。启蒙式的“网络咖啡屋”被大众服务网吧等取代。以前只卖咖啡的柜台，现在可以买到饮料、香烟、方便面、茶叶蛋和各色小吃，以及电话卡、上网卡、网游点卡。网游兴盛使网吧墙壁、招牌、公告栏乃至电脑屏幕上的墙纸都成了发布广告、带来收益的新工具。然而，更多盈利渠道并不代表利润增加。一方面，上网批发价和零售价之间的差额迅速缩小；另一方面，新规管体系带来的运营成本不断增加，如牌照、税收、系统升级等，每项都是新开支。否则一旦有闪失，网吧被封或被处罚，就可能血本无归。以网吧登记制度为例，90年代开网吧大多不用在工商部门以外另行登记。如今则至少还需在当地文化、公安、电信部门备案才能合法开张。有的地方审批程序复杂到需十多个部门盖章，比如在四川。[54] 在珠江三角洲一些地方，甚至一度完全停止发放网吧牌照。2004年要想在上海开网吧，光买一个转手的网吧经营牌照就要24万元，这是以前无法想象的巨额开支。[55]

牌照只是开始。许多地方把网吧归入“娱乐行业”或“特种行业”进行管理，所以纳税比例一般是收入的20%到40%。[56] 此外，安装监控系统及其升级换代又是必需的开支。如2002年装一套Pubwin系统开销五六百元，每年升级一次一两百元，包括网吧里的所有电脑，算是很经济的。但2003年前后，安装“净网先锋”的收费则是每台机器45元。也就是说，只有二三十台电脑的小店，开销也会动辄上千。这还不算最糟。开销最大的是店铺遭“关门整改”、被罚款、执照被吊销、机器被没收。由于网吧经常被整改，不少业者甚至把罚款、赎金计算到“正常”开销里。有的地方也把整改网吧的收入和执照费、税收等一样，当做“正常”财政收入的一部分。因此网吧经常严打，但总也打不死，因为如果全打死了，相关收入也就没了。监管部门和违规经营之间出现奇怪的利益共生链条，就算希望合法经营的网吧也被它捆住，向下拉去，拉进“黑网吧”的深渊。

与此同时，网吧市场结构发生系统转型。大城市高端市场饱和，高收入、高教育人群都可在家、在单位，或用智能手机上网，对网吧的需求大幅下降。而且他们的需求得到市场化大众媒体的追逐和商业文化机构的关注，不必上网也有用不完的信息和看不完的节目。谁还想去网吧？除非他们是城市边缘的流动人口和小镇居民，除非他们来自低收入家庭或缺乏信息、娱乐的农村地区。因此，新世纪以来，网吧对小城市的影响特别引人注目。[57] 在农村甚至有一块钱可上网几小时的网吧。[58] 根据官方统计，2009 年 42.1% 的农村网民在网吧上网，比城市网民在网吧上网的比例高差不多 10 个百分点。[59]

高端市场萎缩，网吧业进入“微利时代”。[60] 为省租金，原有闹市区网吧逐渐放弃地面一楼最好的店面铺位，要么搬到楼上，要么转入地下室。新的网吧不再出现在市中心，而向城市边缘、小城镇和农村发展。同时还有真正的“黑网吧”，只做熟客生意。它们有的挂着“电脑培训”的招牌，有的则什么标识都没有。[61] 还有的开在私人家中。[62] 这些网吧有的合法，有的非法，但它们之所以可以生存下来，一是因为它们可以部分满足信息中下阶层需求；二是它们在严厉管制和公众关注的双重压力下仍可保持“微利”；三是因为它们可调动地方人脉和区域性社会关系网络，满足草根传播需求。

自下而上的实践使网吧商业模式带有强烈地方色彩。虽然多数网吧都以娱乐为主，但具体实施起来还是存在相当差异。就算同一座城市，如深圳，网吧业内部就十分复杂多样。这一方面由于深圳吸引大量且多元的青年外来务工人员，他们不仅上网需求大，而且在使用信息、社交网络、娱乐方式等方面都非常多样。另一方面，城市属于外向型经济，有大量涉及香港的跨境经济活动。鉴于这样的人口结构和经济结构，深圳地方政策相对宽松，对网吧不搞一刀切，比珠江三角洲乃至全国大部分地方都更适合网吧健康、多样地发展，包括普通网上娱乐及社交以外的功能。比如总部设在香港的慧科讯业是全球中文新闻类搜索引擎业的佼佼者，其数据处理员工很多都在深圳。据慧科创始人、前任行政总裁林永君透露，他们在深圳的办公室不时出现停电或网络故障不能正常运行，碰到这种情况，有时员工们会到附近的网吧去继续工作。[63] 很明显，如果这些网吧里的电脑像其他地方一样只能从事有限的网游、聊天等娱乐功能，连基本的优盘插口、文字处理软件都没有，是不可能支持员工们处理大量信息的。这种情况在其他地方相当少见，它出现在深圳并非偶然。

连锁网吧模式一度引人注目[64]，虽然关于全国网吧整体升级的讨论已日趋少见。2003 年 4 月，文化部发文提出让网吧行业“规模化、连锁化、主题化、品牌化”。具体实施手段是在全国建立十个跨省大型网吧连锁企业，而这十家多数是有来头的“国字号”，同时各省建立规模较大的省级网吧连锁企业。为促使独立网吧加入连锁，建议全国范围内冻结发放新执照，除非新的网吧成为连锁加盟店。之所以这么做，是想当然地认为规模大了，管理标准化了，网吧问题就会减少、网吧的公众形象就会改善。而且有了规模，就可以通过“阳光计划”这样的项目帮个体网吧做“团购”，让加盟店用更少的钱，提供更好上网体验，从而改善盈利状况。[65]可惜美好的设想经不起实践考验。虽然省级网吧连锁不乏成功案例，但当年建立的十家全国连锁企业却没有一家达到预期目标，有六家已“淡出江湖”。[66]它们就像微不足道的小石子，投入信息中下阶层的无边大海里，溅起一点浪花就消失了。

2004 年初，我费好大力气联系到一家全国连锁网吧接受采访。走进他们装修一新但空荡荡的办公室，我绞尽脑汁，透过他们的所谓“商业机密”，“尚不成熟”之类的托词，努力寻找真相。最后发现，这些人既不了解网吧行业，又不打算干什么实事。给我印象基本是有背景的纨绔子弟，利用连锁网吧政策贷了笔款，企业空降到陌生的城市，成败不打紧，花钱才重要。他们让我再次看到现实问题与政策逻辑之间可以存在多大的天壤之别，也让我进一步理解，为什么普通网吧业者把网吧连锁看成网吧经营中雪上加霜的东西。虽然最高层的决策者可能由衷相信他们是在为网吧做好事，但实施结果却事与愿违。

在我访谈过的几十家网吧里，多数是独立网吧。访谈对象包括老板，也包括一般工作人员。说起网吧连锁，他们都很无奈，有人甚至很愤怒。原因在于：首先，连锁网吧加盟费用过高。就算缴了加盟费，也得不到承诺的服务。宣传中说让加盟店花更少的钱，提供更好的上网体验，实际情况是很多连锁企业提供的机器往往价格更高、配置更差！所谓“服务”，居然包括在突击检查的时候，提前有人通知，这样可以先做好准备，比如提早关门、让未成年人离开等。也就是说，连锁网吧反倒可能让加盟店更加肆无忌惮地违反管理法规！还有一个令人不解的问题：为什么这些全国连锁都是新成立的，不是已有多年经验的老店？比如北京的飞宇、上海的东方网点？要说经济规模、品牌效应，这两家都已有令人瞩目的成绩。为什么不好好支持它们开全国连锁呢？

最根本的问题恐怕不是单一部门或个别决策者，而是自上而下的行政逻辑。我曾走访过珠三角、长三角十多个城市的政府部门，包括文化、电信、公安等，也包括信息化方面的模范城市。几乎每次我都会先向干部们请教当地的信息化大计，他们会长篇大论向我耐心讲解。最后我会问：怎么去最近的网吧？这个看似简单，打工者随便都能回答的问题，在各地决策者中却从来没人答得上来。

全国连锁网吧的失败，说明脱离实际的决策是没用的，也从侧面说明基层经营商虽然力量微薄，但是也能抵制自上而下的"升级换代"，只要他们能在地方市场中直接满足普通用户的现实需求，他们就有立足之地。这样的共同命运也使中小规模网吧业者开始建立自己的网络平台，如注册参与人数超过50万的"天下网盟"。[67]这样自下而上，由干实事的网吧业者自发组建的信息分享和互助网络才是真正有用的。

然而，对网吧业者自发管理也不能做过分浪漫的想象。一方面要超越私利，为整个行业着想而不是仅仅依靠网吧从业者的自发行为。另一方面，多年外来因素影响带来太多郁闷和愤恨，积累起来会影响他们参与公共事务和表达不同意见的方式，结果在一轮发泄情绪之后，受伤的也包括网吧自己。这在网吧和网游之间的爱恨关系中表现得最明显。

网络游戏业早在2005年就达到37.7亿元的超大规模，且在此前几年一直保持年均递增50%左右的高增长率。[68]这在很大程度上要感谢网吧为缺乏手段上网的青少年提供便利，而且还帮网游业卖游戏卡、收钱、做推广，乃至产品测试。整个市场蛋糕做大，网吧也多了用户和盈利渠道。网吧和网游间形成紧密的产业关系。

但细看网吧业者对网游的评价，就会发现实际操作层面的紧密联系不一定在话语表达中呈现出来，甚至不乏恶语相向。这里的根本原因是产业链结构：

网游在上游，网吧在下游。网游业产业模式相对集中，只要在一地研发就可在网上提供服务、挣大钱，而不用做渠道、开分店、挣小钱，这些交由网吧打理。而且，网游面临外国竞争，特别是韩日也包括西方网游公司都看重中国市场。本地性很强的网吧业则不面临行业竞争这个问题。结果是，网游虽然起步时间晚，却在很短时间内产生出盛大这样的巨型企业和陈天桥这样的首富，还可以得到政府大力扶持。相较之下，网吧业者多年辛苦，钱挣不到还担心亏本，在社会上被看不起，在管理体系里被歧视，却还要为别人数钱。

积怨终于在 2004 年 10 月的"第二届中国国际网络文化博览会"上喷涌出来，矛头直指坐在台上的陈天桥，网吧从业者指责他为网吧做得太少。作为回应，盛大在一个月内推出"冬季网管关怀计划"，并称其为网游业"第一个针对网吧系统管理员的服务项目"。[69]这本来是好事，却遭部分网吧业者反对，特别是一些已在网吧论坛里有影响力的人。盛大"冬季计划"刚推出三天，他们就在网上发布《抵制盛大游戏的宣言》（以下简称《宣言》），开篇就说："什么是骨气？骨气就是：利字当前不忘义，强权面前不屈膝！"《宣言》接着说："网吧老板和陈天桥的盛大游戏本是唇齿相依的关系，但通过几年的不平等合作关系，网吧老板成就了陈天桥一度成为大陆首富，而盛大游戏的所有负作用，却全部转嫁给了网吧老板承担。"经过一番论证，《宣言》断定："网吧老板才是游戏运营商的衣食父母，网吧老板才是陈天桥的衣食父母"，所以"有骨气的网吧老板"要一起抵制盛大网游。

静下心来想想，到底谁是"强权"？追根溯源，我们会发现，在决定网游—网吧连体产业的政策体系里，在影响网游—网吧市场发展的实际操作层面，盛大几乎起不到多少作用。就算灭了盛大，也不能从根本上改变不合理的产业结构。这些老板的"骨气"为何不用来针对其他对象，如歧视网吧的相关部门、空降到各地的大型连锁、妖魔化网吧的大众媒体？很快，冷眼旁观的网民们就把这场貌似正义的网吧讨伐盛大之争称为"窝里斗"。口水战在网吧论坛里喧嚣尘上，还出现一首模仿雪莱《西风颂》的千余字长诗，题为《起来，网吧，挑战网游霸权！》。它如此结尾：

起来，网吧，打破网游独享利益的霸权！
起来，网吧，打破网游巨额财富的垄断，
起来，网吧，打破网游控制玩家的手段！
起来，网吧，打破网游内容为王的战线，
起来，网吧，我们是巨大的营销平台，
起来，网吧，我们是覆盖的整合终端，
起来，网吧，请集体对网络游戏大声说不！
起来，网吧，把不合理的利益格局彻底推翻！
网吧啊，
吹起你战斗的号角！
冬天已经来了，春天还会远吗？

这首诗在网上发布至今已过多年。作者愤慨的心情和对未来的信心依然清晰可见。可惜整个行业的“冬天”似乎依然未变，网游 - 网吧的上下游产业链结构还是依旧“唇齿相依”。这场转瞬即逝的网吧业主“运动”之所以失败，不但因为对运动目标的错误判断，更因为运动的组织者、参与者是分散各地的中小业主。他们未能超越个体利益，就很难提出有效的群体诉求；未能包容其他相关群体，无论是网游业者、网管（即网吧老板们雇佣的员工），还是网民（即网吧用户），就算再“开放”的网上讨论平台也会沦为小圈子内部发泄情绪的工具，丧失组织有效集体行动的能力，不能解决根本问题。网吧老板们在为自己面临的不公正大声疾呼的时候，是否想过自己的“衣食父母”是谁？是否想过店里的员工，比如负责打扫卫生、收银的打工妹，她们是否面临更严重的歧视？向网游发难如果真有可观收益，有多少好处能落到她们头上？又是否想过，那些整天泡网吧的青少年用户也是网游—网吧产业体系中的持分人，但却比网吧业更加分散、更加处于产业链的低端？抵制网游的结果，是否会让这些“沉默的大多数”陷入更为寒冷的冬天？

□ 大众媒体报道框架的变化[70]

最后看一下大众媒体如何报道网吧。这之所以重要是因为从媒体报道网吧的内容里，不但可看出当时社会对网吧的基本看法，而且这些报道本身也在很大程度上影响网吧市场运作和政府管理政策。要强调的是，媒体报道很难做到完全客观，记者编辑往往带有主观想法，用自己的经历或社会上流行的看法来进行报道。比如在互联网起步阶段，总是用“启蒙”的角度来正面看网吧；等到整肃网吧时，又总是用“治理整顿”、“保护青少年”这样的负面视角。这就是所谓新闻“框架”，它是新闻研究中解释“新闻生产选择性建构过程以及媒体如何影响社会成员的集体理解”的有效工具。[71] 比如恩特曼对新闻文本的分析就着重看新闻报道的背后，用到什么、强调什么框架，同时又避免什么、抑制什么框架。[72]

我们在用慧科搜索的基础上，选取了2000年、2003年、2006年及2009年这四年的新闻文本320篇，包括每年3、6、9、12这四个月中以“网吧”为标题的字数最多的20篇新闻报道。[73] 如此选取文章，主要是基于报道篇幅往往最能体现媒体的新闻倾向。在报刊版面空间有限的情况下，大幅报道的议题不仅受到更多重视，也直接反映了媒体的观点、立场、框架。其次，每年按季度分别选一个月，也可排除误差，更好地对新闻“框架”进行纵向比较，看出媒体报道变迁的情况。

经过对这320篇新闻报道进行分析，我们发现，大众媒体在报道网吧时主要运用了四个基本框架，分别是“产业发展框架”、“治理整顿框架”、“学生沉湎网吧框架”和“网吧与刑事案件框架”。四个基本框架几乎垄断了所有报道。其中，“产业发展框架”和“治理整顿框架”最多，分别有104篇和99篇，占总量的32.5%和30.9%。另有44篇报道没有明确框架，占总量的13.75%。值得说明的是，这些没有明确框架的报道主要集中出现在2000年，共有26篇报道，占四年里该类报道总数的60%。这说明，早期对网吧的报道先入为主的框架制约更少，开放性更强（详见表2.2）。

具体来看，“产业发展框架”往往重点强调“网吧”作为一项盈利的信息

表 2.2　2000–2009 中国报刊中以“网吧”为标题的新闻报道框架分析

框架／年份	产业发展			治理整顿			学生沉湎网吧			刑事案件			无明确框架		
	篇数	占当年百分比	新闻源	篇数	占当年百分比	新闻源	篇数	占当年百分比	新闻源	篇数	占当年百分比	新闻源	篇数	占当年百分比	新闻源
2000 年 N=80	9	11.25%	日报 / 晚报	26	32.5%	晚报 / 机关报 / 日报	16	20%	机关报 / 日报	3	3.75%	日报	26	32.5%	日报 / 晚报 / 行业报等
2003 年 N=80	46	57.5%	行业报 / 财经报	17	21.25%	晚报 / 都市报	7	8.75%	日报 / 晚报	4	5%	晚报	6	7.5%	晚报
2006 年 N=80	37	46.25%	行业报 / 财经报	26	32.5%	都市报 / 晚报 / 日报	9	11.25%	都市报 / 晚报	6	7.5%	晚报	2	2.5%	都市报
2009 年 N=80	12	15%	都市报 / 日报 / 晚报	30	37.5%	都市报 / 晚报 / 日报	26	32.5%	日报 / 晚报 / 都市报	2	2.5%	日报	10	12.5%	日报 / 晚报 / 都市报
总计 N=320	104	32.5%		99	30.9%		58	18.13%		15	4.69%		44	13.75%	

消息来源：慧科搜索

图 2.4　天下网盟网站主页（笔者 2011 年 1 月截图）

产业。相关报道议题主要是网吧经营策略和网吧牌照发放。2003 年 6 月 20 日《中国商报》第 5 版的一篇“国字号能够统一网吧连锁”就是采用此类框架的典型。这篇报道细致地讨论了文化部只发放连锁网吧牌照给国字号企业所带来的业界波动：

> ……一场在民间网吧经营市场里蠢蠢欲动的要走连锁经营的冲动，终于随着获得全国经营连锁网吧权利的 10 家单位名单的彻底浮出水面而平静了……这 10 家单位，要么是国字号，要么是各部委下属企业。他们凭借背靠大树的先天优势，取得连锁经营权，积极分食以私人设立为主的小小网吧业，将会引发一系列的问题……尽管这些企业实力强大，气势咄咄逼人，但是在很多业内人士看来，其最终的结果却难以预料……

“治理整顿框架”主要报道网吧种种非法违规行为，以及国家政府对网吧的治理整顿手段（如出台的相关法律法规）。采用此类框架的报道往往以“围剿‘黑网吧’全市在行动”（《大河报》2006年6月22日A4版）、“常平7部门联手清查出租屋，两月打掉160多家黑网吧”（《南方日报》2006年6月9日C22版）等负面话语作标题。

无论“产业发展”还是“治理整顿”，其新闻主体都是“网吧”。但在“学生沉湎网吧”和“网吧与刑事案件”这两个框架中，主体则发生了变化。“学生沉湎网吧”框架主要以报道学生如何沉湎网吧游戏、无心向学为主要特征。这类报道的主体通常是学生、家长和老师，“网吧”在新闻中总是作为负面形象的客体存在。比如2006年9月7日《法制日报》8版的一篇文章，题为“厌学孤独好奇　网吧遍地开花管理手段缺失　网瘾少年是这样‘造就’的”。

“网吧与刑事案件”框架主要是报道与网吧相关的刑事案件。这类报道中，案件本身是新闻主体，网吧作为关联物（如案件发生地）被强调和突显。例如2003年6月30日《环球日报》18版一篇题为“全国发出B级通缉　网吧捕获杀人凶手　台商被害案两天告破”的报道，就是采用“网吧与刑事案件”框架的典型。

尽管各年媒体报道基本都采用了以上四种基本框架，然而，具体采用什么框架却在不断变化。“产业发展”集中出现在2003年和2006年，两年共有83篇报道，占该类总数的80%。2003年是媒体使用产业发展框架的峰值期，有46篇此类报道，占2003年新闻总量的57.5%。相对而言，这四年来，媒体采用“治理整顿”和“网吧与刑事案件”框架的次数较为均衡。除个别年份外，治理整顿框架通常占每年报道总量的30%，而网吧与刑事案件框架通常低于全年报道总量的5%。

如前所述，无明确框架的新闻报道主要出现在2000年。这年有26篇报道因主题分散而无明确框架，占全年总量32.5%。它们有些以网吧作为新闻主体，如2000年3月6日《中国妇女报》C版的“北京的网吧”，带有启蒙色彩地向读者介绍网吧相关知识。在这篇新闻中，作者以“何谓网吧”、“非法网吧何以存在”、“网吧藏起来了”、“面对困惑”这四个标题展开叙述。其中在“面对困惑”里，文章引用了网络社会学者孙自俊的话语以反映该篇主旨：

网吧不是“狼”，社会不必因此而恐慌，网吧的诞生作为信息社会的标志之一，其存在的价值应予肯定。关键是如何加强对网吧的管理，促进其健康发展。

在另一些报道中，网吧则不是新闻主体，如2000年9月19日《中国劳动保障报》2版的“下岗女工开网吧不赚黑心钱”。这篇新闻主要以颂扬下岗职工自我再就业、合法经营为目的，网吧只是新闻报道的客体。报道中，作者在多处以赞扬口吻为读者描述了下岗女工汪健合法经营网吧的良好形象：

“今年36岁的汪健原是灌南县印刷厂的一名女工，1995年下岗后相继做过服装、鞋帽、养殖等生意。今年3月份以来，她陆续投入资金12万元，购进高档微机17台，办起了目前灌南县规模最大、设备最好、速度最快的网吧。开办之初，汪健就把自己的网吧定格在格调高雅、内容健康、知识性、趣味性为一体的层次上。”

“为制止不良文化，这已不是她（汪健）第一次振臂高呼了。”

“把社会效益放在网吧发展的首位，汪健的‘环球网吧’经济效益不降反升。”

无明确框架的新闻报道主要出现在2000年，反映当时网吧业在起步阶段，发展空间较大。大众媒体采用的框架于是比较模糊，报道的形象也是多元的，网吧或代表先进的信息技术，或成为下岗女工的致富手段，有各种可能。而随着网吧发展空间迅速缩小，媒体报道框架也很快确立起来。2003年，无明确框架的报道仅6篇，占全年报道总量的7.5%；2006年更低至2篇，仅占全年的2.5%。尽管在2009年，此类报道有10篇，但也低于全年总量的15%，说明全社会对网吧的刻板印象已然形成。

我们同时发现新闻框架与媒体属性有相关性。如前所述，2003年和2006年媒体特别强调“产业发展”，用这类框架的媒体主要为行业报和财经类报刊，例如《中国计算机报》《人民邮电报》《中国商报》《经济日报》等。2000年及

2009年，“产业发展”框架不但采用次数少，而且使用的媒体也变为日报、晚报和都市报，例如《成都日报》《兰州晚报》《晶报》等。可能的解释是，2000年时，网吧业刚起步，还没有得到行业报和财经类报刊的重视。2003年至2006年间，网吧的行业属性和盈利能力受到关注，行业报和财经类报刊开始以产业的眼光对其重点报道。而到2009年，大众媒体不再像从前那么关注网吧，特别是行业报和财经类报刊，可能是它们只顾得上股市、房地产、3G这样的“高端”产业。

总的来说，“治理整顿”、“学生沉湎网吧”和“网吧与刑事案件”三类框架在除行业报和财经类报刊外的其他报刊，如机关报、日报、晚报及都市报中均有呈现，例如《中国妇女报》《光明日报》《华西都市报》等。比较而言，日报和晚报比其他报纸更多采用“网吧与刑事案件”框架。这对日报而言，大概和各地整肃网吧有直接联系，经常出事的地方当然需要整顿；对市场倾向更强的晚报来说，强调此类负面框架很明显是为了吸引眼球，增加报纸销量和广告收益。两种报道殊途同归，都使网吧业污名化这个问题日趋严重。

我们还发现，有些报道在表面显性的基本框架下，往往还隐藏着潜在的其他框架。这些隐性框架可看作是基本框架的子框架，尽管在报道中处于弱势，但同样可对读者产生影响。例如，2000年使用“学生沉湎网吧”框架的16篇文章中，有10篇虽然主体是讲“学生沉湎网吧”，但同时也潜在地采用了“网吧取代游戏厅”这一框架。而此后三年采用“学生沉湎网吧”框架的报道则没有出现这样的情况。这是由于早期国家政策规定网吧不得经营游戏。[74] 但后来游戏成为网吧的主要收入来源，国家也放松了对网吧经营游戏的监管。可见国家政策在很大程度上是可以影响报道视角的。

又如，在2003年和2006年采用“产业发展”框架的83篇报道中，超过50%的文章在基本框架外，还暗含了“发展连锁网吧”这一子框架。如果再联系2009年“产业发展”框架的大幅下降及其在行业、财经类报刊中的消失，明显反映连锁网吧模式在业者和记者眼中都已是过时之物。

□ 小结：中下阶层的网络公共空间

网吧对新工人阶级的网络社会特别重要，不但因为它价格低廉、使用方便，更因为它是一种集体分享的上网方式，是中下阶层用户和草根业者共同建构上网经历的现实空间。虽然面对诸多压力，它始终保持强烈的地方性。13万多家店铺，近1000万从业人员。爱恨情愁、梦想失落，透过网吧发展十年云烟，看到的主线是回归基层社区日常生活的网络社会实践。

然而，十年来网吧行业也经历了全面私有化和彻底商业化的过程。"治理整顿"、"产业发展"、"升级换代"的结果是，2000年尚存的各种发展可能性日益萎缩，其公共性更遭到严重打压。公共空间受到蚕食鲸吞在其他社会领域也可看到，但具体到信息产业、信息中下阶层和正在形成中的网络劳工，网吧转型的经验教训特别值得重视。

总体而言，首先还是要强调网吧本可有多种发展形态。启蒙式网络咖啡屋也好，促销式网吧也罢，还有飞宇的早晨免费上网时段、网吧主动招募"爱国黑客"等等，这些曾经的网吧形态虽然已成过去，但不应被遗忘，因为它们能让我们更好地反思现实。

其次，即使没有公共政策支持，甚至不断受打压，网吧业仍有强大的生命力，原因是始终有私人投资看准了草根层面的市场需求。因此，在草根公共空间和私营经济之间不能轻易用传统的以所有制为基础的公私界限进行划分，特别是在中下阶层语境里。传统华人社会里的茶馆、近代欧洲的咖啡店，其实从所有制上看也多姓"私"，但都可为当时的公众讨论和新的阶级形成提供社会空间。

要让网吧成为促进社会建设的网络公共空间，关键是要保持它的共享性、开放性及其可持续发展。一方面收费标准应稳定在低收入人群能支付得起的水平，一方面也要让网吧业者有合理的盈利空间，从而可因应市场需求提高服务水平，支持草根人群不仅利用网吧进行娱乐和基本通讯活动，更可支撑新的生产性社会活动，如前文提到的信息数据处理，又如兼具社交和盈利功能的网络游戏"工会"等。

在操作层面上，网吧良性发展的受益者不只包括网吧老板和用户这两个群体，还包括普通的网吧员工。比如2002年我采访过的小陈，他在四川省西昌市一家小网吧当网管。此前，他曾在当地一家钢铁厂做过三年工人，但因工厂倒闭，22岁的他来到这家只有十来部机器的小店，负责从收钱记账到打扫卫生到维护电脑的所有业务，每天12小时，没有节假日，没有医保社保，也没有劳动合同。老板是电信系统的人，他很少亲自打理店里的事，只给小陈提供食宿，再发给他区区300元月工资。虽然收入微薄，小陈却很喜欢这份工作，因为可以免费上网。像他这样的网管在关于网吧的公众讨论中极少发言，但正是他们的辛勤劳动才使网吧业得以延续至今，在逆境中坚持发展。

网管们不但付出看得见的劳动，还承担对网吧业的种种歧视。小季是广州一家连锁网吧的网管。他来自东北，对网吧业有很深感情，虽然有别的工作机会，他依然对网吧不弃不离。最困扰他的不是收入，不是工作时间长，也不是管理网吧规定，而是身边人不理解他。“就连爸妈都觉得我在网吧做事丢人。你也知道，现在讲起网吧简直就像80年代讲起夜总会一样。”说这话时，正是蓝极速大火发生不久，但小季还是表示会坚持干下去。

如果再见到小季这样心存困惑的网管，我可能会反问：为什么中下阶层用户不能拥有自己的网络俱乐部？新中国成立以前，低收入的工人不也有费用低廉，但娱乐和社会功能强大的工人俱乐部和茶馆？那时候他们不也被主流社会看不起，不也受管理部门打压？就算在国外，为中下阶层服务的集体共享式空间，如街角小酒吧、台球室等也曾遭受同样的问题：当权者占据道德高地，以保护青少年为借口，打压基层民众共享的公共空间。但他们其实是站着说话不腰疼，因为他们自己也好，他们的子女也罢，都根本不会去网吧，更谈不上了解网吧。牺牲别人利益总是容易的。

我们当然需要保护青少年，特别是家庭条件有限，不去网吧就没有其他条件上网的青少年。让他们和其他同龄人一样都能享受安全、便利、廉价的网络服务，这是所有人，不光是网吧业者的社会责任。不能简单把网吧当成替罪羊，而应该反思，究竟为什么父母不能让孩子留在家里？是家庭照顾不够？还是电视太难看？为什么学校电脑房总是铁将军把门，学生缴了那么多学费，要上网还得去网吧？是因为青少年就喜欢冒险？就喜欢挑战权威？还是因为我们的学校、我们的家庭跟不上网络社会的前进步伐？

有人会说传统权威跟不上技术进步是自然的事，滞后总会存在。但这不是根本问题。最重要的症结其实是我们能否容忍、能否尊重中下阶层互联网用户有不同于精英及中产人士的上网方式、娱乐方式和传播方式。这也包括青少年，他们都是信息产业系统中的弱势群体。但他们也有自己独特的信息需求、娱乐需求和社交需求。只不过他们资源相对不足。

取下精英的有色眼镜，就会看到原来网吧里的互联网实践在面临挑战的同时，也有自己的创意，也反映时代脉搏。只有认识到基层网络实践的多样性，才能制定出完备的网吧政策，才能建立起可持续发展的网吧产业。尊重和包容，不但对网吧管理部门、对报道网吧的大众媒体十分重要，对网吧业主也一样，他们也需要尊重和包容别人，包括中下阶层用户、包括“唇齿相依”的网游业，更包括为他们辛勤工作的网管和其他网吧工作人员。

注释

1 “中国人离信息高速公路还有多远？”《中国青年报》，1997 年 1 月 15 日，第 6 版。

2 中国青少年网络协会：《全国网吧生存状况调查报告》，2004 年。

3 参见 Evans, Peter, “The New Commons vs. The Second Enclosure Movement”, *Studies in Comparative International Development* 40（2），(2005)，pp. 85-94. 这篇文章里伊万斯主要讨论了开放源代码运动（open-source movement）代表的“新型公地”与代表大资本的“全球北方”之间的深刻矛盾。他认为矛盾的起因很大程度上是因为目前占主导地位的“北方”资本势力发起了新一轮圈地运动，希望占用本属公共的互联网资源。

4 胡泳：《众声喧哗：网络时代的个人表达与公共讨论》，广西师范大学出版社，第 85-89 页。如果将胡泳的“共有媒体”和伊万斯的“新型公地”进行概念比较，就会发现两者有不少相似之处：共有媒体不但是数字的，更重要的是，它是公共的、集体的。然而，如果带入伊万斯的批判视角，我们也可以问，共有媒体是否有属于“南方”和“北方”的阶级差别？网吧作为“共有媒体”是否和其他互联网服务有所不同？

5 参见 Martin, Michele, *Hello Central? Gender, Technology and Culture in the Formation of Telephone Systems*, Montreal: McGill-Queen's University Press, 1991。

6 本章末对网吧相关报道框架有进一步分析。

7 新华网，“六个月取缔近两万网吧”，2001 年 12 月 11 日，http://news.xinhuanet.com/chanjing/2001-12/11/content_157501.htm

8 Associated Press, “China closes 3,300 cybercafés”, December 27, 2002.

9 赛迪网，“维护网络环境，网吧整顿剔除 1600 家害群之马”，2004 年 11 月 1 日，http://news.ccidnet.com/art/1032/20041102/171879_1.html

10 张书舟、何淑贤：“文化部：网吧作用不可替代”，《南方都市报》，2010 年 6 月 9 日，第 A32 版。

11 Qiu, Jack L., and Zhou, Liuning, “Through the Prism of Internet Café: Managing Access in an Ecology of Games”, China Information ,2005,19(2), pp. 261-297.

12 “11 万网吧年产值 185 亿就业 100 万”，新华网，2004 年 11 月 19 日，http://news.xinhuanet.com/game/2004-11/19/content_2236967.htm

13 沈路涛：“文化部：‘网吧’专项治理行动将持续至年底”，新华社，2002 年 10 月 15 日。

14 “China Closes 1,600 Internet Cafés”, China Radio International, November 1, 2004, http://www.china.org.cn/english/2004/Nov/110823.htm

15 McLaughlin, Kathleen, “China's Model for a Censored Internet,” *Christian Science Monitor*, September 22, 2005, p. 1.

16 “文化部发布网吧行业调查报告”，《光明日报》，2006 年 7 月 8 日，第 2 版。

17 郭人旗：“规范网吧经营秩序，营造健康文明网络环境”，中国文化传媒网，2011 年 1 月 12 日，http://www.wenhuachina.cn/xinwen/content/2011-01/12/content_755877.htm

18 参见《瀛海威公司的“沉浮”》，http://tech.sina.com.cn/focus/ihw.shtml

19 2002 年 8 月广州中山大学访谈记录。

20 2002 年 6-8 月珠江三角洲调研观察。

21 2002 年 7 月成都调研观察。

22 2007 年香港中文大学学生提供信息。

23 “State Prudent on Reviving Cyber Cafes”, *Business Weekly*, August 14, 2002, http://www.china.org.cn/english/BAT/39371.htm

24 史丽：“王跃胜：创造飞宇‘神话’”，《财富时代》，2003 年 7 月 28 日，http://www.feiyu.com.cn/wangba/meitibaodao/baodao2.htm

25 “未来文化启示录”，飞宇网，http://www.feiyu.com.cn/feiyujitujianjie/wangbafeiyu/7.htm

26 荣东岳：“北大有个网络围墙”，《北京晚报》，2000 年 6 月 19 日，第 3 版。

27 朱坤、赵兰健："不夜中关村"，《新周刊》，2000 年 9 月 24 日，http://edu.sina.com.cn/job/2000-09-24/12770.shtml

28 信海光："他的网吧或许是全世界最大的连锁网吧"，2001 年 1 月 20 日，http://tech.sina.com.cn/r/m/50989.shtml

29 信海光："北京最大的网吧'飞宇'查处纪实"，2000 年 12 月 7 日，http://tech.sina.com.cn/i/c/45322.shtml

30 朱坤："北大南墙八年之痒"，《新周刊》，2001 年 9 月 7 日，http://cul.book.sina.com.cn/s/2001-09-07/3564.html

31 "飞宇老板王跃胜谈网吧盈利"，网管之家，2006 年 9 月 4 日，http://www.bitscn.com/wb/netbar/200609/71673.html

32 数据来源：根据 2003 年 9 月 29 日《中国经营报》对王跃胜的访谈计算。

33 肖春江："北大欲恢复南墙，飞宇网吧被迫搬迁"，《计算机世界》，2001 年 4 月 17 日，http://www.people.com.cn/GB/it/52/143/20010417/444417.html

34 王远、张光华："北京飞宇网吧内查出不良内容，被停机整顿三月"，《北京晚报》，2002 年 2 月 3 日，http://www.cctv.com/news/science/20020203/8.html

35 "警察人生"，上海东方电视台，2004 年 2 月 22 日。

36 白秀颖："上网的大多是青年学生——附近居民谈蓝极速网吧"，新华网，2002 年 6 月 17 日，http://www.cctv.com/news/china/20020617/371.htm

37 同上。

38 Qiu, Jack L., and Zhou, Liuning, "Through the Prism of Internet Café: Managing Access in an Ecology of Games", China Information,2005,19(2), pp. 261-297.

39 王永："六次被罚还干黑网吧，一朝被纵火难逃罪责"，《北京青年报》，2003 年 4 月 29 日，第 A9 版；李京华："蓝极速网吧非法经营者被惩处"，新华网，2003 年 4 月 28 日，http://people.com.cn/GB/kejiao/40/20030428/981472.htm

40 孙欣："蓝极速网吧老板今安在？"《法律与生活》，2009 年 1 月，第 45 页。

41 "全国网吧清理整顿基本完成，取缔 17488 家"，中国新闻网，2001 年 11 月 28 日，http://www.chinanews.com/2001-11-29/26/142707.html

42 参见 Qiu, Jack L., "Chinese Hackerism in Retrospect: The Legend of a New Revolutionary Army", *MFC Insight*, 2002.

43 1999 年 4 月北京网吧观察发现。

44 Qiu, Jack L., and Zhou, Liuning, "Through the Prism of Internet Café: Managing Access in an Ecology of Games", China Information,2005,19(2), pp. 261-297.

45 Murray, Brendan, "Internet Café Regulation in China: A Policy Review", *MFC Insight*, 2003.

46 参见丽水市政府网页：http://www.lishui.gov.cn/xsls/

47 杨伟："丽水网吧集体歇业内幕"，《e 时代周报》，2004 年 12 月 10 日，http://www.etimeweekly.com/h/2194.asp

48 参见珠海网博科技信息有限公司网页：http://www.zetronic.com.cn/news_view.asp?newsid=99&kind=5

49 苏婧："净网先锋屡遭破解，网吧管理未来路在何方"，新华网，2005 年 6 月 8 日，http://soft.yesky.com/security/289/2012789.shtml

50 参见太平洋电脑网介绍，http://www.pconline.com.cn/customer/2002/haoyi/

51 "Pubwin EP 掀起网吧管理风暴"，天极网，2005 年 11 月 10 日，http://news.chinabyte.com/118/2189618.shtml

52 参见上海新浩艺软件有限公司产品介绍：http://pubwin.hintsoft.com.cn/product.html

53 Einhorn, Bruce, "Tech's Faster Boat to China", *Business Weekly*, March 29, 2006, p. 14.

54 2002 年 5 月成都网吧网管访谈。

55 2004 年 1 月上海网吧网管访谈。

56 比较其他“高科技行业”同期税收水平，很多软件或计算机公司得到地方支持，往往能享受低税收乃至零税收的优惠政策，甚至还有低息贷款、免租金、政府补助等等。这些都是网吧经营者做梦也不敢想的。

57 郭良：《2003 年中国五小城市互联网使用状况及影响个案研究报告》，中国社会科学院社会发展研究中心。

58 Harwit, Eric, “Spreading Telecommunications to Developing Areas in China: Telephones, the Internet and the Digital Divide” , *The China Quarterly*, 2004(180), pp. 1010-1030.

59 中国互联网络信息中心：《2009 中国农村互联网发展调查报告》，第 29 页。

60 2002 年夏、2006 年秋珠三角田野调查发现。

61 李志伟：“网吧经营进入微利时代，‘连而不锁’难解蛋糕过小尴尬”，《人民日报》，2010 年 7 月 13 日 21 版。

62 郭良：《2003 年中国五小城市互联网使用状况及影响个案研究报告》，中国社会科学院社会发展研究中心。出版社？第 7 页。

63 2007 年 8 月香港访谈。

64 Qiu, Jack L., and Zhou, Liuning, “Through the Prism of the Internet Café: Managing Access in an Ecology of Games” , *China Information*, 2005,19(2), pp. 261-297.

65 刘才芳、孟繁修：“封面调查：等待大场面——网吧 PC 市场调查”,《电脑商情报》,2005 年 9 月 12 日，第 11 版。

66 “网吧行业连锁经营瓶颈待解，牌照炒至 70 万一张”，中国新闻社，2010 年 3 月 11 日。

67 天下网盟网站参见 http://bbs.txwm.com/ 至 2011 年 6 月中旬，天下网盟已有注册用户 1072191 名，发帖总量超过 1233 万。

68 IDG、中国出版工作者协会游戏工作委员会：《中国游戏产业市场 2006—2010 年分析与预测》，2006 年 3 月。

69 卢维兴：“网吧业主欲集体抵制盛大？”，《上海青年报》，2004 年 11 月 30 日，http://news.chinabyte.com/147/1882147.shtml

70 此部分分析主要由张伟伟用 NVIVO 内容分析软件完成。

71 李艳红：“政治新闻中的模糊表达：从中国大陆两家报纸对克林顿访华的报道看市场化的影响”，《新闻学研究》，2003 年第 75 期，第 169-199 页。

72 参见 Entman, Robert M., “Framing US Coverage of International News: Contrasts in Narratives of the KAL and Iran Air Incidents” , *Journal of Communication*,1991,41(4), pp. 6-26.

73 如前所述，慧科搜索数据库是全球最大的华文新闻数据库之一。它涵盖了包括大陆、香港、澳门及台湾在内的大部分全国性主流媒体及各地重要城市或地区的媒体。

74 公安部、信息产业部、文化部. 国家工商局：《关于规范网吧经营行为，加强安全管理的通知》，1999 年 1 月 4 日。

第二章

手机

手机是利用无线联网的中低端信息传播技术。在新世纪头十年，它的发展在不少方面比网吧更耀眼、更多元。和网吧一样，手机也为信息中下阶层大规模崛起提供了物质基础，也有自己的兴衰和艰辛。有的无线通讯服务，如短信和预付卡，已在全世界处处可见，包括在被称为“全球南方”的发展中国家。[1]但也有无线通讯产业更具中国特色，如我国的手机制造业，包括山寨机，还有小灵通。这些各式各样的无线服务共同为基层用户提供建立社会联系的渠道，他们多数以前从未拥有过属于自己的通讯手段。手机普及对他们加入网络社会起到革命性作用，这是不言而喻的。

然而，手机究竟是如何成为中低端信息传播技术的？它包括哪些主要种类的无线服务？它们是在怎样的条件下发展的？是依赖制度，还是建立在草根网络的基础上？从中可以借鉴怎样的经验？

本章首先介绍手机崛起背后的电信改革大背景，并集中讨论本土手机制造业如何从外国品牌独大的阴影中走出来，发展国产品牌，以及山寨机产业兴起的原因和特点。接下来具体分析小灵通、短信和预付卡服务的产业发展，它们一方面使为数众多的低收入人群可以使用无线通讯，另一方面也为信息中下阶层提供工作机会。它们往往面临激烈的商业竞争，有时还受到强大的社会控制，这些情况都塑造了手机使用的方式、技术设计、服务及内容。最后，本章还将探讨寻呼业的兴衰，并讨论它引发的反思。

19 世纪晚期，电话进入中国。清朝末年，以沿海地区为中心的全国性电话网络已现雏形。[2] 它在民国期间逐渐扩展，至 1949 年新中国成立。[3] 此时全国电话普及率是每千人 0.5 部，且近 30% 的线路集中在上海。[4] 和互联网起步阶段一样，电话起初也是在华外国人和少数城市精英才能享有的稀罕东西。

从 20 世纪 50 年代到 70 年代，在优先发展农村的政策指导下，城乡间电话覆盖率的差距大大缩小。[5] 虽然当时突出农村电话为政治服务，但对全国范围内电信设施均衡发展而言，这依然是史无前例的成就。随着 20 世纪 80 年代市场经济改革启动，发展的钟摆又摆向城市，出现城市电话较快增长，农村再次落后的情况。[6]

到 80 年代末，无论在城市还是乡村，电话仍是奢侈品和权力的象征。它由公家买单，给干部使用，一般仅安装在重要的办公室和高级干部住所。这样的通讯系统不能应付快速增长的市场需求，电话增长率过低甚至被看成阻碍国民经济发展的一大瓶颈。反映在“八五”计划（1991—1995）里，就是将电信与能源、交通并提为国家经济发展的重点领域。电信改革由此展开。[7] 此项改革的目的是将市场因素引入电信业，增加竞争，让权力阶层以外的潜在消费者也成为消费主体，比如外商和国内下海从商人员。只要缴得起电话账单，就尽快给他们铺设电话线。

正是在此转型期，1987 年我国第一部移动电话在广东问世。它采用模拟蜂窝式信号系统。此时，固网电话的全国普及率只有每百人 0.75 部，潜力巨大，尚待开发。然而，移动电话问世最初几年并未得到充分重视，移动通信作为新行业直到 1990 年代中期才开始起飞（见图表 3.1）。原因除了价格太贵、通话质量不稳定，还受到 80 年代末各种政治经济动荡的影响。直到 90 年代的最初两年，经济发展总体态势仍有相当不确定性，外资观望较多，移动电话业引进

图 3.1　1988–2010 年我国移动电话和固定电话（包含小灵通）用户总数变化情况

（单位：百万）

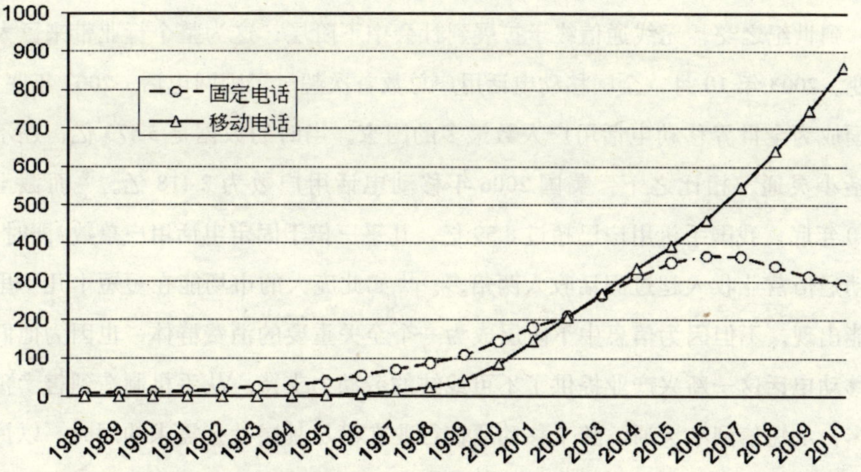

数据来源：信息产业部 / 工业和信息化部（1988–2010）

外资和国外技术都有相当困难。同时，电信业内的投资重点依然集中在固话网扩建和自动化"程控电话"建设上。在开发新技术方面，则更看重另外两种当年的"新媒体"，一是微波电话，二是寻呼机。

1992 年对小平南方谈话以后，电信改革不明朗因素减少，外国直接投资（Foreign Direct Investment，简称 FDI）显著增长。1994 年，中国联通公司成立，打破中国电信独家垄断通讯服务市场的局面。[8] 1994 年对移动通信市场意义特别重大，有三个里程碑式的事件：一是移动电话全国用户总量达到 100 万；二是邮电部（中国电信）旗下正式设立移动通信局；三是联通在广东率先推出使用全球移动通讯系统（GSM）的移动电话服务[9]。GSM 和第一代模拟信号系统不同，它已是数字化系统，通话质量有很大改善，是第二代（2G）移动通信技术的代表。

在整个 90 年代，移动电话市场保持高达 141.8% 的年均增长率。技术扩散曲线在 1998 ~ 1999 年间呈现出陡峰增长态势，主要原因是移动通信局从中国电信分离出来，成为独立的中国移动公司。之后，虽然不时面临联通挑战，后又经历数次分割合并，但中国移动依然长期占据国内市场最大份额。

到世纪之交，无线通信终于扩展到社会中下阶层，这为整个行业带来巨大转变。2003 年 10 月，全国移动电话用户总数首次超过了固网电话。2007 年底，我国成为全世界移动电话用户人数最多的国家。当时的数据是 5.473 亿，还不包括小灵通。相比之下，美国 2006 年移动电话用户数为 2.418 亿。[10] 而截至 2010 年底，我国手机用户已超过 8.59 亿，几乎三倍于固定电话用户总数；同时，移动通信营业收入超过固话收入两倍多。[11] 如此庞大的市场能在短短十几年里就能出现，不但因为信息中下阶层成为一个至关重要的消费群体，也因为他们为移动电话这一新兴产业提供了不可或缺的劳动力支持。从手机制造到售卖预付卡，从短信到小灵通，整个移动通信行业在满足基层社会需求的同时，以惊人的速度起飞了。

□ 从“大哥大”到“手机”

2003 年冯小刚的影片《手机》让这个对移动电话的称谓变得十分流行。电影讲述了手机如何影响上层社会的家庭生活，尤其涉及婚外恋的内容。即使今天，主流商业话语依然常常将移动通讯设备作为城市精英的特权，在广告和其他影视作品里被反复强调。然而抛开这种传统视角，我们可以看到，手机早已扩展到城市的底层，由精英专享的通讯工具变成中低端信息传播技术。这是新世纪初十年，移动通信市场最重大的变革。它究竟是如何发生的？

1996 年，也就是我在网吧里学会收发电子邮件的那年，有位姓吴的朋友拿着个当时看来非比寻常的宝贝走进我的宿舍。那是部黑色的摩托罗拉 3200——20 世纪 90 年代的标志性装备，而且还是采用数字化系统的第二代手机。虽然此前从未如此近距离接触过移动电话，我和室友们却都听说过它，也曾在电影中“一睹芳容”。

从香港进口的警匪片推动了“大哥大”的流行。那时手机还叫“大哥大”。两者在技术上是一样的，但社会意义却远远不同。“大哥大”的使用者往往首先得是“大哥”，是有本事、有权力、有江湖地位、孔武有力的男人。短短三个字，隐含了社会性别、地下帮派、权力结构等多重意味。警匪片里的“大哥大”多出现在黑帮头子手中，用来下达重要指令，如毒品交易、暗杀某人或命令释放人质。有时，某位“大哥”还会用“大哥大”打人，因为它像砖头一样厚重，抓在手里就成了攻击武器。

现在，真有部“大哥大”出现在北大学生宿舍里，不单和我同居一室的室友，连走廊对面的同学们都面露羡慕与好奇，挨个过来“欣赏”和把玩这最新的高科技产品。我们为能如此近距离接触“大哥大”而感到幸运。我们也的确是幸运的，因为我们在读的是北大，而我的朋友则来自一个财大气粗的部门。像那时多数移动电话用户一样，他不需要自己掏腰包，一切都是单位买单，包括手提电话、几千元的开机费和每月至少五位数的电话费。尽管那个摩托罗拉3200是舶来品，并且我们用港式名字称呼它，可隐藏其下的社会结构却仍然延续着过去时代的传统，即电信是为关键部门提供服务的特别行业，而不是针对社会大多数人的普通商业活动。

如果是在80年代，建立在超高费用、官方使用和市场垄断基础上的移动通信运作模式无疑会延续更长时间。但时代不同了，1992年后的全面市场化改革意味着电信业变革的脚步不得不加快。1994年联通成立。作为第二家全国性电信企业，联通的出现史无前例地撼动了中国电信的传统垄断地位。联通首先在移动电话领域给电信一个下马威。成立不久，联通就推出GSM数字移动服务，并在之后三年多时间里积累了100万用户。相比之下，尽管有更多资源，中国电信当时对建立自己的数字移动网络却举棋不定。[12]

联通具有后发优势。它没有多少固定电话网和模拟移动通讯系统，因此得以在数字业务上全力以赴。2002年，联通率先推出CDMA服务，又使中国移动面临竞争压力。虽然今天的联通逐渐已不再像当年那么“初生牛犊不怕虎”，但它确实曾在移动通信市场中扮演了不可替代的历史角色，即促进了市场竞争，也加速了价格下调。即便在今天，在不少中小城镇和基层社区里，联通仍然常常比其他竞争者提供性价比更高的手机服务 。

对中国电信来说，最大的竞争来自内部。1994年邮电部成立移动通信局。

那时邮电部和中国电信基本是一家单位两块牌子，所以移动通信局可说是电信的下属。1999 年，移动通信局独立，成为中国移动公司。2000 年分家的事尘埃落定，电信丧失了移动业务牌照，中国移动成了无线市场领头羊。中国移动带来的关键变化集中体现在产业投资结构上。

新中国成立以来，国家财政投入不足是制约电信发展的一个关键因素。[13] 为解决这个问题，中国移动作为试点，首次引入上市机制，将属于国有资产的电信业与海外资本联系起来，也算“有中国特色社会主义”的新实验。1997 年，中国移动成为我国首家在纽约证券交易所和香港联合交易所挂牌上市的电信业企业。此后，另二家国营电信运营商接连上市：中国电信和中国联通是在 2002 年，吸纳了中国电信一半资产的网通则是在 2004 年。

对希望使用移动电信服务的信息中下阶层来说，引入资本市场亦福亦祸。它的积极影响是稀释了电信服务的精英色彩，使得集中在社会顶端的经营模式向下延伸。为了在股票交易所挂牌上市，即便在首次公开招股（Initial Public Offering，简称 IPO）之前，公司就需要展示出它们所经营的业务不仅有高利润，还是增长潜力巨大的新的资本积累领域。移动市场正是这样一个前景可观的增长点。

回顾移动通信产业起步的这段历史，可以看到，该行业在 21 世纪最初几年令人咋舌的商业扩张与 20 世纪 90 年代中精英色彩浓厚的官方背景其实没有太大关系。导致扩张的决定因素是移动电话普及到一般老百姓，尤其是收入、教育水平和社会地位都较低的中下阶层成员。为了满足这些草根用户的需求，上了市或正在酝酿上市的电信公司需要想办法提供更加“便、靓、正”的产品服务，否则顾客就可能流失。在此意义上，市场竞争逻辑虽然在严格意义上还只是部分引入了电信业，但已足够瓦解传统的精英模式，使移动通讯快速平民化。也正是在这一市场主导的“平民化”过程之后，才有了“手机”这个词。它的社会蕴涵远比“大哥大”更加包容，不论性别，不论年龄，不论社会权力地位，只要有“手”，拿部“手机”在手里就没什么好奇怪的了。无线通讯终于不再是少数“大哥”的专利，而服务于普通大众。

当然，还是有人没手机。但只要他或她希望有自己的手机，满足该愿望较以前来说是容易太多了。2008 年，我在深圳街边碰到卖二手手机的小贩，每部要价 10 元,还价可再便宜。那些大都是工厂打工妹淘汰不要的国产翻盖手机。她们换新机器（多为山寨机）了，这些旧机器以几元一部的低价卖给回收手机的。一个朋友买了部回家试试，还真用了几个月时间。

然而，手机平民化真可以带来更多社会平等吗？真能为中下阶层带来更多权力吗？答案是复杂的。是否拥有手机只是第一步。用怎样的手机？用什么手机服务？订阅怎样的手机内容？在这些更具体的层面上，手机的技术普及尽管在相当程度上打破了传统精英的垄断局面，却仍以其他方式让社会不平等得以延续。以往依附权力，如今依附金钱。商业模式推动了技术扩散，使之进入更低的社会阶层，但这不代表基层用户就能得到高品质服务。如此建构出的以手机通讯为基础的社会关系，能导致更多社会公平？能促进新阶级形成吗？恐怕言之尚早。

由于中国移动、中国联通、中国电信这样的全国性通讯运营商均已上市，利润挂帅，盈利越多、越快，资本市场就越加倍奖赏。对它们而言，利润最大化逻辑集中体现在一个指标上，就是每个用户所产生的平均收益，即 ARPU 值。甚至可以说，当年迅速发展移动通讯的直接原因不是这些企业不想为传统精英服务，而是移动电话比固定电话有更高的 ARPU 值和更大的增长空间。因此，在中低端手机普及之后，具体到手机服务和手机内容，还包括在相当一段时间里居高不下的手机服务价格，就会看到种种无视中低端消费者需求的情形。如强力推广增值服务，包括彩铃下载、手机游戏；又如推销各种内容服务，不但有新闻、笑话、问候短信，甚至有黄色信息和虚假广告。虽然中低端消费者希望少花钱，但却因捆绑套餐等硬性销售手段和短信陷阱而花掉不少冤枉钱。“下套子”的有大企业，也有小公司。但就算小公司也往往和大企业有千丝万缕的“合作”关系。以手机为盈利手段的“陷阱”不仅出现在短信里，也出现在网页、电视广告、报纸、杂志和公交车上。可以说，遍布中国信息城市的各个角落。

面对此种情形，刚刚拥有手机的中下阶层除了忍受广告骚扰，除了在看到账单时发几句牢骚，还能做什么？移动市场已形成寡头垄断局面，他们能有多大选择空间？2006 年一位广州的打工妹告诉我，她从未订阅过任何色情短信服务，但那些短信却不断出现在她手机上，而且她还必须缴纳手机内容订阅费，每月十几元。她多次和运营商交涉，但对方见她是外来女工，对她不理不睬。万般无奈的她只好换新手机号，但这意味着她不得不失去和很多亲友的联络方式。

中下阶层在使用手机过程中遭到歧视的情况相当普遍。原因除了运营商遵循利润最大化原则之外，也包括其他单位用手机来强化社会控制，比如用集群网管理单位员工，就是一种典型的“无线缰绳”（wireless leash）。[14] 对此，本书第六章将做详细讨论。总之，不能将市场扩张等同于社会政治意义上的赋权。在盈利主导的电信服务体制下，中下阶层用户仍然面对严重的歧视和剥削，即便他们作为消费者已被吸纳进了市场。

□ 手机中国造

除电信运营业改革外，我国本土手机制造业崛起也是极重大的变化，其全球影响比运营业更为深远。作为一个新兴产业，手机制造业在 1990 年代几乎不存在，然而短短几年时间，它就以惊人的发展速度造就出巨大的产业规模。2005 年，我国共产出 3.367 亿部手机，占世界出货量 40%，其中 2.28 亿销往海外。[15] 2006 年，产量超过 4.8 亿部，出口创汇 312 亿美元。[16] 2009 年，产量更达 6.2 亿，占全球产量 49.9%，其中一半来自广东。[17]

伴随着手机制造业的兴起，大量中低端就业机会迅速出现，包括制造业各领域的产业工人（模具、电镀、组装、包装），也包括运输、批发、零售、售后服务、旧电话回收等。没有这些方方面面的人力投入，很难想象手机制造业如此快速发展。这些工作虽然在实际待遇上差别很大，但还是意味着蓝领阶层工人及其他低收入家庭可以在手机普及过程中分得一杯羹。

对这些蓝领和低收入家庭而言，本土品牌的崛起尤为重要。它不但促使手机降价，而且为工人社区和中小城镇带来新的工作机会，这是以前的进口品牌机做不到的。直到 20 世纪 90 年代末，我国手机市场仍被摩托罗拉、诺基亚、爱立信等外国品牌垄断，三家占全国市场份额 95%。[18] 而此时，在国家政策支持下，本土手机制造商也开始研发自己的产品，很快它们的市场份额就一路飞涨，2003年达到55.8%，以绝对优势压倒外国品牌机。[19] 外国品牌从2004年开始还击。2005年末，本土品牌市场份额跌到40.6%，虽处下风，但比20世纪90年代末外国品牌一统天下的局面，国产品牌还是取得了令人瞩目的成就。2007年左右“山寨机”崛起，至2008年进入全盛状态，不但在国内而且在国际市场，特别是发展中国家（如非洲）气势如虹。近两三年，“山寨”发展速度放缓，成功的山寨厂商逐步向正规转型，形成国产品牌和外国品牌平分天下的局面。

当然，即便是外国品牌手机也多为国内生产。摩托罗拉早在90年代就在天津设厂。诺基亚常年依靠珠江三角洲、长江三角洲的代工企业进行生产。苹果手机更全产自富士康，生产地点除沿海大城市，如深圳、苏州外，近年更开始向内地城市如郑州、成都、太原转移。除了代工企业，同时催生的也有独立研发能力更强的国内企业如比亚迪。在制造生产过程中，没有新工人阶级的辛勤劳动，所有这些制造业巨头都无法取得成功。但在研发和销售过程中，由于传统名牌手机走精英路线，一线城市为核心，有明显自上而下的倾向，所以它们和信息中下阶层距离较远。除非受到国产品牌挑战，否则很少主动迎合中低端市场需求。

国产手机品牌发展大致可分两阶段。先是2005年前国产品牌虎口夺食，打破外国品牌对国内市场的垄断；后是2005年后“山寨机”发起冲击，在全球市场挑战欧美日韩公司。先看第一阶段，当时主要领军人物——波导、TCL、夏新——也被称为“国产手机三剑客”。[20] 其中最典型的是波导。它1992年在宁波成立，本是生产寻呼机的乡镇企业，1999年开始研发手机。此后连续五年，波导是产量最大的本土手机品牌。它当年成功，一方面因为价格非常低廉，一方面也因为它运用卖寻呼机时积累的经验，在营销策略上绕过大城市，直接打入中小城镇，如此一来，避免与外国品牌正面交锋，还迅速在跨国公司视野外建起庞大的销售网络。[21] 该网络涵盖全国36个省市、近400个地级市（州）及2000多个县和较发达的乡镇。

通过把竞争推向基层市场，波导这样的本土手机制造商迫使外国品牌不能再无视中下阶层的存在。很快，摩托罗拉2005年推出售价399元的C117，[22]

诺基亚则将销售服务网络扩展到300多个城市。[23] 这些努力都是为了通过更好地服务中低端用户，从国产手机厂商手里夺回失去的市场份额。

本土与国外品牌竞争催生了三个意想不到的行业发展态势，从不同角度为山寨机时代的来临做了铺垫。

一是产业增长速度比市场扩张速度更快，导致产品过剩。2004年底，本土企业积压手机已达约4000万部。[24] 2005年全国有营业许可执照的手机制造企业增加到60多个，还不算没执照的厂家。国内市场不足以吸收所有产品，于是出口剧增。2005年，我国出口手机总数已高达2.28亿部；2006年，手机出口总额达312亿美元，同比增长51%。[25] 此时多数出口的是国外品牌，如诺基亚和摩托罗拉手机。但波导等国产品牌也已打入不少快速增长的国际市场，如印度、越南。[26] 至2010年，仅1到4月出口量就达2.1亿部，价值122.6亿美元。虽然总量进一步增加，但单机价格却在下跌。[27]

第二个重要变化出现在国产手机零部件行业。最有代表性的是比亚迪，它曾一度占据手机和无绳电话电池全球市场份额的半壁江山。[28] 据学者分析，比亚迪成功关键不是靠压低工资而是靠一套新的可称为“弹性流程（process flexibility）”的体系来管理生产。[29] 该流程强调持续不断地对工人进行再培训，使之在消耗较低成本的同时仍可制造出高质量且种类空前繁多的产品，以此为基础，培养超强国际竞争力。它在几年内“虎口夺食”，战胜日本厂家的昂贵机器，重要原因是因为手机更新非常快，产品种类又十分多样，日本厂家以高精机床为核心的产业模式在速度和成本上都无法和“弹性”更高、不断再培训的工人相匹敌。这其实正是“程控劳工”和“网络劳工”的典型实践，是我国信息产业发展的重要特点之一。相关新劳工形态的讨论，将在第六章进一步展开。

第三个意想不到的发展是“黑手机”浮出水面，其特征有时让人联想到“黑网吧”。“黑手机”指那些通过非法渠道获取的移动电话，包括无证生产或地下回收再翻新的旧手机，也包括来自走私甚至偷来的新手机。它们之所以出现，相当程度上是由于大城市中高端用户在换手机，而低端市场需求仍很旺盛。不仅如此，一大批中下阶层人群，包括失业或半失业状态的工人，为手机翻新和交易提供廉价劳力，这在世界其他地方也可看到。[30] 结果，和网吧业当年情形类似，先是一段时间爆炸式发展，而后信息产业部、公安部和相关五部委出面，在2005年11月到2006年3月间进行大规模治理。但和网吧不同的是，手机制造业没有因此一蹶不振，反倒孕育出庞大的“山寨”产业。

□ “山寨”时代

在制造行业，“山寨”的叫法发源于20世纪60年代的香港。当时香港还处在工业化初期，一些生产日用品或成衣加工的作坊小厂依山而建，被称为“山寨厂”。[31] 它们经营方式不是很正规，产品不一定有品牌，就算有可能也是冒牌。20世纪80年代香港制造业北移，“山寨厂”于是在广东出现，有港商开的，也有内地人开的，产品从锅碗瓢盆到服装手表不一而足。时至世纪之交，“山寨厂”也开始制造VCD机、MP3等消费电子产品，为制造山寨手机做好铺垫。

随着波导等国产品牌的兴起，中低端手机市场潜力显露出来，山寨手机厂应运而生。当时一般采用韩国方案，虽然产品便宜但容易坏。它们在市场定位上直接挑战包括“三剑客”在内的国产品牌机，所以“山寨机”的叫法最初是国内正规厂家采用的贬称。不料2007年前后，“山寨机”质量突然飙升，市场份额大幅扩大，甚至开始走出国门，和国际知名品牌在发展中国家新兴市场展开拉锯战。“山寨”的叫法这时多了几分自信，几分时髦，成为手机制造业界共同关心的焦点。

“山寨机”质量突升的原因是台资企业联发科推出MTK手机芯片，把以前采用韩国方案时的多个分散零部件集成到一块触摸屏背后，还包括软件，全部一次解决。这大幅提高了手机的稳定性和耐用性，而且还简化了装配工序，从而在降低生产成本的同时又提高了产品竞争力。联发科此项创举对中低端手机制造业起到关键影响。它自己也借“山寨机”的迅猛崛起，坐上2007年台湾“股王”宝座。这一年，联发科的手机芯片产出量高达1.5亿套。[32]

然而，“山寨机”的发展也充满问题。虽然联发科及其效仿者在技术上基本解决了芯片设计和制造问题，但它们无法控制下游厂家在生产过程中如何贴牌，到底是Nokia还是Nukla，是Samsung还是Somsang。也无法改变山寨机买卖多为现金交易的“江湖”规矩。逃税甚至成为行业暴利的一个源头。随着山寨机市场份额快速扩大，这些问题日益凸显。国外品牌怨声载道，有的大众媒体也参与围剿“山寨机”，对其污名化。相关管理部门于是采取措施，但不是一刀切的严打，而更多采取劝谕、引导方式。一些山寨厂家因此得以成功转型，成为比较规范、有独立知识产权的国内手机品牌。

管理部门为什么这次可以顶住大企业和部分舆论的压力，对山寨机采取比较宽容的态度？一是因为产业规模巨大，2009 年我国山寨机出货量高达 1.45 亿部，[33] 占全球市场八分之一左右，从生产到销售涉及复杂而庞大的产业链，涉及无数就业机会。如果砍掉整个山寨行业，“保八”可能都会受影响，且不谈失业人口对“维稳”的威胁。二是因为山寨厂商并非全靠盗版赢得市场，它们中不少有自己的研发能力。它们的技术人员有的本来就是从名牌手机制造公司里“跳槽”过来的；它们的生产线更有的白天做“正牌”，晚上做“山寨”，出货渠道虽然不同，产品实际却一模一样。[34] 正是因此，山寨机才常会以极低廉的价格却提供正牌机都没有的功能，如“走马灯”、语音王、触摸屏输入、定制 QQ 按键等，都是为中低端用户度身订造的。也正因为在研发上有相当积累，天语等山寨大厂才能很快转型为正规品牌厂家。

在《二十一世纪》期刊的一篇文章中，我从“黑客伦理（hacker ethic）”视角，把山寨机研发过程上升到“草根创新模式”的高度。[35] 这不是夸张，而是对现实情况的总结。山寨产业的“草根创新”首先是快，每年推出新款手机的速度可以比国际品牌大厂快十倍。这正是前文提到的比亚迪战胜日本手机电池厂所用的策略之一。其次，它可以“不拘一格降人才”，给低学历技术工人以充分的实践空间。一位中专没毕业的青年师傅可以完成诺基亚 N80 高仿手机的“抄版”工作，不但解剖主板，全面复制硬件，还有八层菜单。这款手机为公司半年赚进 2 亿，成为业内人士津津乐道的传奇。[36]

最重要的是，山寨“草根创新”还采用网络化分享，比大部分企业或大学里的研发机构更能体现网络时代的共享精神。以山寨机最常见的“双卡双待”功能为例，这就是许多山寨厂研发人员反复试验、不断摸索、共同改进的成果。最初为方便港台商人进出华南不必换手机卡，开始有研发人员试验将两块手机

图 3.2　我爱研发网：山寨草根创新网络的信息交流平台（笔者 2009 年 6 月截屏）

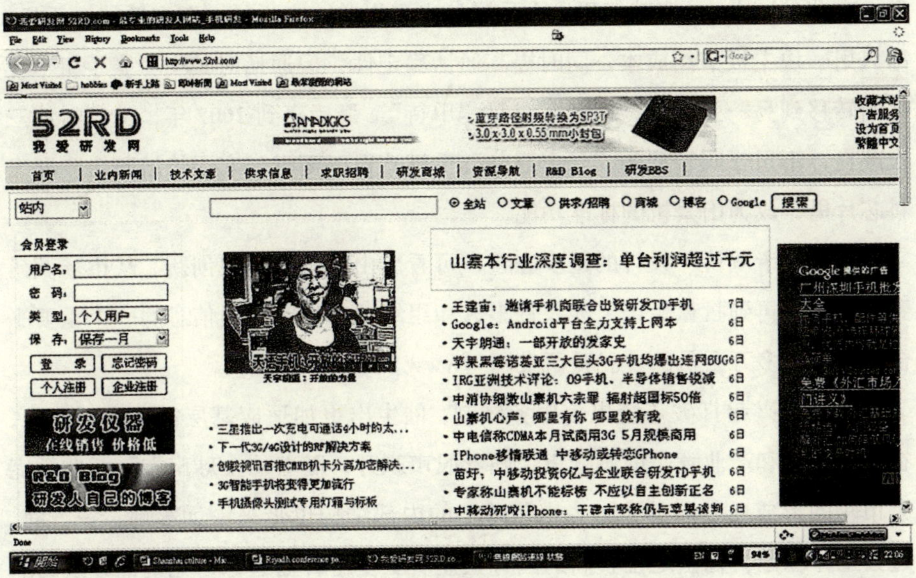

图 3.3　“山寨机”研发、制造、销售流程图（根据 2009 年春深圳访谈资料绘制）

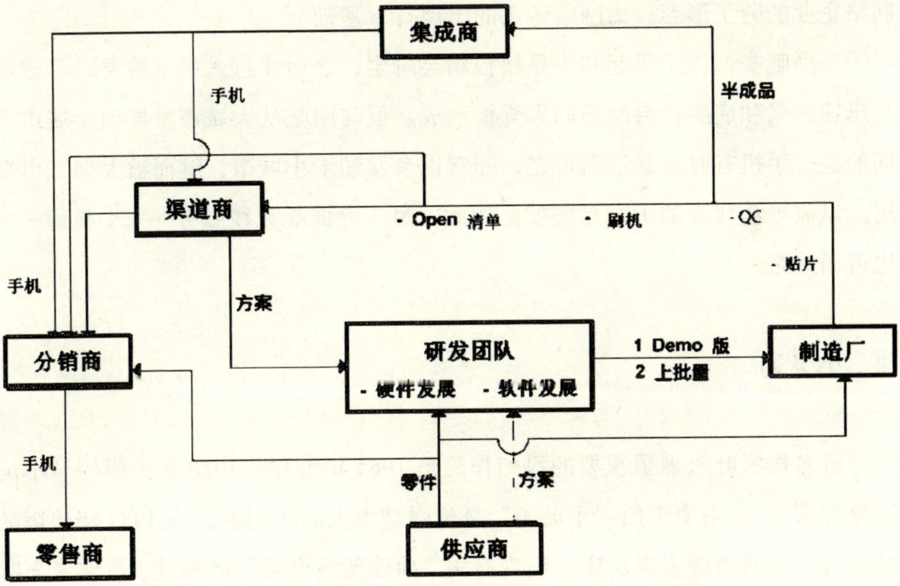

主板合放在同一个机壳里。但两根天线互相干扰，且生产成本和两部手机差不多。在此基础上，又有其他研发人员设计出采用单一主板的“双卡单待”手机，即只用一块主板节约成本，同时提高通话稳定性，但通话时其中一张手机卡要呼叫转移到另一张卡上，因此还只是“单待”。最后直到2007年，又经过第三次改良，不用呼叫转移的“双卡双待”手机才得以面世。它很快被整合到联发科芯片里，成为山寨机的标准功能。

从“双卡双待”设计的逐步完善，可看出山寨机“草根创新”从市场调研到试验改进再到批量生产，涉及许多人和组织。它们间互通信息的一个重要平台是拥有十多万会员的“我爱研发网（www.52rd.com)”。

手机的兴起打破传统电信服务体制，催生出更加适应基层需求的新产业。在技术升级和产业竞争的旗帜下，随着股市飙升，随着“全球南方”亚非拉庞大市场的形成而发展壮大，为电信劳工的内部结构也带来深远影响。一方面，过去工作稳定、社会地位较高的国有企业员工变得日益边缘，无论铺设线路的男师傅还是女接线员，要么下岗，要么改制，丧失“铁饭碗”。但另一方面，手机业的飞速成长又吸引来可观的国内外投资，造就大量中下阶层工作机会和创新机会。两者合流，进一步拓展了信息中下阶层的社会规模，同时又重构了网络企业的劳工形态，为网络劳工的出现打下基础 。

与网吧类似，手机起初也是植根精英阶层，之后才进入中下阶层，导致市场迅速扩张和底层社会网络的大规模形成。但与网吧从大城市发展到小城市不同的是，手机有时反其道而行之，即它也会发轫于小城市，继而被大型城市采用。以波导为代表的国内品牌就是如此。另一种低端无线服务——小灵通——也遵循此路。

□ 小灵通

著名作家叶永烈最重要的科幻作品是1961年创作、1978年出版的《小灵通漫游未来》。书中主角“小灵通”是位眼睛大大的小记者。在1984年出版的续集《小灵通再游未来》中，出现有关“袖珍无线电话”的描述。[37] 作家当时可能没想到，短短十多年后，“小灵通”真出现了，而且还是一种中低端移动通讯技术。它采用无线本地循环（Wireless Local Loop，简称 WLL）设计，有一套独特的基站、交换机和手机终端。由于设备便宜，且以传统固话网为基础，所以收费和固定电话差不多，远比 GSM 和 CDMA 要实惠。当然，小灵通一般不能跨城市漫游，信号有时不稳定，所以不算功能齐全的手机服务。但在中下阶层群体里，有很多退休工人、家庭主妇、小店主、学生，他们手头拮据，很少出远门。[38] 对他们而言，小灵通是最合算、也最适合他们生活方式的无线电话服务。

国际上主要有两类 WLL 技术，一是欧洲的数字增强型无绳电话（DECT）和它在印度的变种 corDECT，二是日本的个人手机系统（PHS）。PHS 系统由 UT 斯达康公司引介到我国，再调整为个人接入系统（PAS），就是小灵通的主要技术平台。尽管不少国家都曾采用不同的 WLL 技术，但没有一个像小灵通如此迅速地获得大规模成功，又如此明显地开始退潮。通过小灵通的兴衰，可以看到中低端市场的巨大潜力，更可看到中低端信息传播技术面临的严峻挑战。

20 世纪 90 年代末，小灵通首先从沿海小城市向内地省会城市扩展，最终进入了北京、上海。该过程业界称之为“农村包围城市”。[39] 如图 3.4 所示，小

图 3.4　我国小灵通无线电话用户总数变动情况

（单位：百万）

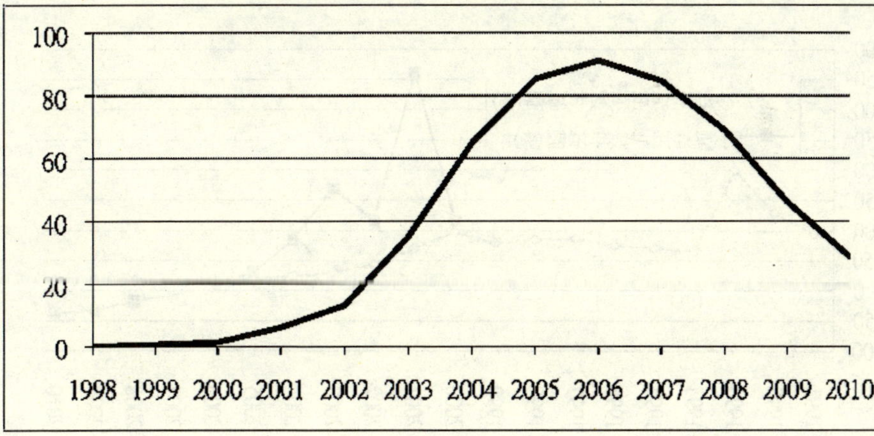

数据来源：信产部 / 工信部

灵通用户总量从1999年的60万猛增至2006年的9110万，之后2007年滑落到8450万。此时，8450万用户的规模如果当做一个国家的手机用户数，在全世界是规模第四大的无线用户群体，仅位列中国、美国和日本之后，比德国全部8300万人口还多。然而，截至2010年底，全国小灵通用户数又迅速降至2863万，比2006年锐减68.6%。

通常政府统计把小灵通称为“无线市话”，算固定电话的一种，而不算在手机（GSM和CDMA）用户当中。这使我们可以很方便地对小灵通和移动电话进行比较。如图3.5所示，在2000至2005年期间，小灵通在全国范围内的扩展速度比常规移动服务快很多。然而，从2005年开始，这一趋势却大幅逆转。

小灵通怎样如此迅速成为巨大的市场？在它耀眼但昙花一现般的成功背后，有什么值得总结的经验与教训？小灵通的迅速普及与其价格低廉有很大关系。对电信服务商而言，在既有固话系统基础上部署小灵通相对便宜、简便，[40] 如在一座1000万到1200万人口的大城市部署小灵通大约只需三四个月时间。[41] 对普通用户而言，小灵通手机的价格优势更为明显，2002年前后每部通常为二百到七八百元，而GSM和CDMA手机则动辄数千元。2005年前后许多地方小灵通不但手机免费，而且还送话费。由于小灵通通话是单向收费的，

图3.5　小灵通与移动通信（GSM及CDMA）各年增幅之比较

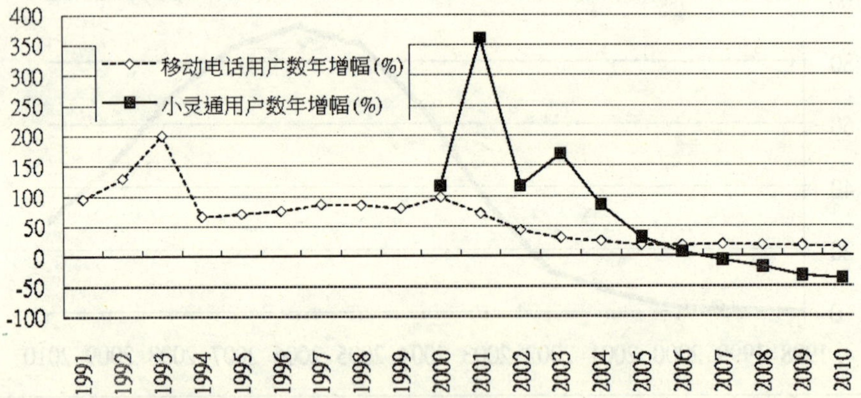

数据来源：信产部／工信部

加上不能漫游，所以月费只有常规移动电话服务的三分之一到一半左右。

环顾全球，很难见到 WLL 技术在其他地方取得小灵通这般的巨大市场份额，即便在印度。[42] 为什么呢？这和小灵通出现的那个历史时刻有很大关联。20 世纪 90 年代末和新世纪最初几年，恰巧同时存在好几个促进小灵通发展的特定因素。少了其中任何一个，小灵通的普及就不会那么顺利，也不会这么快就成为典型的中低端信息传播技术。历史的“巧合”因此是非常重要的，[43] 而一旦“巧合”不再，小灵通的极速衰败就不足为怪了。

第一个巧合因素是中国电信的历史地位，它直到 1994 年还是全国唯一的电话服务提供商。从“八五计划”可看到，当时政府急需加速发展电话，以打破低水平通信对经济建设的限制。而且从毛时代起，政府就有推行电信普遍服务（universal service）的工作目标，虽然实施情况差强人意。[44] 正是在这样的情况下，中国电信在 1990 年代中期决定实验采用建立在固网上的有限移动技术，尝试用无线本地环路 WLL 加快电话普及。[45] 最初理由是它经济实惠，特别适合在山区采用。于是，1997 年小灵通首先在东部的浙江余杭进行试点，1998 年率先在南方的广东肇庆开始商业运营。两个地方都是多山的中小城市。当时很少人关注，更没人料到这项试验会在全国铺开，取得巨大成功，因为小灵通当时仅被看成是固话系统的补充，是一种仅在山区小城镇部署的“加强型无绳电话”。

但就在余杭和肇庆的小灵通试点之后，我国电信产业发生了深刻变化。1998 年中国移动上市。2000 年中国移动独立。传统电话业务发生重大转型，由政府提供的公共服务变成市场竞争和资本积累的新领域。对中国电信来说，这种转型是痛苦的。ARPU 值（每个用户的平均利润）变得越来越重要。此时的电信正经历着首次公开招股前的改革与战略调整的艰难过程。但它却在这个关键时刻因与中国移动分家而丧失了移动通信牌照。这正是无线市场崭露头角的时候，相较之下，传统固网 ARPU 值实在拿不出手，电信自然对小灵通寄予重望。

电信一方面开始以小灵通为试点，一方面经历上市和产业结构转型，历史的巧合造就了小灵通的传奇。丧失了移动经营牌照的中国电信原则上本应不再涉足无线领域，但它却大举投资小灵通，以占领低端无线市场。移动牌照持有商——中国移动和中国联通——很快指责电信违规。信息产业部迫于压力，在1999年到2002年间发布了一系列压制小灵通的指令，如1999年10月要求取消新的小灵通项目，2000年5月命令暂停小灵通运营，2001年2月责令小灵通从大城市撤出等。[46]然而，尽管上面指令如山，下面仍持续增长，且增幅不断加快。小灵通覆盖的城市由1999年约80个攀升到2000年200多个，2004年又达到近400个城市。[47]

小灵通的普及并非一帆风顺，除部委指令外，更直接的矛盾还在地方，有时甚至出现严重冲突，比如2000年8月兰州曾出现因移动和电信之间矛盾而产生的大规模“技术故障”，全市26万部手机无法拨打市话。[48]然而总体上看，波折是暂时的、局部的。小灵通在全国范围内势如破竹，最终在2003年和2004年分别在北京和上海落地生根。整个过程中，尽管有大量当时算“违规”的情况，信息产业部却从未对中国电信进行过实质性处罚。这与网吧的遭遇截然不同。

小灵通“农村包围城市”可以成功，有地方政府撑腰是必不可少的。一来各地官员与电信的地方分公司职员本是多年同事，传统信任关系不会马上消失。二来移动运营商刚上市不久，注意力都在大城市，无暇关注小城镇。更重要的是，改革开放以来通讯事业决策权日益下放到地方，各地政府，尤其是不发达地区的地方政府，越来越要自己想办法发展通讯，而不能只靠中央。不仅如此，电话增长速度还常是衡量地方政绩的重要指标，电话普及率提高不但促进经济建设，而且可给地方干部带来政治奖励。官员追求政绩，市场化了的电信系统追求经济利益，两者重叠在地方层面形成互惠关系，成为小灵通自下而上快速发展的重要保障。

同时还有跨国因素影响，尤其是UT斯达康公司所起的作用。UT斯达康是原美国留学生创办的通讯企业。它总部设在加州，但和日本电信界，包括投资商（软银）和PHS制造商都有联系，因此能在小灵通发展早期起到关键桥梁作用。UT斯达康创始人之一的陆弘亮和软银老板孙正义都曾在加州大学伯克利分校读书，当时是好友。1995年软银为UT斯达康提供了第一笔主要风险投资3000万美元。与日方的紧密联系令UT斯达康在引进技术方面占尽先机，包括引进日本的PHS基站和手机。[49]

然而UT斯达康并非主动将自己定位在低端无线市场。其公司战略原本强调光纤通信和网络接入方案，无线业务只占次要位置。[50] 最初，UT斯达康所做的也只是从日本购进设备，然后转卖给电信。直到2001年下半年，小灵通业务取得骄人成绩，UT斯达康才把研发重点转向中低端市场，开始调试和生产自己的小灵通设备，尤其对小灵通基站进行改良，使其更好适应我国城市的空间特点。

机缘巧合的还有日本无线市场的转变。尽管日本的PHS系统和小灵通在技术上大同小异，而且日本是该技术的“故乡”，但由于人口特征、管理结构和运营商市场策略等多方面不同，此时日本PHS市场已明显开始萎缩。[51] 因此，日本企业乐于将过剩的产品低价销往中国，而各地电信也乐于购买。中日间的市场互补与技术本身没什么关系，但它却降低了技术转移过程中的经营风险，使UT斯达康迅速做大。

与上述有利因素相反，批评小灵通的声音始终存在。中国移动和联通认为小灵通已经过时，指的便是PHS在日本江河日下，虽然它们忽视了印度方兴未艾的corDECT。还有很多人批评小灵通不能漫游，而且可能和3G通讯发生频道冲突。[52] 最重要的批评是小灵通信号弱，有人戏称小灵通“喂喂call”，因为用小灵通时常要不停地说“喂！喂！”而搞不清对方是否听到。[53] 2006年2月，我在上海用了几天小灵通，接收信号的确非常不稳定。就算在上海繁华地段用UT斯达康生产的小灵通手机，声音效果也不太好，有明显的背景噪音。

然而和传统移动电话相反，经过“农村包围城市”的发展过程，小灵通在大城市起步较晚，通话质量较差，而在中小城市则一般好很多。[54] 在地方电信有重点投入的地方，小灵通的服务质量常可比肩GSM和CDMA。比如浙江舟山就曾有运营商为提高小灵通信号质量推出奖励计划，只要当地用户发现小灵通信号接收不好的“盲点”，汇报确实对网络改良起到贡献的，奖励1000元。这样的奖励机制，即便在大力推广3G的今天也不多见。因此小灵通信号质量在很多中小城市迅速改善，顾客满意度大幅提高。在宁波，一位我2003年采访过的退休老人用小灵通作“生命线（life line）”，到哪里都带着，遇到紧急情况就靠它和儿女及外界联系。这和2000年前后小灵通发展初期信号质量没保障，很多人必须“腰别两机（GSM手机、小灵通手机）”的情形已完全不同。

换言之，只要运营商致力改进，小灵通同样可以提供高质量服务。上海的信号问题不在小灵通技术本身，而是因为上海电信没有舟山或宁波电信那么强的动机，因为上海是全国最后采用小灵通的大城市，收入较高的上海市民此时基本已有常规手机，他们对价格的敏感程度也没有中小城市用户那么高。在商言商，从市场盈利角度可解释小灵通为何在大城市发展滞后。然而，考虑到技术升级和资本流动等多种不稳定因素，同样单纯逐利的商业逻辑也可导致中低端信息传播技术的快速凋零。这正是2006年以来小灵通面临困境的症结所在。

虽然小灵通一度拥有9000多万用户的巨大市场，但股市运作的重点却非市场规模，更不是社会效益，而是以ARPU值为核心的盈利指标。早在2003年前后，就有厂商推出要价3000多元的小灵通手机。2004、2005年又有运营商希望对小灵通强制升级，一律加入漫游功能。[55] 这些无视小灵通用户基本特征的做法要么因价格过高无人问津，要么因遭普遍反对而胎死腹中。结果是，一旦有其他盈利率更高的选择，小灵通和几千万小灵通用户马上成为牺牲对象。毕竟，中国电信已通过2008年产业重组获得了移动通信牌照，不再需要用小灵通在低端无线市场打“擦边球”。新3G业务要大量资本投入，而那才有足以吸引股民眼球的高ARPU值。运营商转移注意力，制造商退得更彻底，比如因小灵通一度成为业界神话的UT斯达康，虽然它退出小灵通市场后，公司盈利状况并未明显改善。

2010年底，不被业界看好的小灵通仍然拥有近3000万用户。当然，仅从用户数看小灵通的历史价值，还显狭隘。对整个手机产业而言，小灵通在形塑全国基层无线通讯市场方面，功不可没。正是由于它的挑战，移动运营商才被迫降价，以套餐、单向收费等方式，回应小灵通的竞争，令更多中下阶层人群得以享用手机服务。[56] 因此小灵通之于传统移动通讯，恰似国产机、山寨机之于国外品牌机，都大幅加快了手机平民化的脚步。

回顾这段历史，小灵通应算一种非常具有中国特色的中低端无线服务。它在新世纪最初五年取得巨大成功，直接原因是种种看似偶然的机遇：中国电信上市却没有移动牌照、地方政府支持、跨国公司介入、日本 PHS 市场萎缩。但偶然背后亦有必然，那就是我国中下阶层基数庞大的社会结构和中低端人群强烈的传播需求。背离这一社会现实的技术，无论多先进，都注定要失败。但只要适应它，哪怕貌似“落后”，也可以造就意想不到的奇迹。

□ 短信

我国手机用户数世界第一，也是全球最大的短信市场。2000 年 5 月 17 日，中国移动最早推出短信服务。自此，短信年业务量从 2000 年的 14 亿条飙升到 2010 年的 8317 亿条，增速超出手机用户增长速度。2001 年每位手机用户平均收发 131 条短信；2007 年攀升至 1082 条；2010 年则下降到年人均收发 968 条。这仍是非常可观的规模。

在短信业务量增长的现象背后，是电话功能的重大转变及其对电信产业的深刻影响。手机普及不仅意味着用户能够摆脱电话线的物理束缚，更意味着电

图 3.6　我国短信业增长情况

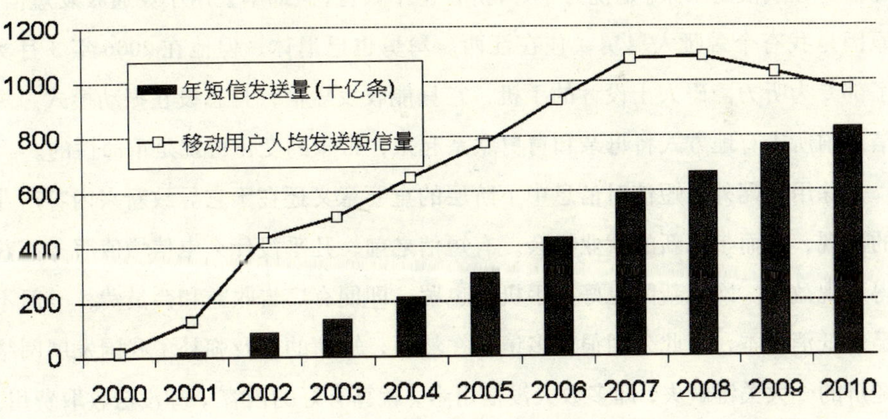

数据来源：信息产业产部 / 工业和信息化部

话的信息处理能力大大加强，变得越来越像电脑，可以对数据进行输入、输出、存储，可以接收、分类、发送各种信息。手机因而不单是机器，不单是服务，更涉及内容和意义的创造。

因此，短信用户的分布虽然也涵盖高端人群，但它对我国中下阶层社会网络的变迁有特殊作用。一方面，由于互联网普及率仍远落后手机，所以对许多上不了网的人来说，短信便承担了电子邮件的非同步信息交流功能。另一方面，手机语音通话收费长年居高不下，聊一分钟的开销够发好多条短信，因此短信特别受低收入人群欢迎，如收入不高的年轻人。中文短信还有一个特点，就是二维的方块字和用字母的外文短信相比，信息容量更高。

对中下阶层人群，尤其是年轻人来说，收发短信还有一种在公众场合显示身份的功能，这在手机刚开始平民化的几年里表现最明显。[57] 比如 2002 年我观察广州的青年工人中就存在这样的情况，即他们会用几个月，甚至一两年的积蓄买一部新手机，但却无力承担昂贵的话费。但用不了多久，新手机就会过时。于是，只要有空，他们就会自觉不自觉地把手机拿出来收发短信。具体短信什么内容反倒不重要，重要的是公开展示手机的款式、颜色、铃声。这种显性消费在学生群体中也很明显。

虽然手机屏幕和键盘较小，打字、阅读不够方便，但许多中老年人和残障人士也开始用短信了。他们在乎的是信息交流本身，而非公众展示。这包括我那位身在武汉的母亲。她视力不好，拼音也不太行，但却学会用小灵通收发短信，原因是我有个聋哑人舅舅，住在江西。舅舅也已退休。但他在 2006 年 3 月买了部专为听力障碍人士设计的手机，它只能收发短信，且总设在振动模式。短信以前所未有地方式将母亲和舅舅联系起来，带来的变化可说是革命性的。

除用户端外，短信对信息中下阶层的重要意义还在于它导致新兴内容产业的出现，从而带来新的就业机会。有短信之前，几乎没什么电信增值服务能获得可观盈利。网上新闻也好，手机报也罢，即便有广告收益和会员费，一般不足以抵消成本，因此公司很难多请人。然而，短信的普及弥补了我国发展网络经济的一大关键缺失，即多数人没信用卡，就算有好的内容，却没法收取费用。手机加短信，问题就有了解决方案。费用可从电话费中扣除，之后移动运营商再和内容提供商分账。因此催生出手机内容产业，其雇员还是在就业结构中处于中低端的“信息劳工”。

虽然收发短信可以自动化，但内容的生产、销售及为订户提供特定服务都需要大量劳力，主要门户网站因此开始有短信团队，人称“短信写手”。他们编写的内容通常短小精悍、令人回味，有的是应时而作，有的针对特定群体，如“荤段子”。短信写手一般报酬较低，但收入差别很大，短信高手在市场需求旺盛时期（如农历新年）每周最多可赚上万元。[58] 正是这些在技能和收入上都存在极大内部差异的新兴信息产业工种，支持了短信业的爆炸式增长，为新工人阶级网络的形成提供了又一个重要的物质基础。

短信内容产业的主要支柱一是帮助收钱的移动运营商，二是各大门户网站，三是传统大众媒体，包括电台、电视台，如用短信投票成功吸引观众参加“超级女声”的湖南卫视。[59] 经过几年发展，现在中国移动、联通等运营商也会直接投资短信业。结果出现了一个新的产业联合体，它将移动运营商与内容和服务提供商整合到一起，后者包括网站、大众传媒、互联网公司，甚至传统服务业，如快餐、金融等，都将短信作为方便盈利的新技术平台。[60] 大量内容被生产出来：新闻、笑话、电子优惠券、问候短信、软色情段子、彩铃推广、彩信广告等，也少不了垃圾短信。

电信运营商情钟短信，这还是和上市后的ARPU值压力有关。对它们而言，短信是一个有战略意义的平台，可以用来推销其他增值服务。内容提供商更在短信市场里尝到甜头，比如网易就借短信和网游兴起的东风，股价一飞冲天，让丁磊在2003年成为当时的中国首富。[61]

短信产业联合体的一大特点是它和国家政策息息相关。电信运营商都是国有企业，它们盈利更多，国有资产效益也更好。因此，对短信内容的管理起初并不严格，直到2003年“非典”之前，相关部门并未特别关注短信。但“非典”期间，短信首次显示出它超越传统媒体、影响基层网络的强大影响力。[62] 然而一旦政府介入，一旦大众传媒出来“辟谣”，南方出现“怪病”的短信就在民众中丧失了说服力。虽然短短几周后，“非典”全国爆发使大家不得不全力应对，但打击短信“传谣”还是提上了日程，并从此成为手机内容监管工作的一项主要内容。[63]

无论如何，对短信的监管还是比较容易的，因为一来短信的内容主要为文字，过滤分类都不困难；二来短信必须经国有企业的网络管道进行传送，流动方式相对集中，很方便汇成一个巨大的“远程可搜索数据库”[64]，有利于社会控制。因此只要打击短信“滥用”的监管工作提上日程，就可以相对容易地实施。但究竟何为“滥用”？假如是“谣言”，具体怎么界定？由谁界定？包括后来是否证实为真的“谣言”？[65]假如真要打击“黄色”短信，为什么这么多年屡禁不止？

2006年2月我国“首例性骚扰案”起诉失败。当时云南巴南的一位女教师称自己从2000年起五年多时间长期遭受校长性骚扰，有时每天收到二三十条骚扰短信。她向当地运营商求助，希望将被告发送的骚扰短信内容取出作为证据，不料被回绝，一条也没取出。[66]被告校长为自己辩护，也请当地运营商帮助取证，却顺利取出80多条原告发出的短信，结果女教师上诉被驳回。[67]同一案件的短信取证，教师取不出，校长却可以。可见在技术层面建立“远程可搜索数据库”只是问题的一方面，关键还要看这个数据库怎么用、为谁服务？是有权有势的老板或主管，还是普通雇员？

通过短信实施的社会控制自上而下成分居多，巴南性骚扰案只是一例。[68]这样的控制是否会阻碍短信的商业运营？答案既有肯定的一面，又有否定的一面。2003年，当时的信息产业部宣布整治黄色短信，网易等内容提供商的股价应声大跌。[69]但随时间流逝，人们发现短信内容娱乐化总体来说还是安全的，能够很快适应内容监管新举措。短信业于是又开始利用市场和国家的张力进行产业扩张，并由此衍生出为短信监控服务的新行业。

总部设于北京中关村的启明星辰就是该新兴行业早期代表之一。[70]这是家归国留学生创办的企业。它在2004年推出的天澄短信过滤系统，率先从公安部获得信息安全产品销售许可证，当时正是“非典”后各方面重视短信监控的市场起步初期。该系统据称“采用经过中国科学院测试通过的信息内容过滤算法，具有极高的系统性能和强大的管理控制能力”。[71]

国外观察者一般对短信审查系统特别关注，因为涉及言论自由、隐私等西方传统重视的议题。然而，对国内短信用户而言，大部分人，无论贫富，最直接关心的往往是垃圾短信问题，包括短信诈骗，因为很多短信陷阱正是以垃圾短信的方式进行发送的。[72] 过滤垃圾短信、消除短信陷阱，这本应是内容监控的范畴。但如前所述，垃圾短信长年不断，根本原因不是技术手段，而是寡头垄断企业在不充分竞争条件下追逐利润所使然 。这不光包括移动和联通，2003 年起固话运营商依托小灵通，也在短信市场分杯羹。但移动的主导地位仍是毋庸置疑的。如何让运营商、内容和服务提供商都意识到遏制垃圾短信的重要性，特别是降低对中低端用户面临的困扰？这依然悬而未决。

于是出现这样的怪现象，一方面我国政府和业界对短信监控行业有相当投入，技术水平世界领先，且向外出口监控产品；另一方面短信带来的社会安全隐患不但没减少，反有愈演愈烈的趋势。比如 2005 年国庆长假，利用短信骗取个人身份，导致手机用户财务损失的案件影响了成千上万的北京市民。该骗局来自南方的垃圾短信制造团伙，它们用短信引人上钩，再假装是银行工作人员和警察从而骗取用户个人账户信息，仅一周时间就造成超过百万元的损失。

这起短信诈骗大案引起广泛关注，各方众说纷纭。但多数讨论都忽视了问题出现的历史背景，即“非典”以来虽有加强短信控制的种种举措和包括商业资本的重点投入，短信诈骗和垃圾短信却依然愈演愈烈。问题的真正根源因此要从过度商业化但又缺乏竞争的移动产业体制上去深挖，特别是短信陷阱的利益链条有没有延伸到正规企业内部。然而，这些议题在讨论中都没充分展开，事件的公共政策影响很快锁定到国家如何进一步加强控制短信业，乃至整个手机业这一传统视角上。所以有人提出一套针对所有手机用户的实名制系统，而当时北京进行的一项随机抽样调查显示，75.9% 的受访者赞成这项提议。[73]

不过尽管有大量公众支持，手机实名制方案还是直到 2010 年 9 月才开始实行。[74] 这和整治网吧的雷厉风行形成鲜明对比。关键差别在于既得利益者在体制中的地位。大多数网吧是私营小店，而短信和手机产业涉及的是大公司，包括上市国有企业。实行手机实名制，势必影响移动和联通的用户总量及其运营成本，至少预售卡服务增幅会回落。运营商们因此会反对，因为它们最在乎的是股市表现和企业盈利，而不是普通用户免于被滋扰的基本权利。

结果，垃圾短信不但没被根除，反倒进一步“产业化”。更大规模、更有背景的短信企业应运而生，大量搜集手机号码，大批量操作 。根据中央电视台 2008 年“3·15”特别节目揭露，仅分众无线传媒技术有限公司一家就掌握了全国一半手机用户号码，其郑州分公司每天发出的短信达 2 亿条。[75] 2009 年 3 月又爆出山东移动批量发送垃圾短信、出售用户私隐信息的丑闻，工业和信息化产业部不得不责令移动整改。[76] 原本散兵游勇的小规模垃圾短信行业，几年光景就发展到如此地步，实在令人叹息。

短信的发展与信息中下阶层和新工人阶级网络社会有什么关系？首先要肯定的是，短信在新世纪之初的迅猛增长再次显示中低端信息传播技术不容忽视的价值。它并非什么高科技，但却因大受普通民众欢迎而增幅惊人。它的普及不但带来商业成功，还催生出一个扩展了的网络社会。

其次，和网吧类似，短信特别吸引年轻人，并且也是从年轻人开始大规模普及的。尽管老年人、残障人士和其他社会阶层用户也都使用短信，但年轻人仍是核心群体，特别是收入较低的年轻人，如学生、打工者。他们对短信的看法和使用行为体现出年轻人的文化特征。要了解新工人阶级的网络社会，就需要了解以短信表达的青年文化，及其中因过分商业化而带来的文化扭曲和社会问题。

第三，短信业已成为一个新的、鱼龙混杂的产业联合体。它的扩张带来新的风险和敏感议题。“非典”时期短信“传谣”只是问题的第一次凸显。之后公权力介入，却并未出现类似清理网吧的肃杀局面。短信产业反倒日益做大，衍生出从专业写手到内容监控的各种工作机会。这在就业层面为信息中下阶层人群提供了新出路，使新工人阶级得以扩充。然而也不能忘记垃圾短信和诈骗短信，它们也是由身处社会边缘的中下阶层人群发送出来的。这些处于产业链条低端的信息处理者，无论是不是正式企业员工，其工作条件和劳动待遇都值得长期关注。

最后，新产业发展的结果之一是催生出一套用来规范短信交流的社会控制结构。但对不同阶层而言，其限制作用并非均衡。社会地位越低、收入越少，往往限制也越多。如此不平等的情形在巴南短信骚扰案中可以见到，在下章具体讨论制造业工厂的"无线缰绳（wireless leash）"时还会涉及。诸多限制使中低端短信用户和中下阶层短信从业人员一样，应当更倾向于打破不合理的现实，自下而上维护自己作为消费者和劳动者的平等权利。这就要求短信业者超越短期商业利益，从基层发展的长处着眼，协助新工人阶级群体利用包括短信在内的新媒体技术，建立自己的横向社会网络，参与公众讨论。只有这样，行业才能良性发展，摆脱垃圾短信的宿命，成为真正为信息中下阶层服务的中低端信息传播技术。

□ 预付卡

手机预付卡服务让中下阶层手机用户可以更好地控制开支，也使移动运营商的触角可以到达中低端市场。这个新的用户群往往只能通过预付卡购买手机服务，因为他们要么收入低、要么没有固定住址，无法采用签合约、缴月费的方式支付手机账单。在全球范围内，欧洲最先于20世纪90年代出现依赖预付卡的新兴手机用户群，当时主要是学生和青年。[77] 新世纪以来，预付卡服务已遍及世界，尤其是在发展中国家，包括撒哈拉以南的非洲国家，并成为当地"一种可以说是最重要的满足低收入和低教育程度者需求的手机本土化形式"。[78] 我国在这方面也不例外。2000年，全国预付卡用户总量为1490万，相当于合约订户的34.6%。然而到了2007年，预付卡用户已达3.6多亿，是合约订户的2倍多。预付卡成为新增用户使用手机的主要方式（见图3.7）。

和其他中低端信息传播技术相比，我们对预付卡市场的宏观发展情况知之甚少。除了庞大的用户总数，我们只知道预付卡市场结构高度分散。发行预付卡（包括手机卡、IP电话卡）的有大型国企，如联通，也有中型企业，如吉通，更有地方上的小电讯公司。售卖预付卡的包括运营商的正规营业部，但绝大多数是杂货店、报摊，甚至地摊小店。每张卡卖的价格常靠讨价还价才能定，因此算出市场交易总值相当困难。至于使用预付卡的用户，更是各色人等，有一个人同时拥有几张预付卡的，也有几个人用一张卡的，不一而论，十分复杂。

然而，它却无所不在。不论到哪座城市的大街小巷里转一圈，就一定会发

图 3.7　预付卡手机用户总数与合约制手机用户总数之比较

（单位：百万）

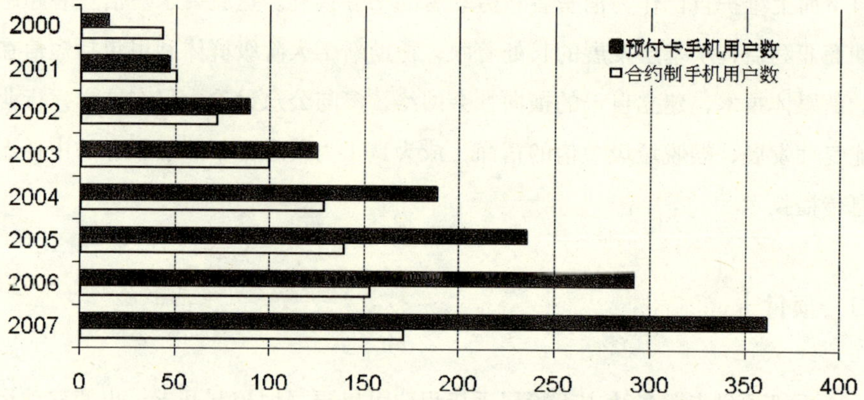

数据来源：2000—2007 年《中国移动公司年报》、《中国联通公司年报》

现预付卡的身影：邮局、报亭、书店、便利店、饭馆、席地而坐的小贩。2002年夏天，成都一条繁华的酒吧街上，一个骑着自行车的男孩从我身边经过。他吆喝着："电话卡！卖电话卡！"他背后的书包里装着要售卖的商品。自行车后轮上挂着一块硬纸壳，在风中拍打着，上面写着打折预付卡的种类和价钱。预付卡不但让低收入人群可以使用手机，更为中下阶层提供了新的草根创业机会。

和其他中低端信息传播技术一样，预付卡服务也有它的局限。它用起来有时不方便。可能需要换手机里的 SIM 卡，也可能打电话时要多按好多个键。它的收费有时并不便宜，可能比合约订户支付的单位价格更高，而且往往越便宜的预付卡平均每分钟花费也越高，或是需要缴更高的手续费。但关键是，用预付卡容易算出每通电话花了多少钱，而且买预付卡不用交押金、不用签合同，这很适合许多基层人群的生活方式，特别是那些经常处于流动中的人们，如打工者、小商贩。

预付卡市场和短信一样，也包括精英人士。他们有的出于旅行考虑，有的为了隐私或其他目的，也购买预付卡。这并不从根本上改变预付卡的中低端市场定位，因为其用户多数还是信息中下阶层。预付卡往往是他们获得手机服务的唯一选择。这些中低端用户里还包括依靠预付卡发送垃圾短信来谋生的人，特别在“正规军”占领垃圾短信市场以前。2005 年 7 月，北京一位售卖预付卡的小店主告诉我，有个住她附近的男子连续三个月每周都会来买好几张面额 100 元的电话卡。“他从来都不往账号里充值，而是不断买新手机号。他应该是做电话促销吧！换号，人家就查不到了。”

预付卡零售绝大部分是小本生意。它经营门槛低，不用专门申请牌照，随时可以用批发价向电信企业购入预付卡，再以零售价卖出盈利。除了给手机用的预付卡，还有现在已很少见的拨号上网用的上网卡，以及各种网游卡。这些卡轻便小巧，易于储存运输。商家进货多少可以自己决定，不必听命他人。且全国 8 亿多手机用户，超过三分之二使用预售服务，可以说市场需求仍旧旺盛。难怪卖预付卡的店铺无所不在。这为社会中下阶层创造数目可观的工作机会，令下岗工人、老年人、进城务工者等草根群体也能从中受益。

□ 寻呼机

寻呼机也叫“call 机”、“BP 机”。关于我国网络新媒体的记述一般都把寻呼机排除在外，可能因为这项服务没有像互联网或手机那样直接挑战固定电话的传统霸权，相反，它是以无线通讯方式为固话提供补充。新世纪以来，寻呼市场大幅缩水（见图 3.8）。然而，要全面检视中低端无线信息传播技术，就不能忘记寻呼机的故事。正如霍布斯堡所言：“破坏过去，或毋宁说将连接人们当下体验与先辈经验的社会机制破坏掉，正是 20 世纪晚期最具特色和最为怪异的现象之一。”[79] 为了避免这一怪异的陷阱，就应当重建寻呼业与其他中低端网络媒体行业之间的历史联系。虽然表面看它们好像属于不同时空，但它们的命运依旧通过新工人阶级网络社会的纽带而紧密相连。

我国曾拥有全球最大的寻呼业。用户规模 1985 年为 4000 人左右；1990 年攀升到 44.7 万；1995 年达到 1739 万；2000 年更是达到 4884 万。至此，寻呼业经历了类似于网吧 2006 年前的扩散过程，和手机平民化的转型也大同小异，都是从精英独享的特权变为贴近中下阶层的日常工具，并创造出新的中低端就

图 3.8　1985—2005 年我国寻呼业用户总数变化情况

（单位：百万）

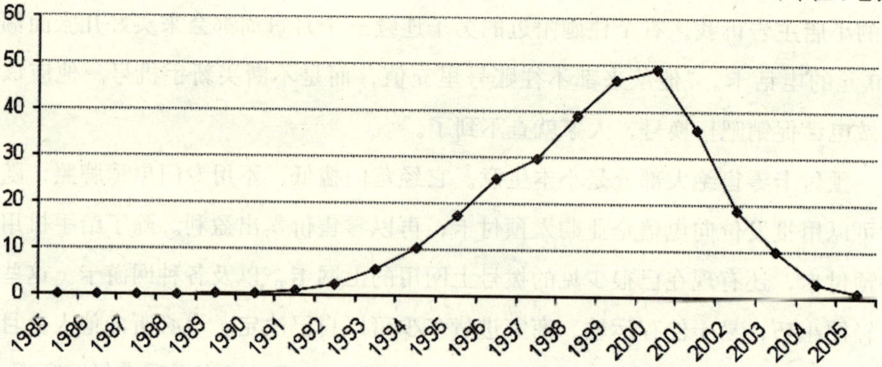

数据来源：邮电部／信产部

业机会。具体到寻呼业内部，最值得注意的新工人群体是那些被称为“呼台小姐”的女性员工。

然而，从 2000 年开始寻呼业极速衰落。超过 15 年时间积累出近 5000 万用户的全国市场，只用了短短 5 年就几乎消失殆尽。2005 年底，总用户数已经跌落至不到 100 万。如今，寻呼服务不但销声匿迹，更常被冠以“质量差”、“过时”等恶名。连打工者都对它充满偏见。[80]

Y 城寻呼女工的故事[81]

卞大姐今年快四十了，但说话依然声音柔和悦耳，电脑打字速度飞快。十多年前，她是中国三线小城市 Y 城电信公司寻呼班组的组长。怎么进入寻呼台工作的？她告诉我：“1995 年的时候，我在 114 查号台工作。那个寻呼台，原来只是一个很小的班组。因为寻呼业务发展的日益壮大，急需一批人工寻呼话务人员，于是我就调入寻呼台工作了。”

那时候想调入寻呼台可不容易，要求还挺高，卞大姐对此颇为自得。卞大姐说，当时是从电信的话务人员中挑选一批灵敏度高、语音好的人员调入寻呼台工作。上岗前，她们还要参加五笔字型打字的培训。说到当年学会的打字技术，卞大姐认为对她的帮助挺大，后来虽然转行离开寻呼业了，但熟练的打字技术让她成为很多人羡慕的对象。她说："这是一种财富。没有经过寻呼的人很羡慕我们。我们都是盲打。当时最基本的一分钟都有一百个字以上，最高的当时到一百六十个字。"

当回忆起当年在寻呼台工作时的情景，卞大姐挺动情。她告诉我，当时做寻呼小姐是"非常得到社会尊重的"，因为寻呼机是一个新科技产品，拥有寻呼机是一种"社会地位的象征"。不仅如此，卞大姐还觉得寻呼机还改变了人与人之间的交流。她感叹地说："我们中国人的爱是比较含蓄的。有了寻呼机以后啊，我们一线人员，觉得人与人之间心灵的交流，好像开放好多。"

不过，卞大姐也说，当时在寻呼台工作并不容易，压力挺大。她告诉我，当时寻呼班组有内部的规范和标准，针对寻呼小姐的工作绩效进行考核。考核的内容包括话务量、产量、差错率、投诉率这几个方面。做得好有奖金奖励，做得差，会罚款惩罚。寻呼小姐每个月的实际收入，就是由基本工资加上绩效奖金组成。除此之外，作为班长的卞大姐也说，当时寻呼台这个部门的管理者压力也挺大。在寻呼非常红火的时候，省电信公司对此项业务也非常重视，每个月都根据接通率、打字速度和监听录音情况，对分公司寻呼业务进行排名。

在压力之下，卞大姐说，寻呼组的姐妹们都在兢兢业业地把工作做好。比如，卞大姐就对当年转译方言时的困难记忆犹新。Y 城下属县市多，方言种类也多。有一次，卞大姐接到某县一个用户用方言讲的电话，她听了三遍也没听明白，只好柔声请已经不耐烦的用户再多讲一遍。最终，卞大姐弄明白了用户讲的内容是什么，从此也对这个县的方言特别敏感。她认真地告诉我，现在只要有人用这样的语调说话，哪怕说的是普通话，她也会听出来。

寻呼机业务在Y城于20世纪90年代中期兴起，在90年代末期发展到顶峰，后随手机等新型通讯技术的出现，开始衰退。卞大姐所在的班组，起初只有3个寻呼小姐，辉煌时期一度达到140人。但随着业务萎缩，寻呼小姐人数开始减少，最后整个班组都取消了。卞大姐说，在业务最蓬勃的时候，电信公司还从社会上招了一批合同工。跟卞大姐这种电信公司编制工不同，合同工没有工龄工资，她们大多来自Y城的下属县市，往往比编制工更早地退出寻呼业。

虽然卞大姐承认手机比寻呼机的技术含量高，但她并不认同某些人对寻呼机技术差的批评。她觉得寻呼机在当时为大多数人的通讯带来了方便，只是在寻呼业务萎缩时，信号不太好的时候，才发生个别用户抱怨的现象。

在Y城，寻呼机最后退出的业务是股票机，但股票机业务是用户终身买断的。卞大姐告诉我，当时很多用户很不愿意中止该业务。不过，国家部门已经出台规定，电信公司只好和用户协商，通过退款、转业务等方式来解决问题。卞大姐感叹，这是“不可抗力”，用户再不满也没办法。

股票机也退出市场后，寻呼业务就完全在Y城消失了。而当年的一班电信“寻呼小姐”也纷纷转入其他部门工作。如今回忆起当年的工作经历，卞大姐感慨万千。她非常怀念那个时代，当年做一名寻呼小姐所受到的尊重，这份工作所带来的成就感，以及寻呼小姐之间如姐妹般的情谊，都让她难以忘却。

虽然我们对寻呼业实际运作情况掌握得还远远不够，但从当时女工的回忆，从寻呼业在1985到2000年的增长趋势，都可看出它也曾有过精彩年代。而2000年前后这段时间，即便美国的寻呼市场也相对稳定。从1998年到2002年，美国寻呼业用户数基本保持在1500万左右，实际销售额还增长了17.2%。[82] 为什么同样的技术，在我国“过时”得特别快？

常见的解释是寻呼技术非常“落后”，因此一旦手机普及，一旦有了短信，寻呼服务便肯定会被取代。或者说,只要大家更富裕了,就“自然”会需要更“先进”的电信服务。这还是“升级换代”逻辑的一个变种版本。实际情况是，寻呼业的“落后”状态并非因为其技术本身。否则为什么比它老一百多岁的固定电话在我国依然有近3亿用户？为什么固定电话没“过时”，比它“先进”得多的寻呼机却必须被淘汰？寻呼之所以被看做“落后”，是因为它的ARPU值比较低。寻呼系统并非完全自动化。它的运作，特别是发送汉字信息时，往往需要人工劳动介入，如一个女寻呼员。然而，不管她多么有效率，不管她实际上是否创造出很好的客户体验，从资本运作角度看，也无法与全自动短信发送系统相比，因为聘请、培训、管理寻呼员都是不小的费用。也就是说，技术本身不重要，它对用户、对该产业劳工的意义也是次要的，真正重要的是这项技术的实行是否利于资本积累。这才能解释为什么寻呼会被武断地定义为“落后”产业。

联通一度拥有全国最多的寻呼台。它应当也曾真诚希望看到寻呼业持续发展。然而，它也要屈服于股市压力，要变得“精简而吝啬（lean and mean)”，甚至以牺牲中低端市场为代价，以便集中发展高端技术。在新世纪的头两年，联通的战略重点是推出新的CDMA手机服务，借此和移动竞争。于是有限的资金和人力向新服务转移，同时寻呼业务出现陡降。从2000到2002年间，寻呼用户数从4880万锐减到1872万，两年内下降了61.67%。

当我们为我国网络媒体市场保持多个世界第一感到骄傲时，千万不要忘记我国寻呼业快速滑落和它的社会影响。没必要过分指责联通，它事实上也是寻呼业衰落的主要受害方。在大量投资CDMA后，它的市场份额仅从2002年的26.7%略升至2005年的34.1%，依然远落后于移动。同时，它却丧失了近5000万寻呼用户的庞大市场。他们中并非人人都“被升级”到新的CDMA网络里。

另一重要因素是，寻呼业的市场结构，从某种程度上讲，与预付服务产业结构类似。虽有联通的大旗，但实际网络和客服多数由地方寻呼运营商负责。在财政上它们相对独立，不同公司有不同的员工团队，联通对它们的直接控制并不太强。结果，当2001年寻呼业日益山穷水尽的形势已逐渐清晰的时候，不少地方运营商心存恐慌，趁机逃走。而一旦有不负责任的地方寻呼运营商溜之大吉，就很容易出现蝴蝶效应，引发大规模寻呼服务非法终止的问题。有的政府部门，如广东省无线电管理委员会，就曾发文阻止这类不负责任的开溜行为。但为时已晚，“靠不住”的帽子已被扣到寻呼业所有业者头上。不是因为技术本身，而因为部分运营商对用户缺乏起码的商业诚信，对员工缺乏起码的社会责任。[83]

这些寻呼老板一夜之间消失得无影无踪。寻呼女工被遣散，有的工资被拖欠，却没有补偿。中低端用户一早起来突然发现寻呼公司人间蒸发了，并且卷走他们预付半年到一年的台费。如果运营商可以如此明目张胆地逃避法律和社会责任，那么什么技术——哪怕多么先进、多么高端——会是“可靠的”呢？

寻呼业给我们非常清楚的警示。中低端信息传播技术可能因强烈的市场需求和企业逐利策略而迅速崛起，但并不是有市场需求、有企业逐利，就能保证可持续发展。受股市等因素影响，商家往往更重视新技术、高利润和高端市场。中低端市场因此常常只是被用来赚取“第一桶金”，之后则可能很快被遗弃，导致它的衰落速度远快于崛起速度。这种情形一旦发生，中下阶层用户和员工就会首当其冲。运营商自身利益也会受到损害，尽管损害的结果也许不会立竿见影，但长期来看依然苦不堪言。最后，由于缺少适当有效的管制体系（包括政府监管、行业自律或第三方监管），中低端信息传播技术可能依然非常脆弱。一旦市场开始下滑，可能就不是一般的跌落，而是大规模的崩溃和塌方，其破坏的后果往往难以修复。

回顾寻呼业的兴衰，还有一个重要问题需要继续探究。即在中低端技术消失后，以前的工作人员到底受到什么影响？信息化浪潮不但会创造新的就业机会，潮落之后也带来下岗问题，特别是那些从农村来的寻呼台女接线员。这个新工人群体已走入历史，但我们还在期待听到她们的声音。

□ 小结：手机与草根社会网络的形成

本章集中讨论了我国中低端无线通讯市场，包括手机制造业、小灵通、短信、预付卡、寻呼业。它们各有特色，以不同方式反映出特定政策结构下技术、企业和劳工的多样组合。然而这些还只是浮光掠影，我们对其他更深入、更隐蔽的情况依然知之甚少，比如二手手机销售、短信诈骗团伙等。另外，中低端无线技术常以混合形式存在，既有不同技术的内部杂交，如在小灵通上使用预付卡，也有与其他媒体的配合，如超女短信投票。手机与互联网交融的情况就更多了，比如深圳工殇工人用手机上网查找公司赔偿信息，[84] 又如北京服务业女工用移动 QQ 进行网上聊天。[85]

从这些中低端手机服务的普及可看出，其实有许多经济实惠的办法可满足中下阶层传播需求。通过各种创新实践，基层电信市场不断出现耀眼的增长点，造就了一个又一个商业神话。沿着各自不同的轨迹，这些中低端无线技术从草莽发家，“农村包围城市”，短短几年时间就爆发出的强大生命力，其影响自下而上波及包括设备制造、内容生产、服务提供的整个信息产业。它们引发的结构转型对全球带来深远影响。一方面，我国在世界手机市场开始起到举足轻重的作用。另一方面，正是因为中国制造的崛起，正是因为新工人群体的辛勤劳动，手机平民化才如此之快成为世界潮流，迅速席卷亚非拉。

国际与国内的联系日益密切，不仅体现在技术转移（如从日本引进小灵通）和资本运作（如短信业企业在美国上市）上，也体现在大规模的设备进出口业务上（如手机外销第三世界国家）。没有这些海外因素，中低端无线信息传播技术不可能这么短时间就在草根社会网络中普及，甚至成为这些网络的主要物质载体。手机相关行业也不可能这么短时间就产生出规模如此庞大的中下阶层就业机会。这些新产业，如手机制造，很多要依赖出口。这是它生命力所在，也是它可能脱离新工人群体长期利益的潜在危险之一。但无论如何，与僵化、垄断的传统电信模式相比，包含内部竞争机制的国际化市场运作还是得以在世纪之交的特殊条件下，更有效、更灵活地回应了中下阶层诉求。

然而，对国际化绝对不能做过分浪漫的解读。首先，不是人人都可以主动参与到国际化过程中去。国有大企业能做的，中小民营企业可能做不了，或是根本不让做。个体户和普通员工更可能身不由己，被动参与，不做不行。其次，中低端市场的持续发展在相当程度上仍受国家政策影响。扶持还是打压，结果往往天壤之别。手机行业总体而言还算“幸运”，因为尽管对小灵通、“山寨机”

或垃圾短信偶有打击，但整肃力度远远无法与前一章提到的网吧治理相提并论。可以说，正是相对较弱的国家干预，令中低端无线技术可以在地方上风生水起。至于为什么国家干预较弱，其主要原因还在于产业结构和地方政府决策，而不是国际化。

另有一个更根本的问题值得反思，那就是，中低端无线信息传播技术一定能在市场运作中获得成功吗？为什么同样是商业逻辑主导，寻呼业会迅速衰落？为什么小灵通会未老先衰？短信业会“流氓化”？市场失调的危机早已出现在中低端手机业的方方面面。以ARPU值为依归的商业逻辑可能在短期内、在战术上重视中下阶层，但从长远来看，中低端市场总是被当成跳板，而非长期战略利益之所在。而且，商业运作也容易屈服于传统社会权力系统，成为精英阶层自上而下操控中下阶层的工具，成为保守力量的一部分。因此，不论长期而言，还是就其实际社会功效而论，对中低端无线网络的历史作用绝不能盲目乐观。

回顾新世纪初的第一个十年，中低端手机行业面临的主要挑战是来自企业内部的“升级”压力。它们为追求ARPU值，不断推出更多、更贵的产品和服务，有时是为了盈利，有时则完全是因为长期以来认定信息产业只能追求“高、精、尖”的狭隘观念。结果是牺牲中下阶层利益的同时，也牺牲了企业发展的良好机遇。追逐先进技术的同时，却忘了科技最终还是要为“人”服务。如此看来，本章探讨的小灵通、短信、寻呼等中低端无线技术其实与网吧发展遇到的瓶颈有相似之处。只有继续摸索，让市场为社会服务，让技术为人民服务，在公共政策和商业理性之间保持适当平衡，才能实现有利新工人阶级网络社会形成的可持续发展局面。

注释

1 参见 Castells, Manuel, Fernandez-Ardevol, Mireia, Qiu, Jack L., and Sey, Araba, *Mobile Communication and Society: A Global Perspective*, Cambridge, MA: The MIT Press, 2006, pp. 125-234.

2 参见 Baark, Eric, *Lightning Wires: The Telegraph and China's Technological Modernization, 1860-1890*, London: Greenwood Press, 1997.

3 参见 He, Zhou, "A History of Telecommunications in China: Development and Policy Implications", In P. Lee (ed), *Telecommunications and Development in China*, Cresskill, NJ: Hampton Press, 1997, pp. 55-87.

4 参见 Harwit, Eric, "Spreading Telecommunications to Developing Areas in China: Telephones, the Internet and the Digital Divide", *The China Quarterly* 180,(2004), pp.1010-1030.

5 同上。

6 参见 He, Zhou, "A History of Telecommunications in China: Development and Policy Implications", In P. Lee (ed), *Telecommunications and Development in China*, Cresskill, NJ: Hampton Press, 1997, pp. 55-87.

7 参见 Mueller, Milton, and Tan, Zixiang, "China in the Information Age: Telecommunications and the Dilemmas of Reform", *Westport*: Praeger, 1997.

8 同上。

9 参见乐宁、乔楠、孙慧："揭密中国移动通信",《通信世界》, 2006 年 4 月 10 日，第 13 期，第 32-39 页；Harwit, Eric, "China's Telecommunications Industry: Development Patterns and Policies", *Pacific Affairs* 71 (2), (1998), pp. 175-184.

10 参见 FCC (Federal Communication Commission), "Twelfth Annual Commercial Mobile Radio Service Competition Report", Washington, D.C., February 4, 2008.

11 工信部：《2010 年全国电信业统计公报》。

12 参见乐宁、乔楠、孙慧："揭密中国移动通信",《通信世界》, 2006 年 4 月 10 日，第 13 期，第 32-39 页。

13 参见 He, Zhou, "A History of Telecommunications in China: Development and Policy Implications", In P. Lee (ed), *Telecommunications and Development in China*, Cresskill, NJ: Hampton Press, 1997, pp. 55-87.

14 参见 Qiu, Jack L., "The Wireless Leash: Mobile Messaging as Means of Control", *International Journal of Communication* 1 (1), (2007), pp. 74-91.

15 "国产手机年底会触底反弹",《中国电子报》, 2006 年 2 月 28 日，第 17 版。

16 工信部：《电子信息工业"十一五"发展成就》, 2010 年 10 月。

17 据工信部统计，2009 年我国手机产量为 6.2 亿台，占全球手机出货量的 49.9%，其中广东省产量占全国超过 50%。

18 张建设："中国手机市场发展现状及策略分析",《现代通讯》, 第 3 期，第 53-55 页。

19 信产部经济体制改革与经济运行司："国内手机产销情况分析",《人民邮电报》, 2003 年 12 月 3 日，http://www.cnii.com.cn/20030915/ca212113.htm

20 参见 Wang, Jing, "Youth Culture, Music, and Cell Phone Branding in China", *Global Media and Communication* 1 (2), (2005), pp. 185-201.

21 同上，第 189 页。

22 IT168.com："低价的诱惑", 2005 年 12 月 28 日，参见 http://tech.sina.com.cn/mobile/n/2005-12-28/0741804311.shtml

23 钟加勇："'次核心技术'能否让国产手机花开",《商务周刊》, 2004 年 9 月 21 日，参见 http://news.sohu.com/20040921/n222158852.shtml

24 阿祥："国产手机巨头败在哪里？", 天极网, 2004 年 12 月 24 日，参见 http://news.chinabyte.com/134/1893134.shtml

25 工信部：《电子信息工业"十一五"发展成就》，2010 年 10 月。

26 水木清华研究中心：《2006 年手机厂商海外市场拓展研究报告》，2006 年 7 月，第 4 章。

27 参见"最新海关统计数据：2010 年 1-4 月我国手机出口量增价跌"，http://bbs.sfyh.com/thread-1001-1-1.html

28 Fishman, Ted C., *China Inc.: How the Rise of the Next Superpower Challenges America and the World*, New York: Scribner, 2005, pp. 215-216.

29 Zeng, Ming, and Williamson, Peter J., *Dragons at Your Door: How Chinese Cost Innovation Is Disrupting Global Competition*, Boston, MA: Harvard Business School Press, 2007, pp. 73-76.

30 Mooallem, Jon, "The afterlife of cellphones", *The New York Times*, January 13, 2008, p. 38.

31 邱立本："封面笔记"，《亚洲周刊》，2009 年 1 月 4 日，第 4 页。

32 张邦松、宁华军："山寨手机产业调查"，《新世纪周刊》，第 21 期，2008 年 8 月 21 日，第 86-88 页。

33 奥维咨询：《2009 年中国手机市场回顾与 2010 年展望》。

34 2008 年 11 月深圳访谈。

35 邱林川："网络时代的山寨文化"，《二十一世纪》，2009 年 4 月，第 121-139 页。

36 2008 年 11 月深圳访谈。

37 蔺玉红：《小灵通传奇》，中国水利水电出版社，2005 年版。

38 参见 Tan, Zixiang, Chen, Hisang, and Liu, Xiaozhong, "Adoption of Low Mobility Services: 'Little-Smart' in China as a Case", *Info* 8（6），(2006），pp. 69-78；Qiu, Jack L., "The Accidental Accomplishment of Little Smart: Understanding the Emergence of a Working-Class ICT"，*New Media & Society* 9（6），(2007），pp. 903-923.

39 "小灵通'从农村包围城市'？"，新华网，2003 年 4 月 10 日，http://news.xinhuanet.com/fortune/2003-04/10/content_825207.htm

40 参见 Tan, Zixiang, Chen, Hisang, and Liu, Xiaozhong, "Adoption of Low Mobility Services: 'Little-Smart' in China as a Case", *Info* 8（6），(2006），pp. 69- 78；Wu, Irene, "The Triumphant Consumer? VoIP, 'Little Smart,' and Telecom Service Reform in China"，*Information Technology & International Development* 3（4），(2007），pp. 53-66.

41 参见 The "PAS" Phenomenon: Revolutionizing Local Wireless Telephony. Frost and Sullivan White Papers.

42 有关印度部分的分析，参见 Castells, Manuel, Fernandez-Ardevol, Mireia, Qiu, Jack L., and Sey, Araba, "Mobile Communication and Society: A Global Perspective"，Cambridge, MA: The MIT Press,（2006），pp. 228-231.

43 参见 Qiu, Jack L., "The Accidental Accomplishment of Little Smart: Understanding the Emergence of a Working-Class ICT"，*New Media & Society* 9（6），(2007），pp. 903-924.

44 参 见 Harwit, Eric, "Spreading Telecommunications to Developing Areas in China: Telephones, the Internet and the Digital Divide"，*The China Quarterly* 180,（2004），pp. 1010-1030.

45 蔺玉红：《小灵通传奇》，中国水利水电出版社，2005 年版。

46 参见 Qiu, Jack L., "The Accidental Accomplishment of Little Smart: Understanding the Emergence of a Working-Class ICT"，*New Media & Society* 9（6），(2007），pp. 903-924

47 蔺玉红：《小灵通传奇》，中国水利水电出版社，2005 年版。

48 同上。

49 参见 Qiu, Jack L., "The Accidental Accomplishment of Little Smart: Understanding the Emergence of a Working-Class ICT"，*New Media & Society* 9（6），(2007），pp. 903-924.

50 2003 年 11 月杭州访谈。

51 刘辉：《中国小灵通市场动态研究》，信产部电信研究院通信信息研究所，2004 年 3 月。

52 PHS 无线市话专家组："审视 PHS 无线市话健康发展之路"，《电信技术》，2003 年第 9 期，第 5 页；包东智，"小灵通之路还能走多远"，《信息网络》，2004 年第 11 期，第 22-31 页。

53 郭良：《2003 年中国五小城市互联网使用状况及影响个案研究报告》，中国社会科学院社会发展研究中心。

54 上海（2004 年 1 月）、肇庆（2005 年 4 月）、广州（2005 年 8 月）焦点组访谈发现。

55 沈娟："机卡分离小灵通 5 月推出"，《第一财经日报》，2005 年 3 月 21 日，第 C1 版。

56 "黄金周话费下调呼声高"，中国新闻社，2006 年 4 月 26 日。

57 广东 2002 年 6-8 月、上海 2003 年 12 月 -2004 年 1 月、北京 2005 年 7 月调研发现。另见杨善华、朱伟志："手机：全球化背景下的'主动'选择：珠三角地区农民工手机消费的文化和心态解读"，《广东社会科学》，2006 年第 2 期，第 168-173 页。

58 "北京拜年短信发送超 4 亿条，短信写手收入暴发"，新华社，2006 年 2 月 2 日。

59 参见 Yardley, Jim, "The Chinese Get the Vote, If Only for 'Super Girl'", *The New York Times,* September 4, (2005), p. 3.

60 参见 Qiu, Jack L., "The Wireless Leash: Mobile Messaging as Means of Control", *International Journal of Communication*, 2007，1(1)，pp. 74-91.

61 刘晓希："首富今年 32"，《21 世纪经济报道》，2003 年 10 月 16 日，产经版。

62 参见 McDonald, Joe, "China Cracks Down on High-Tech Spread of SARS Rumors", The Associated Press, May 14, 2003.

63 参见 Castells, Manuel, Fernandez-Ardevol, Mireia, Qiu, Jack L., and Sey, Araba, *Mobile Communication and Society: A Global Perspective*, Cambridge, MA: The MIT Press, 2006.

64 参见 Lyon, David, (ed.), *Surveillance as Social Sorting*, London: Routledge, 2003.

65 胡泳："谣言作为一种社会抗议"，《传播与社会学刊》，第 9 期，2009 年，第 67-94 页。

66 唐国利："女教师不堪 5 年性骚扰怒告校长续：短信取证失败"，《重庆时报》，2005 年 11 月 5 日，http://news.cn.yahoo.com/051104/1103/2fwip.html

67 李定兵、宋余果："女教师告校长性骚扰一审输了，法院称其没有抗拒"《重庆晚报》2006 年 2 月 8 日，http://news.163.com/06/0208/06/29DT4N5P0001122E.html

68 参见 Qiu, Jack L., "The Wireless Leash: Mobile Messaging as Means of Control", *International Journal of Communication* 1 (1), (2007), pp. 74-91.

69 参见 Lanfranco, Edward, "China's Tech Commissars Target SMS Porn", UPI, September 27, 2005.

70 见启明星辰公司网站：http://www.venustech.com.cn/

71 "启明星辰：天澄信息过滤系统"，《信息网络安全》，第 7 期，2004 年，第 65 页。

72 上海 2004 年 1 月及广东 2006 年 1-3 月焦点组访谈发现。

73 "警方今公布短信诈骗案"，《北京晚报》，2005 年 10 月 11 日，第 16 版。

74 "手机实名制今起实施，拟 3 年内补齐个人身份"，新华财经，2010 年 9 月 1 日，http://big5.xinhuanet.com/gate/big5/news.xinhuanet.com/fortune/2010-09/01/c_12505059.htm

75 张艳、袁国礼："分众传媒日发数亿垃圾短信"，《京华时报》，2008 年 3 月 16 日，第 6 版。

76 "工信部责令中国移动整改垃圾短信"，新浪科技，2009 年 3 月 16 日，http://tech.sina.com.cn/t/2009-03-16/17572913860.shtml

77 参见 Castells, Manuel, Fernandez-Ardevol, Mireia, Qiu, Jack L., and Sey, Araba, *Mobile Communication and Society: A Global Perspective*, Cambridge, MA: The MIT Press, 2006, pp. 129-133.

78 同上，第 61 页。

79 参见 Hobsbawm, Eric, *The Age of Extremes: A History of the World, 1914-1991*. New York: Vintage Books, 1994, p. 3.

80 2002 年 7-8 月及 2006 年 1-3 月在珠海、广州、深圳调研发现。

81 此部分由张伟伟访问整理完成。

82 参见 Euromonitor, "Cellular and Wireless Communications Systems in the USA", Market Monitor Research Database (now Global Market Information Database), July, 2003.

83 杨昊："究竟是谁'欺诈'了万名用户"，《北京晚报》，2002 年 4 月 7 日，第 4 版。

84 2009 年深圳医院探访所见，参见图 8.2 及相关介绍。

85 参见 Oreglia, Elisa, "The Service Industry and Young Migrant Women in Beijing: A Report for Intel, School of Information," UC Berkeley, 2007.

中　编

信息中下阶层

第三章

流动者

进城就业的农民工已经成为产业工人的重要组成部分，为城市创造了财富、提供了税收。

——中共中央 2004 年 1 号文件

本书第一部分讨论了中低端信息传播技术的发展。互联网和手机的平民化为方兴未艾的新工人阶级网络社会在技术普及、就业机会和产业形成等方面提供了基础。但仅有基础是不够的，社会转型更要看具体的人，特别是劳动者的工作方式和生活状态，以及他们的交流渠道和文化诉求。广义而言，这里所说的劳动者来自各行各业，包括不同阶层。本章只集中讨论信息中下阶层，因为他们构成新工人群体的大多数，只有较全面地了解他们的经历和表达，才可能进一步探究网络时代的阶级形成过程。

所谓信息中下阶层（information have-less），泛指在信息社会分层结构里介于“信息拥有者（haves）”和“信息缺乏者（have-nots）”之间的各种人群。本章和下一章分别具体讨论信息中下阶层的两大类群体：“流动者”、“老与少”。“流动者”指那些流动性较高的信息中下阶层群体。无论走到全国哪个城市，我们都能看到他们的身影。近年来，尤其在 2003 年 1 月全国人大提出公平对待外来务工人员以后，[1] 出现了不少关于“农民工”的书籍。然而，本书避免采用“农民工”的标签，不仅因为它在不少情况下含有歧视意味，也因为“流动者”是个更宽泛的社会范畴。它涵盖了多种产业（包括信息产业）里的工人、服务业人员、小经营者，还包括国企下岗工人和其他处于失业或就业不足状态的人们。这些劳动者为了生计，为了创业，背井离乡，有的甚至远渡重洋。

我国有多少流动者？各方面估算有一定差距。据 1982 年第三次人口普查数据推算，当时全国流动人口只有约 657 万。但到 1990 年，以第四次人口普查为基础计算的全国流动人口数就增加到 2135 万。2000 年，流动人口规模过亿。[2] 2005 年国家统计局提供的数字是 1.4735 亿，包括 4779 万省内和 9956 万省际流动人口。[3] 国家人口计生委发布的《中国流动人口发展报告 2010》指出，2009 年我国流动人口总数达到 2.11 亿。[4] 可见，我国流动者总数增长十分迅速，已形成极为庞大的规模。根据国际劳工组织的报告，新世纪之初全世界国与国之间移民总数约为 9600 万。[5] 也就是说，我国国内的流动者人数比全球国际间移民的总和还要多。

我国流动人口大多数属于中下阶层移民。他们有着相似的社会经济地位，也拥有漂泊在外的共同生命体验。无论流动时间长短，他们都希望拥有自己的家，希望得到所在地其他居民的尊敬和认同。他们中绝大多数已经开始利用中低端信息传播技术进行交流，这构成了我国“新型城市流动”语境下的“关键性社会技术发展”。[6] 网吧、小灵通等中低端传播技术的扩散反过来也引发和维系着持续不断的移民潮。这些中低端信息传播技术不单纯是带来便利的科技装置，它们更是一系列在流动群体中发挥巨大作用的谋生工具、社会网络和文化资源，影响到流动者工作生活的方方面面。

当然，在向中下阶层普及的过程中，技术绝不是一成不变的。平民化的结果是网吧令互联网变得更有中下阶层的草根特色，令精英独享的手机服务派生出山寨机、小灵通、预付卡等意想不到的中低端产品和服务。不光技术本身会因应流动的生活状态发生变化，其社会功能也会在不同语境下变得不同。新的技术手段可能给流动者赋权，让他们互相联系、互相支持，可以更好地追求各自的幸福；但也可能令他们进一步受制于商业逻辑，听命于传统权威如雇主和电信服务提供商，或使他们面临新的社会控制、新的剥削和异化。

要了解流动者经历的各种现象和社会现实，首先必须打破主流人群对他们的刻板印象。不少人对中下阶层流动者抱有偏见，认为他们是“农民工”、“盲流”，认为他们要么缺乏理性，要么只求温饱，要么孤立无援。戴着这些以偏概全的有色眼镜，不但看不到真实情况，而且常导致极为有害的观点和行为。在本章中我们将看到，中下阶层流动者也有自己的能动性，他们之间也存在各种网络联系。

流动者不是单一群体。他们包括制造、服务、建筑、交通等传统产业的工人，也包括新兴信息产业中的“短信写手”、“网游代练”和各种“灰领”劳工。还包括出售中低端产品和服务的商贩，他们的店铺可能其貌不扬，但却是当地新工人社区的重要支柱。他们中有在地公民记者，有民众戏剧导演，有网络视频“播客”，也有“打工妹博主”。即使那些非常贫穷、只打得起公用电话的流动者，也往往有自己的社会支持网络，帮助他们在陌生的城市解决实际问题。正是这些实实在在的传播需求使得流动者所属的家庭网络、亲友网络和熟人网络得以通过新技术手段快速延伸，在保持旧联络的同时，也结交新关系，形成跨越地域的网络结构，帮助流动者应对他们工作生活中的巨大变化。

让人们更好适应社会变迁、参与社会变迁，这其实是媒体技术的普遍功能，对中下阶层如此，对中产和精英人群也一样。但以中低端手机互联网服务为基础的跨域网络（translocal networks）对流动者有特别重大的意义，因为流动人群之间的社会关系“传统上靠面对面交谈、邮寄信件和电报，如今则得益于中低端信息传播技术而有了更方便、更快捷的表达方式”。[7]当然，跨越地域的社会网络在传统华人社会中早已存在。[8]新科技进一步加强了跨域网络的作用，但这并不一定能带来向上的社会流动，因为跨域网络的共同决策不但可能无法达到实际效果，甚至可能导致预料不到的灾难，如群体内部矛盾、群体之间冲突。然而，不论发生了什么，这些都是实实在在的社会进程，其中包含了极为丰富而复杂的人类传播体验。

中下阶层流动者及其跨域网络同时也处在宏观社会历史条件之下，受到各种制度性因素的塑造和制约。发生在全球化时代里的城市化和工业化直接影响新的流动模式。本章首先对这些宏观背景做一统览，再更细致地检视中下阶层流动者与他们所使用的中低端信息传播技术之间有着怎样的关系，并将集中讨论传播赋权与新媒体之间的关系。接着，本章围绕性别、种族和地区身份来讨论中下阶层流动者的内部差异，以及他们通过中低端信息传播技术形成的跨域网络。

除了二手数据、田野调查和新闻资料研究之外，本章也采用了2002～2010年间进行的十多个调查组的研究发现。调查组将定量和定性研究方法结合起来，并采用了参与式赋权的设计（详见方法附录）。

□ 全球化时代里的工业化与城市化

城市是人口、货物、信息流动的汇聚地。按麦厄思的看法，城市扩张势必引发流动，继而导致传播需求的不断增加。[9] 伴随工业化的城市化进程造就出新兴工人阶级，其之所以为"新"，重要标志是这些新工人往往需要更广泛、更低廉的交流方式。为减少信息传输成本，更有效地发挥纽带作用，商业及公共机构会采用新技术满足新的社会需求，从而创建新的商业模式和公共服务体系。历史地看，19世纪纽约的"便士报"就是这样出现的。而1970年代电视在亚洲新兴工业体，如香港的流行也基于同理。在今日中国的大小城市里，历史又在重演，不同的是这次伴随城市化和工业化而大规模崛起的，是中下阶层流动者和中低端信息传播技术。

我国城市化进程究竟如何发生？中下阶层流动者的现实经历究竟有哪些中国特色？流动者人数增长是否意味着"民进国退"，是否一定催生出自主性更强的草根网络传播模式？

全球范围内，我国现代城市的发展起步较晚。20世纪60～70年代亚非拉第三世界国家就已经历了一波城市化浪潮，大量农村人口涌入城市，城市人口又向大城市集中。[10] 然而，我国受当时政策影响，"上山下乡"、"三线建设"，不但没有城市化，城市占全国人口的比例还出现负增长。1966年我国人口总数的17.86%是城市户口，1976年降至17.44%。[11]

但是1978年以来，我国城市化速度惊人（见表4.1）。短短22年时间里，

表 4.1　1978 至 2005 年我国城市化基本情况

	全国城市数	百万人口大城市数	城市人口总量（亿）	城市占全国人口比例（%）	城区总面积（平方公里）
1978	192	13	1.72	17.92	---*
1990	467	31	3.02	26.41	120,800
2000	663	90	4.56	36.22	441,200
2005	661	113	5.62	42.99	580,055

* 无数据

数据来源：根据《中国人口统计年鉴（2006）》、《中国城市年鉴（1991、2001、2006）》、《中国城市统计年鉴（1991、2001）》综合而成

城市总数由 1978 年的 192 个增加到 2000 年的 663 个，新增城市 469 个。1978 年到 2005 年，百万人口大城市从 13 个增长到 113 个；城市占全国人口比重从 17.92% 增加到 42.99%，增幅人口超过全国人口总数的四分之一。考虑到独生子女政策和城市出生率下降等因素，大部分新增城市人口来自农村。

城市扩张，也吞食城市周边的乡村。表 4.1 中城区范围的不断增加就说明了这点。尽管从 2000 年起，我国城市总数没有太大变化，但到 2005 年，城市用地面积仍然增加了将近 14 万平方公里，5 年增幅达 31.5%。这对中下阶层流动者非常重要，因为这些乡村虽被扩张的城市土地所包围、所吞并，但并不一定被完全消化。结果产生众多租金低廉的"城中村"和"城边村"，成为流动者新的容身之地，他们新的家。[12]

大规模城市化也意味着大量开展基建工程，如道路、电力、电信、给排水等。这些都为流动人口提供了工作机会。但城市面积不断扩大的同时，交通拥堵状况往往加剧，到城市另一端探亲访友开始变得麻烦，路上还可能碰到偷窃、抢劫等意外状况，所有这些都促使中低端信息传播技术在中下阶层流动者中进一步普及，因为他们特别需要为解决城市日常生活中的实际问题，如落实工作、住房，或者联系亲朋，以获取有用信息和情感支持。

基建工程的影响不限于扩张了的城区内部，也会波及远离城市的其他地方。靠近城市的农用地变成了房地产、工厂、大学、公园、水库和道路，农业生产

表 4.2　按所有制划分我国城市人口就业情况

（单位：百万）

	国有企事业单位	集体所有制单位	私营及个体所有制	外资企业	其他所有制	总和
1978	74.5	20.5	0.2	–	–	95.1
1990	103.7	35.5	6.7	0.7	1.0	147.3
2000	81.0	15.0	34.0	6.4	13.4	149.8
2004	67.1	9.0	55.2	10.3	23.0	164.5

数据来源：根据《中国人口统计年鉴（2004）》整理而成[13]

的负担于是转嫁到离城市较远的地区。一波接一波的“圈地运动”，有时导致整村人流离失所，这是中下阶层流动者大量出现的另一个原因。土地强征引发的社会矛盾和流血冲突在2005年后特别突出，引发不少“钉子户”及类似江西宜黄拆迁案的地方维权事件。总之，相比从前，城市在数目上变得更多，面积变得更大，也更为拥挤。然而城市化绝非数字游戏，它也有社会成本。这些成本中相当一部分被转嫁到中下阶层流动者身上，他们背井离乡，干起城里人不屑的脏活累活，却不能和其他人一样平等享受城市化带来的好处。这是我国城市化面临的主要悖论之一。

人口流动性增加的同时，城市就业结构也发生了剧变，直接造成中下阶层流动者强烈的信息需求，因为再没有“铁饭碗”，而要找工作就得找信息。如表4.2所示，在1978年，我国城市就业人口几乎全部为国有企事业单位或集体所有制单位效力，员工享有较稳定的工作和福利，虽谈不上富裕，但基本可以照顾自己和家人。然而到了2004年，国有和集体所有制单位只占城市就业人口的46%，其他人多数都为私人老板和外资企业工作，或成了个体户。“跳槽”的多了，被“炒鱿鱼”的也多了。就业结构变化导致人口流动性进一步增强。

这里的一个重大变化是1989～2004年间超过3000万人下岗。[14] 下岗职工也是中下阶层流动者的重要组成部分。整体就业结构上看，以表4.2提供的数据来计算，从1990年到2004年，6310万城市职工离开了国有或集体部门。他们中有的在原居地实现“再就业”，有的则开始迁徙，如2003年前后，南方不少网吧老板就是东北老工业基地的下岗职工及家属。像那些从农村到城市打工的流动人口一样，城市内部的下岗工人也依靠中低端信息传播技术去获取信息，结成网络。他们也可能成为售卖廉价产品和服务的小店主。

世纪之交的下岗潮只是国家政策作用于城市化进程的一种方式，取消粮票、引进外资、放宽户籍限制，这些都是加大人口流动的国家政策。这些政策的共同点是把对城市化的控制权，由较单一的、级别较高的国家机关分散到各地政府、官员和“有关系”的企业那里。[15] 这种权力分散可以让地方精英更为强势，却不一定对中下阶层流动者有利。实际情况是，各地在经济、文化和公共管理上的差距日益明显，流动者不但要选择工作，还要选择城市，比如当地拖欠工资情况是否很严重，结果进一步刺激他们的传播需求。

1978 年以来我国城市化还有一个特点，就是它与新一轮工业化紧密相连。手机和互联网技术是该关联在 20 世纪 90 年代以后的具体表现。它同时加强了工业化的社会影响。自从 2001 年我国加入世界贸易组织以来，关于“中国制造”改变世界的讨论就日益常见，且很快定性下来，广泛见诸西方媒体，即中国崛起不过是又一个在国外资本、全球贸易、低廉劳力和巨大市场合力作用下产生的“东亚经济奇迹”。这一概括是不全面的，甚至是错误的。首先，它忽视了现阶段和历史的关系，尤其是毛泽东时代的工业化，包括 50 年代苏联援建的工业化时期，也包括后来独立自主的工业化尝试。马列主义政党重视发展工业有其政治经济理念上的必然性，其他社会主义国家也如此。具体到中国，根据国家统计局资料，全国工业总产值从 1949 年的 140 亿元增长到 1977 年的 3725 亿元，在 28 年里增长了 26.6 倍。毛时代的工业化成绩不容忽视，它为近年新一轮工业化打下了重要基础。

当然，工业化的具体表现方式和结构性特征均发生了重大变化。计划经济和阶级斗争的主导地位不再，取而代之的是市场导向和“去阶级”的管理手段。那时的工业产品更多用来满足内需，国内产业与全球经济相对隔绝。但值得注意的是，毛时代培育了大量技术人员，包括设计测试“两弹一星”的工程师队伍，早在 20 世纪 50 ～ 60 年代就已经由“开放，灵活，以网络为基础的管理方式”组织在一起。[16] 这些人才在 80 年代之后的工业化中发挥了关键作用。

同时，共产党人对现代化的理解根植于工业化之中，因此即便中央放权，各地领导依然普遍把注意力集中在制造业的高速增长上。信息化得到重视，也往往由于它被看作是工业化的必要一环，这都和共和国前三十年的准备有很大关系。

第三世界工业化并非新鲜事物。它是工业资本主义在发达国家进入金融资本主义主导的后工业时代后，不得不进入发展中国家这样一个必然过程。此过程中，工业生产被"外派"到劳动、环保等方面成本低廉的国家和地区。然而这种全球工业系统调整是不均衡的，也是不稳定的。冷战期间，许多发展中国家试图实现工业化，却常苦于要么必须依赖美国，要么必须依赖苏联。亚非拉这样的例子数不胜数，其中只有极少数取得成功，且它们多是我国近邻。这就是"亚洲四小龙"：韩国与新加坡，中国台湾与香港。改革开放以来，它们都以不同方式参与中国大陆的工业建设，并形成一种区域态势，持续影响着中国的工业化道路。[17] 此区域态势反映了全球范围内的产业结构重组，让我国沿海地区出现高度依赖出口的劳动密集型产业，吸纳数以亿计的中下阶层流动者成为世纪之交全球工业经济体系中最为可观的一笔人力投入。

1978 年起，我国第二产业（包括制造业和建筑业）一直保持比全国经济平均增幅更高的增速。第二产业就业人口相应从 1978 年的 17.3% 增长到 2006 年的 25.2%（见表 4.3），增幅达 7.9%。然而从整体就业结构上看，这并非典型的工业化，因为制造业和建筑业仍只占全部劳动人口的四分之一。如果看第二

表 4.3　按照三个产业划分的我国国内生产总值（GDP）和就业情况

	总量		第一产业（%）		第二产业（%）		第三产业（%）	
	GDP*	就业 **	GDP	就业	GDP	就业	GDP	就业
1978	362.4	401.5	28.1	70.5	48.2	17.3	23.7	12.2
1990	1,854.8	647.5	27.1	60.1	41.6	21.4	31.3	18.5
2000	8,946.8	711.5	15.9	50.0	50.9	22.5	33.2	27.5
2006	21,087.1	764.0	11.8	42.6	48.7	25.2	39.5	32.2

数据来源：根据《中国经济统计年鉴（1981–2005）》和李江帆的《中国第三产业发展研究》（人民出版社，2005 年）综合而成

产业占国民生产总值的比例，在此期间的增幅就更小，只有 0.5%。

那么，为什么近年来各国都感受到中国作为“世界工厂”的巨大影响呢？答案有几方面，包括国家规模：要在内部经济结构上改变中国如此庞大的经济体，还需更多时间。中国工业体系即使在就业人口和国民生产总值比例上只发生了貌似局部性的变化，但已足以引发巨大的全球效应。

此外，工业化对我国经济结构最明显的影响发生在第一产业，主要是农业。从 1978 年到 2006 年，农业占劳动人口比例从 70.5% 下降到 42.6%。这意味着我国四分之一以上的就业人口——相当于美国全国就业人数——从第一产业中迁了出来。离开农业生产，他们中更多人进入第三产业而不是第二产业成为“蓝领”工人，使第三产业占总就业人口的比例翻了两番。尽管第三产业不断吸纳农业人口，它在国民生产总值中的比例却没有大幅增加。这反映出新的服务性劳动不一定意味着更高的生产力。今天是有更多律师和会计师了，但这样的工作仅占第三产业的小部分。更多的工作是服务员、门卫、司机、保安和街头摊贩。这些基层工作构成第三产业就业的主体，它们非常依靠中下阶层流动者提供的劳动。

值得注意的是，我国服务业增长并不意味着后工业时代的来临。相反，它是我国现阶段工业化的重要组成部分。近年来，我国进出口贸易大量围绕工业产品进行，如原材料、零件、工业制成品或半成品。对进出口贸易的高度依赖意味着工业化进程必然派生出新的服务业就业机会。同时，从国外引进的工业资本一般集中在利润率最高的行业，从而引发工业体系内部不均衡发展，导致经济结构转型加剧。电子制造业正是这样一个高利润率行业。该产业的领头力量已在相当程度上由单纯的国有企业转向外资或合资企业为主。2004 年，我国电子产业 91.9% 的出口额来自跨境网络企业。2006 年，该比例增至 94.5%。

随着电子产业出口经济的爆炸式增长，包括个人电脑、手机在内的中国工业品在全球市场攻城略地，成为市场领军者（见表 4.4、表 4.5）。在此全球体系中运转的第二、第三产业多集中在刚城市化，以及正在城市化当中的地区。这里工厂、公司企业十分集中，造成中下阶层流动者也在此集中，为新工人阶级网络社会的形成提供了至关重要的经济基础。

表 4.4 我国的进出口总量、外商直接投资和工业产品份额

	进出口总额 *	出口额 *	贸易顺差 *	外商直接投资 *	工业品占出口总额的比重	工业品占进口总额的比重
1980	38.1	18.12	−1.9	−−+	49.7	65.2
1990	115.4	62.09	8.7	3.5	74.4	81.5
2000	474.3	249.21	24.1	40.7	89.8	79.2
2006	1,760.4	968.9	177.5	73.5	94.5	76.4

数据来源：《中国贸易外经统计年鉴（2007）》，中国统计出版社。

* 10 亿美元　　+ 无数据

表 4.5 2005 年我国部分产业的全球市场份额

产品	全球市场份额（%）
信息与通信技术	
个人电脑	35
移动电话	37
数码相机	>50
电视	40
其他	
空调	50
电冰箱	30
微波炉	51
集装箱	70
起重机	50
缝纫机	70
领带	40
玩具	60
照明设备	70

数据来源：根据 Zeng, Ming, and Williamson, Peter J., Dragons at Your Door: How Chinese Cost Innovation Is Disrupting Global Competition（Boston, MA: Harvard Business School Press, 2007, p. 19）综合而成

□ 技术扩散与传播赋权

中低端信息传播技术到底如何进入中下阶层流动者的生活？在城市化、工业化和全球化的大背景下，这样一个空前的技术扩散过程到底能否帮助相对弱势的流动者，让他们有机会改变命运和不平等的社会现实？开始采用手机和互联网以后，他们所掌握的权利到底是有所增加，没什么变化，还是进一步减少？

小付来自四川，是深圳的一位理发师。从2005年起差不多三年时间里，他几乎每个月都给我理发。这家理发店老板是台湾人。店里有三四台电脑，是给顾客预备的，比如有人来理发，陪同的家人朋友可以上网打发时间。但没人的时候，小付和其他师傅也会用这几台电脑免费上网。他们属于打工者群体中较幸运的一群：老板买机器且基本不限制员工使用；工作间歇有空闲；而理发师算技术工种，小付平时上网主要也是看和发型设计相关的信息，特别是“美容美发网”。[18]

2007年3月的一天，小付师傅一边给我理发，一边突然问我：“你知道啥是搜索引擎吗？”我跟他讲谷歌、百度，但讲不明白，不光因为我讲解得不清楚，也因为他以为搜索引擎是个硬件，像汽车引擎一样。我一时不知如何回答。原来尽管上网好几年了，但他一直是将网址直接敲进浏览器地址栏里，然后通过点击从一个网页去到另一个网页。他没有像店里的中产顾客们一样用搜索引擎塑造或限制自己的互联网经验。这无可厚非，因为不同阶层有不同上网习惯，而这些习惯的基础是他们的信息需求。毕竟，“美容美发网”上的信息已经非常多，足够用了。如果只要了解美发信息，不用搜索引擎影响不大。然而在2007年3月，他感到过去的上网习惯不能满足需求了，他希望了解搜索引擎，因为他想换工作，想离开深圳去上海。

类似上面的事情很少有人注意，往往缺乏分析。尽管学者们长期研究城市里的流动人口，但关注重点一般是基本的社会和政治经济议题，如户口、居住状况、[19]就业、空间流动[20]和扶贫[21]等。尽管有人研究过流动者的传播形态，[22]包括手机和短信的使用，[23]但这些研究成果数量和影响都还有限。在流动人口研究的整个领域中，它们更多是对社会政治经济研究的补充。而本章要强调的是，中低端信息传播技术普及之后，网络新媒体与传统社会关系重叠而成的传播状况已不再只是纯粹的交流工具，它已和就业、居住状况一样，在最根本意义上影响着中下阶层流动者的工作和生活。

由于不容易收集到系统数据，研究中下阶层流动者并非易事。因此多数相关研究都采用定性（或称“质化”）方法，如民族志、深度访谈和焦点讨论小组，而这些方法在具体个案分析上可以做得很深，但要推而广之，对整个产业、整个地区乃至全国的情况做出总结，则相对比较薄弱。当然也可采用定量方法，但它同样有问题，因为人口普查等官方数据常常无法很好地涵盖中下阶层流动者，尤其很少涉及他们的媒介使用状况。而且如何抽取样本还是个悬而未决的难题，因为一般不可能在流动人口中做到完全科学的随机抽样。[24]难怪多数关于流动者和媒介的社会调查采用的都是一次性方便抽样设计。[25]

这里我们先来看一组采用“调查组（survey group）”方法采集的数据。它在设计上结合了定量和定性，并部分包含行动研究的逻辑，为探讨中低端信息传播技术在流动者群体中的扩散和赋权效果提供了基础。每个调查组由三到五名青年打工者组成，都是从当地劳务市场上请来担任调查执行人的。在接下来的四天时间里，我们共同完成一个关于信息传播技术与流动群体的调查，每天见面、开会、讨论，使团队成员间逐渐建立起良好的合作互信关系，同时让这几名打工者可以畅所欲言，成为草根意见领袖，在调查最后总结时的焦点组中充分表达自己的观点（详见方法附录）。

2002年和2006年，我们在广州、深圳和珠海组成了六个调查组。这不是全国样本，即使在上述三个城市采取的也是目的抽样而非随机抽样。但这一设计通过让流动者进行传播赋权，建立起相当好的小规模团队互动，对数据质量提供了保证。如罗格斯和辛格所言：“赋权过程从本质上来说是由对谈(dialogue)性质的交流组成。通过和其他人、尤其是在小规模团队内部和同伴的交谈，个人对依靠自身力量去达成期望目标有了信心”。[26]结果产生一套珍贵的数据，

表 4.6　中低端信息传播技术在中下阶层流动者中的扩散与消费情况（广州、深圳、珠海）

		互联网	手机	家庭电话
平均月消费（元）	2002	108.8	242.0	157.5
	2006	96.2	111.2	27.9
	增长幅度 %	– 11.6	– 54.0	–82.3
扩散（%）	2002	49.5	58.2	43.5
	2006	76.7	83.5	25.2
	增长幅度 %	27.2	25.3	–18.3

反映了新世纪初珠江三角洲地区流动打工人群与中低端信息传播技术之间关系的变化。而珠三角不仅是中下阶层流动者高度集中的地区，也是我国信息产业产品的主要出口生产地之一。

调查组成员都是年轻的流动者，平均月收入 1400 元，有的则没有固定收入，因为刚毕业或正处在离职与再就业之间的赋闲期。六个调查组采访了 390 个中下阶层流动者（2002 年 184 人，2006 年 206 人），其中男女数目基本相等。这些受访者都很年轻，平均年龄 25 岁，每月大约赚 1350 元，平均为高中教育水平。他们基本上都在城市生活过三年时间，或在工厂、建筑工地工作，或做销售、文员或服务员。

表 4.6 概括了中低端信息传播技术和中下阶层流动者的关系和趋势。从 2002 年到 2006 年，主要有两大变化。首先，信息传播技术价格大幅下降：大家在互联网上的花费平均下降了 11.6%，手机费用下降了 54%，家庭电话（包括固定电话和小灵通）更下降了 82.3%。第二，除了家庭电话外，多数信息传播技术的普及率显著增长。互联网增长了 27.3%，手机增长了 25.3%。这一低价格、高扩散的模式在焦点组和田野调查中均得到确证。

到 2006 年，大多数中下阶层流动者都可以使用互联网（普及率达 76.7%），并有自己的手机（普及率达 83.5%）。如果算上其他形式的廉价通讯服务，如工作单位的固定电话和公用电话，只有两个 2002 年的受访者没有使用任何信息传播技术。换句话说，2002 年调查中 98.9% 的调查对象和 2006 年调查中的所有人都使用中低端信息传播技术。

这些来自珠三角的数据，如果和其他数据进行比较，可让我们进一步管中窥豹，看到中下阶层流动者在使用新型网络媒体时的独特之处。比如说，与中国互联网络信息中心 2002 年和 2006 提供的官方统计相比，对全国所有网民而言，最重要的上网方式是在家上网，其次是在单位上网。[27] 但在这个珠三角流动者样本中，只有 17.5% 的人在家上网；在单位上网的比例略高，为 26.6%；而上网最主要靠的是网吧，受访的流动者中 77% 的网民平时都在网吧上网。对中下阶层流动者而言，网吧的重要性远超过家庭联网和单位联网。这也体现在如何学会上网方面，46.5% 的珠三角流动人口网民是在网吧学会上网的。

网吧之所以重要，一是低价，因为这些打工仔、打工妹或刚离开学校的学生经济能力有限。二是他们的生活流动性高，可能几个月换一次工作，每年换一个城市。购买个人电脑不但贵，而且麻烦，要自己维护，不如租用网吧电脑方便。三是他们多数住宿舍，居住空间狭小，蜗居之地放不下电脑，而且有安全隐患。2009 年起出现“蚁族”的叫法，指的是聚居在大城市从事低端服务业的大学毕业生，他们虽然居住条件很差，但所租房间里一般都可宽带上网。[28] 相较而言，这些珠三角的中下阶层流动者多数没进过大学，他们比“蚁族”居住条件更差，收入更低，更加居无定所，因此对网吧的依赖也更强。

价格低廉对手机普及也同样重要。从 2002 年到 2006 年，手机售价和话费都显著下降。2006 年，供打工仔、打工妹选择的手机套餐服务比 2002 年多了许多，特别是预付卡服务。最明显的变化是短信用户从 2002 年手机拥有者的 13.1% 飙升至 2006 年的 95.4%。2006 年，每个受访者平均每天发出 12.5 条短信。对许多打工者来说，短信比语音通话更重要，这也是他们购买手机的主要原因。出现这种情况，还是因为短信价钱便宜。

然而，价格并不是唯一的决定因素。以家庭电话为例，从 2002 年到 2006 年，由于低端手机服务的竞争和小灵通的引入，家庭电话开销足足下降了 82.3%。虽然如此，家庭电话（包括小灵通）在中下阶层流动者群体中的普及率仍然下降了 18.3%。在有的城市，这与人们对小灵通服务质量评价偏低有关。更多时候，也缘于电信公司对打工者群体不够一视同仁。同时，手机价格下降，其移动性更适合流动者的生活状态。据调查组反映，家庭电话主要用来打给所在城市的熟人，但这些打工者在本地熟人不多，因此需求不强。于是，收入较高的流动者一般用手机打长途，而收入较低的则倾向使用公用电话“长话吧”打长途。家庭电话就日益无人问津了。

可见中低端信息传播技术的扩散是一个复杂的过程，既包含经济因素，也包含非经济的因素，不是一句技术进步就能全部解释的。一方面可以看到总体价格下调、普及率上升的趋势；另一方面，具体到个别通讯服务的发展方式则因市场动态和流动者的个人选择有相当差异。

技术扩散之后，手机互联网是如何融入中下阶层流动者的生活和工作中的呢？新型网络科技起到什么作用？真能给他们赋权吗？正如前所述，中低端信息传播技术包括多种通讯产品和服务，如网吧、公用电话、山寨机、小灵通、短信、预付卡服务等。之所以如此多样，且每种都能在一定阶段内得到大规模迅猛发展，其根本原因是长期以来中下阶层的传播需求得不到满足，无论大众媒体还是改革前的电信行业，都没有足够重视针对中下阶层流动者的服务。普通打工者群体的实际需求长年被忽视，但他们必须找工作、找住房，了解和自身利益直接相关的法律法规，他们也需要娱乐，需要社会支持，需要和亲友保持联系。这些现代社会最基本的人的需要都属于“传播需求”的范畴。

与“需求（needs）”对应的是“欲求（wants）”，后者在新生代打工者群体中表现更为突出。所谓“欲求”指的是受广告、同伴压力等外部影响而产生的错觉，比如以为自己需要换手机，不是因为现在的手机有什么不好，而是纯粹因为要赶时髦。“欲求”过度膨胀会导致“需求”受损。为赶时髦不惜节衣缩食，甚至欠债去买最新手机的情况在工业区屡见不鲜。这无疑是一种异化，因为究其根源这些“欲求”并非产生于流动者自身的生活经历，而是来自资本，来自其他阶层或特殊利益集团的说辞、引诱和价值观。

实际情形中，需求与欲求往往有所交融，两者间的张力正是中低端网络媒体能否达到传播赋权效果的重要因素。这在QQ的使用中表现得很明显。QQ是中下阶层流动者群体中最常见的网上聊天工具。除了聊天，很多新生代打工者有自己的“QQ空间”。“移动QQ”则是打工仔、打工妹们最常用的手机上网服务。2009 年起，不少针对草根市场的山寨机专门设有 QQ 快捷键，一般在手机键盘右上方，只要按一下就可马上登入“移动 QQ”。

由于 QQ 的普及，很多中下阶层流动者虽已上网几年，却仍然没有电邮地址，因为 QQ 完全满足了他们收发文字信息和其他文件的需求。这样的信息交换不一定限于特定的流动人群内部，也可让用户和自身社交圈之外的陌生人交流，这是更多白领使用的 MSN 所没有的功能。例如余小姐是珠海的一名普通文员，她从贵州来珠海打工已有五年。在 2002 年的焦点组访谈中，她自豪地谈到自己在 QQ 上交到的新朋友：

> “那些网友都非常好。好像我有时用电脑碰到问题，自己解决不了，就上网和他们聊天。他们都很热心，给我帮好多忙。我第一次（在网上问人家问题）是在刚开始用 QQ 的时候。当时我回家（贵州）过年，好无聊啊！一个朋友让我用‘小企鹅’，我还不知道是什么呢！但一用就觉得它非常好，很容易用。我回来（珠海）后才发现，原来这边好多人也在用‘小企鹅’！”

这个案例里，既有的社会关系为余小姐在虚拟空间的网络扩展提供了基础。网友们帮助余小姐学习了更多有关电脑的知识，对她做文员的工作也有帮助。这些网友有的是她以前在贵州认识的，也有在珠海素未谋面的新朋友。这样就帮助她在保持和同乡联络的同时也能更好地融入所在地城市。能够成功帮助中下阶层流动者满足传播需求，这应当是 2002 年前后 QQ 发展速度惊人的主要原因之一。

然而，快速发展的同时，问题也接踵而至。QQ 上的信息日益多元，除了能满足用户实际需求的真实信息，也出现大量虚假信息，特别是一度十分猖獗的“QQ 中奖”诈骗，利用人们希望不劳而获的欲求，从收入本来不高的中下阶层人群中骗取金钱，诱使打工仔、打工妹上当。色情行业也开起了 QQ 空间，提供“QQ 妹”信息、“裸聊”，同时兼打性药广告，算得上是不折不扣的“人欲横流”。近年来，赌博、传销、贩毒、相约自杀、黑社会等种种社会问题也借QQ聊天工具，特别是QQ群，进行传播乃至交易。针对这些危害较大且明显违法的社会问题，相关部门和腾讯公司均采取了不少行动。然而却很难做到彻底杜绝，因为"欲求"压倒"需求"这个问题的根子不在网络技术空间里，而在线下，在人们的现实生活中。

QQ的社会作用也不是减权、赋权，非黑即白。"需求"和"欲求"的界线同样有模糊的时候。比如深圳的一位清洁女工每月工资900元，却平均会用400元给自己的"QQ秀"买"衣服"和"首饰"，目的是把QQ里的自己打扮得漂漂亮亮，让远在北方的丈夫好好欣赏。但现实中的她，半年也难得买一件衣服。另一位在广州送外卖的潮州小伙，一个人同时拥有40多个QQ号，为的是不同号码之间"互踩"，即互相浏览、互相留言，让自己成为潮汕地区人气达人的头几名。花钱不说，还要投入大量时间，一边送外卖，一边QQ响不停。这两个例子算什么？妻子希望爱人看到自己穿上漂亮的新衣，小伙希望在朋友圈里成为被羡慕的对象。两人的做法可能夸张了点，可能会令其他人觉得不可思议，但他们一不违法，二不损害他人利益，QQ甚至在某种程度上起到了满足他们在经济条件有限的情况下，依然可以追求特定人生阶段目标的作用。然而，他们的这些目标，还有实现目标的手段，是来自他们自身经历的真实需求，还是来自外部，难以持续的异化现象？

QQ和中下阶层流动者的关系还有一个特点，就是相对稳定。这可能有些令人意外，因为中低端信息传播技术往往比较脆弱，增长起来很快，但一出问题，马上夭折得更快（如寻呼机、小灵通）。相较而言，QQ的增长要平稳得多，虽然也不断碰到这样或那样的问题，但QQ用户数却一直稳步增长。2008年金融危机之后，QQ不但没有像其他大公司那样受到冲击，反而做出更好业绩，因为用户"粘"在QQ上的时间更多了。业界常用"黏性强"来描述某产品做得让用户爱不释手，整天泡在里面。这对QQ非常适用，因为许多中下阶层流动者都是一开电脑，或一开手机，就"挂"在QQ上了的。

更重要的是，QQ的"黏性"还表现在用户多年来对它的忠诚度上。随着社交网站SNS（social networking services）的兴起，国内网民已经经历过好多轮"移民潮"，比如从QQ移到MSN，从校内（人人）移到开心，再到微博。

每次转移阵地往往不是因为旧的服务有问题，而是在商业广告吸引和同伴压力下的“跟风”行为。然而，还是有相当一批QQ用户一直稳定，不受这些影响的。他们一般社会经济地位较低，很多就是中下阶层流动者。他们对QQ的忠诚度很高，手机号可能换了五六个，但QQ号一直没变。主要原因是他们上QQ是为了和亲友保持联系，而QQ号是在他们高流动性生活中，难得的一个可以多年不变的稳定联系方式。社会交往也是一项基本需求，它可能不够“时髦”，却依然为QQ的稳步发展提供了基础保障。

对流动打工者而言，最直接也最重要的信息需求是找工作。回到2002年、2006年在珠三角做的调查组项目，参与成员都是从当地劳务市场请来的，都是正在找工作的流动者，因此他们对找工作的话题讨论得很热烈。他们一般很快达成共识，一致认为找工作时手机是必不可少的工具。但当我问他们中有谁曾经接到过来自未来雇主或中介公司的电话或短信（不包括虚假信息）时，除了广州的一个组之外，其他五个焦点组都没人能给出一个具体的例子。2002年时手机价格还相当高。一个珠海的打工仔想了半天，也没想到手机怎样拓展了他找工作的社会网络。他于是感叹道：“哎呀！我真没想过这个，从来没老板给我打过电话，但我总觉得没它（手机）就找不到工作！”原来，最管用的招聘信息仍然来自传统人际网络，即他们以前已经认识的亲戚或熟人。手机可让这些熟人更方便地把就业信息传递给他们，但并不能在根本上改变他们在劳动力市场中的弱势地位。

在讨论找工作的过程中，一个出人意料但却经常出现的主题是网络技术如何带来潜在危险，而不是真实的工作机会。所有六个焦点组都谈到网上五花八门的欺骗方式。比如，在招聘网站上发假信息，或给求职者发短信和QQ信息，许诺给打工者找工作，但前提是要缴付一笔保证金（或手续费、介绍费、培训费、体检费、制服费等），一旦你缴了钱，联系你的人就不见了。一位广州的打工妹说：“他们现在有了网络，可以骗更多人了，因为不用面对面，更好假装。”在深圳，一个曾经上过当的打工仔不禁唏嘘：“深圳到处都是骗子——在人才市场、在街上、在网上！”猖獗的诈骗令所有打工者深恶痛绝，难怪他们不相信网上的就业信息，因为教训实在太多。即便那些平时很害羞的打工者，一谈到打着“招工”幌子利用互联网或手机进行诈骗的事，也马上侃侃而谈自己过去的经历和身边发生的真人真事。

另一个主要话题是中低端信息传播技术的娱乐功能，尤其是服务于年轻打工者的网吧。其中内容不少在本书第二章里已有涉及。这里要再次强调的是，娱乐本身不是问题。无论哪个阶层，无论是否流动，人们都需要媒体提供娱乐。对中下阶层流动者而言，媒体娱乐功能有特殊的重要性，因为他们背井离乡、工作单调、收入有限，假如新型网络媒体真让打工者们松弛神经、得到快乐，那当然是好事。问题在于娱乐往往被过度商业化。娱乐只是诱饵，实际目的是引导消费，不论人们是否需要那些商品。过度商业化的趋势不仅来自广告炒作，而且被电信商进一步放大。一位深圳打工者在2006年说："我想看新闻，但在（我平时去的）那些网站里很难找到新闻。全都是广告。"缺乏新闻只是问题的冰山一角。在看似无穷无尽的娱乐节目之外，中下阶层流动者常很难找到他们真正需要的实用信息，尤其是当传播这些信息对内容和服务提供商来说似乎无利可图的时候。

即便如此，小组讨论对中低端信息传播技术最频繁的评价仍是"方便"："网络真的很方便。""手机做什么都很方便。""短信，确实方便。"而"不方便"则被用来形容一些"过时的"服务，比如寻呼："谁还用寻呼机啊？太不方便了！"唯一例外是2002年参加讨论的一个打工妹。她是做保险推销的，工作中会用到寻呼机。面对别人对寻呼的批评，她如此回应："其实寻呼挺方便的。你可以知道谁在找你，然后再决定你要不要回（电话）、什么时候回。它比手机便宜，我觉得它还是蛮好用的。"这个例外的评论淹没在其他人的批评声里，因为多数人在评价网络媒体技术时往往无意识地采用精英视角：越新、越贵，就越"方便"；而那些稍微"过时"一点的技术就需要"升级"。尽管中低端信息传播技术有很多独特之处，中下阶层的生活方式和信息需求也与其他阶层有很大不同，但流动打工者在认知和想法上人云亦云、自主性不足的情况相当常见。

这种知行失调最容易在他们对手机的评论中体现出来。对大多数中下阶层流动者来说，手机常常是他们拥有的最贵的商品，是他们寻求城市身份过程中最重要的标志。但在2002年，手机也好，月费也罢，都相当贵。到了2006年，手机开始卖得便宜了，但对多数流动打工者来说，话费还是很贵。一位在广州帮人看摊子的打工妹非常形象地描述了她对手机的实际感觉，那就是："买得起，养不起！"

另一位打工仔透露出一个更极端的情况："我有个朋友在深圳摔伤了，做不了工了。他把手机拿到当铺，给那个私人老板，用那个钱回家。"手机在这里不再是现代城市身份的标志，不再是赋权和向上流动的渠道，而是离城回乡的最后一张车票。

□ 内部差异

上一节探讨了技术扩散与传播赋权的关系，但不算很深入，因为中下阶层流动者内部有显著差异，无论社会经济地位，还是采用网络新媒体的种类和方式，都有很大不同，而这些差异又会影响赋权的最终效果。所以，到底新技术能否帮助流动者更好掌握命运？要进行较深入的讨论，就一定要了解流动者群体的内在差别。

本节将沿着流动者群体的内部分层、性别差异、民族和地区身份划分这几个维度，逐一审视这些内部差异。值得强调的是，这里探讨的内部差异不单是社会结构，也代表变迁过程。差异不一定永远存在，也不一定妨碍跨越阶层、性别、民族的阶级形成。内部分化的结果可能导致矛盾与冲突，也可能带来新的阶级意识崛起。

分层结构

中下阶层流动者内部也有贫富、教育水平，包括社会权力的分别，比如在一家工厂干了多少年，是技术工还是普工（普通工人）。这些外人看不到的差别有时却是打工者最为在意的。20世纪80年代，人口流动开始随城市化浪潮日益增加。那时，流动者内部构成比较同质化。绝大多数人都是离开乡村去往城市，去做城里人不愿干的脏活累活。二十多年后，情况发生了变化：一方面，流动者人群中有了更多的城市间和城市内部移民，有了更多的下岗工人、个体户、小商贩；另一方面，在从农村去往城市的流动者中也出现了更多的内部分化。

如今，在社会等级架构的每一层级几乎都能发现流动人口的身影。一小部分中下阶层流动者至少在经济收入方面攀升到社会上层。他们有的靠时机，有的靠运气，也有的靠勤奋工作，积极进取。其他未能跃出中下阶层的流动者，也可能通过培训或自学，在居住地里获得一技之长，从而离开低收入的蓝领岗位，进入白领世界，成为文员、技术员、销售员，或经理、干部。在一些地方，如广东佛山，有政府部门投入，进行系统培训，让超过六万名打工者成为当地企业里的技术员和管理干部。[29] 培训内容包括夜校教的电脑、外语等非体力工作所需的职业技能。尽管不是所有白领工作都有更高收入，但它却使人感到更加"有面子"[30]，也可能带来更多向上流动的机会。

中下阶层流动者中也有些自己当老板的。他们靠做小买卖养家糊口，比如饭馆、便利店、报刊亭，卖各种各样的商品，包括国产品牌手机和预付卡。在不断扩张的第三产业中，他们的"微型企业（micro-enterprises）"[31] 占据了很大一部分营业额，也提供了相当多的就业机会，特别是让这些小老板和他们的家人可以经济独立。这些小本生意也有雇人做工的，但和大中型企业不同，老板和老板家人常常仍需从事一些体力劳动，包括打扫卫生、进货等。然而，与蓝领工人不同，他们的主要收入和社会地位来自对所经营业务的管理权或所有权，而不是体力劳动本身。

然而，时至今日，多数流动人口仍然属于蓝领劳动者，要从事繁重的体力工作，以换取很低的劳动报酬。这个新的蓝领产业工人群体主要由来自农村的打工者构成，但也包括部分城市下岗工人。在采矿、建筑等产业中，几乎全部工人都来自农村。在制造业和交通行业里，下岗职工的比例则稍高，虽然下岗职工可能更倾向于经营自己的小店，比如开网吧，从而进入服务行业。

蓝领工人内部也存在分层。一些人由于从事技术工种而成为所谓的"蓝领贵族"，如精密机床操作工可能比一般大学毕业生工资还高，有更好福利。由于我国工业发展正逐步由劳动密集型向资本密集型和技术密集型的方向转变，"蓝领贵族"的工资和福利还在保持上调。

然而，"贵族"毕竟是少数。大部分蓝领工人仍集中在劳动密集型行业，做普工工作强度大，收入低，福利差或根本没福利。其中很多是女工，有的分散在小型家庭服装作坊里，每天在缝纫机前一干就是15个小时以上。[32] 有的打工妹在大型电子厂工作，通常在生产线上从早8点工作到晚上9、10点钟，只有午餐和晚饭时间可以短暂休息。[33]

这些基本工作条件和劳工待遇在2008年新《劳动合同法》颁布后有所改善，但普通蓝领工人遭到歧视对待的问题并未根本解决。新法在部分行业、部分地区，在有的时候（如全球金融危机之后），得不到充分贯彻实施。它没有涵盖生产过程中出现的新的歧视现象，如禁止蓝领员工使用单位电话、禁止带手机进车间、禁止下班后在宿舍里发短信等。这些有时听起来相当荒谬的规定往往专门针对普工，而不针对技术工人、文员或管理阶层，因此有很强的歧视性。[34]

上述这些蓝领工人主要集中在制造业，她们在流动打工群体中还不算最差，至少比那些被欠薪的建筑业工人要好。[35] 欠薪问题在2003年温家宝总理介入之后凸显出来。中央采取了措施，但地方上的落实情况却有差异。比如江浙一带的工地一般来说欠薪情况较少，但北方一些地方建筑工被拖欠工资则属家常便饭。[36] 南方制造业工人在2008年金融危机之后也会碰到欠薪问题，特别是当有工厂倒闭、老板溜人的时候。但总体而言，制造业比建筑业实施新《劳动合同法》的情况好得多。因此，从流动打工者内部分层结构上看，建筑工一般比制造业蓝领工人处于更弱势的地位。

制造业内部的情况当然也千差万别，包括在分层结构上比欠薪更恶劣的情况，那就是限制打工者的基本人身自由，如没收身份证，甚至有“黑厂”、“黑砖窑”使用童工、“奴工”，采用极不人道的手段进行赤裸裸的剥削压迫，不但完全无视劳动法，而且触犯刑律。

另一种侵害打工者权益的违法行为涉及工殇。根据上海社会科学院发表的报告，仅在珠三角的制造业工厂里，每年就有约四万根手指在生产过程中被切断或碾碎。[37] 我向各地工殇探访人员请教以及自己走访工殇医院所了解的情况是，大部分工殇都是因为“赶货”期间劳动强度过大、工人过度疲劳、机器未得到适当维护。“赶货”的原因往往是因为国外市场需求强劲。然而，不幸遭受工殇的打工者中却有不少被工厂扫地出门，忍受身体的痛苦不说，还被迫失去工作机会。要拿到法定工殇赔偿，花两三年时间是很常见的。就算法院判工殇工人胜诉，也会出现老板赖账的情况。于是才有2009年失去右手的工人刘汉黄在东莞的一家台资企业里用左手刺死台湾管理干部的恶性案件。[38]

处于弱势流动者群体最底层的是那些就业不足，只能在正式经济体制以外谋生的人们。他们有的在“黑工厂”、“黑店”里打工，有的参加各种帮派、黑社会、地下组织，成为“非正式经济（informal economy）”的一部分。这些行业风险高，不但收入不稳定，有时人身自由也得不到保障。然而，不少流动者还是参加进来，绝非因为他们就是异类，而是由于无法找到其他谋生手段，获得生计、尊重与社会支持。也因为有的地方部门行政无作为，不重视为流动人口提供必要的服务，如安全保障、就业信息。有的地方纵容地下经济和帮派活动，甚至有意无意把本来正规的行业推向“非正式经济”，为的是让腐败官员收取更多保护费。[39] 结果是假冒伪劣产品泛滥、治安恶化。中下阶层流动者群体首当其冲。

然而，即便在这最底层的底层，中低端信息传播技术的普及仍让人叹为观止。规模庞大的二手电子市场里，有的手机是偷来的，有的来自当铺和放高利贷的地下组织。[40] 不论繁华闹市，还是偏僻小巷，只要靠近流动者聚集的地方，就常可见到墙上、电线杆上、地面上的无数手机号码。大多是“办证”的，也有“私家侦探”、“专业讨债”等。每个号码都代表这样一个低层人群：他们没有稳定工作，但却可能有为流动者提供某方面服务的“一技之长”，而拥有手机是挣钱的前提条件之一。

如卡斯特和波特斯所述：“非正式经济同时包含了以下几种要素：灵活性、剥削性、生产力、野心勃勃而粗暴的老板和毫无抵抗能力的工人、自由主义和赤裸的贪欲。”[41] 因此，随着手机、互联网的普及，非正式经济和犯罪网络相连，用新型媒体技术相互协调也不足为奇。这方面的一个例子是曾肆虐北方的地下血液交易：有背景的“血头”通过各种渠道，包括在网上发广告，吸引那些通过网吧上网但缺钱的流动青年出卖自己的血液。[42]“血头”转手再将血液以更高价格售出。卖血者可能感染艾滋病，血产品被污染的风险相当高。尽管官方三令五申下禁令禁止此种行为，地下血液交易仍然阴魂不散。

工业化和全球化绝不单是创造财富的过程，个人与社会也要付出代价。但为什么越弱势、越边缘、越不幸的人，反倒越要承担更多代价？到底如何解决中下阶层流动者内部的贫富分化问题？如何让劳动者拥有起码的尊严？这些问题值得深思。与此同时，正因为存在这些问题，正因为缺乏安全感，知道自己的权益容易被侵犯，所以很多打工者有强烈的传播需求，希望了解政府最新出台的法律法规，希望了解其他单位、其他地区的劳动状况，希望形成互助网络。在流动者内部分层结构中，往往越是属于低下阶层的打工者，越会强烈感受到这种与切身利益相关的需求。

除了传统制造业、建筑业、服务业中的白领蓝领分层，信息产业的兴起进一步模糊了体力劳动和脑力劳动之间的界线，为打工者内部差异带来新的变数。在卡斯特早年提出的网络社会理论中，“原始劳工”与“自我程控劳工”是一对重点概念。它强调的还是蓝领与白领之间的差异与对立。“原始劳工”基本就是对技能要求相对较低的体力劳动者，“自我程控劳工”基本就是对技能要求较高的脑力劳动者。[43] 然而，新世纪以来，我国信息产业发展出现的新情况是介于蓝领白领、体力脑力劳动之间的“灰领”阶层变得日益重要。这些工人有时也被称为“软件蓝领”，但它们的工作性质已和传统蓝领有所区分。他们处在新兴工业体系的中下层，可能也从事部分体力劳动，但信息处理才是其创造劳动价值的主要活动。

灰领工人包括图形设计师、数据库操作员、数控机床技术员、软件测试员等。他们的工作常需与电脑为伴，要进行某方面的数据输入和处理，而他们在生产过程中从事的实际工作往往有较大重复性。它既要依靠工人的双手，更要依靠他们的思维。他们不但出现在电子制造业工作岗位上，也是网络内容及网络服务行业的主要劳力基础，如电子商务网站的客服中心员工、“短信写手”等。

这也包括随网络游戏行业发展出来的“网游代练”，即那些通过打游戏积累虚拟货币，再通过网上交易换取现金的年轻人。最初，网游代练主要为美国、日本的海外玩家服务以及中国的台湾地区，但由于人民币升值及2008年金融危机之后海外市场迅速萎缩，服务于国内新兴“人民币玩家”的网游代练开始大量出现。同时，2005年起网游代练业就已开始从东南沿海向内陆省市迁移，以降低劳动力成本，增加利润。[44] 据报道，仅武汉市 2007 年就有超过两千家网游代练作坊。[45]

信息产业大幅扩张，结果之一是导致灰领工人供不应求。[46] 国家统计数据显示，2005 年我国有约 10 万“软件蓝领”工人，然而软件工业的需求却是 46 万。[47] 2002 年，上海需要 1.38 万名“灰领”，实际却只能请到 3800 名。上海政府因而采取措施，一边为灰领工人提供培训，一边吸引其他地方的灰领工人来上海工作。[48] 各地先后效仿，令处于白领和蓝领之间的“灰领”人数大大增加。

灰领不是单一群体，其内部收入和社会地位差异非常大。教育程度、技能水平、劳动力市场供需关系等都会影响到灰领的实际工作状况和工资。然而，总的趋势是明显的，那就是，与传统白领或蓝领相比，灰领阶层易受到外部因素影响。用管理阶层的话来说，也叫更有“弹性”。他们的工作更需依赖网络媒体。也就是说，灰领阶层的出现绝不是在“原始劳工”和“自我程控劳工”之外游离出一部分劳动者那么简单，而是在两者之间制造出一个新的可称之为“程控劳工”的群体。这对新工人阶级网络社会是非常重要的发展趋势。

信息产业崛起不仅导致新的劳工群体出现，还带来更为复杂的跨阶层合作关系。曾和威廉姆森在他们 2007 年的书中指出，中国企业之所以可以在全球竞争中胜出，不仅因为廉价劳动力，也因为能够基于我国劳工现实状况，对生产过程进行根本性重组。[49] 如此就能依据迅速变化的市场需求，以空前高效的方式生产出多种产品。他们考察比亚迪的生产模式，就可看做是“程控劳工”与其他阶层劳动力灵活结合的好例子。比亚迪靠制造手机和无绳电话电池发家，仅用几年时间就力压本处于国际领先地位的三洋和东芝，占据全球无绳电话电池市场 75% 的份额，手机电池也占全球份额的 28%。比亚迪成功的关键是曾和威廉姆森称为“灵活流程”的创新系统，即采用持续接受技能和生产流程培训的工人——“程控劳工”——代替全自动机械生产。这不仅降低了购买和保养机械的高昂成本，还能更好地适应不断变化的市场需求，特别在手机这样一个变化极为迅速的市场：

在产量相同的情况下，比亚迪的生产线需要2000个工人，而日本企业只要200人。但是比亚迪一条生产线从建成到投产只需600万美元，而在日本则需投入1亿美元。据一家投资银行估计，这意味着融资和折旧在三洋那里要占总成本的40%，而在比亚迪则只占总成本3%。尽管需要更多劳工，比亚迪生产一块镍镉电池的成本是1美元，而日本的竞争对手则需花费5至6美元。[50]

由于劳动力成本高，日本企业不可能使用比亚迪的生产模式。而比亚迪的模式在其他发展中国家也很难复制，因为需要大量具备相关专业知识的工程师、技师、“灰领”，才能保证生产线上的程控劳工能做出高质量产品。因此，比亚迪的模式不仅是传统意义上的劳力密集化，不仅涉及从事体力劳动的蓝领工人，它更将一线工人与研发人员混合起来，让熟练技工和普工合作，共同熟悉关键设备，改进生产流程。所以，比亚迪能“在几周时间里转向制造一种新产品，而它的竞争者的自动化生产线却需要三个月进行设备更新，才能实现同样的目标”。[51]

这种重组劳动力的新模式带来更“灵活”的生产方式，并且大大降低生产成本。然而这种改进只是对公司老板及其合作客户来说的。处在生产体系低端、作为自动化机械替代品的工人能感受到这种改进吗？他们的工作条件是否变得更差？曾和威廉姆森举了另一个例子，在另一家生产变压器和电源的正泰厂里：“全靠人力的生产线甚至连传送带都没有。青年工人在完成组装一些零件后，就扯条橡皮筋把那些半成品捆在一起。然后有人过来将这些半成品运到生产线的下一个环节。”[52]

这其实不是什么创新。把复杂的技术工作简单化、标准化、“非技术化(deskilling)”，其实是早在100年前美国汽车工业快速发展期就已采用的泰勒制管理体系。[53]简单的无技术性劳动沿用至信息产业，这与“自我程控劳工”的技术创新工作以及使用“程控劳工”的“灵活流程”同时存在。它们背后隐藏的劳工管理原则一是将雇佣劳动者分为等级，二是建立在等级结构上的分工制，将普通工人视作装配线上的零件，而不是完整意义上的劳动者。

不可否认，灵活资本主义的劳动密集型生产模式为中下阶层流动者提供了就业。但就业的同时是否有向上流动的机会？还是被卡在中下阶层，没希望摆脱被剥削？甚至在危险的工作环境下，因工殇或职业病而丧失劳动能力？

社会性别

如果将中下阶层流动者内部差异看成从白领到灰领、从“程控劳工”到蓝领、从原始劳工再到非正式经济的垂直分层体系，那么社会性别带来的内部分化则较少表现为自上而下的层级结构。它更多表现为相对的、动态的、具体的社会关系。仅强调经济资源和劳动分工的差别，往往无法全面了解不同性别流动者在生活体验、生产关系、人生规划方面的重要区别，尤其是女性特殊的流动经历和她们面临的问题，包括与中低端信息传播技术之间的特殊关系。

女性传统上是受压迫的“第二性”。中国共产党自建立之初就试图打破儒家传统男尊女卑的家庭秩序和社会局面。然而实行性别平等的过程并非一帆风顺，农村地区更是如此。[54] 结果不仅带来成就，也产生问题。比如女性就业：据联合国发展署（UNDP）数据显示，中国女性就业率在全世界名列前茅。但女性与男性在非农业行业中的平均薪资水平差距却相当大，明显落后于大部分国家。[55] 全面实现性别平等，任务依然艰巨。

随着我国经济快速发展，女性的社会流动性也在提高，性别关系变得更加复杂。许多中下阶层女性开始脱离传统父权制体系，不再是父亲、丈夫和男性上司的附庸。她们在赢得更多自主权的同时，也面临新的危险和压迫。在流动女性采用新型网络技术过程中，这一总体变化趋势既得到反映也得到强化。

尽管在中文文献中，有大量关于“农民工”的研究，许多研究流动人口的国内学者仍然只重视阶级和阶层中的不平等，对社会性别问题缺乏敏感度。一说到“农民工”就预设“他”是男性，而不会单独关注女性流动者群体。值得注意的几个例外包括卜卫、潘毅、王金玲、林志彬、张立新、曹晋等学者及她们研究团队的成果，包括专门针对女性流动者与手机、互联网关系的研究。[56]

与此相反，英文文献中研究我国流动人口的学者大多采用性别视角。除了李静君和潘毅对广东打工妹的研究外，[57] 还有大量针对北京家庭作坊女工、大连酒吧服务员、安徽保姆等的个案研究。[58] 也有学者分析更宏观的人口普查数据，发现女性流动人口有其独特的流动方式。比如在长途跨省流动的女性中，更多人是由于家庭原因而迁移；在移民集中的广东省，绝大多数女性流动者在珠三角的制造业工厂里打工，男性流动者则倾向于进入建筑、运输等其他行业，就业地点包括珠三角以外地区。[59]

流动女性在使用中低端信息传播技术时与男性有显著差异。全国来看，互联网普及方面的性别差异正在缩小，男女的比例已从 1997 年的 7.13:1 降到 2010 年的 1.26:1。[60] 然而，越是中低端网络媒体，性别差异越明显。比如到网吧看一看，一般总是男多女少。[61] 从我们在四川和广东举行的女性焦点组讨论可以了解到，打工妹不去上网的原因之一是为了省钱，不仅因为她们收入较低，更因为她们往往比男性打工者更加感觉到照顾家人的压力，而且更多打工妹会有意识地为自己将来的发展存钱。[62] 此外，也有打工妹是因为不会上网，但这种情况已日益减少。而在那些光顾网吧的流动者当中，一般男性倾向于玩游戏，女性喜欢上网聊天，特别是用 QQ。来自北京和广东其他地方的研究也表明，短信和手机开始影响打工妹的身份塑造。[63]

流动女性的新媒体使用状况也受制于她们的工作性质。她们在制造业（如装配线工人）和服务业（如服务员或保姆）的就业比例很高，而在建筑、交通、保安等行业则较低。这种"性别筛选（gendered sorting）"过程使得可供女性选择的就业范围被缩小，其限制效果对女性比对男性而言更强。[64] 那些有城市户口的流动女性更容易直接成为文员，但多数来自农村的打工妹则必须从蓝领体力劳动干起。如此一来，哪怕是在深圳这样社会流动性很高的地方，女性平均职位水平仍远低于男性。[65]

女性在蓬勃发展的信息产业中扮演着不可替代的角色。她们是电子行业生产线上的主要劳动力，也往往是内容提供商必须依赖的人力基础。比如电话客服中心和其他广泛采用"灰领"服务人员的信息业企业。这一发展在很大程度上延续了所谓"有性别特色的工业化（gendered industrialization）"的规律，即在工业化进程中利用且强化已有的重男轻女观念，用来制造经济神话，也用来吸引外商投资和加强社会控制。[66] 就发展迅速的沿海地区而言，整个工业系统里，大到城市制度，小到工作车间，往往都包含着性别不平等因素。即使下班后，不少打工妹依然面临父权制宿舍管理体制的束缚，比如2006年前后工厂老板美其名曰叫打工妹“多省钱”，要她们少发短信给当地电台点歌等。[67]

“有性别特色的工业化”还有两种表达途径。一是依靠女性承担农业劳动和农村家务，让更多男性劳力得以离开家乡。[68]二是特殊“服务业”，如按摩女郎、酒吧女招待、性工作者等，不但在心理和生理上迎合不同阶层男性顾客的欲求，也是钱权交换得以不断进行的必不可少的润滑剂。[69]

很明显，中下阶层的女性流动者尚未全面享受性别平等。但不能因此就否定流动为她们带来的解放意义。这种解放可能并不意味着男女完全平等，但依然是女性过去依附状态的相对解放。即使是相对，也有不可忽视的现实作用。在开始流动以前，这些女性一般多受制于父亲或丈夫的权威。尽管她们打工时的劳动条件和工资待遇都亟待改善，但工厂也好，餐厅也罢，仍然为她们逃离传统家庭等级制提供了重要出口。至少在随后的几年里，她们中的许多人可以生活在外面的世界，在经济上取得独立，以自己喜欢的方式穿着打扮、选择社交，包括上夜校学习自己喜欢的科目，也包括自由恋爱找到终身伴侣。这些都是对女性而言特别重要的赋权途径，其特殊意义必须放到性别差异的框架里，才能得到充分显现。

具体到新型信息产业，“有性别特色的工业化”也有各种表现方式。2005年左右，不少沿海城市开始出现较大规模的电话客服中心。比如珠海就有很多打工妹经过培训学会用台湾腔“国语”打电话到台湾进行电话营销。[70]类似的电话客服中心在东北也可见到。如大连的打工妹先接受日语培训，再打长途到日本做推销或负责接听和处理日本顾客来电。[71]

电话客服其实是我国电信业历史悠久的一种职业。20世纪80年代普及程控电话以前，打电话往往需要经过“接线员”，也就是当时的城市工人阶级女性。随着自动程控转接系统的出现，这些女接线员成为了第一批从电信业国企下岗的职工。紧接着她们的是20世纪90年代的寻呼小姐。她们中有的也来自城市(如第三章记录的寻呼女工)，但在寻呼业快速增长期，更多新增女工来自城市周边的郊县和其他省市。她们大多受雇于私人老板，不再享有医保等接线员们曾享有的福利待遇。从 2000 年起，她们的就业机会也随寻呼业衰落而不复存在。

新世纪伊始，女性流动者继续支撑着电子商务等新兴市场的发展，提供从电话客服到营销的一系列服务。但同时，“性别特色”的阴影挥之不去。例如 2002 年左右展开的“打击声讯台”运动。所谓“声讯台”实际指利用电话提供有偿色情陪聊服务。“声讯小姐”一时间成了色情业代名词，虽然雇佣她们的老板和她们服务的对象一般都是男性。[72] 一场“严打”又开始了。然而这不过是又一起由商业媒体炮制的道德恐慌。道德谴责直接落在被剥夺了发言权的“声讯小姐”身上，而不是针对她们的男性雇主和顾客。很少有人提出真正的问题：为什么这么多的女性受雇从事这一职业？在男权主导的社会权力体制和中低端信息传播技术市场中，如果她们不做这个，还有什么别的工作机会留给她们？

民族及地区身份

观察中下阶层流动者群体中的民族和地区身份差异，就会进一步看到只重视经济因素，眼光是多么狭隘。我国少数民族众多，他们有自己的宗教、自己的社区、自己的生活方式，传统从事游牧、种植或渔猎等生产活动。虽然他们的故乡远离大都市，但他们也日益受到城市化和工业化进程的深刻影响。一方面，汉族流动者在进入传统少数民族地区；[73] 另一方面，少数民族流动者也在进入汉族为主的城市。[74] 两股交织的洪流催生出新的民族互动，也在中低端网络媒体的使用形态中有明显反映。

民族身份影响着人们的日常生活。而在汉族中下阶层流动者中，地区差异也起着相似的作用。“北方佬”、“上海人”、“南蛮”—— 这样的地区标签如此普遍，几乎已成为类似民族身份的社会分类标准。它也是根据长相、方言、流出地和文化习惯将人分成主流人群和边缘群体，继而决定了不同流动者的迁移模式、职业发展、社会交往方式和生命机会的分配。

自 20 世纪 80 年代以来，我国少数民族人口比例保持上升趋势。根据官方普查数据，少数民族占全国人口比例已从 1982 年的 6.7% 上升到 2000 年的 8.41%。这和少数民族与汉族通婚有关，也和少数民族地区放宽生育政策有关。

与此同时，民族融合使少数民族与汉族之间的差异日益缩小，特别是那些文化教育水平较高的少数民族人群。

然而，仍有许多少数民族人群尚未加入现代化进程。尤其在地处偏远的少数民族地区。常见情况是，基础公共设施满目疮痍，生活条件比汉族最穷的地方还要差很多。贫困的村落里没有稳定的电力供应。尽管相对富裕的家里有电视或收音机，很多人却由于听不懂普通话，而无法从大众媒体获得有用信息，只能听音乐解闷。这些基本生存状况对少数民族草根人群使用手机互联网带来很大的影响，比如因为不识字无法使用短信功能，这在汉族底层贫民中一般较少见到。

传统社区缺乏基础教育和电力设施，也使更多少数民族流动者离开家乡，出现在城市的街头巷尾，从事各行各业，有时形成自己的民族聚居区。[75] 从北京到成都，都有来自内蒙古和东北的蒙古族服务员在蒙古餐厅打工；广州和天津的穆斯林面馆往往聘用来自西北的回族服务员；深圳和上海街头则可见到藏族人出售草药和银器，维族人售卖烤饼、羊肉串等。他们已成为城市社会经济的有机组成部分。

尽管少数民族的移民经历越来越受到关注，[76] 但整体上看，针对他们社会交往形态和新型网络媒体的研究依然少见。然而，从已有研究中可知，在民族地区最先采用新媒体（特别是手机）的人往往属于当地社会精英阶层，如青海藏族地区的喇嘛、[77] 云南少数民族地区的牧师、干部和商人等。[78] 从精英到草根，民族地区网络媒体的普及也经历了这样一个过程。而像汉族中下阶层一样，少数民族流动者在迁移过程中也开始使用预付卡等中低端信息传播技术。这时他们的新媒体使用方式也发生变化，不再是像早期精英阶层那样主要用来组织重大宗教文化活动，而加入大量日常元素，以解决个人及家庭在生活、工作中碰到的现实问题。

如前所述，中下阶层流动者在使用手机互联网时会碰到价格过高、社会歧视等问题。少数民族流动者同样面临这些问题，而且由于他们收入更低、文化差异更大，所以障碍也更多。不少汉族居民因为有刻板印象，不分青红皂白，将特定少数民族人群与犯罪团伙等同起来。[79] 从少数民族干部那里，也可听到当地民族矛盾导致流血冲突，而付出主要代价的往往还都是穷人，无论他们拥有什么民族身份。[80]

于是，移民经济（immigrant economy）成为常见的解决办法，即少数民族流动者专门从事某一特定行业，如售卖民族食品，或加入非正式经济。这不单为他们提供经济收入，也提供归属感、信任感和社会支持。然而，到底移民经济是促进中下阶层少数民族流动者更充分地享受包括传播权在内的社会权利，还是令他们更难与其他族群融合，更加边缘化，甚至陷入更深的矛盾与冲突？在移民经济的内部，在相同文化习俗氛围下，是否存在更严重的剥削？

汉族流动者群体中，地区身份在社会筛选方面起到与民族身份相似的作用。正如霍尼格从前论述苏北人在上海时那样，城市人群对流动人口的偏见和歧视经常以流出地为基础。[81] 南北差异正是流出地划分系统中最重要的区别。它可以从流动者的身高、脸型、口音等特征辨别出来。加上长期形成的刻板印象，对中下阶层流动者在城市生活中的选择范围带来明显制约。

和以前上海人对苏北人的偏见一样，在广东“北方佬”常是粗鲁和头脑简单的代名词。另一个贬义词是“北妹”，往往指代缺乏教育、从事低薪制造业或性服务行业的青年女性。北京中关村是网络新媒体汇集之地。那里的部分企业却一度在门口挂出“河南人不得入内”的歧视性标牌。[82] 南方深圳也存在类似问题，如 2005 年当地警方挂出横幅“严厉打击河南籍诈骗团伙”。[83] 两次事件都在网民批评声浪中以摘下标牌和横幅收场。但这并不表明地域歧视会在短期内消失，无论它针对的是河南籍打工者，还是少数民族族商贩。

2008 年 3 月 14 日，拉萨事件演变成流血冲突，再次显示出“身份政治（identity politics）”的重要影响。它也以悲剧形式，通过手机进行了特殊的表达。事件中，位于拉萨市北京中路的以纯服装店被纵火，造成五名青年女服务员遇难。五人中包括四名汉族、一名藏族，都是年龄 20 岁左右的中下阶层流动者，来自河南、四川和西藏日喀则地区。遇难前几分钟，她们给家人发出最后的短信：“爸，我店子这边杀人好凶，我们在店铺里不敢出去，不要担心我，你叫妈妈和姐姐注意不要出去。”[84]

为什么服装店会被纵火？为什么遇难者都来自外地？为什么全部都是女性？为什么既有汉族也有藏族？这些短信，飞越了无情的烈火，超越了流动打工群体的内在界线。它们提醒我们不能忘记性别和民族等差异。它们应该被永远铭记。

□ 跨域社会网络

跨域社会网络（translocal social network）横跨两个或多个地方，比如以流动者为主构成的村庄、工厂或商铺。它涵盖各地域间一切形式的连接，无论是通过中低端信息传播技术还是传统人际交流渠道，也包括中下阶层流动者之间的各种社会关系，以及联系他们的商品、服务、信息、情感。所有这些加在一起，共同构成一个充满流动与意义的延展空间，就是跨域社会网络。

强调跨域社会网络是要反映这样的现实情形，即中下阶层流动者在迁移过程中通常追随其家人、亲属和熟人，如此形成的结果因而绝非无目的、非理性的“盲流”，而是有选择、有意识、有相互协调与联系的集体网络结构。流动的地理范围扩大了，但流动者之间的社会关系却不一定被削弱，反倒可能得到加强。[85]

马杰伟在分析香港 LMF 乐队时指出，跨域视角特别强调草根层次上不同地方间的互动，而不是只注重宏观上“全球文化”与地方的交互作用。[86] 草根跨域视角的缺乏，在我国网络新媒体研究中，问题更为严重。多数人忽略了跨域社会网络，一讲到互联网和手机，就只有全国、全球、全人类的宏大论述。[87] 但对基层流动者来说，直接影响他们生活工作的恰恰是微观、地方的网络连接。这不仅表现在他们对中低端信息传播技术的消费上，更表现在他们积极利用新型网络媒体，追求个人和家庭的幸福，也为集体和社区做出贡献。如城中村里的长话吧小店就常是当地集体生活与跨域网络实践的重要支柱，对此第六章将做专门讨论。

在充满冒险和不确定性的迁移过程中，中下阶层流动者作为个体而言社会资源特别有限，传播需求又特别强烈，因此集体决策与网络协调对他们比对精英更为重要。当然，跨域网络在我国自古有之。在国外，家人和亲友网络也一直是移民经验的重要部分。中国传统社会在这方面尤其强调儒家的家庭秩序。共和国成立的前三十年里，干部、士兵和知青等人群也有那个年代独特的跨域网络。如奥克斯和沙因所述："尽管当今中国社会的跨域流动潮看起来好像是市场化和自由化的人为产物，然而拨开历史的尘埃，我们会发现，中国更早之前的跨域迁徙现象里已经蕴藏这两者之间的线性相关关系。"[88]

改革开放以来，跨域网络对移民流向有至关重要的作用。它将移民由乡村引向城市，由衰败的老工业基地引向正在城市化、工业化的地区。据一项在北京火车站进行的研究显示，在被调查的818名流动打工者中，76.8%的人是通过家人、亲戚、朋友或同乡找到离家后的第一份工作的。他们中依靠这些熟人网络找到目前工作的占总人数一半。[89]另一项1995年在济南进行的研究使用了1504名在当地公安局登记的流动人口数据。[90]结果显示，81%的人依靠亲友、同乡等关系在从农村到城市的迁移过程中进行决策，选择自己的目的地、职业和工作单位。对跨省流动者来说，该比例高达88.3%，明显高于省内流动者。与此形成鲜明对比的是，只有2.7%的省内流动者和4.9%的跨省流动者认为新闻媒体对他们的决策过程有帮助。传统媒体不能满足中下阶层就业方面的信息需求，因此中低端信息传播技术所支撑的跨域社会网络才如此风行。这在另一项关于重庆山区村民出门打工，利用手机获得就业信息的研究中，也有很好体现。[91]

小灵通和国产品牌手机的发展进一步强化了农村及中小城镇的跨域社会网络。近年来，手机也已成为农村网民上网的主要终端。[92]特别是农村电话普及率上升，使更多中下阶层流动者可以给家打电话。以固定电话为例，全国村级普及率在1985年为45%，1999年升至75%，2003年再升至85%。[93]到2007年底，全国已有99.5%的村庄拥有固定电话。[94]从2004年开始，西部地区农村的固话增长率特别显著。东部城市增长率只有百分之几，西部农村却是百分之十几，其中不少是小灵通的功劳。这是非常重要的，因为西部地区地广人稀、民族多样性高、居民收入低。随着电话的普及，各民族流动者如今也可使用手机预售卡等服务，与千里之外的家人保持联系。

流动的轨迹多种多样。中下阶层流动者可能在乡村与城市之间或多个城市间不断迁移，可能与家人一起，也可能独自漂泊。他们也可能有规律地返乡，成为季节性打工者，农闲时出门打工，农忙时回到家里。这样的季节性流动一般不会离家太远，可能最多是离家较近的省会城市。但更远距离的流动则往往指向沿海地区，甚至海外，比如非洲。2007 年年初，五位来自四川农村的工人在尼日利亚建电话网络时被挟持。[95] 2011 年春，利比亚事变，3.5 万多名在当地工作的中国公民迅速撤出。他们中有多少是来自乡村和小城市的中下阶层流动者？

沿着这些或长或短、方向不一的流动路径，网吧、长话吧、卖预付卡和二手手机的店铺大量出现。这些提供中低端信息传播技术的生意人一般也是中下阶层流动者，至少在他们创业阶段如此。他们一般很难得到银行贷款和政府补贴，因此经营初期必须依靠家庭储蓄，而且往往不只自己家人，而要依靠亲朋同乡的跨域网络筹集资金。如果生意成功，所有筹资网络里的家庭都会收益，特别当其他家庭成员也需要借钱开店的时候。如此循环反复，跨域网络更加稳固。这在福建连江人开网吧的商业模式中有突出表现。[96]

除了筹资，跨域网络也会通过雇佣和协作关系得到加强。比如我 2002 年访谈过的深圳网吧业主中有很多是东北人。其中一位从辽宁本溪来的张先生，他 1998 年下岗后，先靠向亲友借贷在福田区的八卦岭食街开起了网吧。随着生意稳步上升，他把父母、弟弟和表姐先后接到深圳。有的在他的网吧帮忙，有的在附近也开起了网吧。这恰恰是移民企业网络化成长的典型。[97]

跨域网络因此具有多种功能。它不但引领了移民潮的流向，而且为流动者提供了社会支持，促成了新的城市身份。一般期待的结果是产生向上社会流动，让打工者、创业者学会新技能，得到更高收入和社会地位。很多从内陆到沿海的流动人口属于这种情况。在流入地的工作使他们不但经济独立，而且给家里寄钱。汇款总额巨大，甚至超过老家政府的财政总收入（图表 4.7）。

对中下阶层流动者而言，汇款意义不仅在于财富的流动帮助老家的亲友扶贫、脱贫，更为流动者和他们的家人带来尊严，而这尊严本身才是真正宝贵的向上流动。异地联络和汇款之所以得以如此大规模地实现，在很大程度上要靠

表 4.7　1999 年五省本地财政收入与流出劳工汇款

省份	财政收入（亿元）	流出劳工汇款（亿元）
安徽	174	217
重庆	77	120
四川	212	210
湖南	167	159
江西	105	99

数据来源：农业部农村经济研究中心。[98]

新型网络媒体，特别是手机。

随着中低端信息传播技术大规模扩散，跨域互动加强，新的传播赋权方式也很快出现，同时带来新的中下阶层网络文化表达。例如珠三角地区 2004 年“民工荒”，[99] 根本原因是当地工资涨幅小、福利少，生活成本却不断上涨，使上海和长三角地区相对更有吸引力。“深圳，你被谁抛弃？”[100] 广东的中产精英和政府官员开始讨论这个问题不久，打工者就开始成群结队地去长三角了。问题是，工人们是怎么知道其他地方的雇佣信息的呢？[101]

面对面交谈依然重要，特别是春节期间，打工者回到家乡就可以当面交流工作信息。过完节再次出门时，就会用这些信息决定去哪里、做什么。在平时，较难见到老乡。中低端网络媒体就发挥作用了。如在东莞工业区的工友当中，短信一度被广泛用来作为就业信息的重要载体。[102] 透过老乡之间的短信交流，“民工荒”网络效应迅速铺开。跨域联系为打工者带来赋权，可以更好地和老板讨价还价。尽管很少有人参加工会，通过短信网络联系起来的工人却可以很方便地搜集和交换工作信息，然后用脚投票。当然，这并不意味着有了短信，中下阶层流动者就成了工厂主人。老板也可以想办法控制短信和手机的使用。这在本书第六章另有讨论。

除了手机、短信和 QQ，跨域网络也通过博客等其他互联网服务平台得以展现。菡影曾被称为“打工妹博客第一人”。她 16 岁离开四川宜宾老家到成都打工 5 年，2006 年 11 月在网易开博（见图 4.1）。2007 年她贴出一系列尝试各行各业打工体验的照片：勤杂工、服务员、理发、足浴、保安、建筑、电焊、擦鞋、展销、外卖、护理、模特。很快，博客访问量就突破了 100 万，她也在淘宝上开起了自己的服装店。与当时流行的日记式博客不同，菡影博客的文字很少，而以图片为主，包括上千张她的照片。图 4.1 就是她刚为自己的淘宝服装店进货后照的。这些照片吸引来两千多名网易博友，同时菡影又在新浪、博客大巴、凤凰网开博，也有了自己的 QQ 空间。

然而，菡影的博客也因有“作秀”成分遭到非议，因她在表现手法上和 2005 年前后相当流行的“图片党”很相似。[103] 她每次打工体验时间一般不长；她不收工钱，却照很多相，而且看起来她好像总是为了上镜而精心打扮。对此她也不讳言自己就是要“秀”出打工生活的情况，虽然每次时间不长，但自己

图 4.1　菡影的博客（笔者 2008 年 3 月截图）

图片来源：http://hybh3399.blog.163.com

以前确实干过很多行当，吃过不少苦，所以希望通过博客提升社会意识，让更多人也有意识地来进行“体验”。

孙恒来自河南。他 1999 年来到北京，在街头卖唱，也做过搬运、推销等工作。2002 年五一劳动节，他和几个爱好音乐的朋友一起成立了“打工青年艺术团”，后改名为“新工人艺术团”，为基层流动者免费提供音乐、表演和其他社会服务（见图 4.2）。最初，这个团体不为人所知。但艺术团四处巡演，并且在 2004 年推出第一张唱片《天下打工是一家》。他们把歌曲上传到自己的“大声唱”网站，供人们免费试听。[104] 他们的口号是“用歌声呐喊，以文艺维权”。2007 年，他们推出第二张唱片《为劳动者歌唱！》。其中有首孙恒自己写的歌：《煤》。它描述了中下阶层流动者之间的社会情感联系 ：

图 4.2　北京新工人艺术团的“大声唱”网站（笔者 2011 年 6 月截图）

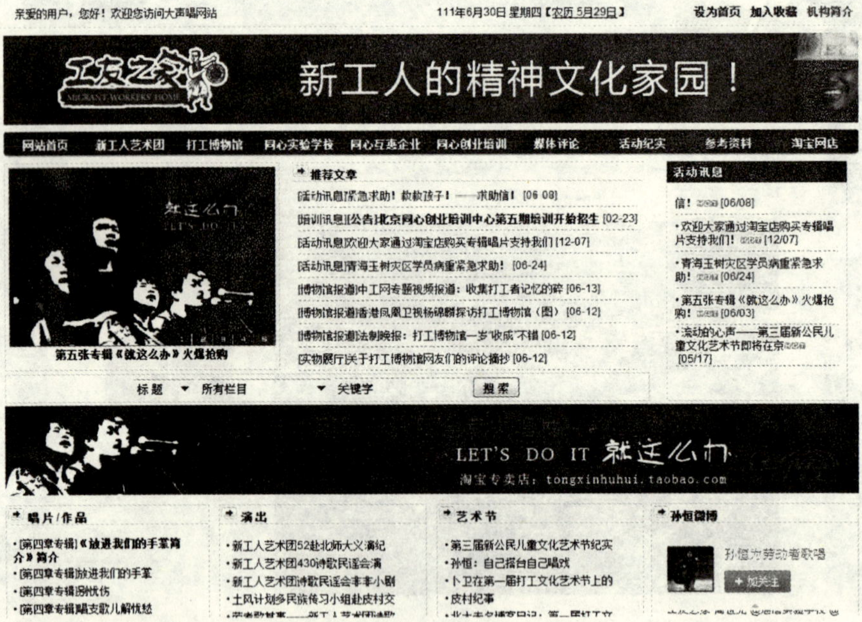

图片来源：http://www.dashengchang.org.cn/

煤

天冷的时候
一个外地老乡
给我送来了一车煤
黑色的脸上带着微笑
把我的心灵燃烧
天上飘着雪
那黑色的双手
是他的骄傲
他以此换回粮食、孩子的玩具、妻子的衣物
和全家的幸福
我曾不止一次地疑惑
疑惑这漫漫寒夜该怎样去度过
我不止一次地疑惑
疑惑这漫漫寒夜该怎样去度过
我曾不止一次地疑惑
疑惑这漫漫寒夜该怎样去度过
我不止一次地疑惑
疑惑这漫漫寒夜该怎样去度过
而如今我终于懂得
什么是真正的光和热
而如今我终于懂得
什么是真止的——光和热

此后，他们陆续推出了第三张专辑《我们的世界　我们的梦想》（发行时间：2009年1月1日）、第四张专辑《放进我们的手掌》（发行时间：2010年5月1日）、第五张专辑《就这么办》（发行时间：2011年5月1日），[105] 而且还从2009年起先后在京郊朝阳区金盏乡皮村举办了三届全国性的“新工人文化艺术节”，得到人民网、凤凰卫视、北京青年报等众多媒体的关注。孙恒被评为“中国青年群英会杰出进城务工青年代表”。艺术团也被中宣部、文化部授予“全国服务基层文化工作先进民间文艺团体”称号。至此，新工人艺术团已在全国各地举行了500多场演出，直接观众达10万多人次。还在平谷县张辛庄成立了北京同心创业培训中心，为广大的新生代打工者提供免费培训。内容包括电脑艺术设计、电脑维修、影像编辑与制作等课程。

手机和网络已成为他们日常工作的重要组成部分，无论是组织演出，编辑影像，还是通过QQ和电子邮件与全国各地的公益组织保持联系。他们的歌曲中有不少是外地工友创作的诗歌，然后通过网络传过来，再配上音乐的。内容大都朴实无华，就像《煤》一样，但却反映出中下阶层流动者真实的生活与情感。他们还采用了“知识共享（creative commons)”的知识产权系统，不但利用CD唱片专辑，更用互联网直接发行他们的创作成果。

尽管孙恒和新工人艺术团在很多方面做得相当成功，但像这样的团体在全国还是很少见的。同时，究竟如何保持新工人文化表达可以自主地、自下而上地产生？如何超越个人和团体的经验，超越阶层、性别、民族的界线，进行更大范围的新工人阶级文化表达？这些问题的答案，不在新媒体，而在文化团体内部的工作方式，特别是他们如何让中下阶层流动者有效参与，如何倾听他们的声音，如何最好地为他们服务。

□ 小结：新世纪的流动增效器

勒纳在检视20世纪60年代中东的媒体与现代化时提出了“流动增效器（mobility multiplier)”概念。[106] 他发现收音机和电影这些当时的“新媒体”可以使人超越面对面交流，打破时空限制，达到更广范围内的想象和相互理解。人的视野因此更加开阔，开始能够想象社会变迁的可能以及变迁如何发生。于是，多接触新媒体的人有更强的社会流动性。

在许多方面，中低端信息传播技术可被视为二十一世纪的流动增效器。我国工业化进程是在城市扩张和全球化背景下展开的。它在中低端信息传播技术普及过程中得到进一步扩展和加速。随着流动性极速增长，流动者的传播需求愈发强烈，而这种需求如今主要靠中低端网络新媒体来满足。许多信息赤贫者因此得以转变为信息中下阶层。这一转变是必然的，因为大众媒体在服务基层流动者方面的表现实在令人失望。依靠中低端手机互联网服务，信息中下阶层内部社会连接得以加强，跨域网络变得更明显、更重要。它再进一步带来更多的城乡之间、城市与城市之间的人口流动。

手机互联网当然与电影、收音机有所不同。新的电子传播工具更强大，更利于双向互动和群体分享，如通过手机短信和博客。这些都是精英主导的大众媒体无法提供给他们的基层网络服务。因此可以说，中低端信息传播技术通过引导移民流向、发布工作信息和提供流动者急需的社会支持，在微观上部分缓解了中下阶层流动者面对的宏观问题。但要根本解决宏观问题，仍然必须回到劳资关系、产业政策和城市治理的基本面上。也就是说，仅有手机互联网的微观手段是远远不够的。

网络新媒体和传统广播媒体的差别，还通过三个更为深刻的途径表现出来。

首先，由网吧和手机构成的中低端网络结构相对扁平，这意味着社会变迁的方向更加复杂，现代化只是众多可能性之一。打工者手中的中低端信息传播技术可以建立更多连接，可以给他们赋权，但同时也可能使他们陷入更深的劳动异化和商业异化过程中，甚至因介入帮派团伙活动而丧失最基本的自由和人身安全。跨域网络可以带来现代生活，也可以回归过去的传统，不同的可能性同时存在。

其次，随着中低端信息传播技术的普及，空间维度上的人口流动显著增强。然而在社会阶级体系中，是否有真正意义上的社会流动？对此仍有争议。这是因为网络去中心化的趋势，也因为中下阶层流动者不是单一的同质化群体。跨域网络本身并不消除社会不平等和文化偏见。相反，跨域网络中有的流动者群体可能继续被边缘化，情况有时可能比主流大众传媒里的问题更严重。比如特定群体由于性别、民族和地区身份的原因被限定在地下经济里，或是在日常工作生活中面临更多歧视。

最后也是最重要的一点是，中低端信息传播技术的兴起让我们看到新的阶级形成过程，其核心是“网络劳工”的出现，给职业发展、文化表达、政治权力都提出了新问题。蓬勃发展的电子制造业和信息服务业对我国城市化和工业化进程都是至关重要的。如果没有对流动打工者的系统重组，就不可能完成指向成本创新的结构性转型。该过程反映了目前中国语境下工业化和信息化并存的现实情形。它催生出灰领软件测试员、短信写手、电话客服小姐等职业，而从事这些职业的人都是“程控劳工”的具体体现。他们与更低端的原始劳工及更高端的自我程控劳工进行合作。它不只体现在比亚迪的例子里，也体现在其他网上网下的打工文化中。中低端信息传播技术原来也可带来灵活多变的新工人网络和横向传播的组织形态，也可以发起自下而上的行动与表达，对抗网络企业自上而下的霸权。

注释

1 国务院办公厅：《关于做好农民工进城务工就业管理和服务工作的通知》，2003 年 1 月 15 日。

2 段成荣、杨舸、张斐、卢雪和："改革开放以来我国流动人口变动的九大趋势"，《人口研究》，第 32 卷，第 6 期，2008 年 11 月，第 31-32 页。

3 《中国人口统计年鉴》，2006 年，第 3 页。

4 国家人口计生委流动人口司（编）：《中国流动人口发展报告 2010》。

5 参见国际劳工组织，ILO, "Current Dynamics of International Labor Migration: Globalization and Regional Integration," 2002, http://www.ilo.org/public/english/protection/migrant/about/index.htm

6 参见 Cartier, Carolyn, Castells, Manuel, and Qiu, Jack L., "The Information Have-Less: Inequality, Mobility and Translocal Networks in Chinese Cities", *Studies in Comparative International Development*, 2005,40.(2), p. 9.

7 同上，第 24 页。

8 参见 Oakes, Tim, and Schein, Louisa, "Translocal China: Linkages, Identities, and the Reimagining of Space", London: Routledge, 2006.

9 参见 Meiers, Richard L., "A Communications Theory of Urban Growth", Cambridge, MA: The MIT Press, 1962.

10 参见 Castells, Manuel, "The Urban Question: A Marxist Approach", Trans by A. Sheridan. London: E. Arnold, 1977; Drakakis-Smith, David W., *The Third World City*, London: Methuen, 1987.

11 《中国人口统计年鉴》2005 年，第 315 页。

12 关于"城边村"、"城中村"本书第六章另有专门分析。

13 值得注意的是，2004 年城市总就业人口为 2.6476 亿。即除了表中显示的 1.645 亿之外，还有其他就业人口，包括大量非正式就业人口。"非正式就业"也称"非正规就业"，包括自雇和受雇的多种类型，参见万向东："农民工非正式就业研究的回顾与展望"，《中山大学学报（社会科学版）》，2009 年第 1 期，第 159-170 页。

14 参见 Hurst, William, "Understanding Contentious Collective Action by Chinese Laid-Off Workers: The Importance of Regional Political Cconomy", *Studies in Comparative International Development*, 2004, 39(2),pp. 94-95.

15 参见 Oi, Jean, "Fiscal Reform and the Economic Foundations of Local State Corporatism", *World Politics*, 1992,45(1), pp. 99-126; Hsing, You-Tien, "Making Capitalism in China: The Taiwanese Connection", New York: Oxford University Press, 1997.

16 参见 Feigenbaum, Evan, "China's Techno-Warriors: National Security and Strategic Competition from the Nuclear to the Information Age", Stanford, CA: Stanford University Press, 2003, p. 6.

17 参见 Lin, George C.S., "Red Capitalism in South China: Growth and Development of the Pearl River Delta", Vancouver: University of British Columbia Press, 1997; Hsing, You-Tien, "Making Capitalism in China: The Taiwanese Connection," New York: Oxford University Press, 1997; Cartier, Carolyn, Globalizing South China. Oxford, UK: Blackwell, 2001

18 参见 http://www.chinamrong.com/

19 参见 Cheng, Tiejun, and Selden, Mark, "The Origins and Social Consequences of China's Hukou System", *The China Quarterly*, 1994(139), pp. 644-668; Zhang, Li, "Strangers in the City: Reconfigurations of Space, Power, and Social Networks within China's Floating Population", Stanford, CA: Stanford University Press, 2001.

20 参见 Fan, Cindy, "Migration in a Socialist Transitional Economy: Heterogeneity, Socioeconomic and Spatial Characteristics of Migrants in China and Guangdong Province", *The International Migration Review*, 1999,33(4), pp. 954-987; Zhao, Yaohui, "The Role of Migrant Networks in Labor Migration: The Case of China", Contemporary Economic Policy,2003,21(4), pp. 500-511.

21 黄平、杜铭那克：《农民工反贫困：城市问题与政策导向》，社科文献出版社，2006 年，第 1-32 页。

22 参见 Sun, Wanning, "Leaving China: Media, Migration, and Transnational Imagination". Lanham, MA: Rowman & Littlefield, 2002.

23 参见马杰伟：《酒吧工厂：南中国城市文化研究》，江苏人民出版社，2006 年；Law, Patrick, and Yang, Shanghua, (eds)，"New Technologies in Global Societies"，Singapore: World Scientific Publishing, 2006, pp. 245-258.

24 参见 Manion, Melanie, "Survey Research in the Study of Contemporary China: Learning from Local Samples"，*The China Quarterly*,1994(139), pp. 741-765.

25 曹越、刘慧丹："城市农民工对大众传媒中自我形象的认知：以南京市为例"，张国良、赵凯、张宇丹（编）《媒介化社会：现状与趋势》，复旦大学出版社，2006 年，第 83-91 页。

26 参见 Rogers, Everett, and Singhal, Arvind, "Empowerment and Communication: Lessons Learned from Organizing for Social Change"，*Communication Yearbook*,2003(27), p.82.

27《中国互联网络发展状况统计报告》，中国互联网络信息中心，2002 年、2006 年。

28 廉思：《蚁族：大学毕业生聚居村实录》，广西师范大学出版社，2009 年。

29 参见崔传义："农村劳动力流动：我国现阶段经济社会发展的重大课题"，邓鸿勋、陆百甫（编）：《走出二元结构：农民工、城镇化与新农村建设》，中国发展出版社，2004 年，第 190-199 页。

30 这是不少打工者自己的讲法，虽然它反映出的贬低体力劳动的价值观是可能有问题的。

31 参见 Qiu, Jack L., "Mobile Phones, the Bottom of the Pyramid and Working-Class Information Society in China"，*Electronic Journal of Information Systems in Developing Countries*,2010,44(2), pp. 1-14.

32 参见 Zhang, Li, "Strangers in the City: Reconfigurations of Space, Power, and Social Networks within China's Floating Population"，Stanford, CA: Stanford University Press, 2001.

33 参见Pun, Ngai, *Made in China: Women Factory Workers in a Global Workplace*, Durham, NC: Duke University Press, 2005. 本书已有中文版，潘毅：《中国女工：新兴打工阶级的呼唤》，任焰译，明报出版社，2006 年。

34 2002 年 8 月和 2006 年 2 月在深圳、2002 年 7 月和 2006 年 4 月在珠海，2002 年 8 月和 2006 年 3 月在广州的焦点组访谈发现。

35 潘毅、卢晖临、张慧鹏：《大工地上：中国农民工之歌》，商务印书馆，2010 年。

36 2011 年 1 月湖北老河口农村访谈有多年建筑工打工经历的村民。（不能支撑以上结论）

37 Barboza, David, "In Many Chinese Factories, Loss of Fingers and Low Pay", *International Herald Tribune*, January 7, 2008, p. 1.

38 "捅杀两台湾高管工人被判死缓"，《南方日报》，2009 年 11 月 3 日，第 A2 版。

39 根据撒森对非正式经济的分析，"非正式化（informalization）"过程其实和贫富两极分化有很大关系。可以说，正是因为贫富差距日益扩大，所以非正式经济才日益成为城市经济的主要部分。这在发达国家和发展中国家同样可以看到。参见 Sassen, Saskia, *Globalization and Its Discontent*, New York: The New Press, 1998, pp. 153-172.

40 2004 年 1 月在上海、2005 年 12 月在深圳进行的学生焦点组访谈，及 2006 年 2 月在广州、2006 年 1 月在深圳进行的打工者焦点组访谈。

41 参见 Castells, Manuel and Portes, Alejandro, "World Underneath: The Origins, Dynamics, and Effects of the Informational Economy"，In A. Portes, M. Castells, and L. Benton（eds），"The Informal Economy: Studies in Advanced and Less Developed Countries". Baltimore, MA: The John Hopkins University Press, 1989, p. 11.

42 胡玲："关注脆弱的城市血脉"，《中国新闻周刊》，2005 年 1 月 31 日，第 23-24 版。

43 参见 Castells, Manuel, "The End of Millennium"，Oxford, UK: Blackwell, 1998.

44 2006 年 3 月在广州对网游代练工作坊老板的访谈，另参见彭婥琳："有钱的人没空玩，有空的人想玩却没钱！40 万大陆网民靠代客练功吃穿"，《工商时报》，2009 年 3 月 11 日，第 A9 版。

45 "武汉'黑网游工作室'超过 2000 家"，《长江商报》，2007 年 7 月 13 日，http://game.people.com.cn/GB/48644/49662/5983548.html

46 参见王磊、徐海屏、黄艾禾："灰领阶层"，《新闻周刊》，2004 年 1 月 5 日，第 56-59 页；王丹、杨月洁：""简析制造业灰领人才危机"，《人口与经济》，第 2 期，第 29-63 页。

47 “从人才需求把握专业冷热高考填志愿关注五部委联合人才报告”，《新闻晚报》，2004年3月16日。

48 参见王磊、徐海屏、黄艾禾：“灰领阶层”，《新闻周刊》，2004年1月5日，第57页。

49 参见 Zeng, Ming, and Williamson, Peter J., *Dragons at Your Door: How Chinese Cost Innovation Is Disrupting Global Competition*, Boston, MA: Harvard Business School Press, 2007, pp. 73-76.

50 同上，第74页。

51 同上，第75-76页。

52 同上，第77页。

53 参见 Zinn, Howard, *A People's History of the United States, 1492-Present*, New York: Perennial Classics, 2001. 津恩的这本经典之作已由徐先春译为中文，上海人民出版社2000年出版，译名为《美国人民的历史》。

54 参见Stacey, Judith, “Patriarchy and Socialist Revolution in China”, Berkeley, CA: University of California Press, 1983; Johnson, Kay Ann, “Women, the Family, and Peasant Revolution in China”, Chicago, IL: University of Chicago Press, 1983; Yang, Mayfair M.-H., (ed), “Spaces of Their Own: Women's Public Sphere in Transnatinal China”, Minneapolis, MN: University of Minnesota Press, 1999.”

55 参见Borja, Jordi, and Castells, Manuel, “Local and Global: Management of Cities in the Information Age”, *London: United Nations Centre for Human Settlements,* 1997, pp. 46-48.

56 参见卜卫：《媒介与性别》，江苏人民出版社，2001年；卜卫：“女童发展十年回顾报告”，王金玲（编），《妇女发展蓝皮书》，社科文献出版社，2006年，第358-396页；卜卫：“媒介、性别与传播行动主义”，卜卫（编），《妇女与媒介：中国妇女发展蓝皮书》，社科文献出版社，第1-27页；余晓敏、潘毅：“消费社会与‘新生代打工妹’主体性再造”，《社会学研究》，2008年第3期，第143-171页；林志彬、张立新（编著）：《打工者参与式行动研究》，社科文献出版社，2008年；曹晋：“传播技术与社会性别：以流移上海的家政钟点女工的手机使用分析为例”，《新闻与传播研究》，2009年第1期，第71-77页；房菲：《移动的家：探寻打工妹的手机使用与身份建构》，中国社会科学研究院新闻与传播研究所，未发表硕士论文，2010年。

57 参见 Lee, Ching Kwan, “Gender and the South China Miracle: Two Worlds of Factory Women”, Berkeley, CA: University of California Press, 1998; Pun, Ngai, “Made in China: Women Factory Workers in a Global Workplace”, Durham, NC: Duke University Press, 2005（本书已有中文版，潘毅：《中国女工：新兴打工阶级的呼唤》，任焰译，明报出版社，2006年）. 李静君和潘毅两位学者不约而同地挑选以电子厂为研究地点，都属于新型信息产业范畴，这并非巧合，再次说明该产业的典型性。

58 参 见 Zhang, Li, *Strangers in the City: Reconfigurations of Space, Power, and Social Networks within China's Floating Population*, Stanford, CA: Stanford University Press, 2001; Sun, Wanning, “Leaving China: Media, Migration, and Transnational Imagination, Lanham”, MA: Rowman & Littlefield, 2002; Zheng, Tiantian, “From Peasant Women to Bar Hostesses: Gender and Modernity in Post-Mao China”, in A.M. Gaetano and T. Jacka (eds), *On the Move: Women in Rural-to-Urban Migration in Contemporary China*, New York: Columbia University Press, 2004, pp. 80-206; Sun, Wanning, *Maid in China: Media, Morality and the Cultural Politics of Boundaries*, London: Routledge, 2009.

59 参见 Fan, Cindy, “Migration in a Socialist Transitional Economy: Heterogeneity, Socioeconomic and Spatial Characteristics of Migrants in China and Guangdong Province”, *The International Migration Review,*1999,33(4), p. 954.

60《中国互联网络发展状况统计报告》，中国互联网络信息中心，1997年10月、2011年1月。

61 参见 Qiu, Jack L., and Zhou, Liuning, “Through the Prism of Internet Café: Managing Access in an Ecology of Games”, *China Information* 19（2），(2005)，pp. 261-297.

62 2002年5月四川项目由卜卫主持，资助方为联合国儿童基金会；2002年7-8月广东项目由郭亮主持，主办方为中国社科院社会发展中心。

63 参见 Lin, Angel M. Y., and Tong, Alvin, “Mobile Cultures of Migrant Workers in Southern China: Informal Literacies in the Negotiation of (New) Social Relations of the New Working Women”, *Knowledge, Technology & Policy*,2008,21(2), pp. 73-81; Oreglia, Elisa, “The Service Industry and Young Migrant Women in Beijing: A Report for Intel, School of Information,” UC Berkeley, 2007; Wallis, Cara, “Mobile Phones without Guarantees: The

Promises of Technology and the Contingencies of Culture" , *New Media & Society*,2011,13(3), pp. 471-485; 房菲：《移动的家：探寻打工妹的手机使用与身份建构》，中国社会科学研究院新闻与传播研究所，未发表硕士论文，2010 年。

64 参见 Fan, Cindy, "Out to the City and Back to the Village: The Experience and Contributions of Rural Women Migrating from Sichuan and Anhui" , in A.M. Gaetano and T. Jacka（eds）, "On the Move: Women in Rural-to-Urban Migration in Contemporary China," New York: Columbia University Press, 2004, pp. 177-206.

65 参见 Liang, Zai, and Chen, Yiu Por, "Migration and Gender in China: An Origin-Destination Linked Approach" , *Economic Development and Cultural Change*,2004,52(2), pp. 423-443.

66 参见 Cartier, Carolyn, *Globalizing South China*, Oxford, UK: Blackwell, 2001.

67 参见 Qiu, Jack L., "The Wireless Leash: Mobile Messaging as Means of Control" , *International Journal of Communication* 1,2007,1(1), pp. 74-91.

68 参见 Cartier, Carolyn, *Globalizing South China*, Oxford, UK: Blackwell, 2001.

69 参见Liu, Xin, "The Otherness of Self: A Genealogy of Self inContemporary China, Ann Arbor" , MI: University of Michigan Press, 2002; Zheng, Tiantian, "From Peasant Women to Bar Hostesses: Gender and Modernity in Post-Mao China" , in A.M. Gaetano and T. Jacka （eds）, "On the Move: Women in Rural-to-Urban Migration in Contemporary China" , New York: Columbia University Press, 2004, pp. 80-206.

70 2006 年 3 月珠海焦点组访谈发现。

71 参见 "China's Dalian Becoming Japan's call center hub" , *Japan Economic Newswire*, September 28, 2005.

72 刘祖禹："媒体低俗之风不可长"，《人民日报》，2002 年 6 月 3 日，第 4 版；"病休教师做声讯'黄话'吓傻少年郎"，《当代生活报》，2002 年 8 月 7 日，第 A0 版。

73 参　见 Hansen, Mette H., "Frontier People: Han Settlers in Minority Areas of China," Vancouver: University of British Columbia Press, 2005.

74 参见 Iredale, Robyn, Bilik, Naran, Su, Wang, Guo, Fei, and Hoy, Caroline, "Contemporary Minority Migration, Education, and Ethnicity in China" , Cheltenham, UK: Edward Elgar, 2001; Iredale, Robyn, Bilik, Naran, and Guo, Fei, （eds）, "China's Minorities on the Move: Selected Case Studies" , Armonk, NY: M.E. Sharpe, 2003.

75 参见 Iredale, Robyn, Bilik, Naran, Su, Wang, Guo, Fei, and Hoy, Caroline, "Contemporary Minority Migration, Education, and Ethnicity in China," Cheltenham, UK: Edward Elgar, 2001.

76 参　见 Iredale, Robyn, Bilik, Naran, and Guo, Fei,（eds）, "China's Minorities on the Move: Selected Case Studies," Armonk, NY: M.E. Sharpe, 2003.

77 参见 Roudanjia, "A Case Study about Cell Phone Usage in Amdo Tibetan Society" , paper presented at the conference "Living the Information Society: The Impact of ICTs on People, Work and Communities in Asia" . Makati, Philippines: April 23-24, 2007.

78 郭建斌：《边缘的游弋：一个边疆少数民族村庄近 60 年变迁》，云南人民出版社，2010 年。

79 参见 Iredale, Robyn, Bilik, Naran, Su, Wang, Guo, Fei, and Hoy, Caroline, *Contemporary Minority Migration, Education, and Ethnicity in China*, Cheltenham, UK: Edward Elgar, 2001.

80 2002 年 5 月在四川少数民族地区与当地干部访谈发现。

81 参见 Hornig, Emily, "Creating Chinese Ethnicity: Subei People in Shanghai, 1850-1980," New Haven, CT: Yale University Press, 1992.

82 马说：《河南人惹谁了？》，海南出版社，2002 年。

83 "河南人招惹谁了？"，新华网，2005 年 3 月 31 日 http://news.xinhuanet.com/forum/2005-03/31/content_2767963.htm

84 参见 Barboza, David, "In Life and Death, Tibet Victims Belie Official Account", *International Herald Tribune*, March 29, 2008, pp. 1, 6.

85 参见 Cartier, Carolyn, Castells, Manuel, and Qiu, Jack L., "The Information Have-Less: Inequality, Mobility and

Translocal Networks in Chinese Cities", *Studies in Comparative International Development*,2005,40(2), pp. 9-34.

86 参见 Ma, Eric, "Translocal Spatiality", *International Journal of Cultural Studies*,2002,5(2), pp. 131-152.

87 参见 Qiu, Jack L., and Chan, Joseph M., "China Internet Studies: A Review of the Field", in M. Price and H. Nissenbaum（eds）, *The Academy & the Internet: New Directions in Information Scholarship*, London: Peter Lang Publishing, 2003, pp. 275-307.

88 参见 Oakes, Tim, and Schein, Louisa, *Translocal China: Linkages, Identities, and the Reimagining of Space*, London: Routledge, 2006, p. 2.

89 赵树凯："秩序冲突与治道变革：关于农民流动管理问题的研究"，邓鸿勋、陆百甫（编），《走出二元结构》，中国发展出版社，2004 年，第 349-372 页。

90 余红、丁骋娉：《中国农民工考察》，昆仑出版社，2004 年，第 34 页。

91 丁未、宋晨："在路上：手机与农民工自主性的获得"，《现代传播》，2010 年第 9 期，第 95-100 页。

92 中国互联网络信息中心：《2009 中国农村互联网发展调查报告》，第 31 页。

93 参见 Harwit, Eric, "Spreading Telecommunications to Developing Areas in China: Telephones, the Internet and the Digital Divide", *The China Quarterly*,2004,(180), pp. 1017-1018.

94 参见"信产部：全国行政村通话比重达到 99.5%"，人民网，2008 年 1 月 9 日，http://it.people.com.cn/GB/1068/42899/6751059.html

95 戴阿弟、梁尚刚："五名中国工人尼日利亚遭绑"，新华社，2007 年 1 月 6 日。关于中国工人在非洲其他国家更近期的情况，另见丁大伟："中国人来晚了"，《凤凰周刊（封面故事）》，2011 年 6 月 15 日，第 22-38 页。

96 奕通："连江网吧人的'前世今生'：足迹遍布全国电玩界"，《福州晚报》，2010 年 4 月 13 日，第 A6-A7 版。

97 2002 年 7 月深圳网吧主访谈发现。

98 见崔传义："农村劳动力流动：我国新阶段经济社会发展的重大课题"，邓鸿勋、陆百甫（编），《走出二元结构》，中国发展出版社，2004 年，第 194 页。

99 参见 Chua, Chin Hon, "Labor Woes Spread to West China; Region Now Suffering Shortage of Migrant Workers That Has Hit Southern and Coastal Areas", *The Strait Times*, May 19, 2005, p. 9; 杨思远："民工荒问题的经济学思考"，《学习与探索》，2006 年第 2 期，第 242-244 页。

100 此文首先在 2002 年 11 月由一名笔名"我为伊狂"的网友发表在人民网强国论坛上，后经《南方都市报》等媒体转载引起多方关注。

101 丁未、宋晨："在路上：手机与农民工自主性的获得"，《现代传播》，2010 年第 9 期，第 95-100 页。

102 参见 Law, Patrick, "The Use of Mobile Phones Among Migrant Workers in Southern China", in P. Law, L. Fortunati and S. Yang（eds）, *New Technologies in Global Societies*, Singapore: World Scientific Publishing, 2006, pp. 245-258.

103 吴玫、曹乘瑜：《网络推手运作揭秘》，浙江大学出版社，2011 年，第 13-14 页。

104 参见 www.dashengchang.org.cn

105 五张专辑所有歌曲均可在新工人艺术团独家网络推广合作伙伴城边村网站（www.chengbiancun.com）下载，也可在同心互惠公益商店（http://tongxinhuhui.taobao.com/）网购。

106 参见 Lerner, Daniel, "The Passing of Traditional Society: Modernizing the Middle East," Glencoe, IL: Free Press, 1958, p. 59.

第四章

老与少

信息中下阶层不但包括流动者，也包括流动性较低的人群。他们很少搬家，更少出远门，原因包括收入低或缺乏社会资源，也包括传统生活方式的惯性。然而，当代中国城市化、工业化发展迅猛，“以不变应万变”越来越难。无论身处何地，从事什么行业，有怎样的技能，只要是有劳动能力的中下阶层，往往或多或少都会加入流动的劳动大军。因此，一个人是否流动更多看他／她的年龄。具体表现最常见的就是父母出门打工，家里留下老与少。

老人与孩子的共同之处在于都需要依赖别人照顾。这种依赖有的出于生理原因，有的因为社会条件使然。有人享受足不出户的安逸，不必担忧远行的烦恼；有人却是被迫如此，苦不堪言。但总体而言，留守在家中、要别人照顾的生活状态是相对弱势的。特别在快速变化的时期，这意味着他们只能以有限的方式来适应社会转型。这些有限的方式在21世纪的第一个十年里发生很大变化。

流动性低使留守老人和留守儿童的传播需求要在本地，在家庭和社区内得以解决。所谓需求，不同于欲求，是一定必不可少的、具有根本性重要意义的东西，比如健康、住房、教育。这些都是最基本的生存保障，而要得到它们，往往先要有可靠的相关信息。这在医改、教改、房改的大背景下变得尤其突出，它们已成为压在中下阶层身上的“新三座大山”。[1] 无论老与少，都必须参与利用手机互联网，让它们成为反映出中下阶层特色，适合基层家庭使用的工具，[2] 以处理不断升级的生存议题（existential issues）。

本章集中讨论信息中下阶层的老年人和孩子们，因为他们和流动者一样，也是新工人阶级的重要组成部分。我们的讨论核心是家庭，包括家庭间的不平等状况，它如何影响老人和孩子的生命机会，以及在采用中低端信息传播技术之后，他们到底能否享受更多权力。这里讨论的老与少来自所有中下阶层家庭，包括流动打工者家庭，也包括下岗工人家庭。其社会范畴有时可以更宽，如部分中上阶层家庭里的老人和孩子也可能因为被忽视、被虐待，面临同样严重的生存议题。当然，这里讨论的重点还是普通工农家中的老与少。目的是希望强调不平等问题在低流动性人群中同样亟待解决。解决办法包括经济手段，也包括新型网络媒体，同时还涉及权力结构、文化表达等诸多方面。

我们将探讨如下问题：中下阶层老年人和孩子们的基本生活条件如何？他们为什么需要中低端信息传播技术？独生子女政策、教育改革等重大变化是怎样影响年轻一代，并继而决定他们如何形塑新型网络媒体的？手机互联网普及对深受医改和社会保障不足影响的老年人又意味着什么？像短信和小灵通这样的低端信息服务可以带来更多的社会公平吗？还是使中下阶层家庭面临更多、更持久的歧视与限制？究竟公共政策能否加强中低端信息传播技术的社会服务功能？如果能，那么这些公共政策应该有什么特征？

□ 老人、孩子与网络

先来简单回顾一下中下阶层老与少的人口学特征，以及他们与中低端信息传播技术的大致关系。对“青少年”、“儿童”的定义很多。用中国互联网络信息中心对互联网用户的年龄划分定义，年轻人包括儿童、青少年和25岁以下的人群。2004年，中国有3.56亿介于6至24岁间的年轻人，占全国人口的四分之一以上（参见表5.1）。如果只看城市人口，2004年，处于这个年龄段的人数是7790万，占城市总人口的24.1%。这些统计数据同时包括富有和贫困的家庭。其中，中下阶层家庭背景的占很大比例，包括蓝领劳工、下岗工人和打工者家庭的孩子。

根据教育部要求，城市地区中小学均须开设信息技术必修课，不光大学生，中小学生大都也会上网。学生于是成为全国调查统计的一个主要网民群体。从2000年起，中国互联网信息中心（CNNIC）报告持续显示，全国约有四分之一到三分之一的网民是学生，一半以上网民年龄在二十四岁以下，比例几乎是年轻人占全国总人口比例的两倍（参见表5.2）。据中国社科院在春节期间针对五大城市（北京、上海、广州、成都、长沙）的调查，这一比例甚至更高。2000年，学生占网民总数的42.6%。2005年，16岁至24岁的年轻人中，有87.8%的人经常上网。[4]

辍学青少年也属于中下阶层年轻人。他们中女多于男，因为重男轻女的偏见往往令她们过早结束学业。辍学青少年很多流连街头，有的成为童工和少年帮派分子。这些处于社会边缘的年轻人虽然丧失了接受正式教育的机会，但很多人也开始使用中低端信息传播技术，从中学到课堂里学不到的东西。

从老师和家长哪里常可听到这样的抱怨：年轻人就喜欢上网吧，不喜欢上学。我们也可以看到，许多离开学校的年轻人更加全身心投入网络世界，只要

表5.1　我国青少年和老年人口变化（1982–2004）

	6到24岁青少年		60岁以上老年	
	数量（百万）	占全国总人口比重	数量（百万）	占全国总人口比重
1982	422.8	42.12	76.6	7.63
1990	419.5	37.38	97.0	8.58
2000	396.2	31.88	130.0	10.46
2004	355.5	28.37	154.9	12.36

资料来源：根据《中国人口年鉴（1985,1993,2005）》、《中国2000年人口普查资料》综合而成。[3]

表 5.2　1999–2007 年我国不同年龄段网民分布（%）

	学生	18 岁以下	18–24 岁	24 岁以下	60 岁以上
1999	21.0	2.4	42.8	45.2	0.4
2000	20.9	14.9	41.2	56.1	1.3
2001	24.1	15.3	36.2	51.5	1.1
2002	28.0	17.6	37.3	54.9	0.9
2003	29.2	18.8	34.1	52.9	0.8
2004	32.4	16.4	35.3	53.5	1.1
2005	35.1	16.6	35.1	51.7	0.8
2006	32.3	17.2	35.2	52.4	0.9
2007	28.8	19.1	31.8	50.9	1.4

资料来源：中国互联网络信息中心《中国互联网络发展状况调查统计报告》

他们花得起钱。[5] 和其他国家一样，我国也逐渐出现属于青年一代的手机文化（mobile youth culture）[6]，它不光由家庭富裕的孩子参与，不光受到大公司左右，同时也要吸引中下阶层年轻人，不论他们在城市还是农村。这些年轻人可能只受过中学教育，收入微薄，但也一样通过国产品牌手机、二手市场、短信和预付卡服务等渠道，成为青年手机文化的参与者。

与年轻人相反，老年人开始使用新媒体技术一般较晚。正因如此，他们的传播需求更加值得注意。1990 年代起，我国老龄化速度大幅加快。2004 年，60 岁以上人口达 1.55 亿，占全国总人口 12.36%。但是，老年人在网民用户中的比例几乎没什么变化，从 2000 年起一直保持在网民总量的 1% 左右，到 2009 年、2010 年间则增加到 1.9%。很明显，老年人与其他年龄段人口相比，在互联网普及率上还有明显差距。然而，我国网民总量在 2000 年以来增长速度惊人。因此，虽然老年人占网民总量的比例变化好像不大，但老年网民的绝对数量依然呈现显著增长，从 1999 年的 35.6 万增至 2010 年的 868 万，占全国网民总数的比例增加了几乎一倍。换言之，老年网民的增长稍快于全国网民的总体增长速度，虽然社会老年化趋势日益严重，但网民年龄层之间的差距并未扩大，还略有缩小。这非常重要。

老年网民大多数是城市居民，且拥有相对较高的社会经济地位。但他们依然生活节俭，在相当程度上保持着从青年时代养成的消费习惯。[7]他们上网搜寻信息，尤其医药健康方面的信息，或是和外地的孩子保持联系，主要原因不是因为上网时髦，不是因为群体压力，而是因为上网可以让他们少花钱多办事。这是老年网民和青少年网民的一个主要差异。随着互联网在传统精英市场里日趋饱和，中下阶层老年人将会是下一波互联网技术扩散的潜在获益人群。

除互联网外，各阶层老年人在无线市场上都表现得更为踊跃。根据一份2004年的报告，全国手机用户中11%的人年龄介于55岁到65岁之间，[8]该比例超过同年龄组别占城市总人口的比例。[9]原因是用手机进行语音通话远比互联网容易上手。手机比电脑便宜，便于携带。它们也常作为礼物，由成年子女送给父母，不但和儿女保持联系，而且便于维系其他各种社会关系。

广义上说，中下阶层老年人既包括领取退休金有稳定收入的，也包括没有退休金的人，以及在下岗潮中被迫离岗的职工。他们使用手机、互联网、小灵通、预付卡，往往不但为了与家人和朋友保持联络而且也和他们退休的生活状态及应负医疗保健体制改革有关。社会安全保障网尚属草创，儿女们却都搬出去住，到外地，到沿海，到国外。了解到这些基本情况，才能理解老年人使用中低端信息传播技术是出于怎样的传播需求，为什么他们需要简单适用、价格便宜的网络媒体服务。

无论是中下阶层的年轻人还是老年人，都主要依赖家庭提供照顾和社会支持。因此他们都会受到独生子女政策、人口老龄化和基本家庭结构变迁的深刻影响。流动者愈流动，低流动性的老与少就更需要相依为命。小孩的父母外出打工了，就由爷爷奶奶照料孙儿孙女。老人年迈了，就由年纪稍大的少年来提供照顾、安慰和陪伴。据全国妇联统计，我国留守儿童总数约5800万，其中14岁以下的留守儿童超过4000万。留守儿童占农村儿童总数的28.29%，比例超过四分之一，而在5岁以下农村儿童中，留守儿童比例更达三分之一。[10]他们集中在四川、江西、安徽等六个省。六省留守儿童占全国总数的55.2%。[11]他们中80%以上由祖父母隔代监护或由亲友临时监护。[12]

对流动者群体而言，由于换工作、换居住地所产生的空间流动是导致他们对网络媒体需求增加的直接原因。留守的老与少则不同，他们在空间位置上很少变化，但却同样需要信息以及与周边世界的联系，因为给他们带来主要经济收入的家人在外地，更因为他们周围的世界正在不知不觉中发生着深刻变化。为了生存，为了适应变化的环境，中下阶层的老人和孩子们必须采取新方法，守住他们珍惜的东西。否则，流动性较低并不意味着他们能过上安稳生活。

只有结合这样的结构变化，才能理解由中低端信息传播技术维系的非正式网络有多么重要。在此意义上，手机互联网可被看成老与少解决宏观问题的微观办法。社会服务和保障体系不够完善，农村和中小城镇就业不足，医改、教改、房改，这些宏观问题之所以产生，不能怪老年人或青少年。但现在却要靠这些老与少自己花钱买手机，自己上网找信息，自己发短信、打电话四处打听，才有可能得到解决。如此过程，到底是帮助老与少生活自理，还是使得造成他们生活困境的宏观结构更稳固？答案恐怕没那么简单。

回过头来看技术，老与少两个群体在采纳什么技术上有显著不同。他们和流动者相比也同样存在差异。有些中低端信息传播技术，比如小灵通，对低流动性群体特别有吸引力，流动者人群则对它不感兴趣。另一些低端服务，如网吧，则几乎完全是为了迎合年轻消费者的。产生这些区别经常不是因为技术本身原因，而是因为商业模式、监管体系等社会性建构因素使然。但有时也会由于界面限制，比如手机屏幕小，老年人不易看，所以短信使用由年轻人主导。尽管在理论上说，只要有足够的经济投入和技术支持，就可让新型网络媒体同样适合老年人使用，但实际上这并未发生。如何应用手机互联网应对老龄化社会的挑战，依然是悬而未决的重大问题。

当年轻人和老年人开始使用中低端信息传播技术时，他们与家人、朋友、亲戚之间的社会联系得到扩展。他们的社会网络、群体交往和集体价值相应得到加强。但是，中下阶层的老与少能因此享有更多自主性，并用这些新型网络工具形成新的联系吗？当家庭基本福利遭到侵犯，比如拆迁，他们能像宜黄事件当事人那样，借助中低端信息传播技术捍卫自己的利益吗？流动性偏低会对技术普及形成制约，但它也可能带来意想不到的技术应用，让中下阶层老与少不再受制于限制他们的周边环境。具体问题必须具体分析，才能看到不同群体内各具特色的草根创新。

□ “小皇帝”与中下阶层青少年

为什么年轻人需要中低端信息传播技术？问题的答案和他们有限的经济条件和相对弱势的社会地位不无关系，但最根本还是他们的传播需求，包括求学、社交、娱乐等多方面的新媒体需求。根据中国社科院媒介传播与青少年研究中心的报告，2000 年在中国城市青少年网民中最流行的互联网应用一是在线游戏，二是网络聊天，三是电子邮件；2003 年，它们变成一是浏览网页，二是在线游戏，三是下载内容。[13] 这些发现乍看起来好像没什么特别，实际却和我国独特的国情有关，特别是独生子女政策。它也被称为“世界上最激进、覆盖最全面的人口政策”，[14] 其影响包括城市青少年生活的方方面面，包括他们与中低端信息传播技术的关联。

独生子女政策正式实施于 1979 年，它影响深远，全国出生率从 1969 年将近 6% 降至 1979 年的 2.7%，再降到 2006 年的 1.87%。[15] 一般来说，城市生育率比农村低。上海更从 1990 年代开始，成为我国首个出生率低于死亡率的城市。[16] 同时，计划生育的结果是在全国范围内催生出独特的一代“80 后”青少年，他们已成为城市年轻人的主体。

由于一家只有一个孩子，他／她便成了集万千宠爱于一身的“小皇帝”、“小公主”。大人们不遗余力地将全部心力和资源投入到子女身上。结果是，虽然孩子少了，但父母们在抚育后代上的投入没有减少。[17] 该变化的重要影响之一是城市女孩地位提高，因为如今她们“史无前例地享有父母的照料，而不必与兄弟竞争”。[18] 这一变化在大部分中下阶层家庭中也可见到。

然而，更多的悉心照料也意味着更多的社会控制和自主性减少。过度呵护导致不少儿女形成依赖型人格，也可能引发“80 后”反弹，与父母和家庭发生严重冲突。比如在不少城市家庭中，父母倾向严格控制孩子上网，尽管这种控制不一定成功。卜卫和刘晓红在全国七座城市所做的调查发现，51.3% 的父母会实施“一些控制”，12.9% 的父母会施加“大量控制”，还有 6.4% 的父母控制得如此之多，以至“父母在家时，孩子几乎不能上网”。[19]

同样令人注意的是父母如何监管儿女使用手机。在山东的一个家庭里，父亲就用手机对正就读高中的女儿实施监控。她的手机是所谓“子机”，也就是说父亲可以在自己的手机上看到她收发的短信，以及她接听或打出的每个电话号码。换言之，用这部“子机”手机的孩子没有自己的隐私。她对这种安排感到非常沮丧，但也没有其他办法。直到考上大学，她做的第一件事就是换一部“正常”的手机。[20]

独生子女政策最明显的后果是不再有兄弟姐妹。无论父母或祖父母多么关爱孩子，却都不能取代兄弟姐妹的陪伴。孤单因此成了这一代青少年面临的主要问题。尤其在一个变动的大时代里，多数家庭都从以胡同和单位为基础的传统社区搬了出来，住进高楼与陌生人为邻。孩子们因此不得不采取自己的“微观协调（micro coordination）”，[21] 进行社会活动 。在中低端信息传播技术的帮助下，中下阶层青少年可以联系上同龄人。他们的集体活动可能在网上进行，比如通过 QQ 聊天，可能通过发短信，也可能包含线下的成分，比如男孩子们成群结队光顾网吧。[22] 对这些年少的网民来说，他们共同度过的时光构成属于集体的共同经验，这对独生子女来说尤为重要。

青少年网民通常来自怎样的家庭？针对这方面的具体研究不多。表 5.3 展示了中国社会科学院两份报告的发现。两次调研一次是 2000 年进行的，包括五个大城市；另一次是 2003 年进行的，包括七个大城市。结果显示，尽管多达四分之一的青少年网民来自老师、经理、干部家庭，但更多人的父母却是工人、职员、销售员和服务人员，甚至有许多人的父亲、母亲或双亲处于失业状态。最重要的是，在 2000 年到 2003 年间，更多低收入家庭的孩子成为了互联网使用者。在 2000 年，36.1% 的青少年网民家庭月收入不超过 2000 元。2003 年，该比例增至 47.2%。收入更高的家庭依然更可能拥有上网设施，但中下阶层家庭上网比例的增幅却更快。

为什么包括留守儿童在内的中下阶层青少年不但用网吧，而且在家上网的比例也相当高？这应该和很多因素相关，比如电脑价格和上网费用下降，又如

数很无奈，有的说“不来拿不到毕业证呀！”，有位来自河南的学生工则称：“老师说了，是省长派我们来的！”除传统制造业外，新兴网络经济也有用学生做非物质劳工的。比如新疆科技学校2007年发生的利用“实习”让计算机专业学生从事网游代练，工时长、无报酬、学不到任何东西，导致学生罢工的群体事件。[42]

学费上升，教学质量滑坡，就业前景惨淡，在校期间面临种种不公。学生情绪不断积累，必将导致大规模失序，其直接导火索往往是校领导管理不当造成的重大冲突。2006年6月发生在河南郑州升达学院的抗议行动就是其中一例，其规模和烈度是多年来大学校园里很难见到的。

郑州升达经贸管理学院是由台湾企业家出资开办的私立学校，设于全省最好的公立大学郑州大学名下。升达每年向学生收取近两万元学费，是郑州大学普通学费的五倍。学费高昂的原因是考分较低的学生也可通过在升达读书，取得郑州大学文凭。但当2006届毕业生发现他们的文凭是由升达学院而不是郑州大学颁发的时候，自然感觉上当受骗，非常愤怒。他们破坏校园建筑，并推倒了为学院捐款的那个台湾企业家的雕像。[43]

2006年6月16日凌晨，千余名警察进驻升达校区进行维稳，阻止学生离开。但消息还是通过学生们的手机，尤其是短信，在同一时间传播开来。[45]面对教改带来的问题，中下阶层年轻人也会主动发声，而他们的发声工具正是中低端信息传播工具，正是那些被精英阶层教育家看不起、被某些学校明令禁止的、不起眼的手机。

发生在升达的不是一起孤立事件。2005年12月，大连也发生过一起性质类似，但规模较小的抗议活动。参与者是东软信息学院的学生。[44]这所学校是众多成立不久，专门培养软件工程师的学院之一。教育部公开对学校只顾营利的歪风进行了谴责。但以市场为导向的教育改革并未悬崖勒马。究竟如何遏制教育产业化造成的危害？究竟怎样重建中下阶层年轻人及其家人对学校和老师的信任？这些问题都还亟待解决。

□ 医疗体制改革

如果说教育改革牵动着中下阶层青少年和他们的家人，那么医疗改革的影响则侵入每个人的生活，尤其波及中下阶层老年人。他们年事已高，靠有限的养老金或家人接济生活，而社会安全网又尚未建好。所以一旦医疗服务走向市场化改革，他们马上首当其冲。

总体来说，我国医疗卫生条件不容乐观，特别由于城市化和工业化带来的环境问题。污染物遍及土地、空气和水中，全社会都要为工业化付上健康代价。但是，污染只是造成健康条件恶化的原因之一。医改令中下阶层群体"看病难"、"开药贵"、"怕住院"的问题变得非常严重，以至有学者认为，"公立医院主导了医疗服务，然而它们已然成为了营利性组织"。[46] 在此大背景下，中下阶层老年人于是也有了创造替代性草根交流网络的强烈传播需求。

近年来我国经济快速发展，表面看到的社会富裕程度明显提高。但奇怪的是，国民平均医疗健康水平却在恶化。面临疾病和事故时，普通百姓的不安全感也与日俱增。发展了，富裕了，却变得更不健康。胡鞍钢称这是我国的"发展悖论"。[47] 他引用 2000 年世界卫生组织的一份报告，指我国在全世界 191 个国家中，若以医疗卫生系统的整体表现来看，列第 144 位；但如果以医疗体系的社会公平性而言，我国则只能排第 188 位，也就是全球倒数第四。[48] 另据联合国数字，我国 1990 年以来，医疗条件的改善与经济发展速度完全不成比例。例如，我国人口平均寿命的增幅还赶不上巴基斯坦、苏丹和埃塞俄比亚。[49]

从 1990 年代起，我国城乡医药费增速就远高于个人收入增速。[50] 据卫生部统计，1993 年至 2003 年期间，病人门诊费平均增加了 8 到 10 倍，住院费则上涨了 6 到 9 倍。[51] 同时，尽管多数医院名义上仍是国有公共事业单位，但各地政府在医疗卫生方面的投资比例却在下降。商业营利诊所数量不断上升，已超过非营利性医院的总和。以 2004 年为例，即便公立医院也只有 12.8% 的收入来自政府财政拨款。与此对照，它们收入的 40.3% 来自出售药品，44.6% 来自相关医疗服务收费。[52] 换句话说，卖的高价药越多，让病人做的检查越多，医院就越能赚钱，医生收入也越高。结果出现"供应商引导的过度消费"。[53]

应当承认，政府在医疗卫生方面投资的绝对金额是有增加，但资金分配却相当不平衡。增加的财政投入往往最终流向药厂和医院，而没有用于预防疾病，虽然预防早已证明是解决公共卫生问题更经济、更有效的办法，而不是等到人们生病以后再去治疗。[54]“非典”的爆发和艾滋病的传播令各地在预防传染病方面一度给予更多关注。但整体而言，预防仍是我国医疗体系中最薄弱的环节，因为它需要大量投入，却几乎不产生直接利润，因而特别容易在医改过程中被忽视。

另外一系列问题是医疗资源本已稀缺，却依然存在相当浪费。回顾1990年，全国医院床位占有率是80.9%，而在1997年至2001年间，该比例下降到60%左右。[55]同一时期，平均每个医生诊治的病人数目也显著下降。了解到前文提到的“发展悖论”，说明少看医生并不代表大家更健康了，不用看医生了，而是因为飞速上升的费用让大家不敢去医院。即便在城市居民中，生病也不去医院的人从1993年的1.8%上升到1998年的16.1%，2003年又升至20.7%。[56]到2003年，尽管许多医院床位是空的，约41%的低收入城市居民却选择不住院，就算医生建议他们住院。[57]病人和家属不信任医生，因为医生的个人利益与医药费、检查费、住院费过于紧密地联系在一起。

制药业是医疗产业化的重要受益者。它在推高药费过程中扮演了关键角色，特别是它们雇佣的“医药代表”。[58]这里包括跨国公司也包括国内企业。它们的医药代表常用各种手段对医院施加影响，如回扣、红包、美色等。医生们为了卖更多、更贵的药而乱开处方。2005年据人民网引述一位前医药代表自曝的黑幕，科室主任和教授级医师每月可拿10多万元的回扣，资深一点的医药代表则一年可挣80万。[59]另据报道，2005年北京至少有上万名医药代表，推高药品价格就是他们的工作。[60]

是否能有一种组织的力量来抗衡利润驱动的医药合谋？全国人大、发改委等机构已注意到这个问题。[61]卫生部官员也终于开始着手制订医药代表行为规范。[62]大众媒体更是反复针对医改过程中出现的种种弊端开展调查报道。与前几年相比，这些都是值得肯定的。然而，医药费真的降下来了吗？医患互信关系真的改善了吗？中下阶层老年人真的可以放心去医院了吗？

表 5.6 我国城市居民缴付医疗费用来源情况（%）

	1993	1998	2003
自付	27.3	44.1	44.8
社会医疗保险	1.1	4.7	34.4
合作医疗保险	1.6	2.7	6.6
商业保险	3.6	3.7	5.6
劳保医疗保险	48.2	28.7	4.6
公费医疗	18.2	16.0	4.0

资料来源：1993 年、1998 年、2003 年全国卫生服务调查发现。见顾昕、高梦滔、姚洋：《诊断与处方：直面中国医疗体制改革》，社会科学文献出版社，2006 年，第 22 页。

要抗衡医院和药厂的合谋，光靠政府和媒体是不够的。国际流行的另一种解决方案是发展医疗保险，让保险公司看住病人的钱包，恢复医疗体系的规范和平衡。也就是说，保险公司为了自己少亏钱，会尽力监督医院和医药公司，阻止滥用处方，将不合理的费用减到最低。然而，如表 5.6 所显示，我国只有少数城市居民享受医疗保险。来自保险公司的制衡力量微乎其微，而中下阶层老年人大多没有保险。

以 2003 年为例，城市居民中自行缴付医疗费用的人数比例最高，占 44.8%。比例第二高的支付方式是社会医疗保险，占 34.4%，这是一种由雇主、雇员和政府共同支付的方式。两种支付方式加起来，共覆盖的 79.2% 城市人口。与 1993 年相比，最明显的变化是劳保医疗的减少。这种保险由政府来支付和运营，在社会主义国家很常见，主要提供给在矿山、工厂、铁路、电信等部门职工。它曾是最大的单一险种，在 1993 年时覆盖全国近一半城市人口。然而到了 2003 年，劳保医疗的比例跌至 4.6%。同时，公费医疗的比例也从 1993 年的 18.2% 降至 2003 年的 4.0%。

老年人的医疗保险状况比一般市民更糟糕。据官方统计数据，2004 年仅有 3359 万退休职工拥有医疗保险，[63] 还不到全国 1.55 亿 60 岁以上人口总数的 27%。也就是说，我国大部分老年人没有医疗保险。然而，他们却必须要看病，必须要适应医疗改革带来的种种变化。难怪老年人要通过各种手段寻求可信度更高的信息，不论是传统人际网络，还是手机互联网。当然，通过网络新媒体寻找医疗信息也是一种全球现象。[64] 但对目前我国中下阶层老年人来说，他们对医药相关信息的强烈需求也是和中国国情相关的。具体而言，就是医疗制度快速商业化，传统以单位为核心的社会保障体系步履艰难，同时新的医疗保险和社会安全保障网又还没建立起来。

□ 老年人与网络新媒体

医疗体制改革正在对中下阶层老年人的生活产生巨大影响。然而，这只是整个社会养老体系和相关服务深刻变革的一个组成部分。尽管城市老人比农村老人享有更多资源，但当他们来自中下阶层家庭，如夫妻双双下岗家庭或低保户的时候，城市社会保障系统仍然相当脆弱且低效。考虑到独生子女政策导致的家庭结构变迁，以及劳动者流动性的大幅增加，照顾老年人，特别是留守老人的问题必须要提到公共政策层面上解决。因此在朝向市场经济转型的时代里，“大趋势是家庭的原子化，而不是以往同一屋檐下四世同堂的景象，这种转变正好背离了老年人的实际需要”。[65]

一个明显能看出这种趋势的现象就是“空巢家庭”数量不断增长。所谓“空巢家庭”，就是老人没有儿女或者没跟儿女住在一起的家庭。我国老年人家庭的“空巢率”逐年攀升，1986 是 16.7%，2000 年达到 26%。[66] 截至 2004 年，全国已有 2340 万“空巢老人”。[67] 随着空巢老人数量的快速增长，他们对医疗、养老和综合社会服务方面的需要也愈发强烈。[68] 究竟应该如何建立针对老龄化社会，特别是“空巢老人”的社会服务体系？目前多数研究针对老年人的生理和经济需求，而对他们传播交流方面的需求没有给予足够重视。交流本是传统家庭为老人提供的主要服务之一，包括日常养老起居的信息，更包括娱乐、亲情、人际互动等，均对老年人身心健康有非常重要的作用。那么，中低端信息传播技术能担负这些信息交流功能吗？如果可以，又是怎样起作用的？

值得注意的是，不仅在中国，很多国外研究也发现，交流对老年人的健康非常关键，甚至可以说，没有交流就谈不上“成功的老年化（successful aging）”。[69] 信息传播技术不但可以为患病老人提供远程治疗服务，更可以超越空间界限，让他们联络身在外地的家庭成员。这样的跨域交流是一种重要的预防措施，可以帮助老年人心情愉快、身体健康，不但了解外地家人的情况，更透过他们和外部世界保持联系。

除家庭内的传播交流，其他联系渠道对老年人也十分重要。黄润龙在对我国空巢家庭进行分析后，提出了两项与此相关的政策建议：一方面，在老年群体中建立以社区为基础的互助组；另一方面，应当在这些空巢家庭中安装电话“生命线”，以备紧急情况时发出求助讯号。[70] 在上海、辽宁、湖北等地，当地政府重视老年人利用互联网开展互助活动，并为此提供了相当支持。然而全国范围内目前这方面尚属空白，暂时还没有针对老年人，尤其是中下阶层老年人，使用手机互联网促进老龄化工作的全盘政策。

如果具体观察中低端信息传播技术在老年群体中的扩散，就会发现，主要的推动力还是来自商业企业。譬如手机在老年人中的扩散速度远快于互联网。该趋势始于新世纪的最初几年，一方面市场上出现更多、更便宜的手机，包括国产品牌手机；另一方面，20 世纪 90 年代末开始用手机的用户正好要更新机器，不少人将自己的第一代手机给家中老人用。[71] 此时还较少见到专门针对老年用户的手机。就算有，一般也是进口品牌，如当时上海流行的一款三星 T208。它在 2002 年 10 月进军中国市场，目标客户是社会精英人群。但到了 2004 年，它的价格从 3000 多元降到 1850 元。由于它特别容易操作，所以成为当时上海老年人的首选。[72]

很快，本土品牌奋起直追。最好例子是华立的“老伴牌”手机，2006 年 12 月其价格 600 元左右。它有大按钮、大屏幕、扩音器、增强震动效果、电子报时和语音输入号码等功能，都非常适合老人——尤其那些身体不太好的老人使用。它还带有收音机。除此之外，它有专门的功能键，让老人在发生紧急情况时可以按一个键就向多位家人和单位发出求救信号。这不但省了查找和记忆电话号码的麻烦，也在紧急时刻节约了宝贵的营救时间。开发这款手机是因为老年市场的潜在消费力当时已达到 700 万部手机，而该市场基本尚未开发。[73]

与此同时，小灵通生产商也推出专为老人设计的手机。如 UT 斯达康的 UT190 就有大按键、大屏幕、高音警报、收音机和红色的紧急电话按钮。[74] 不仅如此，青岛网通等小灵通服务提供商还推出一种定位服务，让用户可以通过电话、短信或互联网知道特定小灵通手机所处的空间位置。其价格比 GPS 全球定位系统便宜，而且定位服务还更精确。[75] 该服务在老年痴呆症患者群体中应用广泛，以防他们走失。其服务月费只需 3 元，而且也可用于跟踪、查询小孩子或任何携带者的位置。[76]

来自青岛的这个例子看似很小，却反映出一种普遍情况，即家庭对老年人采用中低端信息传播技术非常重要。英国学者哈顿等人用“domestication”的概念来讨论技术进入家庭的过程，翻成中文可以译为“家庭化”，也可译为“驯服”。[77] 也就是说，技术本来和家庭里的社会关系、权利结构，包括家居物品的摆设可能没有关系，甚至存在冲突和矛盾。但经过家庭化 / 驯服了的技术成为家庭的有机部分，甚至起到不可或缺的作用。进行这些分析时，哈顿并不是专门针对老年人。但相对年轻人而言，家庭的作用对老年用户特别是老年手机用户而言意义更为重大。比如手机常是由儿女们孝敬长辈的，又或是由老年夫妻之间互相赠送的。这样，甚至在实际使用这些信息传播技术之前，它们就已经在一起看强化家庭关系的纽带作用了。

至于使用中低端信息技术服务，加强家庭关系的情形就更常见。无论在北京、广州还是小城镇，无论在街边、公园还是公交车上，都常可看到普通的老年人在用手机和家人进行联系。他们可能是那个小灵通不离身的宁波老人，可能是我那位失聪但常发短信的舅舅，也可能是定期使用网络视频聊天的我的父母。

除了手机，传统固定电话对老人，特别是中下阶层老年人，依旧十分重要。比如我们在广东地区调研发现，有的老人因为视力不好或手部颤抖，要拨 11 位手机号码是很难的事。于是他们只用固定电话上的重拨键，按一下就可致电最常联系的一位子女，而且有时不等对方接，老人就把电话挂了。[78] 这有几方面好处：一是省钱，子女打回来，老人免费接听。二是这些成年子女一般是在同一城市打工的青壮年，他们可能很忙，如此可减少打搅子女工作，让他们有空再回电。三是这个最常联系的青壮年子女也熟悉老人的社会网络，她／他可以通知其他亲戚、朋友、熟人打电话给这位有需要的老人。于是老人家也不需要有自己的电话本了，而是在家里固定电话上按一个键，就可和其他人联系上。打电话给某人的手机，但不等对方接就挂机的使用方法在国外叫 beeping。它既省钱又方便用户，在非洲、南亚等地用户中很常见。[79] 但在我国，则一般只出现在年纪较大、社会经济地位较低的老年人群体中。

如前所述，60 岁以上的老年人约占我国网民人口总数的 1%~2%。2000 年以来，虽然互联网增长迅速，但老年人所占比例只有少量增加。然而，由于老年群体占全国总人口 12% 以上，而且我国老龄化趋势正在加速，要充分满足老年群体，特别是中下阶层老年人的互联网需求，明显还有许多工作需要做。目前不仅老年人使用互联网的比例偏低，而且老年用户的教育水平平均偏高。除了年龄和身体因素，老年人能否使用互联网还受教育、社会支持等其他因素的影响。但与年轻人不同的是，很少有学校让老年人学计算机、学上网。老年人更不会去年轻人聚集的网吧。

然而，很多老年人通常会读书看报，也固定收看某些电视节目，如中央电视台的《夕阳红》。书报刊也好，电视广播节目也好，往往会为老年人提供多种与他们相关的信息，如健康、厨艺、家庭生活等。相比较而言，在对待中下阶层方面，大众媒体服务老年群体的表现，比服务年轻群体做得更好，至少直接针对他们的日常需求。

除利用大众媒体，老年人也开始用互联网寻找医疗信息。早在 2002 年中国社科院对全国七大城市进行的调查就显示，老年网民在上网时特别注重和医药健康相关的信息。[80] 这与近年来我身边的观察相吻合，包括我的父母。父亲患有慢性病，退了休的母亲于是经常上网了解病理症状、治疗方案、医生口碑等。几年下来，连给父亲看病的专科医生也对母亲另眼相看，因为她已经利用互联网积累了很多相关知识。比如药量的加减、怎么加减，医生常会问母亲："你觉得呢？你很懂嘛！"

这也是托夫勒《第三次浪潮》中描述的场景，即新型信息技术让医生丧失了对专业知识的垄断。[81] 然而，托夫勒笔下的这一趋势似乎是只要有新技术就会必然出现的。他不可能知道今日中国老年网民面临的更重要的结构性问题，那就是医疗体系改革导致商业化，令病人和家属对医生、医院普遍缺乏信任。他们寻医问药，但不同医生给他们不同的诊断和药方，有时彼此冲突，有时甚至直接要病人或病人家属“自己选择”治疗方案，“医院不负责”。采用网上信息进行相互比照于是成为必然。

即便没电脑或不上网的老年人，也会让他们的成年人儿女或其他亲友帮助上网搜索医药信息。之后再通过电话或面对面的方式分享信息。这种老年人间接使用互联网的方式又是一种以家庭和亲友社会关系为基础的集体式信息获取和分享方式。它可以通过中低端信息传播技术扩散到社会中下阶层，也可以借由跨域网络让有用信息传到外地。

当然，至于这些信息是否可靠，是不是以讹传讹，是不是“医药代表”制造的隐性广告，就不但需要网民自己判断，也需要相关组织介入的了。这里所说的相关组织不仅包括政府机关，而且包括民间团体和私营企业。也就是说，对中老年新媒体用户而言，家庭的作用固然重要，但只有家庭是不够的。在社区乃至省市级层次上，有组织地引导老年人上网，这在全国有一些有益的尝试，比如辽宁的北方老年网、湖北的宏根老人坊等。[82] 但最著名的应是上海的“老小孩”，而上海则是全国老年居民比例最高的城市。[83]

老小孩网站[84]

2000 年 8 月，中国首家中老年服务网——“老小孩网站（www.oldkids.cn)”试运营。2001 年 5 月 11 日，网站正式开通。它由吴含章、张志安、王勇三位年轻人在上海创办，最初目的是为老年人提供生活服务。目前，年满 10 周岁的老小孩网站已经成为集博客、论坛、微博、聊天室和群组为一身的综合性网站，被称为“中国老年第一门户网站”。创办者还在网下开设了老年人电脑培训班（现名“老小孩大学堂”）和老小孩俱乐部。

老小孩网站针对 50 岁以上的中老年网民，其地域分布以上海

图一　老小孩网站主页（2011 年 4 月吴欢截图）

图二　老小孩博客频道首页（吴欢 2011 年 4 月截图）

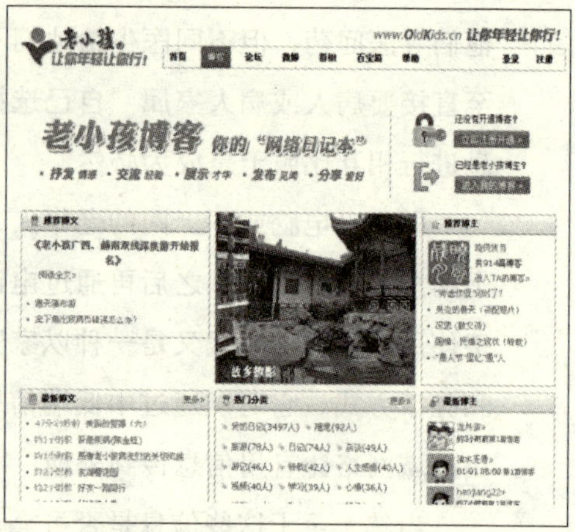

图三　老年人在上网（2011 年 4 月吴欢摄）

图四　老小孩网站组织结构图（2011 年 4 月吴欢绘制）

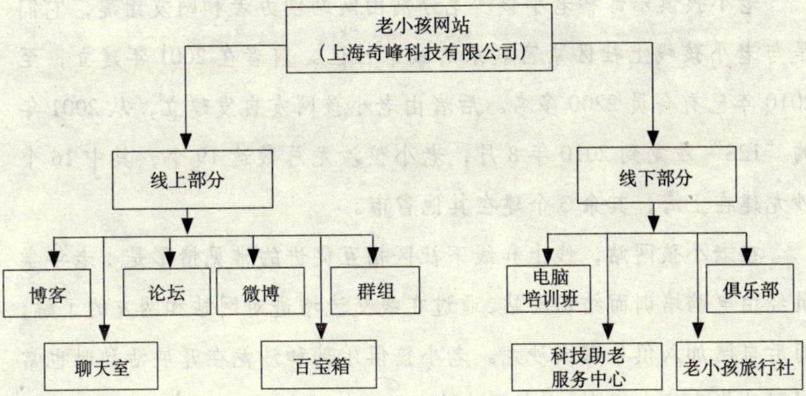

市为中心，以长江三角洲为联结点，辐射 20 多个省市自治区。截止 2010 年 1 月 1 日，老小孩注册用户超过 1.7 万人。网站成立初期，参与者主要是受教育程度较高且家庭收入较高的老年人。随着电脑网络的普及和电脑学习费用的降低，当前的老小孩参与者来自更广泛的社会阶层，包括普通退休职工和家庭主妇。

与类似网站相比，老小孩的特点在于它将网站作为社区来建设，并将线上社区（网站的各项设置）和线下社区（老小孩俱乐部和老小孩沙龙）有机结合。站长王勇解释：这个社区型网站“跟网下的社区差不多。……你自己的博客就是你的家，你的家是在社区里，论坛就是社区里的公共场所。有分门别类的主题的板块。以后我们还要做圈子，就是个人形成的小的集体。网站有点像街道里面的办事处。当然我们是大社区的概念，你们就在社区里面玩，交朋友。”

老小孩线上社区经历了四次大型改版。它最初只设有论坛和聊天室，包括语音聊天室“人间重晚情”和文字聊天室“老年情缘谷”；2006 年 11 月增设博客频道，吸引了不少老年博主。2007 年底，老小孩打出创办“社区型网站”的口号并设置了博客、论坛、学习、娱乐和交友这四个板块。2010 年 9 月再次改版，增设了“微博”和“群组”

两个供网友互动的板块以及提供生活信息的“百宝箱”。

老小孩俱乐部和老小孩沙龙分别由网站创办者和网友组建，它们是与老小孩线上社区紧密联系的线下社区。前者在2001年建立，至2010年已有会员2200多名。后者由老小孩网友自发建立，从2001年的“128”沙龙到2010年8月，老小孩沙龙总数达19个，其中16个沙龙建在上海，其余3个建在其他省市。

在老小孩网站，线上和线下社区相互促进的常见情形是：老年学员经由电脑培训而结识网站，通过在线交流增进对网站和网友的了解；而后自愿加入俱乐部或沙龙。老小孩俱乐部和沙龙在开展活动时也常以网站作为信息平台。老年网友在线下社区的面对面互动增进了互信，带动他们在网上和网下展开持续的互动。老小孩网站的文化氛围以真诚为显著特色。老年网友在线上大都选择公开自己真实的身份。这在年轻人为主的网站里很少见。

老小孩网站负责人强调他们奉行“公益性事业、市场化运作”的宗旨：一方面以较低价格甚至免费为老年人提供电脑培训，另一方面以扶老上网为契机，争取来自政府和企业的资金支持。创办伊始，网站运营投资主要靠个人。2000年到2004年，网站收入主要来自电脑维修与培训。2005年到2008年，网站资金开始包括与上海市政府合作获得的支持，与上海电信合作打造“互联星空”获得的分成以及网站的自主创收。2010年网站推出“E爸妈”（www.ebama.cn）这一国内首家中老年网上商城，并成立了“老小孩旅行社”。网站管理者借这些举措来增强自主创收能力。

在运营上，老小孩网站通过自身努力带动了所在地政府对老年人上网事业的关注和支持。2003年到2010年，上海市政府陆续推出“扶老上网”、“百万家庭网上行”和“科技助老”行动这三个项目。这些项目不仅为老年人提供了学习电脑和网络知识的机会，还使活动举办方之一的老小孩网站得到支持。“扶老上网”工程是2003年由老小孩网站牵头，由上海市老龄工作委员会、上海市科学技术协会和上海市老年基金会共同发起举办的，为期三年。

2003年3月，上海市妇联、市信息委、市文明办和市科协等单位联合推出市民信息化普及项目“百万家庭网上行”。该项目主要培训35到60岁之间的失业、下岗和退休妇女。项目实施期间，拥有较多闲暇时间的老年人也成了主要参与群体之一。

“科技助老”行动从2007年5月启动，为期三年。它在扶老上网工程的基础上进一步拓宽了老年科普的范围，致力于让老年人体验更丰富的数字生活。老小孩网站不仅是“科技助老”行动的发起者，也是最主要的执行机构。2009年11月，由上海市民政局主管的非盈利性企业“上海科技助老服务中心”挂牌成立，该机构是“科技助老”行动的延续，标志着老小孩网站可以持续通过协助政府组织与科技助老相关的活动来获取支持。老小孩网站站长王勇称：科技助老服务中心的成立将网站所做的事业提升到社会企业（又称“福利企业”）的定位，该中心将着力于建设科技助老的信息化平台，而网站则专注于具体的应用和业务。

在网站和政府合作过程中，不少老年网友以志愿者的身份参与活动，如作为讲师团成员到各区县担任培训教师。一方面，这些老年网友在项目中获得了向社会展现自身电脑（网络）技能的机会，同时又可以和其他网友进行面对面的互动；另一方面，他们中的一些人也从基层政府获得了不同形式的支持。因此，“扶老上网”等大型项目带动了退休老人重新融入社会。

从网站对老年网民的影响来看，大部分老小孩网友对网站及其他老年网友有较强认同。认同感来自网站“让你年轻让你行”的定位，也来自他们彼此间所拥有的相似的兴趣爱好。这些认同感还凝聚成了老年网友们口口相传的“老小孩精神”，其核心内涵是以积极心态面对年龄、享受在网上冲浪的生活、不断学习新知以及热心社会公共事务。

在中国现有的以老年人为服务对象的网站中，老小孩网站有以下几方面特点：首先，它拥有较长的历史。据王勇介绍，我国大部分老年网站在开办不久就由于各种原因关闭，能坚持十年的为数不多。其次，它的组织模式有特色：它不仅将网站作为虚拟的社区来建设，还将老小孩的线上社区（博客和论坛等）和线下社区（俱乐部和沙龙）联系在一起，从而充分调动了老年网民参与互动的积极性。虽然由于资金和人员等因素，老小孩网站在硬件配置方面无法和大型门户网站相比，但它不断改进技术配置和板块设计，保持了较强的发展活力。

总的来说，在中国的老年网站中，老小孩网站是个具有典型性但又不乏独特性的案例。很难想象：如果没有创办者的坚持，没有中国大都市老龄化问题日益突出的大背景，没有上海市政府的支持，老小孩是否能一路走到今天。在现实生活中，老小孩网站也面临着各种挑战：比如如何在公益性和市场化之间、在改进网站功能和维持网站设置稳定性之间、在吸引新网友和留住老网友之间保持平衡。

□ 小结：作为福利的信息传播技术？

为适应当代中国迅速变化的网络社会，老年人和青少年群体也已开始采用互联网和手机。虽然他们物理上的流动性相对较低，但通过中低端信息传播技术，他们依然可以自下而上地满足日常生活中的信息需求。该过程可分为两个基本阶段，一方面，信息中下阶层是生产、销售中低端手机互联网技术的主体力量。他们作为网络劳工，形塑这些网络新媒体，包括其硬件、软件、内容。另一方面，同等重要的扩散过程在家庭环境里发生，中低端信息传播技术进一步被“家庭化”，它超越最初集中的城市社会中下阶层，向其他地方、其他人群扩散。这一更广的普及过程将网络连接拓展到之前未纳入其中的青年人和老年人，而这些老与少可能既来自上层家庭，也有中下阶层出身的。它使中低端信息传播技术涵盖更宽广的社会范畴，既而创造出更多的信息中下阶层工作。它同时表明，我国家庭结构正在社会变迁环境下发生“信息化”转变。该转变可看作另一种微观的，然而却是集体式的信息获取方案。

随着传统多代同堂的家庭结构日渐式微，以及社会服务的整体商业化，老年人和青少年都比过去更易受到外部大环境变化的影响。比如面对教育、医疗等基础公共设施的市场化，不管来自个人与家庭的草根网络微观应对方案多么有效，都无法在体制层面根本扭转局势。类似的市场化、产业化变迁也在信息传播业发生。

要解决这些问题，让包括中下阶层在内的老与少都能加入网络社会发展进程中来，就需要对教育、医疗和各项社会服务改革进行根本反思。如何让改革为面临实际困难的留守儿童、空巢老人服务？而不是通过改革使他们更加边缘化？中低端手机互联网的基本社会角色到底是什么？只是挣钱手段吗？只是控制工具吗？

1968 年法国学生运动有一句著名的口号：“一切权力归想象！”我们能否想象一种完全不同的信息“服务”业：它的根本性质是公共福利；它的首要任务是提供社会服务；它的工作目标是满足中下阶层老少的传播需求？我们能否想象一个包括了中下阶层并以其为基础的网络社会？不光看到他们作为消费者、作为劳工的市场价值，而且看到他们主动参与网络社会进程的发展潜力？当然，只有想象是不够的。但如果没有上述“另类”想象，就不能根本解决边缘群体，尤其是低流动性人群，与网络新媒体的关系问题。

2005 年 9 月，郑州航空工业管理学院否决贫困生的助学贷款申请，原因是申请者有手机。[85] 2006 年 10 月，济南民政局颁布政令，宣布将不接受两类人的低保申请，包括之前买过电脑的人，以及经常用手机的人。[86] 两起事件均在全国引起广泛争议，报纸、电台、博客、网络论坛都加入进来，多数意见认为这些限制性条款不合理，因为它们是对贫困生、特困户的歧视。讨论结果是多数机构进行政策调整，以反映网络时代的社会现实，如只限制有“高级手机”者不能申请助学贷款，有普通中低端手机的同学则不受限制。

这些争议代表了我国涉及福利供给和信息中下阶层的第一波严肃讨论。它是一个信号，提醒我们应该重新思考信息传播技术的社会福利功能，以及如何建立更加包容与和谐的网络社会。信息传播技术不只是摆放在教室里的计算机，不只是远程医疗，更不只是奢侈消费和盲目追求经济发展而不断更新的短命时髦品。这里涉及的许多基本议题已经在信息社会世界峰会（WSIS）中有所讨论。[87]在当代中国背景下，问题关键在于采用系统眼光，将年轻人的需求和老龄化社会的焦虑作为考量社会长期福利政策的重要维度。

究竟什么是网络时代的社会福利？这样发问至少包括几重含义。首先，它预设信息传播与交流是新型网络社会条件下的一项基本人权，因而需要呼唤更新的社会福利政策，以服务于流动性较低、脆弱性更高的群体，并让这些群体成为网络社会进一步发展完善的基石。尽管在社会福利系统中，基本生存需要，比如温饱和住房仍非常重要，但在以手机互联网广泛普及为标志的当今世界，社会福利的含义也必须扩展，以满足中下阶层群体，尤其是老年人和年轻人的信息需求。

其次，要更好地反思技术与政策的关系，就要自下而上地了解社会福利服务对象的现实生活状况。光由少数领导进行决策是行不通的，因为他们往往要么和现实脱节，要么只在乎管理者的便利，观念陈旧，搞“一刀切”。解决这个问题最好的方法就是让中下阶层群体发声，包括通过中低端信息传播技术或其他传统发声方式，让他们的意见直接进入决策过程。福利政策是否成功，不仅在于是否满足服务对象的基本生存需要，更在于是否能给予他们尊重，让他们感到自己是社会平等的一员。他们的声音也有决策者在仔细聆听，最终还能落实为具体的实惠。

第三，依照信息社会世界峰会所提出的“多方（multi-stakeholder）”解决方案，将新型网络技术作为福利的做法应该不但有利于公共机构，也有利于私营企业。政府的介入，尤其是地方政府的支持，对任何福利项目的长期稳定发展都至关重要。上海老龄委对“老小孩”网站的扶持就是很好例证。而在湖南，为留守儿童提供社会支持的一个主要团体则由省团委出资赞助。[88]然而，在这些比较成功的案例中，政府很少作为单独的技术服务提供商参与其中，而往往可以看到商业机构的介入和商业操作的影子。换句话说，当地政府和电信管理部门可通过制定政策，激发私营业主积极性，参与到服务基层的工作中来。等到工作开展起来以后，则让创业者自己寻找信息需求，自己决定如何开展业务，无论是通过互联网、手机，还是其他当地的或跨地域的社会网络。

这样的模式超越单纯的福利发放，同时也可以为中下阶层社区创造工作机会，为那些社会边缘的年轻人、老年人、低保户、特困户带来收入、尊重和相对稳定的生活。短信、小灵通、网吧等中低端信息传播技术其实都可改造成为提供社会服务的网络平台，因为它们一来方便，二来便宜，第三又已经广为服务对象群体使用，因此可能达到特别有效的赋权效果。

这对老年人特别重要。虽然我国已有100多万60岁以上的老年网民，但要全面发展针对老年人的网络福利政策，就不能只关心技术。许多工作都需要更广范围的组织努力，比如助老上网，或是通过网页和短信为老年人提供有质量的医疗健康信息。这些组织不仅来自信息产业，更重要的还是来自传统社会服务提供者，如政府机构、公益组织、当地社区等。所有合作最重要的问题是，在迅速变化的当代中国，如何通过中低端信息传播技术让现代化产生的效用和代价得到更合理的分布，如何更有效地提供内容和服务，促进社区参与，以应对老龄化？

年轻人面临与老年人不同的另外一系列问题。他们中大多数通过学校教育及针对他们的广告营销获取网络技术相关的知识技能。这些广告和市场活动通过互联网、手机进行渗透，在相当程度上已成为当代青年文化的背后操纵者。在这一代年轻人中，通过中低端信息传播技术来巩固和拓展人际关系的现象十分普遍，一种学校和家庭之外的、由信息和网络技术支撑起的“非正式网络(informal networks)”于是成形。

包括中下阶层家庭出身的很多年轻人在商业化浪潮前表现得相当脆弱，这是普遍现象。因为作为独生子女，他们在娇惯中长大。每到新学期开始，他们中不少人会花很多钱购买最新款手机等高价产品，有些甚至几天内就花掉一学期的生活费。[89] 如果将信息传播技术作为一项福利，提供给真正有需要的年轻人，首先要考虑的问题是：如何将福利性的信息传播技术与奢侈性消费区分开来，以及如何让手机互联网的进一步普及促进社会平等，而不是对中下阶层青少年进行“新型歧视”。

不仅年轻人面临商业化挑战，低流动性群体的基本生活条件也因旧式安全网和传统社会保障体系的消逝而发生变迁，而新的机制又尚未形成。因此，无论对青少年还是对老年人来说，重提“福利”概念都十分重要。回头看去，大多数中下阶层老与少面临的问题都源于缺乏更广泛的社会参与，源于精英主导的决策过程。权力不平衡造成了草率的公共体制商业化，并伴随消费文化甚嚣尘上，二者都影响了中低端信息传播技术的全面发展。尽管私营企业主已经意识到中下阶层用户的市场价值，他们的认识一般却只停留在消费层面上，对信息中下阶层缺乏长久而深厚的承诺。在此意义上，使中低端信息传播技术获得提升的根本力量应当是基层老与少自下而上的传播需求，而不是公共政策或商业营销。如何顺应这种需求，帮助中下阶层群体用新型网络技术处理好自己的生存议题，是政府和企业成败的关键。这才是需要全社会共同关注的真问题。

注释

1 参见杨东平："矫正'教育产业化'迷误"，《南风窗》，2005 年第 1 期，第 52-54 页；顾昕："医治中国病：医疗体制改革的两条路线之争"，《二十一世纪》第 104 期，2007 年 12 月，第 4-13 页；杨东平："中国教育公平的问题与前景"，《二十一世纪》，第 104 期，2007 年 12 月，第 14-22 页；朱亚鹏："市场主导的中国住房政策"，《二十一世纪》，第 104 期，2007 年 12 月，第 23-34 页。

2 对电子产品摆放的位置及使用的方式进行调整，令其适应不同家庭的生活方式，这也叫"家庭化(domestication)"。参见 Silverstone, Roger, and Haddon, Leslie, "Design and the Domestication of ICTs: Technical Change and Everyday Life", in R. Silverstone and R. Mansell (eds), *Communication by Design*, Oxford: Oxford University Press, 1996, pp. 44-74; Haddon, Leslie, "Domestication and Mobile Telephony", in J. Katz (ed), Machines That Become Us,New Brunswick, NJ: Transaction Publishers, 2003, pp. 43-56.

3 中国社科院人口研究所（编）：《中国人口年鉴》，1985 年、1993 年、2005 年；国家统计局人口和社会科技统计司、国务院人口普查办公室（编）：《中国 2000 年人口普查资料》，中国统计出版社，2002 年。

4 郭良、卜卫：《互联网使用状况及影响的调查报告（成人部分）》，中国社会科学院，2000 年；郭良：《中国五城市互联网使用状况及影响调查报告》，中国社会科学院，2005 年。

5 2010 年 7 月我在苏州的一家网吧碰到一个极端例子。据网管介绍，这里几个月前刚送走了一名在此连续上网达两年的网友。他 17 岁来到这家网吧，每天从早到晚在网上打游戏，靠打网游每月能挣几千元。他吃饭睡觉都在这里，只有洗澡时短暂离开。他没有行李，每次洗澡前买一身新衣服，洗完澡就把旧的扔掉。他在这家网吧如此生活了两年，直到骨瘦如柴，病病怏怏，网吧好不容易找到人把他送回老家。"我们真担心他会出什么事。"17 岁踏进这家网吧，最后离开时他已经 19 岁了。

6 参见 Castells, Manuel, Fernandez-Ardevol, Mireia, Qiu, Jack L., and Sey, Araba, "Mobile Communication and Society: A Global Perspective," Cambridge, MA: The MIT Press, 2006, p. 127.

7 2002 年夏、2004 年冬在武汉、上海、北京的田野观察。2002 年夏、2006 年春在广州、深圳、珠海的问卷调查。

8 雷楠："'老伴'手机考量'老伴'市场"，《中国新通信》，2006 年第 2 期，第 61-62 页。

9 年龄介于 55 到 65 岁之间的老年人占中国城市人口总数的 9.88%。参见《中国人口年鉴》2005 年，第 358 页。

10 谢晓怡："全国留守儿童近 5800 万，逾八成隔代或临时监护"，《人民日报》，2010 年 12 月 22 日。http://edu.people.com.cn/GB/13547534.html

11 卜卫："关于农村留守儿童的研究和支持行动模式的分析报告"，《中国青年研究》，2008 年第 6 期，第 26-30 页。

12 谢晓怡："全国留守儿童近 5800 万，逾八成隔代或临时监护"，《人民日报》，2010 年 12 月 22 日。http://edu.people.com.cn/GB/13547534.html

13 卜卫、郭良：《互联网使用状况及影响的调查报告（青少年部分）》，中国社会科学院，2000 年；卜卫、刘晓红：《青少年互联网采用、使用及其影响的调查报告》，中国社会科学院，2003 年。

14 参见 Short, Susan, Zhai, Fengying, Xu, Siyuan, and Yang, Mingliang, "China's One-Child Policy and the Care of Children: An Analysis of Qualitative and Quantitative Data", *Social Forces*,2001,79(3), pp. 913-943.

15 参见 Tien, H.Yuan, *China's Strategic Demographic Initiative*, Westport, CT: Praeger, 1991；《中国统计年鉴》，2007 年。

16 仇逸："上海连续 11 年人口负增长"，新华网，2004 年 1 月 9 日，http://www.changsha.cn/news/guonei/t20040109_96207.htm

17 参见 Short, Susan, Zhai, Fengying, Xu, Siyuan, and Yang, Mingliang, "China's One-Child Policy and the Care of Children: An Analysis of Qualitative and Quantitative Data", *Social Forces*,2001,79(3), pp. 913-943.

18 参见 Fong, Vanessa L., "China's One-Child Policy and the Empowerment of Urban Daughters", *American Anthropologist*, 2002,104(4), pp. 1098-1109.

19 卜卫、刘晓红：《青少年互联网采用、使用及其影响的调查报告》，中国社会科学院，2003 年。

20 2006 年 1 月在深圳大学生焦点组访谈。

21 参见 Ling, Rich, "The Mobile Connection: The Cell Phone's Impact on Society (Third edition)". San Francisco, CA: Morgan Kaufmann Publishers, 2004.

22 参见 Qiu, Jack L., and Zhou, Liuning, "Through the Prism of Internet Café: Managing Access in an Ecology of Games", *China Information*,2005,19(2), pp. 261-297.

23 特别是手机，因为越是中下阶层社区，青少年丢手机或手机被偷、被抢的现象就越严重。

24 参见 Franklin, Jonathan, "Protests Paralyze Chile's Education System, "The Gardian, June 7, 2006, International section, p. 14; Labi, Aisha, "Greek Students Protest Proposals to Reform Universities", *The Chronicle of Higher Education*,2006,52(42), p. 45.

25 参见"英国通过提高大学学费计划引发上万学生抗议"，中国广播网，2010 年 12 月 10 日，http://big5.xinhuanet.com/gate/big5/news.xinhuanet.com/world/2010-12/10/c_12868394.htm

26 "郑大停发毕业证，数千学生毁校园"，《文汇报》，2006 年 6 月 20 日，第 A8 版；另见 Kahn, Joseph, "Rioting in China over Label on College Diplomas," New York Times, June 22, 2006, p. A1.

27 教育部：《关于加快中小学信息技术课程建设的指导意见（草案）》，2003 年 2 月 10 日，http://www.edu.cn/20030210/3077057.shtml

28 参见 Harwit, Eric, "Spreading Telecommunications to Developing Areas in China: Telephones, the Internet and the Digital Divide", *The China Quarterly* 180, (2004), pp. 1010-1030.

29 卜卫、刘晓红：《青少年互联网采用、使用及其影响的调查报告》，中国社会科学院，2003 年。

30 熊胜利："流动的心声——第三届新公民儿童文化艺术节在京举行"，央视网管理观察频道，2011 年 5 月 31 日，http://gc.cctv.com/20110531/108566.shtml

31 赵洪冰："中小学生失学、辍学原因分析"，《教育探索》，2005 年第 2 期，第 37-38 页。

32 杨东平："矫正'教育产业化'迷误"，《南风窗》，2005 年第 1 期，第 52-54 页。

33 王艳群："留住流动儿童"，《人民日报》，2004 年 10 月 29 日，第 11 版；"同在蓝天下成长：我市外来工子弟学校调查"，《汕头日报》，2004 年 11 月 9 日，第 B4 版；"打工子弟学校学生可优惠接种流感疫苗需凭学生证或北京暂住证"，《新京报》，2007 年 10 月 17 日，第 A19 版。

34 吴剑谦："宁波一中学禁止学生带手机引发争议"，《文汇报》，2005 年 6 月 8 日，第 7 版；陶然："学生哥该不该使用通信工具？"，《南方日报》，2007 年 5 月 11 日，第 C1 版。

35 2002 年 7 月南海焦点组访谈。

36 仲志远、刘亮、刘鹏、莫小勇："助学贷款异化？"，《资本市场》，2005 年第 10 期，第 41-52 页。.

37 叶伟民、何谦："从'读书改变命运'到'求学负债累累'"，《南方周末》，2010 年 1 月 27 日，第 1 版。

38 曹润敏："从大学城新圈地运动看土地管理法规的完善"，《规划管理》第 21 卷，2005 年第 3 期，第 45-48 页。

39 参见 Kahn, Joseph, Rioting in China over Label on College Diplomas, New York Times, June 22, 2006, p. A1.

40 仲志远、刘亮、刘鹏、莫小勇："助学贷款异化？"，《资本市场》，2005 年第 10 期，第 41-52 页。

41 另见"两岸三地高校富士康调研总报告全文发布"，网易科技频道，2010 年 10 月 9 日，http://tech.163.com/10/1009/15/6IIHU0KT000915BD.html；兰芳、郭惟地、唐婴："富士康的'学生工'：一份'两岸三地'高校对富士康的调研报告怎样产生？"，《新世纪周刊》，2010 年 10 月 18 日，第 84-86 页；米罗、许辉、范承刚："'倒卖'学生工：富士康'团购'，职技校批发"，《南方周末》，2011 年 5 月 12 日，第 1-2 版。

42 参见"实习日夜'砍大树'家长质疑"，《中国青年报》，2007 年 10 月 10 日，第 6 版。

43 参见"郑大停发毕业证，数千学生毁校园"，《文汇报》，2006 年 6 月 20 日，第 A8 版；"毕业证书问题校方另有说法"，《大公报》，2006 年 6 月 20 日，第 A17 版。

44 参见 Kahn, Joseph, "Rioting in China over Label on College Diplomas," *New York Times*, June 22, 2006, p. A1.

45 参见 http://blog.chinesenewsnet.com/?p=12467

46 顾昕、高梦滔、姚洋：《诊断与处方：直面中国医疗体制改革》，社科文献出版社，2006 年。

47 胡鞍钢："健康：中国人最大的安全挑战"，《中关村》，2006 年第 23 期，第 63-65 页。

48 刘文海："'三医'问题"，《中国改革》，2005 年第 9 期，第 46-49 页。

49 参见“中国人均寿命增速为何缓慢”，《济南日报》，2010 年 12 月 8 日，第 10 版。

50 顾昕、高梦滔、姚洋：《诊断与处方：直面中国医疗体制改革》，社科文献出版社，2006 年。

51 卫生部：《中国卫生统计年鉴》，中国协和医药大学出版社，2005 年。

52 同上。

53 顾昕：“医治中国病：医疗体制改革的两条路线之争”，《二十一世纪》第 104 期，2007 年 12 月，第 5 页。

54 刘文海：“‘三医’问题”，《中国改革》，2005 年第 9 期，第 46-49 页。

55 周忆粟：“发展中的悖论：经济增长与健康安全下降”《社会科学》，2005 年第 8 期，第 22-27 页。

56 1993 年、1998 年、2003 年全国卫生服务调查发现。见顾昕、高梦滔、姚洋：《诊断与处方：直面中国医疗体制改革》，社科文献出版社，2006 年，第 8 页。

57 胡玲、朱雨晨：“城市‘卖血黑市’”，《中国新闻周刊》，2005 年第 5 期，1 月 27 日，第 23-24 页。

58 张映光：“医药代表今昔”，《财经》，2005 年 12 月 26 日，第 52-53 页。.

59 参见“医药代表曝黑幕：教授级医生月回扣达 10 万”，新华网，2005 年 12 月 21 日，http://news.xinhuanet.com/politics/2005-12/21/content_3948893.htm

60 张映光：“医药代表今昔”，《财经》，2005 年 12 月 26 日，第 52-53 页。

61 参见“全国人大常委会确定近年 12 项重点办理建议”，《人民日报》，2006 年 4 月 12 日，第 13 页。

62 周婷玉：“卫生部‘出拳’治理高医药费”，《北京青年报》，2010 年 5 月 29 日，第 A3 版。

63《中国人口统计年鉴》，中国统计出版社，1996 年；2006 年。

64 参见 Rice, Ron E., and Katz, James, (eds), *The Internet and Health Communication: Experiences and Expectations*, Thousand Oaks, CA: Sage, 2001.

65 参见 England, Robert S., “Aging China: The Demographic Challenge to China's Economic Prospects,” Westport, CN: Praeger, 2005.

66 杨冬叶、赵勇：“我国空巢老年人的现状与对策”，《现代临床护理》，2004 年第 5 期，第 60-62 页。

67 雷楠：“‘老伴’手机考量‘老伴’市场”，《中国新通信》，2006 年第 2 期，第 61-62 页。

68 黄润龙：“我国空巢老人家庭状态”，《人口与经济》，2005 年第 2 期，第 57-62 页；周运清、彭锦（编）《空巢老人玫瑰梦》，武汉大学出版社，2008 年。

69 参见 Hummert, Mary L., and Nussbaum, Jon F., (eds), “Aging, Communication, and Health: Linking Research and Practice for Successful Aging,” Mahwah, NJ: Lawrence Erlbaum Associates Publishers, 2001.

70 黄润龙：“我国空巢老人家庭状态”，《人口与经济》，2005 年第 2 期，第 57-62 页。

71 析儿：“关注被高科技遗忘的角落”，通信世界网，2004 年 1 月 12 日，http://www.cww.net.cn/Mobile/Article.asp?id=9396

72“老树逢春！三星 T208 成中老年手机新宠”，太平洋电脑网，2004 年 11 月 3 日，http://mobile.pconline.com.cn/market/sh/0411/483680.html

73 雷楠：“‘老伴’手机考量‘老伴’市场”，《中国新通信》，2006 年第 2 期，第 61-62 页。

74“小灵通新春导购”，中国网民报，2006 年 1 月 23 日，http://wy.cnii.com.cn/20041105/ca333573.html

75 许永明、喻锋：“小灵通定位服务”，《中国数据通信》，2004 年第 8 期，第 72-76 页。

76“3 元小灵通火爆岛城，同号定位两款业务最受宠”，《青岛早报》，2006 年 3 月 24 日，http://it.sohu.com/20060324/n242451074.shtml

77 参见 Haddon, Leslie, “Domestication and Mobile Telephony”, in J. Katz（ed）, *Machines That Become Us*, New Brunswick, NJ: Transaction Publishers, 2003, pp. 43-56.

78 关于此次调查组发现，参见本书研究方法附录。

79 参 见 Castells, Manuel, Fernandez-Ardevol, Mireia, Qiu, Jack L., and Sey, Araba, “Mobile Communication and Society:A Global Perspective, Cambridge,” MA: The MIT Press, 2006.

80 该调查由南加州大学医学院项目组实施。2003 年 5 月，项目组成员在洛杉矶向笔者介绍了项目主要发现。

81 阿尔温·托夫勒：《第三次浪潮》，朱志焱、潘琪译，三联书店，1983 年。

82 北方老年网网址为 www.bfln.cn。宏根老人坊网址为 http://www.53199.com/。

83 参见 http://oldkids.com.cn/

84 本部分由上海交通大学媒体与设计学院吴欢老师采集整理完成。

85 吴学安："手机不该是贫困生受助的'障碍'"，《中国妇女报》，2005 年 9 月 28 日，第 6 版。

86 乔显佳："买电脑用手机者不能享受低保"，《新民晚报》，2006 年 10 月 9 日，第 A1-12 版。

87 陈金桥、康彦荣："'数字团结'：描绘信息社会新图景"，《中国电信业》，2004 年第 1 期，第 32-36 页；刘燕南："突尼斯'信息社会世界峰会'系列会议纪要与随感"，《现代传播》，2006 年第 3 期，第 135-137 页；赵月枝：《传播与社会：政治经济与文化分析》，中国传媒大学出版社，2011 年，第 259-279 页。

88 卜卫："关于农村留守儿童的研究和支持行动模式的分析报告"，《中国青年研究》，2008 年第 6 期，第 26-30 页。

89 "大学生随意消费"，《生活时报》，2003 年 2 月 20 日，http://www.ecjtu.net/news/list.asp?ID=870&SpecialID=0

前他们上北京的学校要交借读费不说，有的还要穿特别标明“借读生”的校服，被人歧视。于是一些打工者和家属自己组建打工子弟学校，其中有拿到官方许可的，也有尚属非正规经营的。这些学校不少面临拆迁或被强行关停的威胁，曾引发社会广泛关注。[33]

第三，学校还可能在基层网络媒体发展过程中扮演负面角色。前面提到包括信息课在内的教学内容往往只反映精英视角。而中低端手机和互联网服务则正好相反，它们和中下阶层生活经验紧密相连，从而很可能因其草根网络价值观与“正规”的教学和学校管理原则向左。所以在新闻报道里，老师们往往对网吧大张挞伐，极少看到其他言论。所以一些中学为了方便管理，禁止学生使用小灵通。[34] 批评也好，禁止也罢，不一定达到预期效果，还很可能适得其反，加强学生反叛心理。更重要的是，校方丧失了反思和改进的机会：究竟为什么学生对这些中低端网络服务趋之若鹜？是不是学校跟不上信息时代步伐了？是不是应该用更民主的手段规范学生上网行为？是不是应该在教学中纳入更多元、更贴近学生生活经验、更能帮助他们解决实际问题的内容？

这里值得一提的是我在广东观察到的女孩子“下网”现象。本来信息时代越来越多的人是要“上网”的，中小学开设信息课也是为了让大家学会更好“上网”。但就在经济条件相当富裕的广东南海，却出现高中生毕业后选择“下网”的奇怪现象，而且“下网”的多数是女孩。[35] 有讽刺意味的是，这里曾是信息化建设模范城市，领导非常重视发展互联网。当地先于全国，早在90年代末就从小学三年级起开设信息课。然而，2002年我在调研中发现，不少女青年在校期间会因课程要求定期上网，但一旦毕业就选择“下网”了。究其原因是她们的观念，认为互联网是属于男人的东西。她们说：“互联网是给男的用的。女的在那方面找不到工作。”“男孩才会去网吧玩。”很明显，信息课只教了技术，而缺乏社会性别平等相关议题。结果男女差异被延续乃至强化，信息教育事与愿违。

再看表5.4可以发现，有幸人大学的中下阶层年轻人也面临严峻问题。高校是扩张最迅速的教育部门。大学扩招被称为“畸形工业化”，[36] 因为传统上高等教育都是公立的事业机构，直到1990年代初，大学生都不用付学费，还有一份维持基本生活的补助金。但到1990年代末，多数高校走上市场化道路，学生缴费越来越多，超出基层家庭承受能力。据新华社统计，我国大学学费10年攀升了20倍。导致农村家庭上大学负担过重，甚至出现“读书致贫”、“因教返贫”的现象。[37]

大学要扩招，就需要更多土地。于是出现被称为“新圈地运动”的大学城建设潮，教育事业和地产行业出现合流。[38] 同时，老师们把更多精力放到捞外快和各种与教学不相关的“科研”活动上。如此“教改”，让大学里的干部、职员和老师们获得丰厚收入，来自中下阶层的学生和他们的家庭却负债累累。扩招还导致教学质量下降。尽管近年来贫困生可以得到更多的奖助学金及贷款，但只能在短期内解决局部问题。

要更全面、更长期地为中下阶层大学生提供结构性支持，就必须减免学杂费，并想办法让老师们安心教学。同时，就业问题也特别严峻，尤其面对高校毕业生数量激增，用人单位却未做好准备，不论国家企事业单位，还是私企、外企，增加就业机会的速度都跟不上扩招步伐。根据国家发改委的消息，2006年全国410万高校毕业生中，至少百分之六十的人面临找工作难的问题。[39]“毕业即失业”，中下阶层家庭背景的毕业生因此承受的压力尤其大，因为他们中很多人需要偿还学生贷款。[40]

就业问题是教改困局的缩影。一来财政支持不足，将学校推向市场，结果不论老牌公立学校还是新出现的私立学校都愈发强调盈利，而忽视教育给所有孩子带来平等发展机会这一根本使命。二来扩招直接导致班级规模更大，学校和老师在教学上的投入却日益减少，教学质量下降。另外，越是家庭条件差的学生，越要兼职以补贴生计和学杂费，意味着他们用在学习上的时间又要减少。到毕业时更无一技之长，只能找到半技术型工作，当上“灰领”已属不错。

借教改之名，还有更奇怪的事。比如校方强迫学生去实习，本质却是为了营利目的，剥削学生的劳动价值。比如广东的富士康生产线就大量采用学生工。2010年秋，我对两位iPhone生产线负责人进行采访，才知道他们手下的工人百分之八九十是学生工，一般每三个月换一拨，而且绝大多数来自和机械电子制造无关的专业，比如财会、制药、外语等。[41] 问学生工为什么要来，他们多

表 5.3 我国城市青少年网民的父母职业分布（%）

	父亲		母亲	
	2000 年 （样本量 :725）	2003 （样本量 :3036）	2000 （样本量 :726）	2003 （样本量 :3089）
工人	15.6	18.1	14.6	14.4
销售和服务员	10.2	8.5	20.4	14.8
职员	*	19.7	*	21.5
失业	*	3.8	*	9.0
信息中下阶层	25.8	50.1	34.0	59.7
老师、教授	10.5	18.0	*	18.1
经理和干部	15.2	9.1	12.0	3.9
信息中上阶层	25.7	27.1	12.0	22.0

* 无数据

资料来源：根据卜卫、郭良：《互联网使用状况及影响的调查报告（青少年部分）》，中国社会科学院，2000 年；卜卫、刘晓红：《青少年互联网采用、使用及其影响的调查报告》，中国社会科学院，2003 年综合而成。

学校里开设信息课。但在家庭结构层面上，最重要的原因还是因为独生子女。即便家里收入低，“小皇帝”和“小公主”们仍能从他们收入微薄的父母或祖父母那里获得重要的东西，包括当时售价还很昂贵的上网设施。越是中下阶层家庭，往往越希望子女出人头地，而买电脑接网线则是让孩子更好学习、掌握更多技能的教育投入。至于孩子上网是否只是打游戏就很难说了。但在家上至少比去网吧好，而这一阶段正好是网吧严打和社会道德恐惧症的高峰期。从这个角度来看，中下阶层家庭投资让孩子在家上网也还是为了解决生存议题，包括短期内增加安全感（让孩子少去网吧），从长远看又让孩子不落人后（教育投入）。

然而，投资家庭上网与中下阶层家庭的基本财政状况有什么关联？会不会因为买了电脑，本来只能勉强吃饱的孩子更加缺乏营养？目前还没有足够证据回答这个重要问题。但在考虑问题时，一定不能忘记中下阶层家庭可支配资金有限这一基本前提。如何帮助这些家庭的投资物有所值，而不是浪费钱，则是教育、社会工作、信息产业等相关部门需要进一步关注的事。

不过目前来看，至少有一点是肯定的，就是中下阶层也有特殊的智慧，特别当事关自己钱包的时候。买二手机、翻新机就是答案之一。只要有足够多家庭如此投资，就会出现从回收到翻新到零售和售后服务"一条龙"的新兴市场，不但让基层家庭少花钱，而且为草根经济创造出更多就业机会。这些卖二手机、翻新机的店铺有证照齐全的，也有的属于非正式经济。它们卖的机器有的通过正常渠道回收，也有的是通过其他渠道，如黑社会、地下帮派组织等。

中下阶层青少年到底能凭借中低端信息传播技术得到什么？是有用的技能还是没用的摆设？是更多的自由还是更严格的控制？这些问题的答案不见得是家长想怎样就怎样的。有时越是投入大、越是期望高，孩子反倒越有反抗心理，结果也越适得其反，特别当问题涉及新媒体的时候。用起电脑和手机来，往往孩子比家长懂得多，这在世界各地也很常见，越是中下阶层家庭往往越会如此。所以，要想找到问题答案，前提是要学会用青少年视角看问题。到底他们用新技术工具来做什么、怎么做，是学习还是娱乐、社交，这些都应该在家庭成员良好沟通、达成共识的基础上进行解决。特别对中下阶层青少年而言，他们不仅成长在家庭和学校的环境里，更要学会面对来自日益商品化的主流社会的压力，寻求自我身份认同。

中下阶层青少年在成长过程中面临着种种问题，经历着种种复杂乃至自相矛盾的社会过程。这在电影《十七岁的单车》里有很好地表现。虽然电影围绕的是自行车，但我们也可以想象它是电脑或手机。该片由王小帅导演，2000年发行，2001年荣获柏林国际电影节最佳故事片评审团大奖银熊奖。它以戏剧化方式讲述了这样一个故事：在北京的一个下岗工人家庭，17岁的独生子少年偷了父亲好不容易攒的钱，从二手市场上买了辆变速山地自行车，为的是能够加入同伴们的活动，和他们一样显得很酷。但这辆山地车原来的主人却是一个从农村来的少年打工者，他也17岁，受雇于快递公司，全部生计有赖这部自行车。但车却被偷了，然后卖给下岗职工家的少年。两个同龄的孩子不期而遇，为车一次又一次地打了起来。两人都竭尽全力，却都无法独自占有这辆车。最后，他们开始认识到如何尊重对方，两人轮流使用，成了朋友。

这部影片反映出中下阶层青少年面临的复杂的社会现实，反映出底层社会的残酷和青春期难以预测的苦辣酸甜。但它也表达了一种期望，那就是孩子们虽然确实有不懂事的时候，但他们最终会成长，会学会通过理解别人、通过放弃部分私利而在更广的社会和群体范围里找到自己。这恐怕是对他们而言最难能可贵的东西，而这是在过于呵护的家庭环境中难以学到的。当流动性较低的下岗职工家庭青少年和流动性较高的进城务工青少年经过冲突，逐渐磨合成为朋友，他们也就超越了地缘和家庭背景的制约，形成跨越中下阶层内部不同群体的有机联系。在此意义上，《十七岁的单车》以其独特的艺术手法，从青少年角度为新工人阶级形成这一重大历史进程提供了十分难得的诠释与表达。

□ 教育改革的后果

如果说独生子女是有中国特色的家庭政策，那么教育体制改革则在世界各地都有发生。教育改革对中下阶层年轻人影响尤甚，并进一步影响到城市网络社会的发展和未来。近年来，教育私有化和随之而来的学费攀升在世界范围内引发了诸多紧张和不满。仅 2006 年 5 月和 6 月，希腊和智利就发生了几起大规模学生示威，抗议教育产业化。[24] 2008 年全球金融风暴以来，主要西方国家由于对银行业倾囊相助，公共服务捉襟见肘，于是又要削减教育预算，逼迫穷学生缴纳更高昂的学费。结果是出现类似 2010 年伦敦学生大规模示威，袭击查尔斯亲王座驾这样的激烈抗争场面。事件起因是英国国会通过议案，2012 年起英国大学本科学费由每年 3290 英镑涨到 9000 英镑，升幅接近三倍。[25]

我国教育改革基本跟随世界范围内的新自由主义趋势，但也有自己的特点。中国人重视教育，历史上多数时候教育属于公共事业，以让基层青少年有更多向上流动的机会，达到更大范围的社会平衡和可持续发展。隋唐时期逐渐成熟的科举考试制度打破门第世袭，成为人类教育史上用人唯贤的里程碑之一。虽然科举制度也存在种种弊端，但直到文艺复兴时期还受到西方资产阶级启蒙思想家如伏尔泰的大力推崇。新中国成立以来，教育体系重心向下倾斜，公共教育事业成绩巨大，特别是采用各种手段普及义务教育和“扫盲”，使文盲占全国人口总数比例从解放初的80%以上降低到1999年的14.5%。五十年成就令人瞩目。对普通工农子弟而言，变化可谓天翻地覆。

然而，就在公共教育事业高歌猛进的时候，教育私有化、市场化、产业化的暗流也开始汇集，从1990年代中期起实质推进，并引发类似2006年6月河南郑州升达学院学生骚乱的恶性事件。[26] 这恰好也是互联网、手机开始普及的时候。新自由主义教改和电子通讯市场里的精英主义发生互动，令人不禁发问：进入信息时代以后，教育还能继续承担促进社会平等的角色吗？还是它已经基因突变为一头怪兽，以“公共事业”为名，行的却是变相剥削中下阶层之实，结果造成更多不公？

看一看1982年以来的数据，就会发现整体上我国教育规模扩大了（见表5.4）。独生子女政策导致学生数减少，所以小学生数量在下降。但中学和大学的学生总数都在增加。从1982年到2006年，中学生数量增加了一倍多。增长最快的是高等教育，1982年，全国大学录取人数是115万。到了2000年，这一数量上升为586万。而2006年，则飙升至2700万。

尽管同期青少年人口在减少（见表格5.1），总的入学人数却从1982年的1.879亿攀升至2004年的2.3988亿。相应地，6岁到24岁人口中学生所占比例也从48.3%上升至74.2%（见表格5.4）。该增长有一部分来自22岁以上成

表5.4　我国1982–2004年不同等级教育入学情况（百万人）

	小学	中学	大学（包括大专）	总计	6–22岁人口中在校生比例（%）
1982	139.72	47.03	1.15	187.90	48.3
1990	122.41	51.05	2.06	175.52	46.9
2000	130.13	85.03	5.86	243.84	68.1
2004	116.30	102.25	21.33	239.88	74.2

数据来源：根据《中国人口统计年鉴（1996）》和《中国教育统计年鉴（2000、2004）》综合而成。

人教育和研究生教育的扩张，但更多还是因为职业技校课程大大增加，以吸引18、19或20岁出头的年轻人。不管是职业高中还是大专院校，这些课程都为经济迅速增长提供了数量可观的灰领、蓝领或初级白领工作者，包括许多新兴信息传播技术领域中的产业工人。

在某种意义上，正式教育体系在信息传播技术接入方面有促进社会平等的重要意义，因为教育部要求城市初中截至2001年、城市小学截至2005年，必须开设信息课。[27] 在高等教育领域，大学更是在普及互联网方面扮演了重要角色，特别在一些边远地区，如西藏。那里直到2003年，中国教育和科研计算机网CERNET都是唯一的互联网接入服务提供者。[28] 如果没有中小学信息课和CERNET，数以百万计的中下阶层青少年将无法接触网络新媒体。哪怕他们的学校没有上网电脑，只要能上信息课，提供相关基础教育总是有帮助的。

虽然全国总体而言，多数中学都有计算机实验室，中学电脑的普及程度却低于高校和小学（见表5.5），且电脑和网络资源主要集中在城市。[29] 而在大多数学校，尤其是小学和初中，学生们多人共用一台电脑的情况相当普遍。这样看来，学校里的新媒体接入方式和网吧有某种相似之处，都属于针对青少年的集体共用模式，其排他性比在家或在单位用电脑的私人使用模式更低。

表5.5 2003年我国中小学电脑和网络的普及情况

	小学	初中	高中	完全高中 *	总量 **
学校总数	396,665	62,272	5,910	7,398	472,245
拥有电脑教室的学校数	61,584	38,070	4,950	5,541	110,145
拥有校园网的学校数	13,215	7,576	2,567	2,968	26,326
平均多少学生共享一台电脑	52	27	14	15	33
平均为每位学生投入的电脑及联网投资（元）	173	408	590	612	291

* 同时拥有初中和高中部

** 包括小学和中学

数据来源：教育部基础教育司《2004年度全国中小学教育技术装备综合统计》。

然而，究竟如何充分利用学校里的设备、师资和知识，尤其是信息课？答案并不简单，特别在资源相对缺乏的地区，在留守儿童集中的地方。一是管理问题，学校越困难就越要注意保障有限的电脑资源不被滥用，包括延长机器使用寿命，也包括不会失窃。但过分保护的结果很可能是让电脑房长期由“铁将军”把门，或每天开放时间过短，或就算开放，学生也因管理过严、机器维护不够而不愿来。

二是教学内容。信息课教材一般偏旧，跟不上新媒体发展速度，更不反映中低端信息传播技术的现实情况。以传统专家和精英视角组织的教学内容无法在中下阶层青少年群体中达到预期效果。要解决就一定要从这些学校的现实情况出发，发展新的课件，比如以低端手机为中心，教学生如何用手机上网查询有用信息，又如使用 QQ 时如何防止上当受骗，以及如何更好利用当地网吧资源等。还可以适当开展使用低门槛数码技术的多媒体内容制作培训，如在 2011 年“六一”期间举行的“第三届新公民儿童文化艺术节”上，参与“儿童影像工作坊”的来自贵州省贵阳市苗岭苗族打工子弟学校的同学们就是先在信息课上学习用数码相机拍摄视频节目的。[30]

然而，一般来说，在教学管理和教学内容上面临的上述难题得不到足够重视，这不是个别老师、个别学校可以彻底解决的，而是因为教改在大方向上日益偏向市场，背离了公共服务行业追求社会平等的基本目标。[31] 首先，教育私有化、产业化，令不少学校越来越像企业，连公立学校的学费也飞涨，引发辍学的同时，谁还顾得上培养适合信息时代的新型人才？这个问题在农村尤其严重，尽管从 2006 年农村推行免费九年义务教育后，情况有所改观，但对于农村家庭和低收入城市居民，包括下岗职工家庭的孩子们来说，九年义务教育之外的高中和大学学费依然高昂。

其次，教育系统本身也有内在等级和歧视。校与校之间不尽平等，一所学校内部如何保障贫困生不被歧视也是问题。重点学校和普通学校的分别本身就是等级的表现，将那些享有更多资源、学生分数更高的学校与其他学校区分开，结果使受教育机会更加不平等。[32] 除普通学校之外，还有“打工子弟学校”。以北京为例，由于没有当地户口，在京打工者的子女上学一直是很大问题。以

下　编

新工人阶级之雏形

第五章

生存之地

中低端信息传播技术和信息中下阶层对方兴未艾的新工人阶级网络社会而言，是必不可少的两大基石。当技术与社会相互交融，具体会为阶级形成带来怎样的变化？从经典马克思主义视角来看，阶级关系总是存在的，但其集中表现形式又随时空变化而有不同，可以是19世纪的公社，可以是20世纪的工党。21世纪网络社会中的工人阶级会以怎样的面貌书写历史？我不知道。因为新世纪才刚开始，网络与阶级的关系在很多方面依然扑朔迷离。但有一点是清楚的，工人阶级无论怎样转变都离不开生产劳动，更离不开劳动者。而只要有生产活动就必须有承载它的空间，比如厂矿企业、作坊店铺，也包括虚拟空间里创造劳动价值的各式生产活动。只要有劳动者就会有他们聚集的宿舍楼、居民区、城乡交接带，也包括他们自己用中低端信息传播技术建构出的社交网络空间。

简言之，工人工作生活的地方就是工人阶级的生存之地，也就是阶级关系重构和再生之地。本章讨论城市里的阶级空间问题，不仅因为这里中低端手机互联网服务的普及率更高，而且已形成大量与网络媒体相关的产业链、工业区和新工人社区，更因为城市化是当代中国社会空间变迁最根本性的一场变革。无论哪个工人群体都必然主动或被动地介入城市化进程之中。无论拿起手机还是使用互联网，大家也还是在参与城市化，只不过那个城市是更强调网络空间的“信息城市（informational city）”。

究竟什么是城市？一般而言，城市是一种维持民众日常活动和集体记忆的社会空间结构。它包括可见的基础设施，如楼房、道路、标牌、电话网，也包括无形的东西——它存在于人的意识里，通过社会组织和信息技术手段保存下来，并可以经由一处街景、一息工厂的味道，或街坊的谈话而被激活。每个地方的背后都隐藏着一系列权力关系、经济纽带和社会网络。最终决定城市气质的往往正是这些无形的信息、意识和感觉。只有有了这些东西，城市才不只是一个抽象的“空间（space）”，而是对人有意义的“地方（place）”。[1]

基层地方的变化对新工人阶级网络社会至关重要。网吧、小灵通、预售卡和二手手机销售，这些主要都是街头巷尾的小生意。在打工者、下岗工人、老年人、年轻人中间，依靠中低端信息传播技术运行起来的网络空间结构也大多是本地或跨地域的小规模人群，如家庭、邻里、亲友、同事、同学等。其中有些是针对新自由主义全球化的抵抗力量”，通过网络连接，为保护当地文化和传统身份而进行抗争。除此之外，还有各式各样的其他努力，目的是为了在全球“流动空间（space of flows）”[2]的框架内力谋生存，让城市化服务于本地的民众需求。

中低端信息传播技术成为市民百姓生活的日常组成部分。这是当今时代的一大重要变革。它带来怎样的空间变化？营造出怎样的生存之地？哪些社会结构支持或限制了中低端技术的日常应用？新的阶级形成为城市空间转型带来哪些机遇、问题和挑战？本章集中讨论信息中下阶层生活和工作的实际城市空间，以对上述问题进行处理。

□ 超越户口与单位

究竟如何判断谁是“外地人”？谁是属于这座城市的“常住人口”，可以享有城里的社会服务和公民权利？这些看似简单的问题，实际回答起来却不容易。20世纪90年代以来，我国人口流动性大增，在经济全球化影响下，这种趋势有增无减，问题的答案因此不断发生变化。职业、金钱、教育水平，这些都有可能影响到谁属于外地，谁属于本地。然而，所有这些变化都建立在新中国城市管理体制的两大基础上：一是户籍制，一是单位制。两者并行，全面控制了当年城市工作生活的方方面面，从政治动员到消费，从教育到娱乐到生老病死。1980年代开始，两个系统都出现松动和弱化，甚至在某些方面基本丧失了功能。然而，它们仍在物质、组织和文化上持续发挥作用，有时强化旧偏见，有时引发新冲突。它们因此也成了新工人阶级社区形成的两大基本条件。[3]

我国目前实施的户籍制始于1958年。它有两大效应。首先，它限制了人口流动。从20世纪60年代到80年代，没本地户籍基本上很难找工作。而有怎样的户口，是农业还是非农业户口，在哪里的户口，则在很大程度上决定了一个人获得怎样的工作和社会福利。情况直到80年代计划经济向市场经济转轨，户口制才慢慢松动。人们开始可以离开户籍所在地，到其他地方找工作。只要付得起钱，就能购买食物和服务，户口开始变得次要，虽然在医疗、教育等其他方面，没有本地户口往往意味着必须缴纳更高费用。[4]即使是找工作，针对中下阶层流动人口的户籍限制依然残存，比如2007年在广州想当出租车司机但又没广州户口的话，就必须花钱办暂住证，否则很难入职。[5]

其次，户籍制强化城乡二元结构，令社会分化的现实成为正式的国家管理制度，进而加剧不平等。这是“农民工”弱势地位的历史根源之一，尽管他们数以亿计，许多人长期住在城里，却无法成为户籍制承认的“城里人”。这与从前国家政策忽视农村社区福利建设有很大关系。几十年来，拥有非农户口的城市居民得到财政支持，发展基础设施和社会服务，农村则要自力更生。[6]二元结构的弊端长期积累，一旦户籍制出现松动，大量农村人口就涌向城市，去做城里人不愿做的脏活、累活，从事城里人不屑从事的低薪工作。虽然这些蓝领工作其实是城市化的必要组成部分，他们却在户籍制的思维框架内被看成可有可无。而与此同时，城里人就算无所事事，也可享受城市居民的社会地位和福利政策，就因为他们有那座城市的户口。

建立在户籍制基础上的不平等结构是历史现实的一部分，它对城市空间的变迁，对新工人阶级网络社会的形成都有深远影响。它人为地加剧了“城里人”和“外来工”之间的社会分裂。社区发展规划往往有意无意地将没有当地户口的人排除在外，甚至直接视后者为入侵者，在就业、房产、学校等体系里采取歧视措施，建起隔离之墙。于是出现流动人口聚集的“城中村”、“城边村”，令中下阶层城市社区的社会空间版图出现断裂。

户口影响个人身份。与之并行的是组织层面的单位系统，它以雇佣关系为基础，进一步决定住房及各种社会服务的供给。很长一段时间里，工作单位甚至成为城市居民社区的基本组织条件。一个典型的单位，比如工厂、政府机构或大学，本身就是一个五脏俱全的小社会。其核心是终身制的雇佣关系，即所谓“铁饭碗”。此外，单位社区还包含其他方方面面，以支持成员的各种需要，从住房、教育、医疗到安全保卫和娱乐。直到1980年代，我国绝大部分城市人口都与单位绑定在一起，他们的收入、社会政治地位和公民权利也因之被决定。[7]

20世纪90年代以来，大批国有企业转制，集体所有制企业更相继倒闭。单位体制逐渐丧失其在城市生活中起的中心角色。作为惯用词的“单位”依然被大家挂在嘴边。然而，它的所指变窄了，一般只代表工作单位，而不包括其余社会功能。传统上由单位提供的福利，比如住房、教育和医疗等，日渐转由其他机构提供，尤其是商业营利性组织。

与此同时，“单位”的所指变得越来越广，其范围不再仅限于国有企业和集体所有制企业，也开始涵盖私营企业、合资企业、跨国公司等。在这些广义上的“单位”之间，以及“单位”内部，薪资水平和员工福利的差距都是巨大的。于是，收入高的向“高尚社区”聚集，收入低的向房价低、租金低的社区流动。员工收入差距扩大、商业化转型加剧的结果是以传统单位为基础的城市社区日益消逝。从前，同一单位的员工及其家人大都住在毗邻工作地点的单位社区。现在这样的情形日益罕见。尽管如此，单位仍然重要，因为它在形塑城市社会的过程中依然担当着基础性的经济角色。

单位转型了，但多数仍保留传统的层级结构，包括各地的高科技企业。只不过单位里的高层可能和过去一样是党政领导干部，也可能是民营企业家、官二代、富二代、港台投资客、日本商人，或是来自加州硅谷的美国老板。无论哪类企业，管理层都要自上而下地掌控员工，这种控制有时非常严苛。正是这种单位内部权力的不均衡，使得高层可以相对容易地摆脱所要承担的劳工福利责任，变得“精明而刻薄 (lean and mean)”，进一步加深对信息中下阶层的剥削。

单位的社会服务功能日益消退，使员工及家属必须自己照顾自己。这一方面将人们从领导的掌控中解放出来，但另一方面，也迫使大家进入市场，以有限的薪资换取良莠不齐甚至真假难辨的住房、医疗和教育服务。在这样的环境下，中低端信息技术的普及刚好为员工之间形成草根网络，互通信息，互相帮助提供了新的基层传播渠道。它对各方面资源相对匮乏的信息中下阶层而言尤为必要。

当然，全国不同的区域经济体，有代表性的单位各有特色。比如东北老工业基地的国有工厂、中西部的矿山、东南沿海的跨国企业及其供应厂商等。通过聚集不同年龄、教育程度、职业、户口、籍贯的人，这些单位集群定义了当地工人阶级社区基层传播的基调，从而在根本上影响着城市信息中下阶层的空间转型。

本章通过聚焦信息中下阶层工作和生活的地方——工厂和社区——来检视这一空间形成的具体过程及它所产生的典型地方。对于信息中下阶层来说，这些空间是承载所有生命活动的载体。新工人阶级如果产生，如果抗争，势必在此空间里发生，包括钢筋水泥建成的物理空间也包括手机互联网连接而成的网络空间。老空间的变迁和新空间的形成均超越传统户口及单位体制。它们撕开信息城市光鲜亮丽的表面，带我们走近它的核心现实：一个正在形成的新工人阶级网络社会。

□ 工业区

工业区是经济生产之地，是劳动价值得以集中创造之地。在中国，直到 1980 年代，工厂都是最强大的城市权力机构之一，是工人阶级领导力量的物质体现。当工人不但有特殊的社会地位，而且还可从单位获得种种福利待遇。

虽谈不上富裕，但至少稳定，所以常受到其他行业城市居民的羡慕。然而从20世纪90年代开始，尽管我国进入一个新的工业化高潮期，甚至赢得“世界工厂”的称号，工人师傅们却失去了昔日的政治经济地位。从1989年到2004年，超过3000万工人下岗。[8]工厂迁走了，单位社区拆迁了，工人阶级的主体变成“农民工”了。新的网络劳工在新的工业区成为世界经济的脊梁。但工人们的实际经历究竟如何？打工诗人张守刚在他的《工业区》里写道：

一列火车把我扔在了广州
南方的天空不下雪
经过了夜 经过了梦
最终到达的是拥挤的工业区

一个工厂接着另一个工厂
到处都是机器的轰鸣声
面对一张张招工的广告
哪个地方能把我收留

每个早晨我被操纵着起床
我的生活已是一条定时的流水线
车间里面没有白天和黑夜
只有苍白的灯光和疲惫的脸

我把老板的欲望已看清楚
我把工友们的泪水写成了乡愁
我把我们的希望、失望和绝望
一起捏成一个结实的拳头

“世界工厂”

始于 1978 年的经济改革影响了中国工厂的空间特征，包括它们坐落的地点、外观和内部结构。三十年前，冒着烟的工厂大烟囱往往是城市风景线上最高的建筑物。现在它们要么消失，要么迁往别处。少数剩下的烟囱无声地淹没在银行和商贸大厦的阴影里，再没有往日的荣光。市区版图上工厂越来越少，取而代之的是金融街、购物中心、IT 卖场和数不清的叫洋名的豪宅小区。无产阶级的城市空间被驱赶到信息城市的边缘。工厂是世界的，财富是城市的。工人和他们的生产劳动却只能属于城乡之间的灰色带。这就是潘毅等学者所说的“半无产阶级化”在城市空间分布上的体现。[9]

然而，与“半无产阶级化”相伴的不是工厂的减少和缩小，而是它在物理范畴和社会范畴上的显著扩大。否则，如果没有更多的生产空间，中国凭什么去当“世界工厂”？那么，究竟为什么工业空间越来越大了，但对不是工人的一般城市百姓而言，工业区却好像越来越远了？这一方面由于传统单位式工厂日益消亡，另一方面更因为工业生产过程采用其他新的空间表达方式，不但在工业区里，也在一般市民的日常生活中，隐而不见。这是一个关键转变，即工厂不再仅是一个聚集生产制造活动的物理空间，而是成为新工人阶级网络社会的一个核心区域，其内涵包括网络化了的各种生产方式，既有传统车间作坊里的八小时劳动与加班，也有电脑屏幕前的通宵达旦和手机联网起来的“指尖经济”。虽然技术手段和空间形态各式各样，但究其根本，其劳工出力为资本积累创造价值的本质却没有发生变化。[10]

首先，城里的大工厂在减少，但小作坊却更多。比如深圳大芬村里的油画作坊，又如以前北京浙江村里的家庭式制衣作坊，这还只是众多例子中的两个个案。小作坊一般不被看成“工厂”，然而里面同样存在劳资关系和生产活动。不论当事人是否以亲友关系互相称呼，不管老板叫工人“学生”还是“学徒”，这些小作坊的经济功能依然是工业生产，只不过把传统概念上的工厂化整为零了。空间上貌似零散的生产活动之所以可以被有效地组织起来，其重要原因是信息传播技术搭建的网络架构。本章后面将讨论大芬村油画作坊利用互联网的情况。对家庭式制衣作坊的老板而言，手机联系则是必不可少的。所以虽然每家作坊的生产规模可能不大，有时还属于半公开的非正式经济，但指导生产的信息却是依赖手机互联网进行快速传递的跨国、跨地域信息。

其次，如今的大规模工厂一般坐落在城郊。那里往往本是农田，近年才划归城市。工业污染是工厂从城市内部迁出的一大原因，但又不能太远，否则交通、电力等就无法跟上。另一个原因是老工厂单位占地在城市土地市场上的价值快速攀升，工业让位给房地产、金融等更加有利可图的行业，产业工人于是在空间上被推到城市边缘。这个过程中，行业政策和城市规划是最重要的基本维度。无论沿海还是内地，各种工业区、开发区、高新区、园区雨后春笋般地出现，很大程度是国家和地方政府的政策与投入使然。起初，新兴的工厂企业多从事服装玩具等传统产业。但1990年代开始，高科技园区越来越多，开始快速推高电子产品在我国出口贸易额中所占比例。[11] 这些新的工业区往往是国家扶植的空间实体，以吸引资本和改组当地经济。它们对当代中国的地域形成和产业转型具有深刻影响。

在正式划定的工业区以外，在广大城乡交接带乃至农村，都有不同背景的厂矿。它们有的是民营企业，有的是外资企业。还有1980年代一度举世瞩目的乡镇企业，是当年乡村工业化的先锋力量，今天却随着城区的大幅扩张，而卷入城市版图之中，“被城市化”了。这些分散的工厂虽各有不同，但多为劳动密集型产业，雇佣大量流动打工者、下岗工人，及其他缺乏就业的城乡居民。普通厂矿不用说，所谓“高科技”企业同样需要依赖劳工，无论电子装配还是编写、测试、安装程序，无论运输、包装、零售还是电话客服、数据处理。如果没有各种技术层次的工人，没有“蓝领”、“灰领”和“白领”，没有网络劳工，传统经济也好，新经济也罢，都不可能运转起来。

近年来，作为“世界工厂”，我国还出现了一种新型的信息工厂，就是第四章曾提到的“网游代练”。这是为网络游戏玩家提供虚拟产品的作坊，以“大型多人在线角色扮演游戏（MMORPG）”为主要市场。在这里，老板雇佣青年打工者上网“打金”，也就是在网络游戏里搜集或生产虚拟货币及虚拟装备，再透过网上交易变成现金收入。这里的打工者被称为“金币农夫”。其运作方式是，比如一人一天工作12个小时，大概可以在网游“魔兽世界”里搜集300

图 6.1　陕西西安的一家“打金工作室”(赵明德摄于 2007 年 10 月)

个虚拟金币。而每生产 300 个虚拟金币，员工可以从老板那里得到 30 元人民币报酬，老板则可将 300 虚拟金币以 30 美金的价格卖出。[12]

这样的“打金工作室”，又称“黄金农场（gold farm)”，实质是网络经济条件下的作坊。它一度从沿海发展到内陆，大小城市到处开花。[13] 我国网游代练的产业规模全球首屈一指。2007 年以前，这类工作室的虚拟产品主要销往海外，赚取外币。同时，国内市场也迅速增长，特别在 2008 年世界金融危机后，海外市场需求大幅下降，人民币升值速度加快，导致“人民币玩家”成为打金工坊的主要服务对象。

然而，发展网络经济新行业并不一定改善工作条件。网游代练工人和普通网友玩家曾多次因劳动待遇差、基本权益（特别是虚拟货币及虚拟物品所有权）得不到保障而举行示威和罢工，包括在网游公司门口聚集，也包括在虚拟的游戏空间里“静坐”。[15] 图 6.1 是西安的一家打金工作室，里面的条件相当典型：旧电脑、拥挤的空间、残破的环境。这样的工作室经常出现在城中村和城乡交接带，也有在网吧里开工的。工作室内常因抽烟而烟雾缭绕。休息时，被叫做“金币农夫”的打工者们就睡在地上。

2007 年 10 月 7 日，一场空前的“金币农夫”罢工在乌鲁木齐爆发。罢工的不是一般的流动人口打工者也不是下岗职工，而是中专职业学校的学生，年龄由16岁到20岁不等。他们本是学习“实用电脑技术”专业的，却被送到打金工作室“实习”。具体工作就是“砍大树”，即在网络游戏里重复劳动，一般一天“砍树”5000棵，以赚取虚拟货币。当时乌鲁木齐的“金币农夫”一般月工资700元，这些“实习生”却没有任何收入。但他们同样要轮班，女生上白班，一天12个小时，男生上夜班，从晚上11点干到早上11点。学生工们忍无可忍，终于集体罢工，事件引起全国关注。[16]

网络媒体为我国工业区的空间转型带来很大变化。无论大厂还是小厂，无论工厂行业和所有制特征如何，它们都可以更方便地利用网络开拓地区及全球市场。同时，工厂自身的流动性也大大增加，以寻求更低的租金和更高的利润。结果是，工业区不但在地理位置，而且在内部面貌上都发生明显变化。一方面制造业大厂越来越大，一方面小作坊越来越多，还出现传统厂矿以外的各种新型工业空间，有信息服务业的，也有生产内容的。空间变迁的驱动力是借助“成本创新”进行资本累积的中国模式。它的一个重要后果是令网络劳工面临沉重的盘剥和严厉的工作规章。然而，随着他们生产出的中低端网络技术产品日益扩散，城市化进程和工业化进程之间又进一步发生紧密互动，导致管理者和劳动者之间的矛盾进一步加深，催生出权力和空间结构变迁的新动态。

“无线缰绳”

工业区的发展不仅在物理空间上成为网络社会的一部分，更在手机网络空间里和工厂管理体制发生相互作用。近几年来，工业区的一个显著变化就是绝大多数工人开始使用手机。无论在普及范围和渗透日常生活的程度上，手机对网络劳工的影响都远大于以电脑为中介的互联网。很多工人打工头几个月存的钱，就是用来买国产手机、小灵通或是价格较低的国外品牌手机。这些手机有二手或经过翻新的。多数人用的是预付卡服务。由此产生的庞大的中低端手机市场，也为信息中下阶层提供了新的就业机会。但手机扩散对工业区里的社会权力空间到底有什么影响呢？

有研究发现，拥有手机令工人们得以赋权，因为他们可以主动掌控工厂内外的信息流通。工厂管理制度的一个重要部分就是将劳工与工作以外的外部环境分离开来，以迫使工人专注于生产活动，由此提高生产率。然而，随着廉价手机的普及，权力向劳工倾斜。比如在东莞，工人们在午休期间互发短信，得知附近其他厂有更好的工作待遇，他们当天就辞职跳槽去待遇更好的工厂。[17] 除了工具性使用，手机还被赋予更广的生命意义，深刻地影响着新一代打工者的工作生活。[18] 比如短信的频繁使用影响着制造业女工的文化生活，给她们带来新的传播空间，包括谈情说爱的私密空间。[19]

上述研究是学者基于 2004 至 2005 年在珠三角的田野观察。当时华南正出现所谓“民工荒”，由于涨薪跟不上日常开销的快速增长，工人有的回家，有的去其他地方（特别是长三角），工厂招工因此出现前所未有的困局。[20] 刚好这个时候，很多工友开始拥有自己的第一部手机，所以手机网络相当自然地成为大家交换工作信息的重要渠道，在各地工人群体中广泛使用。

然而，当我的研究项目在 2006 年开始对此进行调研的时候，民工荒已有缓解。深圳等地提高了最低工资。老板经理们认识到工人使用手机的赋权影响，于是开始对此加强控制。常用手法是禁止工人在工作时用手机。比如电子制造厂本来就有扫描侦测仪器，防止工人带走零件，现在这套扫描系统也用来防止工人把手机带到生产线上。[21] 这样的手法其实了无新意，因为只有让员工全神贯注地工作才能将剩余价值最大化。因此一直有公司禁止员工用办公室电脑上网聊天或收发私人邮件。在此方面，对“白领”、“蓝领”、“灰领”劳工的信息控制是一脉相承的，只不过具体程度和方式存在差异。

我 2002 年做的问卷结果就显示，当时广州、深圳、珠海三城市各行各业员工中 80% 在工作期间使用电话（当时主要还是固定电话）受到不同限制。该比例在 2006 年上升到 100%。[22] 最常见的是规定单位电话只能用于工作。一些台资企业还要求员工算出他们用单位电话聊了多少分钟私事，再从他们的工资中扣除这些话费。在其他地方，比如有的餐馆，则完全禁止服务员使用单位话机。工厂里对电话的管理更严格，包括禁止工人在厂里打私人电话、发短信，禁止带手机上班等。[23]

但随着手机的广泛普及，完全禁止是不可能的。员工们不但用手机进行联系，协调行动，而且还用它在上班时间内进行娱乐和怠工。于是资方也尽力对手机的使用进行控制，而且还争取通过手机编织出一条更广、更有效的“无线缰绳（wireless leash）”[24]。以前只能在车间里，在生产线上控制工人，现在则可以有一个针对劳工的无线监控网络体系，每周 7 天每天 24 小时不间断地达到控制目的。这套所谓“科学管理”体系其实不是什么新东西，早在无线通信普及之前就已存在。[25] 但它和中低端手机网络结合则有其独特之处。

首先，与电脑网络相比，无线系统更能渗透到工厂底层，从而扩大控制劳工的范围。其次，手机便于携带，老板命令员工无论何时何地都必须带手机，就可以让员工一直处于掌控之中。再次，老板可以在移动通讯管理系统中加入针对语音通话和短信的内部监控系统，这与窃听固定电话和过滤含有特定内容的电子邮件差不多，并不太复杂。在大中型企业，这项工作由专门的 IT 部门来做。一旦系统开始运作，就算没有直接影响具体员工的手机交流，也会产生巨大的心理恐惧效应，使权力向管理层转移。

“集群网”是企业内部无线管理体系的一种方案，在各地很常见。以东莞一家民营鞋厂为例，2006 年 1 月该厂有超过 1 万名员工(图 6.2)。自 1999 年起，工厂开始为管理干部购买中国移动提供的诺基亚手机。随着手机价格下降，自 2001 年以来，该厂又购置了数以百计的新手机，包括小灵通。集群网快速扩张，将更多基层干部囊括进来，下至管理 5、6 名普通工人的班长。

手机的购置和分配不光反映出厂内已有的阶层结构，而且进一步将其深化。使用中国移动的外国品牌（主要是诺基亚）手机更贵，信号质量较好。它们免费分配给管理干部和直接为它们服务的少数员工（如司机、负责进出口通关的秘书）。中层干部和文员只能分到较便宜的中国移动手机，基层干部只能分到小灵通，甚至有的只拿到公司提供的 SIM 卡，手机还要自己另外买，广东话说法，这叫“你出豉油我出鸡”，非常不平等。更有甚者，厂里严格禁止普工带手机上班。如果有工人在生产线上收发短信，就要没收手机。就算在工厂宿舍里，管理层也常以家长口吻要女工们不要参加当时特别流行的电台短信点歌节目，因为她们应该“为家里人多存些钱”。这又是一个父权式的工业化模式，不但延伸到无线传播领域，而且还从车间进入到工人宿舍和业余空间，试图将工人的所有

图 6.2 东莞某厂手机集群网示意图（笔者根据 2006 年 1 月该厂通讯录绘制）

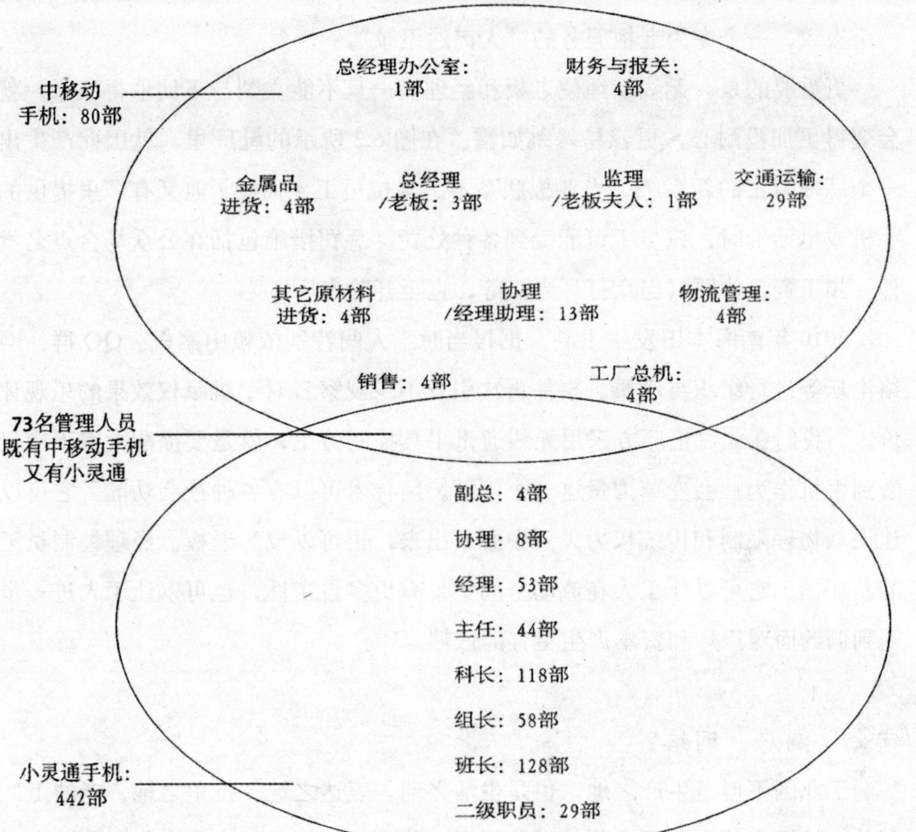

活动都纳入工厂体制的控制范围。[27]

从老板角度看，"无线缰绳"有很多优点。首先，它价格相对低廉，集群网内打电话免费，虽然网外通话可能价格不菲。其次，管理中国移动和小灵通账户比以前更容易，因为所有集群网内号码的前几位是相同的。也就是说，该系统是传统企业"内线电话"的无线版本。第三，在这家厂里，老板不但有 IT 部门为他管理电话信息系统，而且还有一个记忆力超群的秘书：她可以记住集群网里的所有电话以及老板需要的其他重要号码，比如当地主要相关政府部门，主要合作伙伴等。据估计，她脑里记得大概一千个电话号码，随时跟在老板左右，只要老板需要，电话马上拨通。[28]这位秘书代表着“程控劳工”的一个极致，一个专为老板服务的“人肉通讯录”。

更重要的是，无线缰绳使老板和经理们一旦不能立刻与下属取得联系，就会变得更加没耐心，更容易暴跳如雷。在图 6.2 所示的鞋厂里，就因此产生出一个惩戒劳工的新系统。当老板联系不上某位员工，而她 / 他又有厂里提供的手机或电话卡时，该员工可能受到各种处罚。惩罚措施包括在公众场合点名批评、扣工资、体罚（当众打耳光）等，直至开除出厂。[29]

2010 年南海本田发生工潮，据报当时工人间特别依赖山寨机、QQ 群、网络论坛等进行组织与动员。事件再次引发不少观察者对手机赋权效果的乐观评价。[30]我们在此讨论厂方采用无线通讯工具控制劳工，就是要提醒大家不应只看到手机作为社会变革力量这一个侧面。新技术可以有各种社会功能。它可以让人从物理限制和传统权力关系中解放出来，也可以成为老板、经理控制员工的新枷锁。它可以让工人在流动空间中享有更多自主性，也可以让工人进一步受到制约而对厂规和资本产生更强的依赖。

宿舍、病房、网络？

工业区不但是生产之地，也是生活之地、表达之地、抗争之地。老的工厂和单位社区在消失，但在新的工业区里，蓝领、灰领劳工大量聚集，营造出新的工人阶级社区。据公安部统计，我国登记在册的外出打工者中有 29.6% 住在单位宿舍，住出租屋的占 31.1%。[31]一般而言，出租屋是工人出钱自己租的，所以条件比单位宿舍稍好。虽然有的厂也可能在城中村或城边村里租房做工人宿舍，[32]但多数宿舍还是单位自建，位置要么在厂区里，要么在附近。尤其在以出口为主的大型电子制造厂，成片出现集体宿舍区的情况就更多，比如近年引起广泛公众关注的富士康。

从管理上看，集中居住有显而易见的优势，因为它可通过控制工人下班后的地点空间来规范、管理劳动力再生产，从而促进生产常规的实施，让工人哪怕在日常生活上也彻底成为工业体系的一部分。比如工厂要超时工作，宿舍靠近工厂就意味着工人可以加更久的班。为达此目的，宿舍里就需要一套管理制度，让工人回到宿舍专门只是休息，而少串门、少聊天、少上网、少玩手机，为的还是要工人在上班期间最大程度为资本积累创造劳动价值。不服从宿舍管理规定的，厂方则可以通过罚金和扣工资来施加“专制性惩罚”。[33]

宿舍制度与劳工控制的其他手段，如罚款，相互配合，环环相套，把工人压得透不过气来。2000 年，广东惠州一家手套工厂就有多名工人因过度加班而死亡。死前他们每天工作达 16 个小时之久，月薪却只有 300 元。[34] 长时间加班的一大恶果是工殇频发。以珠三角地区为例，据上海社科院统计，每年这里有大约 4 万只手指因工作伤害而被切断或碾碎。[35] 另外，还有苯中毒、尘肺病等各种职业病。根据卫生部 2011 年初统计，全国约有 1600 万家企业存在有毒有害工作场所，大约 2 亿员工在劳动过程中遭受不同程度的职业病伤害。[36] 这不但使大量工人身陷伤残病痛，而且导致工业区出现一种特殊的居住空间，即工殇职业病病房。

一般而言，工业区的医院不会直接叫工殇职业病医院，但只要走进去就会碰到数不清的受到工业伤害的病友。比如华南工业区附近的医院，一般五六层高，里面却有一两层专门就叫“手外科”或“骨外科”，与其他地方单叫“外科”或“内科”相当不同。“手外科”、“骨外科”里的病友几乎清一色都是受工殇的工友。他们来自五金厂、电子厂、模具厂、家具厂、纸品厂等。比如深圳龙华人民医院，2008 年金融危机以前的夏天，里面不但所有病床都住满了，走廊里坐着躺着的都是等待治疗的工殇工友，其中百分之六七十都来自附近规模超大的龙华富士康。[37]

2009 年春我也走进龙华人民医院探访工殇工友，还可见到富士康工人，只是人数少了很多，因为受金融危机影响，海外订单下降，工作压力小了，工殇也自然少了。然而，当我 2010 年夏天再次来到这家医院，就不是探望手部受伤的工友了，而是探望跳楼自杀幸存者田玉。[38] 工业伤害从严重损害身体健康的外科工殇和内科职业病，发展到在精神上摧毁工人的自杀潮。不尊重劳动价值的危害如此之大，连生命本身也受到威胁。

医院的空间可以是非常绝望的，因为它更接近死亡。然而，病房也常是工人建立新联系的地方，因为它不受厂方直接控制。最绝望的地方，原来也可长出新的网络、新的希望。受工伤、职业病发作以前，工人们大都只生活在“车间——食堂——宿舍”三点一线的世界里，为生计不断劳碌，既没时间停下来想想，又不敢不听厂里安排。但现在躺在病床上了，没法去上班了，突然发现老板、经理靠不住了，突然想不通出来打工到底是为什么了。这种情形在工业区病房里非常常见。很多人就这样第一次拿起笔写下自己的心声，包括用诗歌的形式，于是有了郑小琼这样的著名打工诗人。[39] 这些发自内心的诗歌用手机短信发送是最方便不过的了。不仅如此，大家开始和身边的病友交谈，开始意识到个人力量多么渺小、团结多么重要，从而开始参加与工友相关的公益活动。工殇职业病医院因此成了新工人阶级网络形成的一个关键节点，其重要性不容忽视。

医院里的工友一般用的是到四五百元的中低端手机，特别是山寨机。除了用语音通话和短信与亲友保持联系，手机在工殇职业病工友群体中还有不少其他功能。一是联络厂方、社保站、劳动部门、仲裁或法律机构，以拿到法律规定的赔偿和治疗期间的补助。[40] 二是手机上网（往往通过较低端的 GPRS 上网，而非 3G）查询有关法律法规，以捍卫自己的权益。[41] 三是使用手机 QQ，既有娱乐聊天功能，也可记录各种信息，如法律法规、联系方式等，还包括参加 QQ 群里的网上集体讨论、集体活动。随着中低端手机多媒体功能日趋强大，工友的 QQ 空间里也出现越来越多的多媒体内容，其中不乏包含清晰阶级意识的文化表达。

回头来看富士康，那里出问题的重要症结之一正是宿舍管理体制将工人“原子化”。早在 2006 年 6 月，富士康极为恶劣的工作生活环境就被英国媒体称为“iPod 城（iPod City）”，当时批评针对的一个焦点正是“严格的斯巴达式工厂宿舍”。富士康和苹果公司都称此篇报道不准确。广东的网民中于是有公民记者去富士康实地调查，发现确实有数百名工人合住的巨型宿舍房间。里面的铁架床有三层，分上中下铺，一排排床之间的距离非常近。屋子一边至少有 24 排床，每排 3 张，也就是一共 72 张三层铁架床。屋子另一边也同样摆着 72 张三层铁架床。也就是说，这一个房间如果住满，就算下铺全部不住人，也可容纳288人。这样结构的宿舍，在“和平宿舍大院”里最少有四栋，每栋四层。[43]房里只有电风扇，但通风仍很不好。深圳夏天天气异常炎热潮湿，可以想象里面的居住环境有多么的恶劣。

物理空间的恶劣条件还只是一方面。“原子化”的意思不光是把工人安排在巨型宿舍里，让他们感觉自己微不足道，还有更具体的措施，就是故意把同一条生产线上的员工安排到不同的宿舍，让他们下班后更难相互交流。管理的逻辑是，这样的话员工回宿舍就不会瞎聊天，就可以好好休息，从而保证第二天更好地工作。当然，还有潜在的原因，就是工人之间更难团结起来，更难形成集体诉求。

然而，如果问一下工人的感受，就会发现“原子化”的宿舍体制对工人休息和生产其实弊大于利。原因很简单，这么多人住一起，而且来自不同部门，有不同的作息时间，一个人睡觉，隔壁的刚下班，就算互相不说话，又怎么休息得好？工人之间不交谈，能过上愉快的业余生活吗？归根结底，“原子化”的实质是只把工人当机器，而不是完整意义上的人、社会的人。如此扼杀工人社会性的宿舍管理体制正是富士康“N连跳”悲剧的重要原因。

2010年春，《南方都市报》有记者进入富士康卧底，发现“原子化”宿舍管理体制已经在工人中造成极端冷漠的人际关系。由于连续跳楼的影响，厂方终于意识到必须做出改变，办法之一是金钱奖励：住十人宿舍的，只要能说出另外九人的姓名，就重奖1000元。不料，工人们很少踊跃参加，因为他们看来，和同宿舍人聊天比拿1000元难多了！冰冻三尺非一日之寒。就算富士康迫于员工自杀的压力，最终放弃了“原子化”宿舍体制，工人之间的社会网络也不是马上就会自动恢复的。好在自2010年以来，富士康宿舍改制，允许同事、老乡住一起的新安排基本保持下来，所以2011年没有再次出现大规模跳楼潮。这从一个侧面证明过去“原子化”宿舍体制确实存在严重问题。

影响宿舍社会空间的另一个重要因素是员工籍贯及在其基础上形成的地缘关系网络。无论是在车间还是宿舍里，工人们都常用同乡身份作为社会交往的基础考量。比如马杰伟在东莞一家玩具厂调研时就发现，由于工人多数来自几个地方，因此这几个地方来的工人在车间和宿舍里往往占有优势位置。老乡抱团的现象很普遍，其中有的不光是来自同一个县的老乡，还是来自同一个村庄的或是亲戚。[45] 另一个佐证跨域关系网络的现象是坐落在工厂宿舍附近的长途电话吧，里面一到工休的时候，比如周末，就生意兴隆。2007 年的五一长假，深圳工业区的长话吧前甚至排起了长队，跨域地缘关系对工人社交网络的影响由此可见一斑。[46]

在我国，以地缘为基础的劳工网络形成可以追溯到 20 世纪上半叶，比如苏北人在上海。如今的工业区里，地区身份依然常常决定着工人在厂里和宿舍空间中的权力地位。[47] 例子之一是李静君笔下的深圳立顿电子有限公司。它隶属一家港资企业，主要生产视听设备。这家工厂里，一般由来自广东省内的员工担任高级主管和中层管理职位，广东省外的员工一般则只能担任低层管理职位，尽管省外员工占员工总数的 63%。[48]

社会性别是除地缘关系外的另一个重要因素。在立顿厂里，几乎所有普工都是女性，多数管理职位则由男性担任。类似的性别关系在潘毅研究的另一家深圳电脑配件厂里也有呈现。对女工的控制如此严格，以至潘毅写道："一旦打工妹走进工厂大门……她就立刻被置于一个特定的位置，被钉牢在权力和规章的网格之上。"[50] 但潘毅也指出，女工们尽管受到令人窒息的控制，她们却以多种多样的形式在许多地方开展"微型抵抗"[51]，包括在宿舍里。

在我的珠三角打工者焦点组访谈中，参加者也提到了员工们如何打破限制，在工作时"违规"使用单位电话。[52] 小吴曾是一名保安，需要通宵值班，非常无聊，身边有部单位电话，但打长途要密码，而他在这个城市里没熟人，打市话找不到什么人聊天。小吴听说把话筒下的小弹片以一定节奏不断敲打就可以"解锁"，让他免费打长途。经过反复尝试，他果然成功了，这样值夜班的时候就可以偷偷和远方亲友聊天。参加焦点组访谈的另一个打工者也听说过这种"违规"打单位电话的方法。看来颠覆权力关系的行为就算在保安中也很常见。

类似的反抗行为在其他行业、在全国范围内，都可见到。例如李静君在辽宁和广东进行田野调查时发现，"国家社会主义式微为劳工批判意识的增强和动员能力的激化提供了潜力"。[53] 她认为，大多数抗争和游行示威发生在东北和内陆地区，因为在那里的工人们"现在正从事以工作单位为基础的抗争行动，这是动员的普遍形态”[54]。然而，单位厂房宿舍的范围是有限的，所以李静君提出“蜂窝式行动主义（cellular activism）”的说法，以表明多数抗争行为还是地方性的，只涉及个别厂家且持续不久。[55]但自1990年代起的一个基本趋势是劳工集体行动成为“数目不断增长，程度愈演愈烈，以及愈加内部团结的组织”。[56]这些运动的基础多数是在物理空间上居住相近的工人社区网络，尤其在城市里毗邻相居的国企职工。[57]

同时，流动人口打工者也开始利用手机互联网组织起来，表达他们的愤怒，向大众寻求帮助。发生在2004年12月的友利电罢工是其中一个关键事件。在这次罢工中，网络劳工在斗争中有意识地使用了电子邮件和博客，一边进行厂内斗争，一边划时代地采用中低端信息传播工具进行网络抗争。友利电是深圳一家日资电子厂，主要为国外企业生产无绳电话、对讲机等，其中一半产品供给沃尔玛。[58]2004年12月10日，友利电大部分有电子邮箱的员工收到一封邮件，内容是工人们提出的15条要求，包括提高薪水、改善工作环境、撤换滥用职权的经理等。邮件声明，如果这些要求得不到满足，罢工就会在下午4点开始。对此公司没有及时回应。时间一到，约1万名生产线上的蓝领工人开始罢工。她们中多数是十七八岁的青年女工。第二天，在研发大楼工作的灰领和白领劳工也加入进来，受到蓝领工人的热烈欢迎。罢工持续一周，参加总人数在高峰期达1.6万多人。[59]

友利电罢工最引人注目的地方是工人利用博客播报罢工进展，让厂区内的声音传到全国各地五湖四海。当时还没有新浪VIP博客，大部分城市居民包括中产阶级网民都还没听说过博客。南方的工友们却已在使用它维护劳动者权益了。罢工期间共有六篇博文被上传到博客中国（Blogcn.com），文章很快进入劳工观察界和新闻界视野。罢工才进行到第三天，《纽约时报》就用专文进行报道。[60]当时我虽然人在洛杉矶，看到《纽约时报》报道后，也能用网上搜索找到友利电工人的博客，及时获知罢工每天的最新情况。这在我国劳工运动史上是一次划时代的网络创举。

大众媒体包括海外媒体的关注，可以增加工人运动的声势，但也可能带来反效果，令工人博客遭到打压和清洗。友利电的最终情况属于后者。最初由工友自发撰写的罢工博客消失了，取而代之的是管理层授意发表的内容。有的时候，比如2005年4月该厂发生新一轮罢工期间，整个博客干脆打不开了。[61]然而，尽管此后在博客中国的平台很难看到未经审查的工人博客，尽管面临公司和地方相关部门的压力，当事人写的帖子还是被转贴到各式各样的网络论坛上，在地方性“蜂窝式行动主义”之外开辟出一片新的网络天地。

值得注意的是，作为工业区空间和网络空间中的重要结点，富士康和友利电有一些相似之处。2006年对富士康“iPod城”的报道本质上是通过网络论坛和报业相结合，对记者、劳工组织和公民关注群体的赋权。它先由英国报纸开始，随后迅速扩散到中国的论坛和博客，对富士康和苹果公司都造成一次严重的公关危机。2004至2005年的友利电罢工从员工内部电子邮件开始，行动组织者策略性地选择使用博客吸引公众关注，提供来自抗争现场的最新消息，随后这些帖子又间接进入《纽约时报》等西方主流媒体。两个案例一方面都涉及全球知名的大公司，例如富士康背后的苹果公司，友利电背后的沃尔玛。尽管两家制造厂并不直接隶属于这两家大型跨国企业，但富士康生产iPod、友利电为沃尔玛提供产品已足够引起世界范围的关注。另一方面，两家工厂都在深圳这个移民之城。当地有更多的政策支持以促进网吧等中下阶层信息传播技术。[62]新工人阶级网络越密集的地方，对资本的抵抗也越积极。这肯定不是偶然。

诚然，预言新工人阶级网络会带来根本性社会变革还为时过早，尤其是考虑到国家和企业也会采用类似“无线缰绳”这样的控制手段。然而，富士康和友利电这样的案例是不容忽视的先兆，预示着工业区的空间变化不再仅听命于少数老板和官员。“原子化”不是必然。随着中低端信息传播技术的扩散，厂区和宿舍里的工人们，不再那么孤立无援、一盘散沙而易受伤害。包括大众媒体和劳工运动的跨域网络已将工业区里为正义和平等而斗争的不同群体串联起来。它在技术手段上可能是新的，但在实际操作中则不排除基于地缘、国家和跨域身份的传统社会网络。一旦大萧条真的来临，现在用于求职、社会支持和个人社交的工人传播网络就会被激活，进而导致规模和社会影响难以预测的集体行动。这一趋势在全球金融危机后的2009年已十分明显地在我国各个工业区里凸显出来，但那也还只是初露端倪。

□ 城中村

“城中村”是一种典型的中下阶层城市社区，在华南特别引人瞩目。类似“城里的村庄”这种叫法，在其他国家可能引发不同想象，包括发达国家修葺一新的闹市新区，或者是第三世界大城市里的贫民窟。[63]但我国的城中村有几方面特别之处。一来这里的居民大多并不富裕，但也不十分贫穷。即使他们中的一些人平均收入可能高于所在城市人口的平均收入，但却仍由于口音、衣着、文化习惯等而被其他市民看不起。二来村里的居住者大部分属于外来人口，但也包括低流动性的中下阶层人群，如生于斯、长于斯的老年村民。另外，城中村表面看破败混乱，但稍微多花点时间深入其中，就不难发现中下阶层网络维系着邻里的聚合。这些网络越来越依赖中低端信息技术，从而为我们的研究打开了一扇宝贵的观察与理解之窗。

除了城中村，近年还出现“城边村”的叫法，而且随着“城边村”劳工网站的建立越叫越响。[64]城边村位置离市区较远，但在内部结构、人口组成、网络媒介生态等方面和城中村都大同小异，都是各地进城务工者及其家庭聚居的地方，是新工人阶级社区。2008年以来，我曾走访的深圳横岗189工业区独竹村和苏州木渎沈巷村都属于典型的城边村。两地虽然相隔遥远，但却都有网吧、长话吧、提供照片上传服务的照相馆等新工人阶级社区常见的网络信息服务。[65]里面的设施和运作方式几乎和其他城中村、城边村里的情况完全一样。下面我们集中讨论城中村，特别是广州的石牌村，包括形塑社区的结构性因素、社区里的社会形态、网络媒体的空间分布和特点。

城乡之间

按土地所有制来说，城中村可算“农村”，因为其土地归村集体所有，不同于城市，土地产权直接由市政府管理。[66]这种土地产权安排源于国土资源管理的城乡二元制，“文革”结束后农村土地分给村民，但随着城市的飞速扩张，许多临近市区的农村逐渐被城市土地所包围。比如广州就一度拥有139个城中村，有在远郊或近郊的，有的则地处于闹市中心。[67]

随着周边环境的改变，城中村内部不可避免地也要发生变化。村经济由农业转为更赚钱的都市生意，如零售和房屋出租。随着大量中下阶层流动人口涌入城中村，租金在很多地方已成为当地最主要的收入来源。这里租金比其他地方便宜，因为村民利用自家的宅基地或是在已有的私人房屋上进行加建，无需另外缴纳土地费用。在广州，城中村的平均租金只有附近商业出租公寓的五分之一到十分之一。[68] 同时，由于多数房地产项目都是为富有阶层所设计，廉价出租屋在各地往往都是供不应求的。这就使得城中村里的出租屋更加广受中下阶层欢迎。[69]

除了廉价，对流动人口来说，在城中村租屋也更方便，因为房东对租客证件的要求一般不太严格，还允许多人合租。城中村出租屋大受欢迎显示当地政府在为中下阶层，尤其是外来人口提供住房方面的失败。因此，私人化、个体式的解决方式成为租户的主要选择。一份1999年在东莞和广州做的调查可以佐证。在该调查中，大多数外来人口（33.2%）租住私人房屋，其次是雇主提供的宿舍（25.3%）以及自行搭建的工棚（9.9%）。[71] 由于外来人口数量庞大，租客人数超过本地村民数的情况相当普遍（见表6.1）。

初到城中村的人，一般先会被眼前的“水泥怪物”吓一跳。[72] 这些楼房通常七八层高，排成一列，两边有狭窄的过道。为了尽可能增大居住面积，房子从第二层开始向外延伸。过道上面的空间因此常被延伸出来的建筑占满，过道里漆黑一片，只能见到“一线天”。这种建筑被称为“握手楼”或“亲嘴楼”，不但因为两栋建筑远看有些形似，也因为住在过道两边的住客还真可以透过窗户和对方握手或亲吻。[73] 在这样拥挤的环境里，建筑物的密度自然非常高。以广州石牌村为例，仅仅0.6平方公里的土地上就有3656栋建筑物。[74]

从地理上看，城中村位于城市里面，但这些中下阶层的社区却是半都市、半农村的。一方面，人数众多的租客人群包括许多从农村来的劳动者。另一方面，尽管本地村民从房租中获取高收入，但它们仍继续着一些世代相传的宗教文化习俗。[75] 尽管当地政府一直对城中村进行治理改造，希望它们不再那么龙

表 6.1 部分城中村外来人口与本地村民比例

城市	城中村	年份	外来人口	本地人	比例（本地人=100）
北京	洼边村	1997	2,162	2,086	104:100
	917 区	1997	287	318	90.3:100
广州	石牌村	2000	42,000	9,234	455:100
	三元里	2000	11,000	4,200	262:100
	棠下村	2000	9,534	4,656	205:100
	瑞宝村	2000	60,000	2,000	3,000:100
东莞	上元村	1998	8,000	2,842	281:100
	雁田村	1998	70,000	2,877	2,433:100

资料来源：根据 Zhang, Li, Zhao, Simon X. B., and Tian, Jianping, "Self-Help in Housing and Chengzhongcun in China's Urbanization", International Journal of Urban and Regional Research 27（4），（2003），p. 923 综合而来；石牌村的估计根据郑孟煊：《城市化中的石牌村》，社科文献出版社，2006 年，第 30 页。

蛇混杂，可以变得好像中产社区一样的“现代化”，但不少城中村仍旧保留下来，甚至变得十分繁荣。更重要的是，繁荣的同时，城中村不一定会自动“升级”成中产社区。相反，社区的中下阶层性质反倒可能变得更强。在此意义上，当代中国的信息城市不能没有城中村，就像工业社会的发展不能没有工人阶级社区。因此，有学者认为，城中村在城市化进程中起着长期的重要作用。

根据租户的异同，城中村一般可分为两种基本类型。[77] 一是异质型城中村，这里的人们来自全国各地，有不同的技能和教育背景，从事不同职业，从蓝领到灰领，从低级职员到性工作者都杂居其中（见表 6.2）。外来人口组成松散的邻里，但因内部差异大，彼此间相互认同度较低。石牌村是一个典型的异质型城中村。它坐落在广州新市中心天河区，是华南地区各学科学者研究最多的外来人口聚集区。[78] 这里只有不到 30% 的外来人口来自广东，其他则来自全国各地，包括西藏、新疆。[79]

另一种基本类型是同质型城中村，其租客主要来自同一地区，从事相同或高度相关的经济活动，形成典型的“移民企业”经济。[80] 该类型中最著名的恐

表 6.2　广州和东莞的城中村流动人口居民特征（样本量：459 人）

		%
性别	男	67
	女	33
教育	文盲	5
	小学	14
	中学	71
	大学	10
职业	工厂	17
	个体	14
	建筑和服务	38
	其他	31
流出地	全国各地	
民族	主要是汉族，部分少数民族	
其他行业	小卖部，发廊，房屋中介，性服务，等	

资料来源：Zhang, Li, Zhao, Simon X. B., and Tian, Jianping, “Self-Help in Housing and Chengzhongcun in China’s Urbanization”, International Journal of Urban and Regional Research 27（4），（2003），p. 920.

怕是以前北京的浙江村。在那里，浙江人在社区形成及商业活动中扮演主要角色，他们主要从事服装制造、批发零售及相关行业。[81]同质型城中村常有较为清晰的阶层结构，其基础往往是由人们的籍贯、经济资源及社会地位。以浙江村为例，它包括：(1) 来自浙江的生意人、大小老板及其家属，(2) 房东一般为长期居住在北京城南的本地户籍拥有者，(3) 从河北、河南及其他北方省份来的外来务工者。[82]

同质型城中村在华南也很常见，例如广州沙河村吸引很多潮州人，[83]深圳石厦村则是湖南攸县“的哥”（出租车司机）聚居地。[84]一个特别有意思的地方是深圳布吉的大芬村，它以“中国第一油画村”闻名。根据“大芬油画村”网站介绍，大芬村面积只有0.4平方公里，原住村民300多人。“截止2008年5月，

图 6.3 “中国油画第一村”——大芬村中的一家画廊（Carolyn Cartier 摄于 2007 年 9 月）

大芬油画村共有以油画为主的各类经营门店近 800 家，居住在大芬村内的画家、画工 5000 多人。大芬油画村以原创油画及复制艺术品加工为主，附带有国画、书法、工艺、雕刻及画框、颜料等配套产业的经营，形成了以大芬村为中心，辐射闽、粤、湘、赣及港澳地区的油画产业圈。”[85] 这里的油画作品主要出口。据央视 2005 年报道，当时大芬村每年的油画交易额已经过亿，70%销往国外，主要是欧洲、中东等地，也包括非洲、美国、澳大利亚等。[86]

大芬村的油画产业是中国式网络劳工的另一重要表现。它应用成本创新和多种竞争的模式来应对油画的跨国文化市场。与第四章讨论过的比亚迪相比，油画的经营规模相对较小，但仍必须依靠信息网络和灵活化了的劳工过程，同时利用全球“流动空间”——包括互联网，也包括贸易、运输网络——来为本地经济服务。

2007 年的一天，我走进大芬村一家画廊。老板朱先生正在为一对刚结婚的法国夫妇作画。这对新人将他们的结婚照用电子邮件发给朱先生。而他直接就对着电脑屏幕上的照片进行创作。一副 40cm × 40cm 的小画，如果朱老板自己来画，要 600 元。但如果由他的画工来完成，价格还可以便宜。不过朱先生不叫他们画工，而叫他们“学生”。他们的工作室就在楼上，那里比楼下的店铺拥挤很多。这些学徒们大多是十八九或二十出头的年轻人。他们按计件工作量领取微薄的薪资，是艺术市场里的灰领劳工。在我拜访的那天，他们正在为老板出口到新西兰的一个大订单而忙碌着。

既然工人是“学生”,老板就是“老师”了。这在同质型城中村里相当常见，以前在北京的浙江村里也有亲友关系掩盖剥削的情况，当然一般都是浙江老板扮演“长辈”角色。[87] 这里的经济活动可能与全球市场相连。但由于内部层级分化，工人们长时间从事特定的劳动，社交圈子受到制约，结果是同质型城中村很可能阻断流动人口融入城市社会，[88] 导致“全球联系”与“本地分离”同时出现的奇怪景观。[89]

与同质型城中村相反，异质型城中村常是外来劳动者进入城市落脚的中转地。然而，同质也好，异质也罢，两者都自下而上地为流动人口解决住房问题和工作问题。城中村里的社会网络不但使得人口迁徙过程中的风险与不确定性得以降低，属于草根阶层的新城市社区也开始浮现。不论在北京、广州或是其他地方，都可以看到流动人口自发组建幼儿园、理发店、诊所、学校等基本社会服务机构。[91] 这是一个关键突破，因为尽管城中村和城边村里依然存在着剥削和不平等的社会现实，但流动人口与城市空间的关系已经不再局限于个体层面，而是也有了集体的社区行动。他们不再仅仅“被规划”、“被拆迁”，而是也在主动地、自下而上地加入到城市社区的建设过程中去。

另一方面，在这村里长大的本村人由于在村集体经济框架下拥有土地和社员身份，所以处于相对优越的社会地位。除了用自家房产收取租金，他们平时还可从村里获得各种补贴，年终甚至还有村集体经济数目可观的分红。[92] 然而，村集体提供的福利，包括养老金、教育补贴等并不能保证人口的稳定性，也无法保证“均富”。房东食利阶层的出现意味着本村人无需劳动也能生存，而且很可能比劳动者过得更好。他们可以把所有房间都租出去，自己搬到村外的高档社区去享受生活；可以利用当地社会关系进行投资，赚更多钱；但也有人饱食终日，无所事事，甚至染上赌博、酗酒等坏习惯，很快挥霍一空。短短几年，本地村民内部也可能出现巨大差异。[93]

本地村民还面临在文化上的窘境，即他们会被其他市民，包括流动人口中的上层分子看不起。这些房东们在经济上可能很富裕，但不久前他们只是普通的郊区农民，教育程度有限。尤其在华南地区，古老的家族组织和宗族关系网很快重新浮现，成为本地村民身份认同的重要组成部分。这常会加深本地村民与其他市民，包括流动人口之间的隔阂。例如在许多地方，村里有了钱，就会重建具有文化意义的公共空间，如祖祠或牌坊，以激发本地村民的家族自豪感。虽然有人可能不喜欢现代城市里重新出现这些所谓“落后”的历史遗产，但这些复活的传统习俗和社会关系网很可能长期存在。[94]

最后，尽管本地村民和租房子的流动人口常被描绘为二元化的社会体系，但两个群体间并不完全彼此孤立。双方差异所产生的张力可能导致冲突，乃至暴力事件，但大多数情况下，双方还是可以互相适应，以提高公共生活质量的。村集体投资兴建的主要公共设施包括幼儿园、小学，经常就在祖祠和老年活动中心附近，位于村里最显眼的位置。[95]然而，有本地户口的村民数量有限，条件好一些的还会到村外就学。但庞大的租户人群，尤其是那些留在本村很多年的租户，也有学龄儿童需要教育。于是常见到没有本地户口的孩子们也在村办学校上学，由此带来新的社会整合机会，虽然整合的效果肯定还有待提高。[96]

社区内部就业是建设良好邻里关系的另一重要渠道。社区日常运作往往需要平凡但踏实的社会服务。比如广州棠下村，一个拥有6000名本地村民和超过3万租客的社区，配备了100多名保安员、30多名清洁工、20多名垃圾回收工、15名市场管理人员以及6名计划生育管理员。[97]这些中低端社会服务以中下阶层社区里的所有居民为对象，而且主要由社区里的居民来承担。其中比较脏和累的工作由流动人口承担，其他管理类工作由本地村民承担。两个群体都在努力维系和改善他们共享的社区。

联系之所

城中村也是中低端信息传播技术的大本营。在这里，无线和有线的通讯服务在中下阶层社区中扎根，衍生出令人眼花缭乱的各种店铺和经营项目。它们不仅让村里居民保持联系，更将社区脉络延伸至整座城市、整个国家，乃至海外。目前，多数研究还是将注意力放在城中村的基本社会结构和经济功能上，如它在低端房屋租赁市场的角色。这当然是必不可少的，但要在网络社会框架里完整描述城中村，就应当强调其内在的文化和传播系统。我们需要反思一些基本问题。比如说，归根到底，究竟什么是人们共同的城市社区？是什么使一个地方具有特别意义？假如没有人与人之间的联系，没有面对面或通过媒体进行的传播活动，哪怕找到了落脚点，找到了工作，能养家糊口，但这能算是真正意义上的社区吗？

如本书第四章所讨论，中低端信息传播技术的大规模扩散在相当程度上是由于大众传播的失败，因为传统印刷和广电媒体未能很好满足中下阶层的信息需求。来自济南的数据显示，只有不到 5% 的流动人口认为媒体对他们有帮助。[98] 另一份来自上海的调查显示，58.9% 的流动打工者认为大众媒体对他们只有很少或者几乎没作用。[99] 主流大众媒体只以社会上层为目标受众，忽略对中下阶层而言更重要的议题。因此在城中村里自下而上，出现极丰富的信息服务生态，这不应令人惊奇，因为城中村与城市的其他地方不同，有自己独特的生长轨迹。

下面我们用 2007 年 4 月至 12 月搜集的数据来检视广州石牌村的商业信息服务。除了田野调查的常用方法，如参与观察、访谈及焦点小组外，我们还进行了涵盖该村所有商业信息服务的媒体普查和社会空间制图（socio-spatial mapping）。[100] 选择石牌村，由于它是人类学、社会学、地理学以及城市规划学研究最多的城中村，但却很少有人研究该社区的信息结构。石牌也是广州最集中的 IT 购物中心，经营新旧电脑买卖、手机维修及其他与中低端信息传播技术相关的生意。因此在 IT 界有句话："北有中关村，南有石牌村"。[101] 其重要性和典型性均不容忽视。

石牌村是商贾高度密集之地，有超过 2000 家商店。[102] 我和来自中山大学、香港中文大学、暨南大学的老师同学们一起走街串巷，逐一调查统计，发现该村在 2007 年 10 月数据搜集期间共有 481 家店铺提供商业信息服务。它们提供的服务可分为46个种类，绝大多数是中低端信息传播技术服务，也有少部分传统信息服务（见表6.3）。在这个居民超过5万人的社区里，没有社区报纸或广播等传统媒体，只有一家邮局。另有21家书店（见图6.4）和31个报摊分布其中，然而，它们的主要生意不是卖书或卖报纸，而是出租书籍和杂志。同时售卖手机充值卡和手机配件也是重要的收入来源。

这些服务不少都相当特别，每种各有自己的市场逻辑，以尽力满足当地居民的基层传播需求，从社会网络联系到娱乐休闲，从基本通讯到和工作相关的种种活动。比较典型的有网吧、移动运营商的门市部、手机维修店、售卖手机号码的小店等。有的生意是在城中村以外很难见到的，比如数码相机出租，国产品牌相机一般一天租金5元。除了正规生意，也有各式各样的非正式经济，如售卖盗版光碟、二手书。做二手手机和打印机墨盒生意的小贩就坐在人行道边，面前放块写了字的纸板，再将货物放在地上摊开，那块地面就成了他们的临时铺面。

这是个丰富得令人有些匪夷所思的网络媒体生态体系。第一次走进石牌村，对中低端信息传播技术研究者而言，大概就像生物学家第一次走进热带雨林，感觉目不暇接之余，不由感叹：真是不看不知道！这里的网络媒体多样性实在超乎想象。比如"宽带出租"，它是城中村里最流行的网络服务之一，仅我们2007年记录的下就有71家。这些服务是在邻里的小范围内让多家用户分享宽带上网资源，把一条ADSL网线分接到周围人家。100元一个月的费用三家摊，每家就只需付30几块。这样的分租类似以前西方和香港都曾有的电话"派对线（party line）"，即让多个人家共用一条电话线。按照规定，它是被禁止的，但在城中村里却以非正式经济的方式流行，因为它和城中村邻里间稠密的物理环境相契合。它靠的是手写或打印的广告宣传单张，有些还是直接印在不干胶贴纸上，内容就是联系电话加上四个大字："宽带出租"。[103]

无论正式还是非正式经济，这里的生意常以目不暇接的速度飞快发生变化。我第一次去石牌村是2002年夏，那时还有很多网吧，有的合法，有的地下。但2007年10月，我们在社区媒体普查中只找到8家网吧，包括没有标识的"黑网吧"。网吧减少，部分原因是由于电脑价格下降，以及其他上网方式变得

表 6.3 石牌村部分种类的商业信息服务店铺数量（2007 年 10 月）

服务类型	数量
邮局	1
书店	21
报摊	31
网吧	8
电脑配件	31
内容下载	34
ADSL 接入服务	71
手机维修	4
手机号码售卖	106
长途电话吧	110
预付卡手机售卖	124

更便宜、更方便，例如通过租用电脑（每月花费约 50 元）和宽带出租，村里的网民每月花 80 多元就可以在家享受宽带上网。另外，网吧竞争越来越激烈，规模变得更大了，设备更好了，否则很难满足顾客的娱乐需求。为了找到更低廉的租金和避免频繁的审查，网吧还向楼上转移。他们搬迁到城中村的边界地带，因为只有在那里房间才够大，能够一间房摆放很多电脑，同时那里也更接近公共交通，方便吸引村外的顾客。

变得更快的是内容下载服务。它通常是一家很小的店面，里面坐一个店员，面前摆一台电脑，服务的实质就是帮人上网下载东西。最常见的是下载铃声到手机，或下载歌曲到顾客的 MP3 里，每首收费从 5 毛到 1 块不等。2007 年上半年，我们刚开始在石牌村做媒介普查的时候，内容下载服务如雨后春笋般到处出现。但到 2007 年 10 月，它们多数已经关门大吉，我们记录下来的只有 34 家。内容下载服务如今在其他城中村或城边村里还可看到，只是下载的更多是 MP4 甚至是整部电影了。

尽管变化速度很快，总体上这些都是由中下阶层流动人口为满足本地社区消费所提供的小规模中低端服务。生意的后台老板可能是本地村民，或者至少

图 6.4 石牌村的书店分布

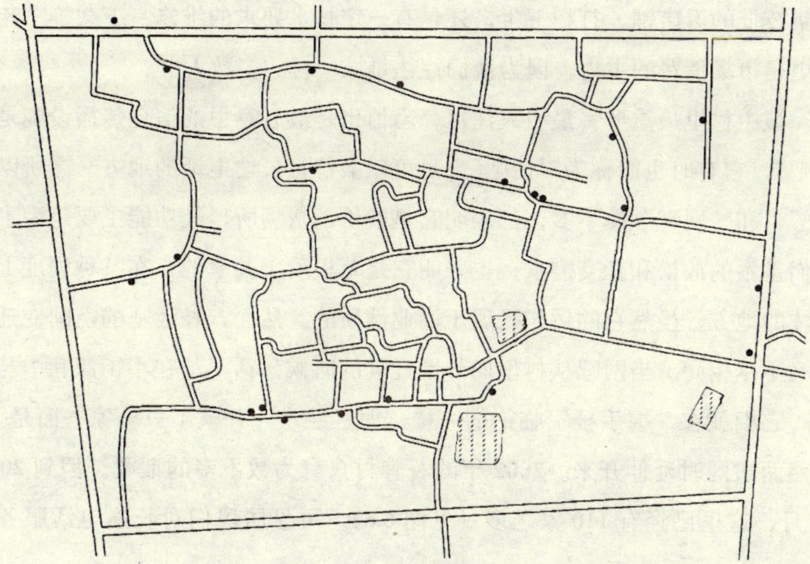

（2007 年 10 月，陈韵博绘制）

图 6.5 石牌村的网吧分布

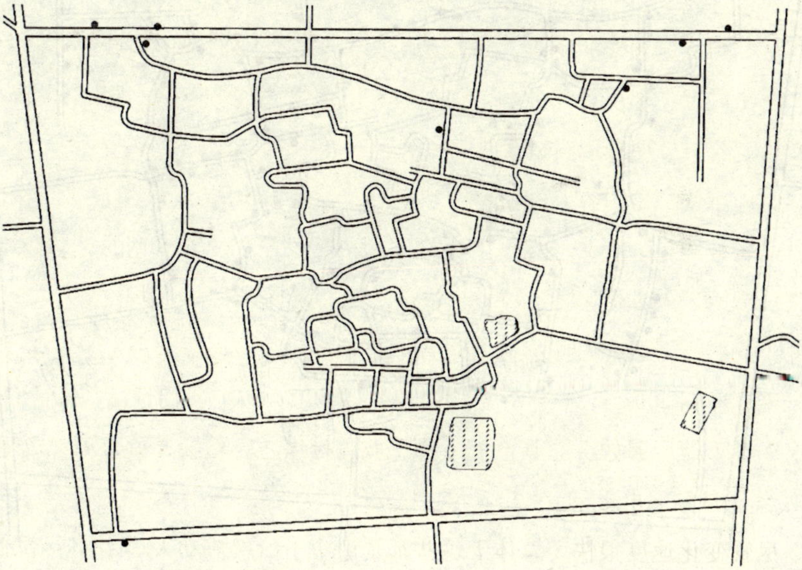

（2007 年 10 月，陈韵博绘制）

要租用他们的房屋进行经营。但提供服务的劳力则都靠流动人口，不管是技术含量较低的看店铺、打扫卫生，还是有一定技术要求的维修、下载等。流动人口更是市场消费的主力，因为他们往往是城中村的多数人群。

城中村里最重要、最引人注目，恐怕也是最有意思的信息传播设施是“长话吧”，它有时也简称为“话吧”，是可以廉价打长途电话的地方。之所以称为“吧”，和“网吧”差不多，都表明它是廉价消费场所，其功能主要是为了满足人们基本的放松和社交需求，也表明它是草根阶层共享的，在某种程度上属于集体的地方，虽然它的运作是属于商业性质的。然而，长话吧的空间变迁和网吧又不尽相同。当网吧从村里向外围迁徙的时候，话吧却在小街深巷中扎下根来。它们就在“握手楼”临街的一楼，而且经常一开就不只一家，而是一串，在路两边同时延伸开来。2002 年的石牌村只有为数不多的话吧。但到 2007 年 10 月，这里已经有 110 家之多（见图 6.6）。可见居民们对长途电话服务的需

图 6.6　石牌村的长话吧分布

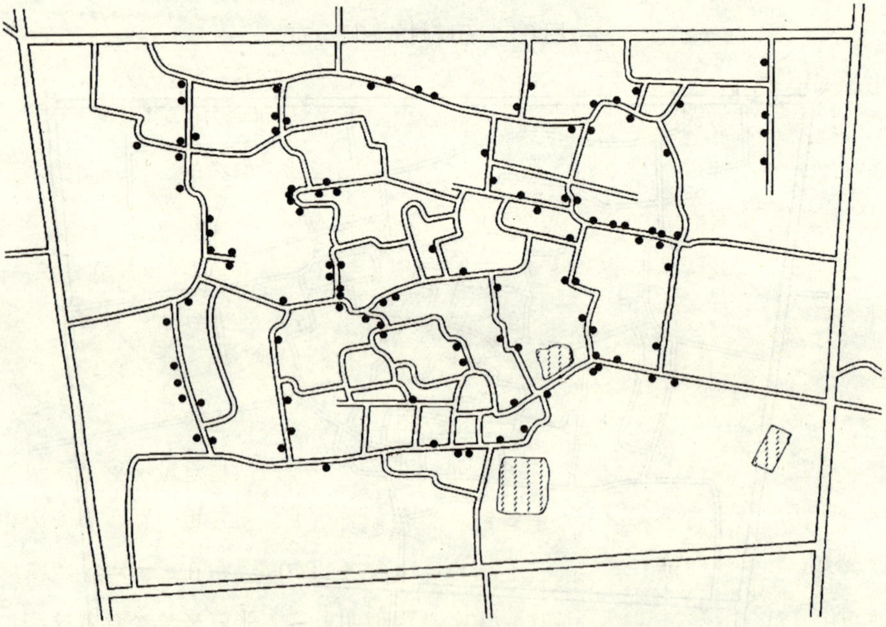

（2007 年 10 月，陈韵博绘制）

求有多高，因为这里住的大部分还是流动人口，要和外地家人保持联系。话吧的技术门槛低，不象上网那么麻烦，虽然为了降低运行成本，话吧通讯通常用的是网络电话 VoIP。一般来说，用话吧比用手机好，因为手机不但贵，而且城中村里的手机信号有时不稳定。

手机信号在中下阶层社区较不稳定，这和小城市的情况差不多。2007 年我们在石牌村期间，手机接收信号最差的是中国移动，联通稍好，但最稳定的是小灵通。因此，尽管许多居民白天在广州其他地方的时候主要用 GSM 手机，但晚上回家仍喜欢光顾电话吧。对他们而言，劳累了一天之后，用传统语音通话和亲友聊天，这仍是最简单、最方便的交流方式。所以话吧市场并没有因廉价手机普及而萎缩，生意反倒越做越大。

长话吧遍地开花，很大程度上与女性流动者的生活和消费习惯有关，让性别议题在空间结构过程中凸显出来，而女性正是长话吧的主要顾客群体之一。通过调研发现，去网吧或在家上网的石牌村居民里，年轻男性较多，而长话吧的顾客则主要是女性和年纪较大的人。这些顾客晚上出门最耽心的是安全问题。虽然石牌村 2000 年起已安装了闭路电视监控系统，治安情况大有改善[104]，但女性租客在灯光昏暗的握手楼之间穿行，多少还是有些害怕。另外，女性外出务工期间也容易面临更严重的剥削和压榨，无论在工作中，还是在交友、成家、照顾小孩和退休养老等方面，她们往往更需要来自社会网络的支持，更需要鼓励和理解，需要有人倾听，需要排解压力。

而且，在我国西部和中部地区早就发现，女性流动人口对价格差异的敏感度一般远高于男性同龄人。[105] 她们通常更早开始有意识地存钱，为将来做打算，而男性打工者则把钱花在吸烟、上网、买手机上。因此城中村里面那些终年不见阳光的小屋里，女性租户比例远高于男性，虽然每月租金可能只便宜 50 元，外人听起来不算什么，但一年下来就是 600 块呢！所以，越是城中村里面房租便宜的区域，女性就越多；而想省钱、想和家人聊天，又不想走夜路的女性租户越多，长话吧也就开得越多、越密。通讯服务的空间分布在很大程度上受到性别化了的居住模式影响。这在长话吧看得最明显。老张就辛苦经营着这样一家长话吧。他 2000 年开始在石牌村开店，算是比较早的一批。此前，老张和

图 6.7 石牌村某长话吧外景（笔者摄于 2008 年 3 月）

图 6.8 石牌村某长话吧内景（笔者摄于 2008 年 3 月）

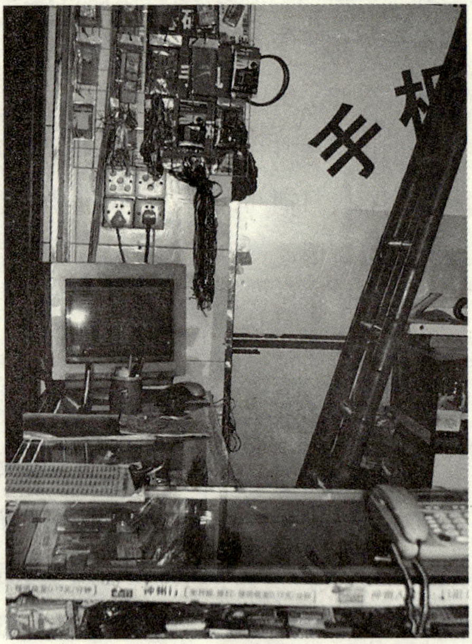

老伴从河南农村来到广州，在附近一家单位宿舍做管理员。起初，他们能开店是得到广州的贵人相助，因为那时必须要当地户口才能开“公话超市”，也就是今天的长话吧。但不久本地人退出，店就转到他们名下。这家店外观十分典型，和图 6.7 中所显示的样子差不多。它有 6 个座位，用有机玻璃隔开。每个隔间里有一部电话、一个椅子。店门外部挂着显眼的广告牌，上书四个大字：“长途一角”。

电话隔间的另一面是勉强挤得下两人的服务柜台（见图 6.8）。台上有记录通话时间和话费的电脑。老张或他老伴在柜台后面收钱。柜台里琳琅满目，都是中低端信息传播技术产品：电话卡、新旧手机、手机配件，如电池、充电器。还有闪烁耀眼的手机挂饰，女性顾客称它们为“闪光灯”。在柜台上，一叠印满手机号码的 A4 纸已被翻得半旧。柜台后的墙上挂着更多的配件，还有一张维修手机的大招贴。老张他们也卖报纸，也出租旧杂志，只是数量很少。但光这家小店就提供了至少七八种和信息业相关的服务和产品：长途电话、电话卡、售卖电话号码、新旧手机、配件、手机维修、报摊。空间如此之小，生意如此多样。混杂的“多种经营”是长话吧十分常见的现实形态。

小店还是老张一家三口的生活空间。其拥挤程度比电视剧《蜗居》里的情形要严重许多。店铺一角有架竹梯，通往楼上的隔间。那就是卧室了，就在电话隔间的正上方。小店背后有个厨房，里面如此之小，除了炉灶和放砧板的地方，就只有一个人站的位置，冰箱是没法放的。厨房紧邻浴室，那里比厨房更小，地面是个蹲厕，上面有个淋浴头，中间正好站下一个人。这厨房厕所和临街的小店加在一起，只有20多平米，是三口人经营小店和生活起居的全部地方。[106]这里房租每月1000元。他们每天早8点开门，晚上开到凌晨2点。所有经营项目加起来，每月大约能挣2000元。除去房租、水电和其他生活基本开支，大概能存两三百。但如果有家人生病或要回河南过年，这点储蓄马上就捉襟见肘了。

然而，每次见到老张一家，他们都很快乐地和我聊这石牌村里的事，有时一聊几小时，从来不觉得地方小他们就不开心。至少比我认识的某些住豪宅的朋友过得踏实许多。可能因为他们虽然辛苦，但自力更生，不靠别人吧。而且一家三口整天在一起，那种亲密无间的家庭温暖是村外普通人家难以奢求的。更重要的是，他们在这异乡的陌生城市有了自己控制的商业空间，它对外人是开放的，是和村公共空间相连的。顾客来了，就像家里来了客。他们也随时可以出去串门、逛街、聊天，只要留一个人看店就好了。十年下来，老张的长话吧俨然成了附近几条街社区生活的重要支柱。它不但挣钱，而且让邻里关系更融洽，老张一家也得到大家更多的尊敬。这些都是幸福的源泉。

城中村的本地村民也会光顾长话吧、网吧、报摊等中低端信息传播技术的小本生意。他们中年轻人比较多会自己去上网、发短信，也会更多地去村外消费。但年长的一辈，尽管富了，对20年前艰苦的农业生活还记忆犹新。因此为了省钱，他们还是会较多地留在村里，光顾村内生意。当然，作为消费者群体，本地村民的开销是没法和流动人口租户相提并论的。他们更主要的决定性角色在于控制租金，从而在结构上影响中低端信息传播技术的空间发展。本地村民不单是个体出租者，他们还有村集体的组织。1997年以前，石牌村有村委会。

图 6.9　远望石牌村：高密度居住区和 IT 大厦并存

（2007 年 10 月笔者摄）

1997 年，村委会改制成为集体所有、股份制的三骏公司[107]。村集体大量投资房地产，在村四周盖起摩天大厦，成为广州科技电子产品最著名的集散地（见图 6.9）。这里涉及的空间变迁规模就相当大了。

2000 年，这些属于石牌的电子商城里共有约 1500 家经营电脑、配件、软件和电子行业服务的店铺。生意越做越红火，铺位租金五年翻了五倍。[108] 最引人注目的是太平洋电脑城，其销售活动可以影响整个东南亚地区的电脑价格。[109] 这些大型电脑商城的繁荣一方面因为石牌村的高密度居住区为打工者提供了租金低廉的住房。以太平洋电脑城为例，它的 5 万多名员工当中，80% 住在石牌。[110] 考虑到广州其他地方的高房租和严重的交通拥堵，城中村里的廉价住房实在是电子商城市场竞争力的重要保障。

石牌村成为区域性 IT 交易中心，背后还有更大原因。自 20 世纪 90 年代起，由于港台制造业企业的涌入，珠三角地区出现了许多电脑装配厂。它们的产品一般都要通过广州运往国内其他地方，或是海外市场。这就需要高速公路和铁路运输的衔接点，而且还要方便货物储存。石牌村的地理位置恰好满足这些要求。[111] 于是在石牌西路整条大马路的附近，开辟出一系列的地下仓库，用来存放电脑、配件和其他相关产品。夜晚走过这条街，常可看到几十部大货车一次排开，装货、卸货。货车牌照有广东不同地方的，也有广西、湖北、河北，甚至更北方的内蒙古、东北。

这里不但卖最新型号的手提电脑和最流行的网络游戏，也是广州二手电子产品最主要的卖场。石牌西路南端的一栋大厦里，整整一层都是专门面向网吧而开的店铺，让网吧经营者可以最方便地进行网吧电脑的交易和维修。附近还有一家大型二手电脑交易公司，号称“中国最权威专业的二手电脑网站”，其服务网络遍及广州、深圳、北京、上海和其他多个城市。[112]

电子大卖场有多方面作用。它一方面是新兴网络媒体行业在我国城市空间里的集中表达，一方面也为网络劳工和工薪家庭创造就业机会。它一方面推高地价和租金，让村集体获得更高的租金回报，一方面也让村民捍卫自身利益的能力得以加强，不至于被权力机构或大地产商将整个城中村轻易拆迁。但它也是一种保守力量，因为卖场的运作往往不知不觉又在强化城中村内部的社会分裂。有本地户口的村民很容易当上管理干部，享有特权，不担心被“炒鱿鱼”。其他人必须更加努力，收入却更低，升迁的机会更渺茫，还必须更加小心翼翼，免得失去工作。

石牌村领导们对电子商城代表的现代化和城市化当然有积极评价：“那些过去连黑白电视机都未见过的人，现在熟练地使用电脑或参与科技电脑城或操作村中‘电子眼’...... 城市化的种种机遇和社会实践造就了方方面面的人才。”[113] 但我们不禁想问，这方方面面的人才包括没有本村户籍的租客吗？没有公民权利上的平等，信息传播技术——比如“电子眼”监控系统——是否会被滥用？

□ 小结：地方的回归与超越

在中国，网络社会正处于由精英垄断一切向民众参与转型的关键时期。转型面临的一大挑战就是要打破“流动空间”的宿命，创造出有意义的地方和生机勃勃的社区。城市化造成新旧人群的聚散离合，它与政府规划和市场运作均高度相关。然而，自上而下的钱权逻辑只是实际城市空间变迁的一个维度。从本章可看到，信息中下阶层的信息需求、社交网络和集体行动也同样对地方有不容忽视的影响。中低端信息传播技术正是这种影响的重要表现方式。它的扩散激活了工业区、城中村和城边村业已存在的社会关系网络，并让它们在更广的空间范围内得以延伸，从而为底层社区带来新的生机。

限于篇幅，本章只集中讨论了新工人阶级网络社会的两种空间，分别属于工作和生活两大基本范畴。这当然不意味着其他空间不重要。比如邢国欣对郑州工人文化宫的研究、王洪喆和我对鞍山工人文化空间与北京皮村工友之家的比较研究，就是直接针对阶级意识转型和空间表达所进行的项目，其中不但涉及流动人口打工者也涉及老工人、下岗工人，以及阶级意识日渐模糊，被消费者意识、国族意识、传统文化意识逐渐替代的情况。[114]

但与城中村和工业区里看到的情况类似的是，哪怕是老工人群体的集体文化活动也已开始网络化，中老年下岗职工也利用 QQ、博客、网页进行联系，开展活动，分享生命体验。此现象在新工人文化群体中更为突出，包括使用各种互联网工具，也包括使用手机终端。网下网上互相结合，二者水乳交融，这已成为新工人阶级网络社会空间转型的一个普遍情况。

然而，是不是有了网络，劳动者就可以在生产线上当家做主？就可以成为集体宿舍和基层社区的主人？是不是现有的城市规划管理体系，包括户口、单位以及市场导向的社区发展模式就都不重要了？当然不是。新工人群体的流动性确实大大增加，但资本比他们流得更快。而且，在流动的终点，总还是有一个地方，有一套制度。在那里是否依然存在系统性的不公和对劳工的歧视？这和流动性本身没有直接关联。剥削者也在用互联网，压迫者也在挥舞手机“无线缰绳”。工业化、城市化都是充满矛盾和张力的宏观过程。而它们却也通过网络化，进一步深入到基层空间变迁的微观过程之中。

透过这样一个历史转型大框架，城乡二元的社会结构在城中村里被具体化为“外地人”租客和“常住人口”间的区隔；在工业区、在工殇职业病医院里、在网上的“打金工作坊”里，它则被构建为再现传统权力的等级制和劳工控制体系。新工人阶级网络社会因此不再是什么凭空想象的天堂，而是有血有肉、有泪有汗的人间。它是现实的、立体的、有层次的空间结构。本章只是对它的初步探索。

值得注意的是，中低端信息传播技术也为中下阶层社区创造了重要的契机。它让草根创业更便捷，无论在城边村的路边，还是在淘宝开网店，都是新工人加入、渗透网络企业的重要渠道。这里最重要的不只是属于基层的工作机会和经济收益的向下渗透，它还为草根网络文化和新型阶级意识的形成提供了肥沃土壤，让新工人阶级的发展可以最终超越摩天大厦的阴影、超越精英的制约，达成一种全新的对未来的想象。

这些空间变化的开启是自下而上的。它发生在权利和资本难以渗透的角落：在工业区最暗的宿舍里，在城中村最深的小巷中，在精英们从未听说的网络论坛上，属于新工人的联盟开始逐步建立起来。正是在这些网上网下的日常互动中，透过网吧、长话吧和工人博客，我们看到了让劳动者超越个体，回归群体与社区建设的生产之地、斗争之地、联系之地。这些阶级形成的地方可能不起眼，可能很分散，但背后却有着各式各样的关联。那里充满苦难，但也充满希望。

注释

1 参见 Tuan, Yi-fu, *Space and Place: The Perspective of Experience*, Minneapolis, MN: University of Minnisota Press, 1977.

2 参见 Castells, Manuel, *The Rise of the Network Society*, Oxford, UK: Blackwell, 1996.

3 参见 Cartier, Carolyn, Castells, Manuel, and Qiu, Jack L., "The Information Have-Less: Inequality, Mobility and Translocal Networks in Chinese Cities" , *Studies in Comparative International Development*,2005,40(2), pp. 9-34.

4 参见 Cheng, Tiejun, and Selden, Mark, "The Origins and Social Consequences of China's Hukou System" , *The China Quarterly*,1994(139), pp. 644-668; Solinger, Dorothy, "Contesting Citizenship in Urban China," Berkeley, CA: University of California Press, 1999.

5 2007 年 1 月在广州与当地出租车司机的访谈。

6 参见 Chan, Kam Wing, and Zhang, Li, "The Hukou System and Rural-Urban Migration in China: Processes and Changes" , *The China Quarterly*,1999(160), pp. 818-855; Solinger, Dorothy, *Contesting Citizenship in Urban China*, Berkeley, CA: University of California Press, 1999; Mackenzie, Peter W. "Strangers in the City: Hukou and Urban Citizenship in China" , *Journal of International Affairs*,2002,56(1), pp. 305-319.

7 参见 Lu, Xiaobo, and Perry, Elizabeth J. "Danwei: The Changing Chinese Workplace in Historical and Comparative Perspective," Armonk, NY: M.E. Sharpe, 1997; Frazier, Mark W., "The Making of Chinese Industrial Workplace: State, Revolution, and Labor Management," Cambridge, UK: Cambridge University Press, 2002; Bray, David, "Social Space and Governance in Urban China: The Danwei System from Origins to Reform." Stanford, CA: Stanford University Press, 2005.

8 参见 Hurst, William, "Understanding Contentious Collective Action by Chinese Laid-Off Workers: The Importance of Regional Political Economy" , *Studies in Comparative International Development*,2004,39(2), pp. 94-120.

9 潘毅、任焰："国家与农民工：无法完成的无产阶级化"，《二十一世纪》，2008 年 6 月，第 27 页；潘毅、卢晖临、张慧鹏：《大工地上：中国农民工之歌》，商务印书馆，2010 年。

10 邱林川，"新型网络社会的劳工问题"，《开放时代》，2009 年 12 月，第 127-139 页。

11 本书第四章已对今年电子制造业在我国的发展进行了讨论。关于高科技园区的发展，参见 Walcott, Susan M., "Chinese Science and Technology Industrial Parks," Burlington, VT: Ashgate Publishing Co, 2003.

12 李建平："当心沦为国外玩家的'网络劳工'"，《新华每日电讯》，2008 年 3 月 3 日，第 14 版。He, Huifeng, "Chinese 'Farmers' Strike Cyber Gold" , South China Morning Post, October 22, 2005, p. A8.

13 参见彭婥琳："有钱的人没空玩，有空的人想玩却没钱！ 40 万大陆网民靠代客练功吃穿"，《工商时报》，2009 年 3 月 11 日，第 A9 版；"武汉'黑网游工作室'超过 2000 家"，《长江商报》，2007 年 7 月 13 日，http://game.people.com.cn/GB/48644/49662/5983548.html

14 参见 Heek, Richard, "Current Analysis and Future Research Agenda on 'Gold Farming' : Real-World Production in Developing Countries for the Virtual Economies of Online Games" , *Institute for Development Policy and Management*, University of Manchester, 2008 http://www.sed.manchester.ac.uk/idpm/research/publications/wp/di/documents/di_wp32.pdf

15 参见曹筠武、张春蔚、王铁庶："系统"，《南方周末》，2007 年 12 月 20 日，第 A6 版；Chew, Matthew, "Virtual-World Unrest and the Gamer Rights Protection Movement in China" ,paper presented at the 6th Chinese Internet Research Conference, June 13-14, The University of Hong Kong, Hong Kong.

16 "实习日夜'砍大树'家长质疑"，《中国青年报》，2007 年 10 月 10 日，第 6 版。

17 参见 Law, Patrick, "The Use of Mobile Phones Among Migrant Workers in Southern China", in P. Law, L. Fortunati and S. Yang（eds）, *New Technologies in Global Societies*. Singapore: World Scientific Publishing, 2006, pp. 245-258.

18 杨善华、朱伟志："手机：全球化背景下的'主动'选择：珠三角地区农民工手机消费的文化和心态解读"，《广东社会科学》，2006 年第 2 期，第 168-173 页。

19 参见 Lin, Angel M. Y., and Tong, Alvin, “Mobile Cultures of Migrant Workers in Southern China: Informal Literacies in the Negotiation of (New) Social Relations of the New Working Women”, *Knowledge, Technology & Policy*,2008,21(2), pp. 73-81.

20 参见 Chua, Chin Hon, “Labor Woes Spread to West China; Region Now Suffering Shortage of Migrant Workers That Has Hit Southern and Coastal Areas”, *The Strait Times*, May 19, 2005, p. 9; 杨思远：“民工荒问题的经济学思考”,《学习与探索》，2006 年第 2 期，第 242-244 页。

21 参见 Chua, Chin Hon, “Labor Woes Spread to West China; Region Now Suffering Shortage of Migrant Workers That Has Hit Southern and Coastal Areas”, *The Strait Times*, May 19, 2005, p. 9; 杨思远：“民工荒问题的经济学思考”,《学习与探索》，2006 年第 2 期，第 242-244 页。

22 有关调查组实施方法，请见本书研究方法附录。

23 参见 Qiu, Jack L., "The Wireless Leash: Mobile Messaging as Means of Control", *International Journal of Communication* 1,2007,1(1), pp. 74-91.

24 同上。

25 参见 Lee, Ching Kwan, “Three Patterns of Working-Class Transitions in China”, in F. Mengin and J.-L. Rocca (eds), *Politics in China*, New York: Palgrave Macmillan, 2002, pp. 62-92.

26 参见 Qiu, Jack L., “The Wireless Leash: Mobile Messaging as Means of Control", *International Journal of Communication*, 2007,1(1), pp. 74-91.

27 2006 年 1 月在深圳进行的女工采访。

28 2006 年 4 月在深圳与原该厂员工的访谈。

29 更深入的讨论可参考 Qiu, Jack L., “The Wireless Leash: Mobile Messaging as Means of Control", *International Journal of Communication*, 2007,1(1), pp. 74-91.

30 呙中校、朱一心：“工运湘军先锋网络与手机冲破网罗”,《亚洲周刊》，2010 年 6 月 27 日，第 20-21 页。

31 参见 Zhang, Li, Zhao, Simon X. B., and Tian, Jianping, “Self-Help in Housing and Chengzhongcun in China's Urbanization”, *International Journal of Urban and Regional Research* 27 (4), (2003), pp. 912-937.

32 刘梦琴：“石牌流动人口聚居区研究”,《市场与人口分析》，2000 年第 5 期，第 41-46 页。

33 参见 Lee, Ching Kwan, *Gender and the South China Miracle: Two Worlds of Factory Women*, Berkeley, CA: University of California Press, 1998.

34 孙立平：“资源重新积聚下的底层社会形成”，李培林、李强、孙立平（等著),《中国社会分层》，社科文献出版社，2004 年，第 339-357 页。

35 参见 Barboza, David, “In Many Chinese Factories, Loss of Fingers and Low Pay”, *International Herald Tribune, January* 7, 2008, p. 1.

36 其中近 4 成职业病患者没能获得法律规定的赔偿。参见“不能有法难依”,《济南日报》，2011 年 3 月 11 日，第 14 版；另见“我国 2 亿人遭职业病危害”，爱普网，2011 年 3 月 2 日，http://www.aipuwang.com/a/downloads/zuixinxiaoxi/2011/0302/1552.html

37 2009 年 3 月访谈进行工殇探访的公益组织人员。

38 参见王永强、张业军：“富士康真相”,《中国经营报》, 2010 年 4 月 5 日，第 C1 版；田玉：“田玉的信”,《明报》, 2010 年 12 月 6 日，第 D4 版；王恒嘉：“走出富士康，双手织未来”,《晶报》，2011 年 4 月 18 日，第 A4 版。

39 郑小琼：“铁 - 塑料厂”,《人民文学》，2007 年第 5 期，第 85 页。

40 丁未、宋晨：“在路上：手机与农民工自主性的获得”,《现代传播》，2010 年第 9 期，第 99 页。

41 见本书图 8.2 及其相关讨论。

42 参见 Webster, Nick, *Welcome to iPod City: The “Robot” Workers on 15-hour Days*, Daily Mirror, June 14, 2006, p. 24.

43 张娟、李强：“富士康员工：最低一月挣 340 元 700 多人住一个屋”，网易科技报道，2006 年 6 月 17 日，http://tech.163.com/06/0617/04/2JPSLEBE000915BD.html

44 2010 年 5 月在广州对《南方都市报》知情人士的访谈。

45 马杰伟：《酒吧工厂：南中国城市文化研究》，江苏人民出版社，2006 年，第 261-263 页。

46 2007 年 6 月深圳大学生访谈。

47 参 见 Chesneaux, Jean, "The Chinese Labor Movement, 1919-1927," Stanford, CA: Stanford University Press, 1968; Hornig, Emily, "Creating Chinese Ethnicity: Subei People in Shanghai, 1850-1980," New Haven, CT: Yale University Press, 1992; Perry, Elizabeth J., "Shanghai on Strike: The Politics of Chinese Labor," Stanford, CA: Stanford University Press, 1993.

48 参见 Lee, Ching Kwan, "Gender and the South China Miracle: Two Worlds of Factory Women," Berkeley, CA: University of California Press, 1998.

49 同上。

50 参见 Pun, Ngai, "Made in China: Women Factory Workers in a Global Workplace," Durham, NC: Duke University Press, 2005, pp. 80-81. 本书已有中文版，潘毅：《中国女工：新兴打工阶级的呼唤》，任焰译，明报出版社，2006 年

51 同上。

52 参见本书研究方法附录关于调查组的内容。

53 参见 Lee, Ching Kwan, "From the Spector of Mao to the Spirit of the Law: Labor Insurgence in China", *Theory and Society 31*,（2002）, pp. 189-228.

54 同上。

55 参见 Lee, Ching Kwan, *Against the Law: Labor Protests in China's Rustbelt and Sunbelt*, Berkeley, CA: University of California Press, 2007, p. 192.

56 参见 Hurst, William, "Understanding Contentious Collective Action by Chinese Laid-Off Workers: The Importance of Regional Political Economy", *Studies in Comparative International Development*, 2004,39（2）, p. 95.

57 同上，第 106 页。

58 深圳劳工组织编辑的《友利电工会维权记录》，2005 年春。

59 参见 http://www.blogcn.com/user24/unidenppl/blogs 2004 年 12 月罢工不久，此博客就遭资方控制，争议性内容被删除。2006 年夏，该博客被关闭。

60 参见 French, Howard W., "Workers Demand Union and Wal-Mart Supplier in China", *New York Times*, December 16, 2004, p. A3.

61 郑海龙："深日资厂劳资纠纷两万人罢工"，《文汇报》，2005 年 4 月 21 日，第 A10 版。

62 参见本书第二、第四章相关讨论。

63 参见 Epstein, David G., Brasilia, "Plan and Reality: A Study of Planned and Spontaneous Urban Development," Berkeley, CA: University of California Press, 1973; Aldrich, Brian C., and Sandhu, Ranvinder S.,（eds）, "Housing the Urban Poor: Policy and Practice in Developing Countries," New Delhi: Vistaar Publications, 1995; Bell, David, and Jayne, Mark,（eds）, "City of Quarters: Urban Villages in the Contemporary City," Aldershot, UK: Ashgate, 2004.

64 参见 http://chengbiancun.com

65 长话吧是打长途的小店，下面将具体讨论。提供照片上载服务的照相馆是指该店主不但可以帮顾客照相，或让顾客用专门机器自拍"大头贴"或合影等，而且还可以帮顾客把照片上载到互联网，并收取相应费用。一般是上载到顾客的"QQ 空间"或"51 网"帐号。该服务在城中村、城边村、中小城镇都很常见。部分原因是因为很多网吧电脑没有优盘插口、读卡器等输入设备。

66 李培林："巨变：村落的终结"，《中国社会科学》，2002 年第 1 期，第 168-179 页。

67 同上。

68 李俊夫：《城中村改造》，科学出版社。

69 千庆兰、陈颖彪："我国大城市流动人口聚居区初步研究"，《城市人口》，2003 年第 11 期，第 60-64 页。

70 刘梦琴："石牌流动人口聚居区研究"，《市场与人口分析》，2000 年第 5 期，第 41-46 页。

71 参 见 Zhang, Li, Zhao, Simon X. B., and Tian, Jianping, "Self-Help in Housing and Chengzhongcun in China's

Urbanization”, *International Journal of Urban and Regional Research*,2003,27(0), pp. 912-937.

72 李培林：“巨变：村落的终结”，《中国社会科学》，2002 年第 1 期，第 168-179 页。

73 刘梦琴：“石牌流动人口聚居区研究”，《市场与人口分析》，2000 年第 5 期，第 41-46 页；李培林：“巨变：村落的终结”，《中国社会科学》，2002 年第 1 期，第 168-179 页。

74 蓝宇蕴、张汝立：“城中村成因的再探析”，《中国农村经济》，2005 年第 11 期，第 68-74 页。

75 李培林：“巨变：村落的终结”，《中国社会科学》，2002 年第 1 期，第 168-179 页。

76 参见 Zhang, Li, Zhao, Simon X. B., and Tian, Jianping, “Self-Help in Housing and Chengzhongcun in China’s Urbanization”, *International Journal of Urban and Regional Research*, 2003,27（4）,pp. 912-937.

77 王旭、黄可可：《城市社会的变迁》，中国社会科学出版社，1998 年。

78 刘梦琴：“石牌流动人口聚居区研究”，《市场与人口分析》，2000 年第 5 期，第 41-46 页；李培林：“巨变：村落的终结”，《中国社会科学》，2002 年第 1 期，第 168-179 页；千庆兰、陈颖彪：“我国大城市流动人口聚居区初步研究”，《城市人口》，2003 年第 11 期，第 60-64 页。

79 刘梦琴：“石牌流动人口聚居区研究”，《市场与人口分析》，2000 年第 5 期，第 41-46 页。

80 参见 Light, Ivan, and Bonacich, Edna, *Immigrant Entrepreneurs: Koreans in Los Angeles,1965-1982*, Berkeley, CA: University of California Press, 1991; Light, Ivan, and Gold, Steven, *Ethnic Economies*, San Diego, CA: Academic Press, 2000.

81 项飚：《跨越边界的社区：北京“浙江村”的生活史》，生活 - 读书 - 新知三联书店，2000 年；Zhang, Li, *Strangers in the City: Reconfigurations of Space, Power, and Social Networks within China’s Floating Population*, Stanford, CA: Stanford University Press, 2001.

82 参见 Zhang, Li, *Strangers in the City: Reconfigurations of Space, Power, and Social Networks within China’s Floating Population*, Stanford, CA: Stanford University Press, 2001.

83 刘梦琴：“石牌流动人口聚居区研究”，《市场与人口分析》，2000 年第 5 期，第 41-46 页。

84 丁未：“黑白世界：一个城中村的互联网实践——社会资源分配与草根社会的传播生态”，《开放时代》，2009 年第 3 期，第 135-151 页。

85 参见“大芬油画文化村”网站：http://www.dafenyouhuacun.net/company.asp

86 “深圳大芬村‘中国油画第一村’”，央视国际，2005 年 1 月 12 日，http://news.xinhuanet.com/collection/2005-01/12/content_2449332.htm

87 参见 Zhang, Li, *Strangers in the City: Reconfigurations of Space, Power, and Social Networks within China’s Floating Population*, Stanford, CA: Stanford University Press, 2001.

88 刘梦琴：“石牌流动人口聚居区研究”，《市场与人口分析》，2000 年第 5 期，第 41-46 页。

89 参见 Castells, Manuel, *The Rise of the Network Society*. Oxford, UK: Blackwell, 1996.

90 参见 Zhao, Shukai, “Organizational Characteristics of Rural Labor Mobility in China”, in L.A. West and Y. Zhao（eds）, *Rural labor flows in China*, Berkeley, CA: Institute of East Asian Studies, UC Berkeley, pp. 230-251.

91 刘梦琴：“石牌流动人口聚居区研究”，《市场与人口分析》，2000 年第 5 期，第 41-46 页；千庆兰、陈颖彪：“我国大城市流动人口聚居区初步研究”，《城市人口》，2003 年第 11 期，第 60-64 页。

92 李培林：“巨变：村落的终结”，《中国社会科学》，2002 年第 1 期，第 168-179 页；蓝宇蕴、张汝立：“城中村成因的再探析”，《中国农村经济》，2005 年第 11 期，第 68-74 页。

93 2007 年 4 月至 10 月在广州，2007 年 12 月在深圳与城中村居民的访谈。

94 孙庆忠：“乡村都市化与都市村民的宗族生活：广州城中三村研究”，《当代中国史研究》，2003 年第 3 期，第 96-104 页。

95 李培林：“巨变：村落的终结”，《中国社会科学》，2002 年第 1 期，第 168-179 页。

96 熊易寒：“底层、学校与阶级在生产”，《开放时代》，2010 年第 1 期，第 94-110 页。

97 李培林：“巨变：村落的终结”，《中国社会科学》，2002 年第 1 期，第 168-179 页。

98 余红、丁骋娉：《中国农民工考察》，昆仑出版社，2004 年，第 34 页。

99 陶建杰:“民工的媒介接触及评价调查研究”，张国良（编），《中国传播学评论（第一辑）》，复旦大学出版社，2005年，第132-139页。

100 参见本书“研究方法附录”。

101 杜青耘、陈丽科、常菁：“广州市石牌村：‘城中村’改制探索——村企业取代村委会”，《中国经济周刊》，2005年第27期，第34页。

102 蓝宇蕴、张汝立：“城中村成因的再探析”，《中国农村经济》，2005年第11期，第68-74页。

103 2007年9月石牌村居民焦点组访谈。

104 郑孟煊：《城市化中的石牌村》，社科文献出版社，2006年。

105 卜卫、邱林川：《四川省打击拐卖妇女的媒介宣传教育战略分析》，联合国儿童基金会与全国妇联国际处，2002年；卜卫、刘晓红:《促进农村校外青少年健康教育的传播战略研究》，北京大学医学出版社，2006年。

106 相比而言，我国2008年全国人口平均居住面积为27平米。

107 蓝宇蕴、张汝立：“城中村成因的再探析”，《中国农村经济》，2005年第11期，第68-74页。

108 刘梦琴：“石牌流动人口聚居区研究”，《市场与人口分析》，2000年第5期，第41-46页。

109 “广州天河建造华南第一IT街”，南方网，2005年，http://gd.southcn.com/zwdt/xxjd/200511280038.htm

110 2007年10月与太平洋电脑城管理人员的访谈。

111 张轶骞：“南中关村十年”，《经济观察报》，2006年3月19日，http://www.e-works.net.cn/Articles/521/Article36504.htm

112 参见 http://2it.com.cn

113 郑孟煊：《城市化中的石牌村》，社科文献出版社，2006年。

114 参见 Xing, Guoxin, “Urban Workers' Leisure Culture and the Public Sphere: A Study of the Transformation of the Workers' Cultural Palace in Reform-Era China”, Critical Sociology (2011), Tdoi:TT10.1177/0896920510392078, http://crs.sagepub.com/content/early/recent；王洪喆、邱林川：“空间、科技、与声音：新老工人阶级文化空间的比较研究”，台湾新竹：中华传播学年会，2011年7月4-6日。

第六章

生死之时

新工人阶级的再生是一个充满悖论与矛盾的过程。中低端信息传播技术在此时普及，恰好彰显出历史进程的复杂。手机互联网的确为很多人带来新机会，为许多地方带来生机与希望，但技术也可以用来杀人，也可能激化阶级内部及阶级间旧有的社会问题，特别是群体间的不平等与歧视。网络媒体促进社会全面进步的潜力还没开发出来，传统的社会矛盾与冲突就借科技还魂，在网络和现实的空间里一发不可收，让信息中下阶层和新工人群体付出生命代价。

2009 年 6 月中旬，伊朗大选引发社会动荡，国外称“推特革命（Twitter Revolution）”，因为据说推特等社交网络媒体发挥了很大作用。[1] 差不多同时，从 2009 年 6 月下旬到 7 月初，我国则发生了可称为“YouTube 蜕变（YouTube Devolution）”的严重冲突。[2] 起因是 6 月 26 日广东韶关旭日玩具厂发生械斗，汉族工人把用山寨机拍摄的视频上载到互联网，内容由国内视频网站流传到全球最大的视频网站 YouTube，结果被利用引发“7·5 乌鲁木齐事件”。

这是一场典型的“蜕变”式新媒体事件。一来网络媒体，不仅包括

YouTube 等视频网站，也包括 QQ 等各种网络通讯工具，被用来煽动民族仇恨，导致社会关系蜕变，严重威胁人民生命财产安全。二来在事件发生的两头，韶关和乌鲁木齐，都有属于信息中下阶层、使用山寨机的工人和城市贫民付出生命代价，但阶层与阶级问题基本被民族议题掩盖。比如为什么最初韶关工人之间要械斗？多数媒体只聚焦细节，包括各种流言，却忽视了更重大的议题，即 2008 年全球金融危机后，不少厂家借机加大对劳工的压榨，引发劳资矛盾、诱发工人内部群体冲突。结果各民族基层民众不但付出血的代价，新疆还“断网”十个月，逼得乌鲁木齐有的淘宝店主没办法，要做火车到兰州去上网打理生意。[3] 因此，说这是网络社会的一次全面蜕变毫不为过。

这个例子可能有些极端。但它清楚说明，技术扩散与阶级形成之间的关系很难一概而论，且存在难以预测的变数。谁能想到南方山寨机普及了，工人们都能上载视频了，新疆的淘宝网店却会遭殃？谁能想到一个普通工厂宿舍区里的打斗，经过网络媒体流传，会带来大规模民族冲突，导致数以百计的人命伤亡？归根结底，中低端信息传播技术不是解决社会问题的万灵药，阶级关系才是信息中下阶层面临的根本问题，而手机互联网也是阶级关系得以彰显的新渠道。

对来自不同阶级、不同阶层的人而言，网络媒体的意义有相似也有差异。知识教育水平较高的中产可能更重视利用网络寻求他们心目中的民主与正义，但信息中下阶层的大多数首先关心的还是在客观条件下解决自己和家人面临的生存性议题，如就业、住房、医疗、劳工基本权益保障等。对他们而言，新技术只是手段，谈什么都不能忘记生计的考量。和中产人群一样，他们中不少人也会过分关心个人的娱乐及消费信息，对公众议题知之甚少。日常的矛盾于是在草根聚集，日积月累，突然爆发，成为关乎生死的恶性事件。

这是新工人阶级再生过程的一个特点：它平时好像风平浪静，其实下面无数潜流。一来就是大风暴、大海啸。历史进程的非线性发展非常明显，最有根本性决定意义的不是平时常规化的日子，而是突然发生的“拐点”事件。说是突然发生，其实潜流已久，只不过劳工大众忙于养家糊口，没有令人羡慕的学历文凭也没有如簧的巧舌，得不到媒体版面而已。这当然不能怪基层民众，要怪还是怪一心为资本服务的记者编辑听不懂工人在讲什么，怪我们这些报纸读者、电视观众、手机互联网用户不够关注劳工议题。什么都要等到死人了，而且不止一两个人，而是死伤枕藉了，才有广泛社会关注。而那些无病呻吟的老板，假装痛苦的官二代，只要鞠个躬、挤点鳄鱼眼泪，媒体就长篇累牍详细报道，一片同情。这种反差发生在当代中国，实在令人叹息。

换个角度来看，死亡却也是一种特殊的中下阶层传播方式。它是无声的语言，以终极方式告诉我们，社会还存在严重的不公、压迫与绝望。不是所有亡者都是有意识这么做，他们中有许多出于被迫。不是所有亡者都能引来注意，他们中有许多正在被忘记，虽然我们拒绝遗忘，一定固执地要用新工人阶级网络社会的历史框架让他们永生。

这一框架里最重要的当属发生在信息中下阶层情境里的“新媒体事件”。[4]它们有的成功凝聚社会，最终在某方面改善了劳工群体状况，有的引发重大争议和分歧，导致网络民意的疮疤，多年难以痊合。本章将重点聚焦 2002 年蓝极速火灾事件、2003 年孙志刚事件、2004 年马加爵事件，而后对 2001 至 2010 年的一系列涉及信息中下阶层的重大事件进行分类梳理，如刘汉黄案、何金喜案、张海超“开胸验肺”、富士康“N 连跳”等。本章先介绍基层暴力事件发生的一般背景——“地下城市（city underneath）”——包括其中的非正式经济、基本社会结构以及日益网络化的流氓无产者，再对具体事件进行回顾比较分析。

□ 新媒体与阶级形成

为什么信息中下阶层人群中发生的新媒体事件往往涉及生死？透过这些事件，可以看到新媒体文化与阶级形成之间存在什么关系？这种关系在怎样的情境中展开？在怎样的关键时刻爆发？有怎样的深远影响？

回顾历史，我国劳工运动和新媒体技术的紧密关系可以追溯到上世纪初的电报。当时风起云涌的“通电”文体不但用来讨伐清廷和袁世凯，[5]也在共产党领导的工农革命实践中得到广泛应用。从 20 年代的“五卅运动”到 30 年代的红色苏维埃，都常使用明码发布共产党及其他进步团体的政见，供报刊电台广泛使用。这是当时政治传播的重要渠道，电报就是那时的“新媒体”。

新中国建立的头三十年，电影、广播包括当年遍及城乡的有线广播，成为继电报之后的“新媒体”阶级文化载体，为当时以阶级斗争为主线的政治动员与阶级表达提供了新的传播手段和宣传工具。与电报不同的是，广播电影还有后来的电视无需经过报刊中介，能直接进入群众所在的单位、社区和家庭。哪怕对象是文盲，也能达到宣传效果。

进入 20 世纪 80 ~ 90 年代，阶级逐步淡出政治舞台，体现在新媒体领域就是寻呼机、手机、互联网相继出现，但它们与阶级政治的关系却被有意无意地掩盖。这些世纪之交的数码新媒体首先成了商业消费与官僚权力的象征，在实际使用中则强调用户作为消费者的个体身份，而不是阶级的群体身份。结果这些新媒体在广告宣传和政策话语中被塑造成只属于新贵、中产的“高科技”玩意。虽然如本书第二、三章所述，它们的背后同样必须有大量劳工支持才能运转，比如当年的寻呼产业，而且普通劳动者已在手机互联网市场占有主要份额，但这些基本的现实情况却未能在阶级文化方面得到充分体现。

阶级缺位、新媒体“中产化”现象发生的同时，出现了两个方向相反的新趋势。一方面，有自我阶级意识的基层劳动者，如全国约两三万人规模的“打工诗人”，[6] 开始利用中低端信息传播技术进行表达和沟通。这也包括第四章提到的新工人艺术团、打工妹博客，第六章提到的 QQ、友利电博客等，其总体规模有限，在相当程度上仍处于其他社会人群视野以外。

另一方面，在手机互联网光鲜亮丽的广告宣传背后，生出大量的“地下”阴暗角落，包括政府规范以外的各种“非正式经济”，甚至有帮派组织和犯罪团伙。新工人阶级网络社会的发展不一定自动走上社会进步的康庄大道。无视阶级、纯粹逐利的发展，造成流氓无产者群体快速衍生。那里才是信息中下阶层必须每日面对的残酷社会现实。很多的生死故事就发生在这样的基层情景中。

卡斯特与博蒂斯曾用“地下世界（the world underneath）”对各种非正式经济进行概括。[7] 他们的分析有几点特别值得注意：首先，非正式经济广泛存在于包括发达国家在内的世界各国，是全球化的特征之一。其次，非正式经济不一定就“落后”，它也可能代表自下而上的创新。第三，非正式经济涉及的社会活动也许看似边缘，其中可能有违法之处，但它往往是国民经济的有机组成部分。第四，非正式经济之所以广泛存在，其基础是下岗、降职的劳工越来越多。这些被迫接受低薪，随时可能失去工作的草根人群，后来也被卡斯特称为“原始的、可以或缺的劳工（generic, expendable labor）”。[8] 第五，非正式经济的发展在很大程度上需要仰仗政府部门默许，因此：

> 非正式化并非总发生在政府控制范围以外。它其实是另一种形式的控制，其特征正是工人阶级中越来越多人丧失他们的主体地位，而这恰恰发生在国家默许之下。国家不控制非正式经济是有损失，但非正式经济的发展同时也可能在短期内给国家带来更多合法性和经济增长，从而对损失进行补偿。[9]

这些论述虽来自另一个时空，却对认识我国底层社会，特别是有关草根民众与某些地方政府的关系，有相当助益。我国向来有丰富的“江湖”传统，从当年反清复明的秘密结社到市场化改革以来的街角社会。[10] 这些组织往往与非正式经济有千丝万缕的联系。这些活动有不少已在本书前几章有所涉及。它们有的早已成为基层生活的一部分，并不一定带来暴力冲突。有的则是严重的有组织犯罪，利用中低端信息传播技术，在更大范围内造成伤亡。它们总体而言有如下特征：

首先，这些非正式经济活动主要使用现金交易，无论一般用户上网吧、买预付卡，还是网吧老板、预付卡摊主向地方帮派、腐败官员交“保护费”，都是用现金为主。这与主流人群越来越多使用信用卡或银行转账手续存在相当差异。二手手机和山寨机生意也基本全部用现金交易。

图 7.1 摄于深圳夏天夜晚的街边，街背后另一边是相当高档的古之岛商城，前面宝马奔驰呼啸而过，这边一溜排开都是卖二手手机的小贩。那天晚上这里一共有 11 名小贩，这张照片里可以看到其中 5 位。他们就坐在人行道上，包括一位只有两部手机待售的少年。其他人手上“货”更多。虽然一般男小贩展示的手机比较少，但款式较新，价钱较贵。女小贩的手机数量一般更多，但款

图 7.1　深圳夜晚街边售卖二手手机的小贩们

（2005 年 9 月笔者拍摄）

式较旧，价格较低，包括小灵通手机。她们把“货”放在腿上，用双臂保护着，怕被抢了去。小贩们一边“工作”，一边聊天。生活的压力是沉重的，但和饭后散步的市民们一样，他们脸上也不时挂着惬意的微笑。这是地下城市经济活动常见的情况。

类似情形在其他城市收购电脑配件、耗材（如打印机硒鼓）的非正式经济活动中同样常见。在做手机电脑相关生意的小摊旁，往往还有其他类型的非正式经济活动同时进行，如弹吉他卖唱的青年、卖盗版碟或盗版书的下岗工人、卖药材装饰品的藏族小贩等。地下交易总有相当的混杂性，这是非正式经济的另一特点。

再次，和中低端信息传播技术相关的非正式经济对收入不高、好奇心强的年青人特别有吸引力，比如 20 世纪年代通过消费“打口碟”喜欢上摇滚乐的“打口一代”就是从非正式经济衍生出的次文化。[11] 那些打口碟大多是被海关没收的音乐CD。光碟边上被打了个小口，所以有部分歌曲无法播放，但多数歌还是可以听的，因此在黑市上流传依然有相当市场。近些年街边见不到打口碟了，卖盗版影视DVD或VCD的摊子也越来越少，但网上使用P2P串流软件下载歌曲视频，则十分常见。提供网上下载内容的网站有时属于地下经济体，更多时候则是有正规注册的大公司。它们的网上生意越红火，街边小贩的生意就越难做。非正式经济内部也存在严重的相互竞争。

从当年的“打口碟”到今天的“黑网吧”，非正式经济还有一个特点就是它与地方政府存在关联，所以出现各种地下市场屡打不尽，越打越多的情况。这些关联包括针对个别腐败官员的非法利益输送，也包括建立在滥收费、滥罚款基础上的集体共谋利益分享。当然，各地方具体情况不尽相同。同一地方在不同时候也会有很大差别。但总的趋势是，该关联的中介越来越依赖中低端信息传播技术，特别是手机和短信。这对地下帮派如此，对介入非正式经济的商业机构如此，对地方上的腐败势力也一样。我们于是再次见到，新媒体不一定可以促进新工人阶级形成，反倒可能起相反作用，令基层民众的依附性更为严重。

在这种情况下，地下城市的一个重要维度是治安，包括财产，也包括人身安全。在我2002和2006年进行的十多次焦点组访谈中，每次都会听到珠三角的工人们讲述他们的手机如何被偷走、抢走、骗走。女孩子害怕去网吧，因为那里危险，手机、钱包都经常会不见。还有的是以前我从未听说的治安问题，但工人们全知道，比如用预付卡打公用电话时的安全隐患。下面是2002年在珠海的一段讨论：

研究者：用公共电话时会碰到什么问题吗？

工人甲：公共电话嘛，主要是有小偷。

工人乙：偷密码……

研究者：密码？怎么会被偷？

工人丙：你用200卡（当时常用的一种储值卡）的时候，有人从你边上看，然后把密码改了，里头的钱就是他的了。

研究者：你是说有人从背后偷看密码？……只是200卡吗？IP

卡呢?

工人乙：IP卡也会呀。

工人丙（同时说）：当然！我的就给偷过！有回我刚买了张新卡，用街边公话打给家里人。怎么也想不到啊（有人在边上偷看密码）！后来回宿舍我想再用，里头就说密码错了。我后来才知道是给偷了。

研究者：是嘛？还有这么回事。

工人丙（工人甲乙同时在笑）：这都发生多少次了！

在三位打工妹帮助下，我对中低端信息传播技术实际使用过程中碰到的问题又多了点了解。来自大学的我虽然用IP卡，也听说过200卡，却从来想不到治安恶化与使用预付卡之间会有如此联系。据说还有地下帮派专门租下自动公话亭附近的公寓，公然派人从窗口用望远镜窃取预付卡密码，再转手出售。然而，这只是流动打工者群体日常面临的众多困难之一。原来新科技产品带给信息中下阶层的绝不仅是什么便利的城市现代文明，它同样反映出城市社会的“不文明”，包括基本安全保障的缺失。

在几位打工妹居住的社区里有警察巡逻，有治安联防。他们的整治目标包括“黑网吧”，包括更严重的犯罪如抢夺手机。但他们却对偷窃预付卡密码的犯罪行为视而不见。就算其他打工者看到偷窃行为发生，想伸出援手，也难以孤立对抗帮派组织。这使打工者群体逐渐不再在街边的自动公话亭打预付卡电话，而是要么用自己的手机打，要么在有人看着的长话吧打。

有组织犯罪不但侵害个人，也威胁中低端信息传播技术提供商和中小企业。早就有偷窃网吧电脑、向长话吧或其他小摊店主征收“保护费”等行为，还有其他新的犯罪手段。2007年7月，一个包括十名成员的抢劫团伙在东莞一高速路出口用棍棒和锤子袭击了一辆批发预付卡的交货车，一次抢走260万现金和价值87万的预付卡。该团伙成员年龄偏大，带头的是一名年已53岁的前预付卡小店店主。他来自北方，因生意亏本铤而走险，走上抢劫的不归路。他熟悉批发商交货路线和时间，因此由他带队。另一名45岁的团伙成员负责用手机协调行动。[12]

犯罪团伙不但利用中低端信息传播技术实施传统的抢劫偷盗活动，而且还开辟出新的网上业务，如网上赌博。每逢世界杯足球赛期间，网上赌博组织就大量使用包括互联网和手机在内的网络媒体。且该非法活动范围不限于城市，也通过网吧等渠道渗透到农村。[13] 另外，网上色情和性交易市场也有类似情况，团伙分子用手机控制女孩，用网上广告及手机联系招徕嫖客，进行非法交易。新型网络媒体让有的黄赌毒团伙“生意”越做越大，结果有时是更可能与其他团伙发生流血冲突，造成人命伤亡。

还有一类必须注意的地下活动是前面第四章已有提到的地下血液交易，也称“卖血黑市”。它在犯罪团伙利用中低端通信工具方面有相当代表性。据报道，这在包括北京上海在内的大城市都有发生。比如上海收购血液的人叫“血头”，其通讯渠道主要是网上论坛，他靠发帖吸引来自社会底层的卖血者。买入 100cc 血浆付费 100 到 250 元，但卖出价则有 550 元。前来卖血者有下岗工人，有找不到工作的流动人口，也有来自大学和职业学校的贫困生，这些人多是在网吧上网接触到卖血信息的。[14] 在北方，这样的职业献血者越来越多，对我国已经问题重重的血库安全构成进一步威胁。相关新闻报道一般都强调地下卖血黑市的公众健康隐患，尤其是艾滋病的传播。但我们不禁还想追问，为什么这些底层民众可以去上网，却还要靠卖血为生？卖血的收入是否也会用来支付网吧或手机的开销？除了卖血，他们还有其他谋生途径吗？“血头”们又是为什么会进入地下城市的这一行？这些问题在安徽少年卖肾买 iPhone 之后，变得更为突出。

还有更极端的情况，就是通过中低端信息传播技术向人们兜售违禁攻击性武器以及包括恐吓、人身伤害、绑架、谋杀在内的“特种服务”。我在珠海就曾收到短信广告，内容是可以用低廉价格购买枪枝和手榴弹。在江苏南通，记者也收到类似的短信：“人量出售黑车，帮你提供杀手。联系人李总，电话手机号码”。[15] 这样的短信不是一般的促销广告，虽然不清楚它们有多少是恶作剧，有多少是真有其事，但至少仅它在各地都会出现这一点就十分值得注意。

最后，中低端信息传播技术日益普及的另一结果是让底层群众多了一条挑战主流社会秩序的途径，比如通过黑客袭击破坏银行电脑系统或官方网站。当然，黑客群体不乏中产或社会经济地位更高的成员，特别当他们袭击的是国外网站的时候，但也有国内黑客袭击国内网站的，这些人里属于信息中下阶层的就占多数了。他们中有的曾是学计算机专业的，却因各种原因要么未能毕业就辍学了，要么就算毕业也找不到合适工作。[16] 对他们而言，黑客袭击可能与个人生计有关，但也是为了表达对社会主流秩序的不服从甚至蔑视。后者和西方青少年群体中的黑客文化有相通之处。[17]

□ 蓝极速：被遗弃者的愤怒

现在让我们回顾几起重大的新媒体事件。事件发生时间有前有后，具体原因各有不同，但受害者都是社会中下阶层的青少年。这里有部分原因是因为青少年受学校教育的影响，较早使用中低端信息传播技术。同时，年轻生命的消逝也促使公众以较强烈的方式作出回应，比如蓝极速火灾显示的严重问题，因为本该代表未来与希望的青少年，却如此脆弱地暴露在充满不公与暴力的异化环境中。在相当程度上，它可以被看作是社会剧烈矛盾和苦难的缩影。遭受苦难的不只是信息中下阶层青少年，也包括他们的家庭、社区，以及整个社会。

2002 年 6 月，北京蓝极速网吧失火，造成 25 人死亡，13 人受伤。[18] 这起悲剧不但是网吧发展史上的分水岭，也是北京自 1949 年以来最严重的火灾伤亡事件。[19] 关于这次事件的来龙去脉有不同叙述。大众媒体多运用“黑网吧”框架进行报道，谴责网吧经营者的贪婪与无良，同时对因火灾失去生命的年轻人表达同情。然而，如前面第二章所述，监管政策对网吧形成的高压是酿成事故不可忽视的原因之一。少年纵火者和网吧经营者当然需要承担责任，然而这一切更需要放到特定的社会和政策语境下才能理解。下面我们就尝试从三类人的角度检视这次事件，包括网吧经营者、网吧用户、纵火者。

首先，为什么网吧老板无视防火规定，将网吧建在一栋三层高的老房子里？为什么那里充满易燃物，只有一个出口，而且窗户还用铁条焊死？网吧老板郑文京，北京居民，是“一位内向的、三十几岁的工程师”。[20] 他和女友张敏敏，“一名山东高密市无业人员”，一起经营网吧。[21]

尽管关于两人的资料非常有限，无法得知他们是如何成长，教育背景如何，平时生活怎样，然而还是可以从有限资料中拼凑出他们如何在当时条件下作出经营网吧的决定。这些条件并不新奇，它们没有在蓝极速火灾之后消失。2004年10月，距蓝极速悲剧已经两年多，但据官方统计，全国黑网吧的数量仍超过注册登记正规网吧数量的两倍。[22]

郑张二人开设网吧应该面临草根创业者提供中低端信息服务时常见的困难。郑文京1998年在北京海淀区开设他的第一家网吧。这个时间和地点显示他属于我国第一代互联网创业者，很可能具有高等教育背景，否则不会从事“新经济”产业。张敏敏来自山东，她也应该有相当教育程度，而且能够欣赏郑文军的互联网创业雄心，因此两人才能一起从事网吧经营。这种基于家庭或朋友关系的小规模创业团体是中低端信息传播技术的常见经济组织形态。

和其他草根创业者一样，郑张二人当时应当无法拿到银行贷款。他们的资金来源很可能依赖个人及家庭储蓄，最多加上来自亲友的借款。但他们相当不幸。火灾之前，已被六次罚款，以前开的“伯爵网吧”也在2001年末至2002年初的严打中被迫关闭。但由于坚信网吧的市场潜力，他们又开了家新店，即“蓝极速”，并且配置了高性能电脑和较快的网速，在硬件上极可能追加了可观的投资。[23]

不难想象，郑张二人在屡次罚款被迫关门、重新选址又升级电脑配置之后，一定背上了沉重的经济负担。因此，2002年5月他们在没有完成规定手续之前开始经营新网吧，并不难理解。这其实是当时网吧经营常见的现象。一来由于官僚体系办事效率低，二来也因为当时严厉整肃的大环境，让他们即使想做合法生意也不免有“过街老鼠”的感觉。如第二章所述，网吧行业由社会启蒙的先锋迅速蜕变为非正式经济，在很大程度上是大环境使然。

正是在这种情况下，他们选择将网吧建在北京一片普通居民区的老房子里。楼高三层，以前是国营食品杂货店。随着国家从零售市场退出，这栋楼曾被各式各样的经营者所租用，其中有人为防盗给窗户上装上铁条。火灾后，郑张遭谴责的原因之一是他们没有拆除这些铁条，否则人们可以从窗户逃生。他们还因为使用了易燃的廉价地毯而遭到指责。但只要想想他们当时窘迫的财政状况，他们有能力购买耐火材料吗？他们能承担拆除铁条后让贵重电脑面临被偷的风险吗？在罚过六次款后，他们能信任警察保护他们的财产安全吗？他们能申请到贷款来重新装修老房以达到消防规范吗？哪家银行会接受他们的申请？

其次，再来看看火灾受害者，我们忍不住要问，为什么凌晨两点半，网吧里依然有这么多大学生？当他们在傍晚走进蓝极速时，并没人强制或欺骗他们。他们去蓝极速是因为这家网吧的性价比比较高——电脑配置好，网速快，价格合理，使用方便。

"蓝极速"及其前身"伯爵网吧"，都座落于高校云集的海淀。两次选址并非巧合，因为这里孕育了中国互联网最早的市场，拥有大量有高等教育背景的网络用户群。从这个意义上说，高校学生是网络早期使用者中的一个特殊群体。但同时，他们不得不面临基层相当普遍的制度性保障缺失，蓝极速案就发生在高校系统无法满足学生上网需求的情况下。

简言之，网吧受欢迎正是由于学校不受欢迎。尽管高校在电脑硬件和软件上扩大投资，却远不能满足学生需要，让他们可以方便上网，构建属于自己的网络空间。计算机房管理严格，很早关门。即使有些学生有电脑，但宿舍有作息时间规定，12 点拉闸，什么电器也用不了。直到 2007 年，还有三所名校——浙江大学，南京大学和上海交通大学——因害怕新生"沉湎游戏"而禁止他们拥有个人电脑。[24] 2002 年时的大学电脑管理制度肯定还要更严格。

因此可以说，网吧具有吸引力，在相当程度上是由于教育系统无法满足学生的上网需求。除网吧之外，没有其他地方能 24 小时不间断地提供廉价网络服务。因此不难理解，蓝极速在 2002 年 5 月开张时，受到附近高校学生欢迎。火灾 25 位亡者中有 21 位来自不远的北京科技大学，包括 9 位计算机系预科生。[25]

这反映出一个普遍现象，即中低端信息传播技术在基层社区出现，往往可以吸引数量庞大的具有相似背景的中下阶层顾客。获取技术服务只是顾客光顾的目的之一，此外他们也同样需要网吧或其他小店的社会交往功能。以青年学生为例，他们聚集在网吧，与同龄人一起消遣的不但是网上的内容和服务，相互陪伴也是网吧经历的重要组成部分。因此一旦悲剧发生，受难的就不只是个别人。

蓝极速纵火案的主犯是两名初中生——14 岁的宋春和 13 岁的张帆（均为化名）。为什么他们要纵火？其原因还有不同说法。在网吧经营者论坛上，有人指出宋张是由于不够年龄，不被允许进入网吧而对蓝极速起报复之心的。[26] 这意味着，与“黑网吧”的指责正好相反，蓝极速经营者本在严格按规定办事，不让未成年人进入，结果才成为受害者。与此不同，其他出版物披露网吧经营者曾与宋张两名少年发生争执，前者嘲笑后者身无分文：“没钱你还来这儿？”[27] 嘲讽的语气激怒了少年，导致他俩决定放火报复。根据这种说法，火灾是以牙还牙的过激行为。如果蓝极速经营者不激怒宋张二人，火灾是可以避免的。

事情真相可能介于不同版本之间。网吧经营者可能根据管理规定，不许少年进入，尽管通宵营业也已违反了规定；也可能同时知道两个孩子没钱上网，所以拒绝他们入内。从商业角度考虑，蓝极速将目标客户定位为大学生而不是失学初中生是可以理解的。但这种风险利益评估对宋张二人来说就是一种难以忍受的歧视了，因为他们年轻的生命已承受过太多的不公。

和不少其他城市底层的孩子一样，宋张二人的苦难始于年幼时家庭的破碎和父母疏于照管。张帆父母离异，他被判给母亲抚养，父亲因暴力犯罪入狱。但张的母亲对他照顾很少，没和他同住，只在外面给他租了间房，每月给点生活费，很少来看他。[28]

纵火案主犯宋春的成长环境更差。父母在他不到一岁的时候就离婚了。父亲获得监护权，却无法负起称职的抚养责任。在因行为不检被单位辞退后，宋的父亲一直无业。他曾因打架被拘留，不久又开始吸毒。虽然宋父没有再娶，但身边曾有三个女人。前两任“继母”经常殴打宋春，其中一个甚至曾用高跟鞋打破宋春的头，让不到 10 岁的宋春当场晕倒。宋父却无动于衷，他和这个继母一起吸毒，不管儿子死活。[29]2002 年 2 月，蓝极速火灾发生前三个月，宋的父亲再次因吸毒被判入狱一年。几天后，宋就不再去学校，因为觉得老师同学们都看不起自己。[30] 不难想见，火灾之前的宋春早已充满愤怒与仇恨，无法承受更多的歧视了。

宋春当然不是一出生就要做纵火犯的。据他祖父回忆，宋春曾是个聪明的孩子，四岁就认得象棋里所有的棋子。根据学校老师的说法，在宋 13 岁那年，他有段时间“就像变了个人”，成为一名勤奋的学生，因为他听说自己的亲生母亲，时任一家电脑公司主管，可能送他到美国读书。[31] 尽管后来希望破灭，但这段短暂的变化表明，如果得到更多的关心和爱护，宋春本可成为一名正常的社会成员，绝不会发展成纵火犯。

宋张二人给同学的印象很差。他们常因从家里得不到足够钱，就暴力抢劫其他学生。张帆因此还曾将同学的手弄骨折。[32] 他们进入了一种恶性循环，经济越困难，越是从家庭得不到基本照顾，就越要欺负同学，在社会上越孤立，越遭到同伴排斥，越与所在社区脱离。蓝极速网吧是他们可以重新与别人进行交流的少数地方之一。放火烧掉蓝极速，表明他们当时确实已经愤怒至极，可说是两名少年承受苦难累积到顶点的总爆发。

2002 年 8 月，火灾发生两个月之后，宋被判无期徒刑，张由于未满 14 岁被送往少年管教中心。但这并不是事件的结束。时至今日，各级相关部门和社区组织在为像宋春父亲这样的失业人员及离异家庭子女提供有效社会服务方面所发挥的作用依然十分有限。家庭暴力、吸毒、青少年犯罪——这些因社会遗弃而产生的罪恶在地下城市相互触发、持续生长。当矛盾积累到一定程度而无适合的渠道宣泄时，它就会爆发，造成像蓝极速这样的大灾难。

2002 年以来，尽管网吧管理日益严格，但蓝极速背后的结构性社会问题仍旧存在。正因如此，依然可看到发生在网吧的死亡悲剧一再上演。2003 年 8 月，浙江临安市某网吧经营者被一群学生杀害，原因仅仅是因为他根据规定要求他们出示身份证。[33] 除了对网吧经营者的攻击，还有很多对网吧顾客实施攻击、杀害、侮辱和抢劫的事件。如果不采取有效措施重建基层社会，令其成为不断扩大的新工人阶级网络社会的有机组成部分，那么像蓝极速这样的悲剧还会继续发生，更多年轻的生命还将因此消逝，更多的家庭还将因此破碎。

□ 孙志刚：冰冷的收容

在 27 岁的孙志刚被打死之前，他怎么也不会想到自己会成为中国最著名的打工者。 2003 年 3 月 17 日晚，这个住城中村的广州灰领在去网吧路上，因没有暂住证遭到羁押。他被送到专门用来关押“三无人员”的广州市精神病院。60小时后，他在那里被殴打致死。

孙志刚在湖北黄冈的一个小村庄里长大，凭借出色的成绩考入武汉理工学院艺术系。2001年毕业后，他一直在深圳工作，直到2003年2月，他来到广州成为大旗公司的服装设计师，加入到“灰领”工人的行列。被羁押时，刚来广州一个月的孙志刚暂住证还在办理中，他就这样被误当作“三无人员”抓了起来。

如前所述，流动人口受歧视是老问题，非法拘留和人身虐待都不罕见。孙志刚不是第一个在拘留期间被打死的中下阶层流动者，也不是最后一个。但除了他悲剧性的死亡，孙志刚在某种程度上却是幸运的，因为他和家人不久就得到了正义的判决。由于大众媒体和网络上掀起前所未有的舆论风暴，广州警方破天荒地承认了自己的过失，法院对凶手也给予了重判。更重要的是，中央政府因此废除了《城市乞讨人员收容遣散管理条例》，代之以一个更人性化、旨在为底层流动人口提供救助的管理系统。[34]这一历史性变化使孙志刚的死给全国千千万万中下阶层打工者带来了积极影响。

孙志刚事件之所以对公共舆论和政策产生特别影响，首先因为他并非普通打工者，而是大学毕业生，从而得到主流社会同情。其次，事情发生在中央权力交接，胡温领导班子正式上台后不久。“新政”进行的调整在突如其来的“非典”疫情中变得清晰，“以人为本”成为当务之急，而要做到这点就必须优先保护人民的生命。孙志刚的死曝光之时，政府正在试图控制迅速扩散的“非典”。在一段时间内，媒体控制有所放松，死亡病例得以及时见报。同时由于“非典”尚未结束，民众多待在家里通过网络了解疫情最新消息和进行公共讨论。因此，孙志刚的死在诸如新浪、搜狐这样的主流门户网站上得到广泛关注，点击量仅次“非典”。

事件发生的地点也是它获得注目的重要因素之一。广州是南中国打工者流动的枢纽，从内地农村来的打工者大都通过这里走向城中村、城边村和周边的工业区。此外，广州也因流动打工者在这里面临的困境而出名，他们被从家乡连根拔起，在陌生的都市社会中遭受歧视和伤害。孙志刚案因此很快从个体事故升级为代表整个打工群体集体痛苦的标志性事件。此外，广州记者一直有揭露社会弊病和同情社会弱势群体的优良传统。孙的故事先由《南方都市报》陈峰、王雷报道。在《被收容者孙志刚之死》一文中，他们提供了最初令舆论哗然的关键信息。如果没有广州记者的勇气和专业水准，孙志刚的死可能从一开始就会失落在寂寂无声之中。

孙志刚案常被用来佐证中国日益强大的网络公共舆论，甚至用来歌颂互联网在威权国家中捍卫自由正义的无限可能。考虑到事件特殊的时间、地点和孙的大学生身份，我们必须对这些看法有所保留。一方面，对事件戏剧性的结果而言，网络和手机确实必不可少。据陈峰回忆，他第一次看到孙的事情是在广州的一个记者 BBS 上，一个大学生帖了孙家的求助书。[35] 陈顺藤摸瓜得到孙高中同学的手机号，这个同学碰巧也住广州并卷入了对孙死因的调查。当时，孙志刚的父亲和弟弟身在广州，两人希望寻求真相，却被有关部门踢皮球，十分无助。不过他们的信息却通过手机和互联网架起的人际网络传到陈峰和王雷那里，最终报道出来。

只凭这篇新闻报道，孙案并不会演化为如此影响巨大的公众议题。根据笔者对陈峰的访谈，真正的引爆点是在新浪和搜狐将报道推上了新闻门户首页之后。由此迅速引发海量转帖。网民纷纷谴责收容机构的暴行并要求对事件进行彻底调查。事件在网络引爆的第二天，在《南都》报道后一个多月里一直拒绝合作的广州警方迅速回应并前往孙家吊唁以寻求和解。之后国家高调介入，凶手得到严厉惩处。始于 1982 年的歧视性管理办法也被废除。没有强大的网络舆论，这一切都不会发生。

网络舆论在孙案中的效果得到很多关注，但还有两个重要方面有待澄清。首先，在草根层面上，打工者正在利用中低端通信技术拓展和强化他们的跨地域人际网络，并以此自助。通过这些系统，他们进行信息交流、资源共享，并获得社会支持。孙案中最关键的跨域网络包括孙的朋友和同学，他们多来自湖北。孙的死讯迅速通过在广州的朋友同学传回孙的老家；孙家人来到广州后，也是朋友和同学网络帮助提供吃住和社会支持。将信息通过论坛传递到记者圈子里去的也是这个网络，而陈峰本人也是武汉大学校友。在被多名律师拒绝后，又是一名在广州的湖北黄冈老乡以极低的价格接受了孙的案子，在网上转载的求助书就是该湖北律师所写的。[36]

这里有一个重要维度需要强调，那就是武汉跟广州两个城市之间历史性的关联。20 世纪 80 年代以来，来自武汉的大学毕业生相继落户广州等广东城市，这个迁移模式除了有广东省的高工资等经济解释外，还与毛泽东时代的区域治理系统有关。在这个旧系统中，湖北和广东都隶属中南地区的高校系统。因此那时不少广东知识分子调配到武汉。进入 80、90 年代，这些人中很多回到广东工作，也带来他们的后代和学生。历史联系强化了广东校友网络的积累。因此孙志刚由武汉毕业后到深圳和广州工作就不足为奇了，因为那里有更多的基于他大学网络关系的社会资源。总之，以通信技术为基础的人际网络往往是跨域关系在较长时间内积累的结果。

其次，孙志刚案也同时显示出信息中下阶层的内部分化。在此分化过程中，城市底层的内部张力和冲突沿移民阶层、权力地位和地方认同展开。在这种状况下，中低端信息技术的使用、控制和再生有可能进一步加剧社会已有的不平等状况和人群间冲突。孙在广州黄村被拘留时，这个留着长发的年轻设计师正走在一条阴暗的街道上，很容易被误认为是无家可归者。警察检查他的暂住证，孙由于又一次遭到歧视而被激怒。在从派出所到收容所的过程中，他一直很气愤。作为一个有正经工作的大学生，孙觉得自己理应受到更多尊重。正是这种心态，使他在其他被收容者中显得鹤立鸡群。因为其他人，包括大多数警察，都是没机会接受大学教育的城市中下层。对于他们而言，无论受过多少教育在牢房里都是不顶用的。

在孙志刚被羁押期间，他的手机先被没收，他于是失去了与外界的联系。接着这个健康人被送到位于远郊的广州市收容人员救治站，这里本属于市精神病院，后改称广州市脑科医院江村住院部。[37] 这样的机构设置是因为医疗商业化改革后，一般医院唯恐这样一个收容人员中心会吓跑普通病人，所以把它和精神病院放到一起。在救治站封闭的门窗背后，其运转还是靠雇佣外来打工者担任“护工”才能完成。这些护工身穿迷彩，手持警棍。他们同是低收入的中下阶层，却因工作缘故掌握着被拘者的生杀大权。

下令殴打孙志刚的护工是一位来自山西农村的21岁乔姓青年。当孙尖叫求救，说自己是大学生时，这个只受过初中教育、以下手狠闻名的护工觉得需要给孙一个教训。他下令206监房“仓头”李海鹰来安排这次“教训”。李纠集了8名狱友对孙轮番殴打，直至他休克。8名打人者都属流动人口，包括1名高中毕业生，4名初中毕业生，还有3名只有小学文化水平。某种意义上说，孙是因被错置在底层群体中而死亡的。高等教育背景使他无法接受监狱环境下特殊的等级制：在这里，由护工发号施令，老犯人殴打新来者，迫使新人屈服。

地域身份也在这个过程中起了作用。操着北方口音的人更可能成为发号施令者。案件涉及4名护工，包括3名山西人、1名河南人，全部来自北方。而打人的8名被拘者分别来自四川、湖南等4个南方省份。在一间牢房里只待了几天，这些互不相识的陌生人就学会了遵从北方人管理下的秩序。监狱里扭曲的社会结构强化了收容机构的控制能力，用一些流动者收拾另一些流动者，根本不需持有本地户口的城里人介入。

看守所还有一个非正式的信息控制系统，在此案中，它通过操纵中低端信息技术的使用达到恐吓勒索犯人家属、朋友或雇主的目的。孙志刚电话被没收后，孙的朋友却接到他打来的两通电话，要他们带现金和暂住证来救他。来电显示，孙用的不是自己的手机。而且朋友称他在通话中“口吃得很厉害，好像是吓坏了”。[38] 他极可能是在严密控制下打出电话的。

下令打人的乔姓护工和实施打人的李姓“仓头”都被判处极刑。其他卷入案件的护工和犯人被判处3年到无期徒刑不等。值得注意的是，虽然12名警察、2名医师和1名护士因玩忽职守被降职和审查，但没有1个拥有广州户口的人被刑事起诉。正义真的得到伸张了吗？如果是真的，为什么自2003年以来，流动者被殴打致死的惨剧依然还在发生？

□ 马加爵：另一个罗宾汉？

2004年2月，马加爵用锤子打死他的四个室友后，按照早先从网上搜集的资料制定了逃亡路线。在大众媒体和网络媒体的联合高调通缉下，他于3月

15 日在海南三亚被捕。他不后悔自己的杀人行为，还拒绝了法律援助。[39] 6 月 17 日马加爵被处决之时，正是他和四名被害同学本应毕业的日子。

大学校园在商业化改革后出现日趋严重的不平等。马加爵案正是该趋势最血腥的写照。对马的通缉如此强烈地刺激了公众，以至于这个案例深深嵌入国民集体记忆当中。2011 年春，药家鑫案期间，不少人重提旧事，拿他和马加爵相提并论，认为他们都是冷血杀手。这是非常不准确的，因为一来马、药二人的出身和成长经历大相径庭，二来在网上为他们辩护的人来自截然不同的社会阶层。尽管大众媒体倾向于将马加爵简化成冷血杀手的单一形象，大量普通网民的集体表达却将他描述为一位罗宾汉式的传奇盗侠，一个带着“极大个人威望的不法分子”。[40] 这在药家鑫案期间是难以想象的。

在此意义上，将马归入霍布斯堡所说的“社会匪盗”似乎并不为过。对霍氏而言，“社会匪盗是农业社会中边缘群体抗争的一种方式”。[41] 尽管今天城市化过程早已超出农业社会，但抗争的基本元素并未改变，而抗争的目的正是为了维护人的尊严和传统价值。

马加爵成长在广西宾阳县马甲村，那里的土地正在被扩张中的宾阳市蚕食，父母从仅存的一点农田和当地服装厂帮工得来的收入每月不足 300 元。[42] 在贫穷中长大却成绩优异的马加爵在学校赢得不少荣誉，[43] 但他更多品尝到的是衣食不保的苦涩和城里同学的鄙视。在绝望和疏离感中，马加爵忍受着家境富裕同学无法体会的辛酸，靠做搬运工等体力活，半工半读地继续学业。

21 世纪的头几年正是高校急速扩招之时。马加爵悲剧发生的 2004 年正好标志着我国大学的一个重要变化——这一年，全国大学录取的农村学生首次超过城市生源。[44] 到 2008 年，贫困生占高校学生总数比例达 20%。[45] 校园里的贫富差距迅速拉大，贫困生面临歧视的问题日益凸显。同时，大学管理变得愈加追逐盈利，不少老师忙于自己的课题或在校外经营“副业”，忽视培养学生。大学毕业进入劳动力市场，就业前景则受扩招和教育质量下降的双重影响，变得日益暗淡。在这种情况下，和其他贫困生一样，马加爵对未来产生绝望情绪毫不奇怪。

在被马加爵打死的四个同学中，有三位也来自西部相对贫困的家庭。[47] 虽然他们是马最好的朋友，但在大学宿舍扭曲的微观结构中，他们同样曾以十分冷酷的方式对马加爵进行过羞辱，比如拿他开恶毒的玩笑、往他床上撒尿、雇他洗衣服等。异常的交往埋下仇恨的种子，最终产生致命后果。[48]

马加爵案不仅象征着市场化社会中城市中下阶层青年所面临的困境，它同时也揭示了中低端信息传播技术对国家权力系统的重要性，对基层人员如保安，特别如此。为了通过网络活动追捕嫌犯，公安部门有权对网上信息进行监测和跟踪。可如果缺少相应制衡，追捕行动则易演变为对草根网络媒体的再次打压。

从大众媒体到通讯技术的全面覆盖，再加上高额赏金，使得对马加爵的通缉成为史上少见的大规模追捕行动。从 3 月 1 日公安部下达 A 级通缉令到 3 月 15 日马被捕，警方在全国调动了 170 万警力。在马的家乡广西，警方对可能跟马取得联系的人进行了超过 1.1 万人次的突访并排查了 4.3 万个公共场所，特别是网吧。[48]

高调通缉带来两个意想不到的后果。首先，因为有高达 20 万的奖金刺激，警方收到很多真假难辨的线索，导致信息超载。随着通缉令在全国广泛发布，警方很快收到 1560 份“有效线索”。结果很多马从未到过的城市也被大规模动员起来。[49] 因为马加爵喜欢上网，网吧再次成为排查重点。许多网吧在排查中因不符合规定被关闭。[50] 其次，有些令人意想不到的是，网上网下很快出现不少冒充的假马加爵，其中多数是同情“马哥”的中下阶层青年。[51] 面对各种可疑线索和“马甲”，警方宁可信其有不可信其无。双方行动快速升级，通缉抓捕变成一场真真假假的网络信息战。

如前所述，大众媒体上的马加爵与他在网络论坛中的形象极其不同。为了同时服务于警方和满足媒体的商业诉求，主流媒体报道多使用耸动性标题将他妖魔化，如“一个大学生屠夫的成长”。[52] 此类报道大都强调马经常看网上的暴力和色情内容，而且通过上网学会杀人、反追捕和荒野生存技能等。[53]

与主流媒体报道相反，马加爵在网上却获得压倒性的同情。一项对百度贴吧 448 个帖子的内容分析显示，尽管有 6.1% 和 8.2% 的回帖对马加爵分别持负面看法和保持中立，却有高达 40.8% 的回帖对他的行为持正面同情态度。[54] 对这些网友来说，马加爵成了霍布斯堡笔下的“高尚盗侠”。[55] 网民同情他，因他在三星期弹尽粮绝的逃亡中从未伤害过任何人；也因他在学校靠自己的双手诚实劳动养活自己；因他在家中作为一个绝对的孝子对母亲悉心照料；也因他的冷静机智令警方无计可施；因他无所畏惧、决绝赴死；也因他在这个极度商业化的社会中对那些传统价值的坚守。

这些网上讨论中如小说情节般的元素，当然并不一定是对马加爵的真实反映，而应被视为网民对一个英雄侠盗的集体创作。在这些帖子中，有两个流传最广。一个是说在马被捕后，他穿上了囚服，长叹道："这是我穿过的最好的衣服"。据说站在他身边的警察也感动得落泪。另一个据称是马在昆明监狱中写下的一首诗：

长恨歌

春城的春天下着雨
有着一丝凄寒的风
我望着生锈的铁窗
我想起了我可怜的父母
为了供子女读书
他二老起早摸黑在田里干活
还点着蜡烛为人烫衣服
5毛钱一件……

这首255行的长诗以一个幻境结尾，他终于回到了家：

我仿佛又坐在十哥的摩托车上了
慢悠悠地行走在
我可爱、纯朴、亲切的家乡

马加爵的死刑并没有给事件画上句号，却使得他成为信息中下阶层的一个终极传说。网民以各种方式来缅怀马。他的照片被PS成各种卡通人物，还有不少戏仿古文的列传和大学生制作的独立视频在网上传播。其中最有创意的是一个叫《马加爵之歌》的Flash动画。[56]它用的旋律是台湾歌手李圣杰唱的流行歌曲《痴心绝对》，但重新谱词演唱：

到处贴我照片，我到过的地方，
都会被狂热警民所包围……
男女老少为了20万都睁大了眼，
直到有一天，你会发现，
我其实没有照片那么难看……

这段动画将通缉令上马加爵的照片嫁接在绿巨人浩客（the Hulk）身上。在电子游戏街头霸王的场景中，他一挥手就干掉了几个哥们儿。紧接着，他被无情的警察和贪婪的人群包围。他用无敌旋风腿踢飞了追兵，然后上了水泊梁山。在那里他接到基地组织的招聘启事，就同本·拉登一起端着步枪去和装备了飞机大炮导弹的小布什作战。最后，他们被手榴弹击中，马加爵被关进牢房。视频最后打出说明：

此片为纪念马加爵
及在“云大2·23”事件中的遇难者
愿看过此片的人们都能够
珍惜生命，爱好和平！

可惜的是，马加爵死后，类似的致命伤害案件持续发生。出于各种原因，问题青年变成杀人犯，有念博士的，也有来自北大、清华这些顶尖学校的，但更多来自二、三流大学，比如与马加爵事件几乎同时的2004年5月16日江西医学院一名大四学生在学校附近网吧刺死2人，刺伤5人。[57]除非付出切实努力去减少校园里的不平等，否则悲剧还将一再发生。

表7.1 2001～2010年涉及信息中下阶层的部分重大事件

2001年7月 南丹矿难

2002年6月 蓝极速网吧大火

2003年2月至2006年7月 黄静案

2003年3～6月 孙志刚案

2003年10～12月 苏秀文宝马撞人案

2004年2～6月 马加爵案

2004年6月 李思怡事件

2004年10月 万州事件

2004年11月 丽水网吧集体罢市

2004年12月 深圳友利电事件

2005年8～9月 广东太石村事件

2005年9月 王斌余事件

2006年2月 "首例性骚扰案"在云南巴南起诉失败

2006年8月 郑州升达学院事件

2007年3月 重庆钉子户事件

2007年5～7月 山西黑砖窑事件

2007年10月 新疆科技学校网游代练罢工事件

2008年6月 贵州瓮安事件

2008年7～11月 杨佳袭警案

2009年2月 云南"躲猫猫"事件

2009年3月 何金喜案

2009年5～6月 邓玉娇事件

2009年6月 张海超开胸验肺

2009年6～7月 韶关旭日玩具厂斗殴事件、乌鲁木齐"7–5"事件

2009年6～11月 刘汉黄案

2009年7月 吉林通钢事件、孙丹勇案

2010年1～6月 富士康"N连跳"事件

2010年5～6月 广州本田罢工事件

2010年9月 江西宜黄事件

□ 新事件、老问题

前文回顾了2002年的蓝极速事件、2003年的孙志刚事件和2004年的马加爵事件。它们乍一看可能好像没什么相互关联，但它们都是新工人阶级网络社会发展进程中有代表性的拐点事件。除了这三件事之外，21世纪头十年里还有很多其他对信息中下阶层意义重大的事件，表7.1就是对它们的简单整理。由于篇幅关系无法一一展开论述，但回顾起来有几点值得强调。

首先，虽然不是所有这些事件都关乎人命，但涉及生死存亡的新媒体事件数量很多，范围很广，相关人群包括流动打工者、学生、女性、青少年、下岗职工、失地贫民、少数民族等。这些事件之间有相当差别，有的规模大、影响大、知名度高，如2008年瓮安事件和2010年富士康“N连跳”；也有很多事件相对较小，社会影响有限，但却因属空前的新事件特别引人注目，如2004年丽水网吧集体罢市和2007年新疆科技学校网游代练罢工；还有本为个别当事人的悲剧却因处理不当升级为重大热点事件的，如黄静、孙志刚、杨佳、邓玉娇、刘汉黄；或本来很有规模却因舆论管制没有在网络空间充分发酵的，如2004年深圳友利电事件。并非所有这些事件都能进入当年网络大事的排行榜，但它们从不同角度反映出社会不公的灾难后果，无论男女老少，无论身在何方，无论从事什么行业，都可能受到致命的伤害。

正是这些跨越人群的严重社会问题让信息中下阶层迈出走向新工人阶级的第一步。阶层是自在的，阶级是自为的。阶层内部可能是松散的，阶级内部则要有有机联系。如何让大家意识到自为的必要和联系的可贵？这些在沉默中爆发的事件就是当头棒喝，让所有人意识到存在严重问题的社会现状不能再这么维持下去。这里说的所有人包括信息中下阶层，也包括其他阶层，例如社会精英和领导干部。而且越是最后对公共政策有所促进的事件，往往越有跨阶层的合作和国家相关部门的介入，比如孙志刚之后的收容遣送制度改革、本田罢工之后的薪资调整。

这一方面解释了为什么我国社会安全保障体系，如养老、医疗、工殇、失业、贫困生，又如2006年取消农业税、2008年实施九年义务教育学杂费全免等，能在过去十年至少在政策层面上取得进步，虽然各地的具体实施依然很不均衡。这些来自基层的新媒体事件暴露出巨大危机，让不同群体共同认识到解决社会深层矛盾的必要，包括阶级矛盾。关键是基层的事不再限于基层，地方的事不再限于地方，而随时有可能在全国范围、宏观层次上造成影响。比如太石村、瓮安、宜黄这样的小地方，如果没有网络恐怕出再大事也都可以“纸包得住火”。

然而，一起事件具体怎么发展，往往存在很高的不确定性。越是普通工人、学生、群众都有手机了，都能上网了，事情的不确定性就越高。因为网络事件的一个特点就是有网络效应，也称作蝴蝶效应，即只要有一小点变化，整个事件就可能发生彻底改变。本章开头讨论的旭日玩具厂群殴引发乌鲁木齐事件就是一例。那么如何较全面地了解这些事件和它们的内在规律？基础一步就是分类：先将关键性内容相似性较高的事件归为不同种类，再来看每种事件的要素和不同种类事件随时间变化的基本趋势。

我和陈韬文老师在《新媒体事件研究》一书中将华人社会观察到的新媒体事件分为四个基本种类：（一）民族主义事件、（二）权益抗争事件、（三）道德隐私事件、（四）公权滥用事件。[58] 建立这个分类的基础是至 2009 年在大陆、香港、台湾观察到的重大新媒体事件，涉及社会各阶层。当时提出新媒体事件还有一层原因，是要和戴扬与卡茨论述以电视直播为代表的“媒体事件（media events）”进行对话，包括他们对传统媒体事件的分类体系。[59]

具体到表 7.1 中列出的这些涉及信息中下阶层的新媒体事件，我们一方面可以看到它们与大众媒体时代传统媒体事件的明显不同，这些事件往往是网络发起或跟进，缺乏体制内资源支持，却凭借草根民众的广泛关注而跃升为引人注目的公众事件。而且与传统媒体事件不同，这些新媒体事件的结果并不一定为主流政经权利体系制造出更大“共识”，它们甚至可能造成更严重的群体矛盾和阶级对立。

另一方面，《新媒体事件研究》中总结的四个基本种类也不完全适用于表 7.1 里的这些事件。换言之，新媒体事件的内部分类体系也依照阶级阶层不同而有相当差别。比如四个基本种类里的民族主义事件（反日、反美等）和道德隐私事件（艳照门、婚外情等）在表 7.1 里表现得就不太明显。虽然具体分析一下，民族因素在 2004 年深圳友利电事件和 2009 年韶关旭日厂事件中还是十分重要的，道德隐私及性的因素同样也存在于 2003 年的黄静案和 2009 年的邓玉娇案，但总体来说，权益抗争和公权滥用才是这些事件的着重点，在数量上它们占中下阶层新媒体事件的大多数。前者可以从南丹矿难看到王斌余讨薪再到山西黑砖窑，从升达学院失控看到刘汉黄抗争再到宜黄拆迁，都是受害者、家属及关注的公众希望维护最基本的生命权和作为劳动者、作为公民的尊严。后者可从孙志刚数到李思怡再到杨佳案和“躲猫猫”，从太石村数到瓮安事件再到张海超开胸验肺，都是公权力机构或代行公权的个人或组织玩忽职守、公器私用，侵害底层民众基本利益，包括人身安全。

然而，仅用公权滥用和权益抗争来概括表 7.1 还是相当粗疏。一来有不少事件，例如马加爵、富士康等，不能简单归入两者之一。二来在基层语境下，公权滥用和权益抗争之间本身就有很多重叠，甚至有前后因果关系。所以有必要为表 7.1 里的事件进行重新归纳，大致可再分为四个新的基本类型，前三类分别以蓝极速、孙志刚、马加爵为代表：

一、群体灾难。包括蓝极速火灾、南丹矿难、黑砖窑事件、乌鲁木齐“7·5 事件”、富士康“N 连跳”等灾难性事件。还包括一个和土地纠纷与地方治理相关的子类型，如各种钉子户事件、宜黄拆迁事件、太石村事件等。事件受害人多为学生、青少年、矿工、制造业工人、失业者等信息中下阶层成员，也包括下岗职工、城边村、城中村的农民与拆迁户。其特点是受害人不是个别情况，而是涉及少则十多人多则几十、几百人的群体。其原因往往并非偶然，而是由于系统性结构影响，或是因为社会支持、监管体系的缺失，或是因为企业管理、地方治理存在严重问题。所以潜在的灾难威胁对象面就更广，如不及时充分处理，随时可能造成更大规模伤亡。

二、个体无助。此类事件直接受害人为单一个体，其数量非常多，比如孙志刚、黄静、李思怡、瓮安事件、“躲猫猫”事件、哈尔滨宝马撞人案、张海超开胸验肺、孙丹勇案等。当事人以女性、青少年居多，也包括被囚禁者、蒙冤者、职业病患者及其他弱势群体成员。这些事件本来规模不大，却因事情特

图 7.2 信息中下阶层语境下发生的新媒体事件基本类型

	个人	集体
被动	（二）个体无助	（一）群体灾难
主动	（三）同归于尽	（四）集体行动

别离奇，有关方面处理特别失当，往往又碰上适当时机，结果一发不可收。多数个体无助型事件在发展过程中有赖大众媒体及社会专业人士介入。它们引起公众广泛关注的动因不是事件规模而是事件当事人及其亲友的“悲情”。[60]

三、同归于尽。这是个体无助型事件加剧后的进一步发展。由无助而绝望，由绝望再铤而走险，造成当事人与他（她）心目中的施害方拼个鱼死网破。马加爵、王斌余、杨佳、何金喜、邓玉娇、刘汉黄都属于这类情况。他们中多为男性，偶有女性如邓玉娇则更会造成爆炸性社会影响，更容易被浪漫化为“烈士”、“贞女”的形象。此类事件与个体无助型事件一样，都起因于个人遭受的不公对待、歧视和对人的基本尊严的严重冒犯。但受害人不再忍气吞声在沉默中死亡，而是奋起反抗和对方同归于尽。这里说的对方包括老板、官员、管理干部，也包括曾经与当事人发生冲突的同龄人。

四、集体行动。此类事件涉及的人数比群体灾难型事件更多，少则几十几百人，多则成千上万人。然而最重要的不同是，事件涉及的新工人群体不再是简单的被动受害人角色，而是主动地相互联系、协调行动，对侵害他们利益的资本权贵，包括地方政府恶势力及其爪牙，展开较大规模的集体反制行动。因此可以说，它们是阶级意识相对最明显、最积极主动的一类事件。其主要事例包括 2004 年万州事件、深圳友利电事件、2006 年郑州升达学院事件、2007 年新疆科技学院网游代练罢工事件、2009 年吉林通钢事件、2010 年广州本田事件、2011 ~ 2012 年乌坎村事件等。主要当事人群体包括产业工人、下岗职工，也包括学生、学生工、农民。劳资矛盾、校方与学生矛盾是此类事件的主要动因。

有了这个初步分类系统，就可以看出几点规律。首先，群体灾难和个体无助型事件一直都比较多，但近年来同归于尽与集体行动型事件有明显增加。总的趋势是事件受害人及其亲友日益变被动为主动，但不再沉默，而是有所行动，却并不必然导致新工人阶级的集体行动。它也可能引发同归于尽型的恶性事件，令当事人甚至无辜者遭受毁灭性伤害。

其次，2009年是重大事件高峰年，这与2008年全球金融危机造成的负面影响有直接关系。宏观经济不景气，资方以不负责任的方式进行裁员和调整，持续聘用的劳工也面临更严重的剥削压榨，所以出现多起激烈抗争事件，有的如刘汉黄、何金喜，是将矛头直接指向工厂管理者，与他们同归于尽；有的如张海超、孙丹勇，则以个体无助的悲愤来对抗制度性的不公。其中因被怀疑偷走iPhone原型机遭到冤枉的孙丹勇，更揭开了富士康"N连跳"的序幕。[61]

2009年还有一个重要背景，就是2008年初颁布新《劳动合同法》以来，政府机构、工会、各种劳动组织都进行了大量的普法宣传，让各级员工，特别是产业工人的权益意识有所提高。在此情况下，全球金融危机突然发生，不少厂家将外部压力转嫁到员工身上，以不民主的方式逼员工就范，完全无视法律，或是想尽办法钻法律空子，让劳动者吃亏。终于激起工人以个人或集体方式剧烈反弹。

第三，新媒体事件不排除传统大众媒体介入，虽然介入结果如何经常难以预测。比如电视播出马加爵通缉令，就很难想到会引来更多"马甲"；孙志刚的《南都》报道则难以想象事情会在见报后相当一段时间没什么进展，峰回路转在门户网站转载之后出现戏剧性变化。新技术手段背后，其实是一种新的多形态参与式传播模式（multi-model participatory communication），令信息中下阶层可以同时拥有多条发声管道，而这些管道之间还有相互连接，使过去必须依赖主流媒体威权的被动局面得到重大改观。

对整个媒介系统而言，该变化导致一个"扩大了的媒介生态体系（enlarged media ecology）"。[62]对草根群体而言，其意义不仅在于发声，更在于发声主体来自不同群体、不同阶层，包括中下阶层内部的不同经历与观点，也包括与其他阶层的交流与互动。这对建立"无产阶级公众领域（proletariate public sphere）"是极为重要的一个过程。[63]而这个过程正是新工人阶级网络社会实现民主发展的关键之所在。

□ 小结：新媒体事件的力量

卡茨与利布斯2007年的一篇文章也对过去的“媒体事件”概念进行了扩大，特别在其中加入“例如灾难、恐怖袭击、战争的破坏性事件”，因为“仪式性媒体事件似乎在其重要性上已有所下降，甚至频度也不如前”。[64]本章讨论的新媒体事件基本都是破坏性事件，但它们除了不再是政经保守势力自上而下组织的“仪式”，更有其他特点。

最明显的是它们大量利用手机互联网服务，包括最早的BBS网络论坛、门户网站与手机短信，也包括之后兴起的博客、播客、网络视频、动画、推特、微博等社会网络服务。但这不只是技术的变化，更是让原先沉默的大多数现在可以以当事人身份直接叙述自己的经历，或是作为草根群体的一员表达自己的观点与评论，直接影响阶级形成。

由于自下而上的声音来自不同的草根群体，它们间出现不一致甚至矛盾是事件过程中常见的情况。正是因此，新媒体事件不再是“仪式性”的，而是令人目不暇接，总有不可预测的新意。更重要的是，这些新意不是来自上级授意，也不是因为水军建楼，而是因为基层社会的变化本是难以预测的。网络的普及、用户创制内容的大潮只是让中下阶层的社会现实，特别是其中的社会问题，更快、更有力地浮出水面。

值得一提的是，网络水军虽不是本章关注的重点，但却是未来新工人阶级网络社会必须研究的课题。从经典政治经济学角度来看，水军其实也是雇佣工人，按照工作量收取劳动报酬。[65]但这不是一般的劳动，而是类似黑社会打手为“老大”、为有钱人提供的地下服务。说他们是网络时代的非正式经济，甚至是网络世界里的流氓无产者，都不为过。他们的身影不光在国内出现，例如2010年的3Q大战，也出现在国外知名企业的矛盾争执中，例如2011年脸书（Facebook）请人唱衰谷歌。[66]然而，此类水军事件一般不涉及生死，其目标也主要是达成传统政经集团的利益延伸。所以它们和本章聚焦的促进阶级形成的新媒体事件，还是有所差别。

总之，回顾本章讨论的这些生死事件就会发现，虽然有新媒体，但问题根本还是常年存在的老问题：贫富差距、权力失衡、边缘群体得不到足够社会支持、信息中下阶层在政经文化发展过程中普遍缺位。没有人一生下来就是杀手。但当劳动者的尊严得不到保障，当正常的社会问题解决途径被堵塞，当最起码的公义遭到权力与资本的践踏，无法得到伸张的时候，就可能引发终极的异化和残酷行为。

在此意义上，这里讨论的所有事件都还只是冰山一角。在社会的最底层，还有更多、更黑暗、更匪夷所思的事情因为种种原因没有进入我们的视野。在那里，还有无数信息中下阶层成员每天都要面对黑帮的威胁、城管的暴力、老板的打压。即使有了手机，低保户家里依然有饥饿。即使可以上网，贫困生在班上依然面临歧视。我们不知道她（他）们的名字，特别当受害人没有大学文凭或者是女性的时候，特别当越来越多的人，包括不少基层民众自身，都对生命的消逝开始变得迟钝甚至冷漠的时候。这才是新工人阶级网络社会生于斯长于斯，而又必须脱胎换骨超越改造的社会现实。

当然，通过回顾这些涉及死亡的事件，我们还是可以看到生的希望。至少当最严重的悲剧发生，我们有更大的可能通过中低端信息传播工具，通过网络、手机、微博收到消息。特别是连代表祖国未来的年轻人也无法得到生命保障的时候，连大学文凭也无法让当事人保全性命的时候，信息中下阶层和其他阶层民众还是有相当机会被网络动员起来，发出集体的吼声。而且网络舆论压力不一定没用。它可能可以给当事人及家属追回公义，可能导致国家法律法规的重新制定和企业管理制度的大幅改进，也可以为新工人阶级形成提供丰富的社会基础。

新媒体带来各种可能性，让历史可以沿着平等、自由、民主的大方向前进，也可以导致矛盾加深、问题加剧，让社会现实与进步的理想渐行渐远。历史车轮到底会向哪个方向转动？古人云："置之死地而后生，陷之亡地而后存。"本书反复强调生存议题（existential issues）是了解新工人阶级网络社会的基础维度。这表现在新媒体事件中就是死亡与生存之间的辩证关系。没有这些血与泪的悲剧，恐怕大家都意识不到问题的严重。因此可以说，死亡是打破沉默最有力的武器，也是动员社会进步力量最响亮的号角。只要我们拒绝遗忘，且不断寻求社会进步的制度建设，逝去的生命和家人的苦难就不至于付之东流，而是成为新工人阶级网络社会通往平等、尊严、自由的重要途径。

注释

1 任孟山、朱振明："试论伊朗''Twitter 革命'中社会媒体的政治传播功能"，《国际新闻界》，2009 年第期，第 24-28 页 ；Manoukian, Setrag, "Where is This Place? Crowds, Audio-Vision, and Poetry in Postelection Iran" , *Public Culture* 22（2），(2010），pp. 237-264.

2 2009 年 7 月笔者在"澳洲及新西兰传播学年会（ANZCA）"上的主题演讲，题为"萧条时代的传播研究（Communication Research in An Era of Recession）"。

3 参见天山网讨论 http://home.xjts.cn/space.php?uid=91383&do=blog&id=317413

4 邱林川、陈韬文（编）《新媒体事件研究》，人民大学出版社，2011 年。

5 参见 Zhou, Yongming, *Historicizing Online Politics: Telegraphy, the Internet and Political Participation in China,* Stanford University Press, 2006.

6 2009 年 7 月对《打工诗人》编委许强的访谈。

7 参 见 Castells, Manuel and Portes, Alejandro, "World Underneath: The Origins, Dynamics, and Effects of the Informational Economy" , In A. Portes, M. Castells, and L. Benton（eds）, *The Informal Economy: Studies in Advanced and Less Developed Countries.* Baltimore, MA: The John Hopkins University Press, 1989, pp. 11-37. 另见万向东："农民工非正式就业研究的回顾与展望"，《中山大学学报（社会科学版）》，2009 年第 1 期，第 159-170 页。

8 参见 Castells, Manuel, *The End of Millennium.* Oxford, UK: Blackwell, 1998.

9 参见Castells, Manuel and Portes, Alejandro, "World Underneath: The Origins, Dynamics, and Effects of the Informational Economy" , In A. Portes, M. Castells, and L. Benton （eds）, "The Informal Economy: Studies in Advanced and Less Developed Countries." Baltimore, MA: The John Hopkins University Press, 1989, p. 27.

10 参 见 Chesneaux, Jean, *The Chinese Labor Movement, 1919-1927,* Stanford, CA: Stanford University Press, 1968; Dutton, Michael, (ed）, Streetlife China. Cambridge, UK: Cambridge University Press, 1998.

11 参见 De Kloet, Jeroen, "Popular Music and Youth in Rrban China: The Dakou Generation" , *China Quarterly* 183,（2005）, pp. 609-626.

12 "熟人作案，群匪多为'老贼'"，《南方都市报》，2007 年 7 月 17 日，第 A006 页。

13 九土："地下六合彩，黑幕揭秘连载"，《南方日报》，2005 年 10 月 2 日，第 7 版。

14 胡玲：《关注脆弱的城市血脉》，《中国新闻周刊》，2005 年 1 月 31 日，第 23-24 版。

15 戴艳、姜天蔚："手机短信'卖黑车找杀手'"，《扬子晚报》，2005 年 7 月 3 日。http://news.xinhuanet.com/mobile/2005-07/04/content_3171511.htm

16 参见 Qiu, Jack L., "Chinese Hackerism in Retrospect: The Legend of a New Revolutionary Army" , *MFC Insight,* 2002.

17 参见 Thomas, Doug, *Hacker Culture,* Minneapolis, MN: University of Minnesota Press, 2003.

18 参见本书第二章相关讨论。

19 《北京市海淀区志》，北京出版社，2004 年。

20 孙欣："蓝极速网吧老板今安在？"《法律与生活》，2009 年 1 月，第 45 页。

21 王永："六次被罚还干黑网吧，一朝被纵火难逃罪责"，《北京青年报》，2003 年 4 月 29 日，第 A9 版。说张是"无业人员"，又说她是网吧经营者，这里存在矛盾。

22 冯大刚："公安部称黑网吧数量至少为合法网吧两倍 "，天极网，2004 年 11 月 1 日，http://news.chinabyte.com/315/1870315.shtml

23 王永："六次被罚还干黑网吧，一朝被纵火难逃罪责"，《北京青年报》，2003 年 4 月 29 日，第 A9 版。

24 "照顾不好大学生，别怪计算机"，《北京新闻》，2007 年 10 月 11 日，第 A13 版。

25 白秀颖："上网的大多是青年学生：附近居民谈'蓝极速'网吧"，新华社，2002 年 6 月 17 日，http://www.cctv.com/news/china/20020617/371.html

26 有关事件的综合报道，参见 http://news.sina.com.cn/z/wangba/index.shtml

27 刘翔平："透视网吧事件的背后"，《时事》，2002 年第 1 期，第 58-59 页。

28 吴晨光："我要杀死他们 - 网吧纵火少年之语令人惊"，《南方周末》，2002 年 6 月 28 日，http://news.sina.com.cn/c/2002-06-28/1101619333.html

29 同上。另见商雷："蓝极速网吧纵火案的社会学分析"，《北京化工大学学报（社会科学版）》，2003 年第 2 期，第 20-24 页。

30 吴晨光："我要杀死他们 - 网吧纵火少年之语令人惊"，《南方周末》，2002 年 6 月 28 日，http://news.sina.com.cn/c/2002-06-28/1101619333.html

31 同上。

32 同上。

33 汤佳骏："被禁止入网吧 浙江临安一群中小学生当街杀网管"，《杭州网 - 都市快报》，http://news.sohu.com/07/19/news212571907.shtml

34 "孙志刚事件彰显网络舆论力量"，新浪科技时代，2004 年 1 月 14 日，http://tech.sina.com.cn/other/2004-01-14/1830282409.shtml

35 2004 年 11 月对陈峰进行的电话和电子邮件访谈。

36 "家属追问死因连遭碰壁"，《北京青年报》，2003 年 4 月 28 日，第 A12 页。

37 唐建光："孙志刚死亡真相，谁改为此负责"，《新闻周刊》，2003 年 6 月 16 日，第 18-25 页。

38 陈峰、王雷："被收容者孙志刚之死"，《南方都市报》，2003 年 4 月 25 日，第 A2 版。

39 "马加爵代理律师：他给社会留下太多疑问"，《南方都市报》，2003 年 6 月 19 日，第 A18 版。

40 参见 Hobsbawm, Eric, Bandits, London: Weidenfeld & Nicolson, 1969.

41 同上。

42 马加爵案律师辩护词。

43 "马加爵家境十分贫困"，《新桂网 - 南国早报》，2004 年 3 月 16 日，马加爵家境十分贫困；http://news.sohu.com/2004/03/16/90/news219449083.shtml "全国数学竞赛马加爵曾拿过第三名"，《天府早报》，2004 年 3 月 16 日，http://news.sohu.com/2004/03/16/90/news219449054.shtml

44 杨东平："矫正'教育产业化'迷误"，《南风窗》，2005 年第 1 期，第 52-54 页。

45 杨东平："中国教育公平的问题与前景"，《二十一世纪》，第 104 期，2007 年 12 月，第 14-22 页。

47 "解析马加爵：一个大学生'屠夫'的成长"，《晚报文萃》，2004 年第 6 期，第 4-9 页。

48 蓝雨："马加爵在云大制造的连环杀人案迅速侦破的启示"，《南风窗》，2004 年 4 月 1 日，第 36-38 页。

49 同上。

50 褚朝新、杨槐柳、夏洪波、孟江生："59 个'马加爵'全是假的"，《长江日报》，2004 年 3 月 12 日，http://news.sohu.com/2004/03/12/51/news219405137.shtml

51 刘朝传："警方是如何锁定马加爵的"，《人民公安》，2004 年第 7 期，第 14-15 页。

52 石义彬、马汇莹："信息与导向如何才能双赢：关于马加爵报道的反思"，《新闻与写作》，2004 年第 6 期，第 33 页。

53 "马加爵家境十分贫困"，《新桂网 - 南国早报》，2004 年 3 月 16 日，马加爵家境十分贫困；http://news.sohu.com/2004/03/16/90/news219449083.shtml

54 杨慧琼："从议程设置理论解析网络受众的传播地位：以媒介事件马加爵入手"，《新闻与传播研究》，2004 年第 2 期，第 35-39 页。

55 参见 Hobsbawm, Eric, *Bandits,* London: Weidenfeld & Nicolson, 1969.

56 参见 http://www.flash8.net/flash/15776.shtml

57 甘鑫雯："南昌一大学生一小时内砍七人造成二人死亡五人受伤"，《今晚报》，2004 年 5 月 18 日，第 3 版。

58 邱林川、陈韬文（编）《新媒体事件研究》，人民大学出版社，2011 年，第 10-12 页。

59 参见 Dayan, Daniel, and Katz, Elihu, *Media Events: The Live Broadcasting of History*, Cambridge, MA: Harvard University Press, 1992, pp. 25-53.

60 杨国斌："悲情与戏谑：网络事件中的情感动员"，邱林川、陈韬文（编）《新媒体事件研究》，人民大学出版社，2011 年，第 40-65 页。

61 谢鹏、翟巧红："夺命手机：富士康 VS. 大学生孙丹勇 企业文化 VS. 员工人性"，《南方周末》，2009 年 7 月 29 日，第 1 版。

62 参 见 Qiu, Jack L., "Mobile Civil Society in Asia: A Comparative Study of People Power II and the Nosamo Movement", *Javnost: The Public* 15（5），(2008)，pp. 5-24.

63 参见曹卫东："从公私分明到大公无私"，《读书》，1998 年第 6 期，第 87-94 页；Xing, Guoxin, "Urban Workers' Leisure Culture and the Public Sphere: A Study of the Transformation of the Workers' Cultural Palace in Reform-Era China", *Critical Sociology*,2011., http://crs.sagepub.com/content/early/recent

64 参见 Katz, Elihu, and Liebes, Tamar, "'No more peace!': How Disaster, Terror and War Have Upstaged Media Events", *International Journal of Communication*,2007(1), p. 158.

65 王小乔、黄小米、赵一丹、杜蕾、罗琼："揭秘互联网水军：'网路打手'登场"，《南方周末》，2010 年 11 月 25 日，第 1 版；吴玫、曹乘瑜：《网络推手运作揭秘》，浙江大学出版社，2011 年。

66 文静："网络黑社会黑了谁？"《广州日报》，2011 年 5 月 25 日，第 C12 版。

第七章

总结与反思

“在这样一个充满不平等的世界，生活在优势地区其实意味着基本被隔绝于其他地区之外，无法了解其他人的经历和他们的反应。只有尽最大努力想象别人的处境，同时运用大量知识，才能冲出我们那舒适、保守、顾盼自怜的小圈子，才能进入大多数人类成员居住的更大的世界，虽然那里不怎么舒服、还可能有各种危险。”

——艾瑞克 - 霍布斯堡

本书将阶级带回到关于新型网络媒体的讨论中。我尝试证明，要全面、系统地了解中国式网络社会，就必须采用阶级分析视角。阶级自始至终都应是我们关注的重点维度。这里讲的阶级不是抽象的意识形态，不是舶来的政策话语，也不是狭隘的斗争工具。它是一块尘封的三棱镜，稍加擦拭，就折射出极为丰富的社会现实光谱，让我们看到方兴未艾的网络社会如何在迅速工业化、信息化的当代中国生根发芽，发展壮大。

与那些只强调国家政策或企业策略的研究不同，本书首先强调信息分层的基本结构。它表现在网络科技上是中低端信息传播技术，表现在社会人群上是信息中下阶层。此后，本书再重点讨论新工人阶级形成的空间与时间特点，以探究传播科技与社会变迁之间的相互关系。我的目的主要是对实证材料进行初步整理和概念化，并提出值得重视的问题，期望对未来研究起到抛砖引玉的作用。总结全书，大致有几个主要观点：

1. 以网吧和廉价手机服务为代表的中低端信息传播技术已深入信息中下阶

层的日常工作与生活，成为劳动大众基本生存状态的必要组成部分。传播技术普及带来网络社会的总体扩张，同时为新工人阶级网络社会的崛起打下深厚基础。

2. 我国已成为全球信息业产品主要制造国。为了满足国内和国际需求，特别是中低端市场需求，我国已出现新一代以程控劳工为代表的网络劳工。他们介于自我程控劳工与原始劳工之间，是新工人阶级再生过程的中坚力量。他们同时承担巨大的苦难和异化的压力。中下阶层的痛苦也借新型网络技术表达出来。

3. 新工人阶级网络社会的崛起在制度层面和基层实践层面均已有所表现。它一方面是城市化、工业化、全球化等宏观社会过程导致的结果，一方面也因主流大众媒体对中下阶层关注不够，使基层民众只能靠网络媒体解决生存性议题，如就业、住房、医疗。于是“高科技”变成“低应用”，手机互联网在流动人口、下岗工人等群体的日常使用中逐渐被改造。该过程包含大量微观层面的社会创新。

4. 信息中下阶层既包括信息使用者也包括相关产品制造者和服务提供者。中下阶层民众参与到中低端信息传播技术的生产、运输、消费全过程中，不但带来有其自身特色的用户创制内容（UCC）更说明廉价甚至免费的网络产品也可有效满足基层传播需求。这构成新工人阶级文化表达上的一大亮点，以博客、手机等形式为基层发声，同时反映当下的时代脉动。

5. 新工人阶级网络社会依然处于草创阶段。其形成过程包含社会分化与网络联系的双重因素。两者互动，凸显当代中国语境下的传播技术与社会不平等问题。总体上看，这是一个自下而上的过程。它涉及城市空间、文化实践、“拐点”事件等多个维度，其影响不限于中下阶层社区，也包括其他享有更多资源的人群及海外与我国关系日益密切的全球网络社会。

新工人阶级网络社会的崛起涉及太多内容，其中不乏模棱两可、自相矛盾、值得争议的种种情况。图 8.1 将这些复杂关系呈现出来，它是这本书的总结，也是未来研究可供参照的一个总体框架。

图 8.1 新工人阶级网络社会的总体概念框架

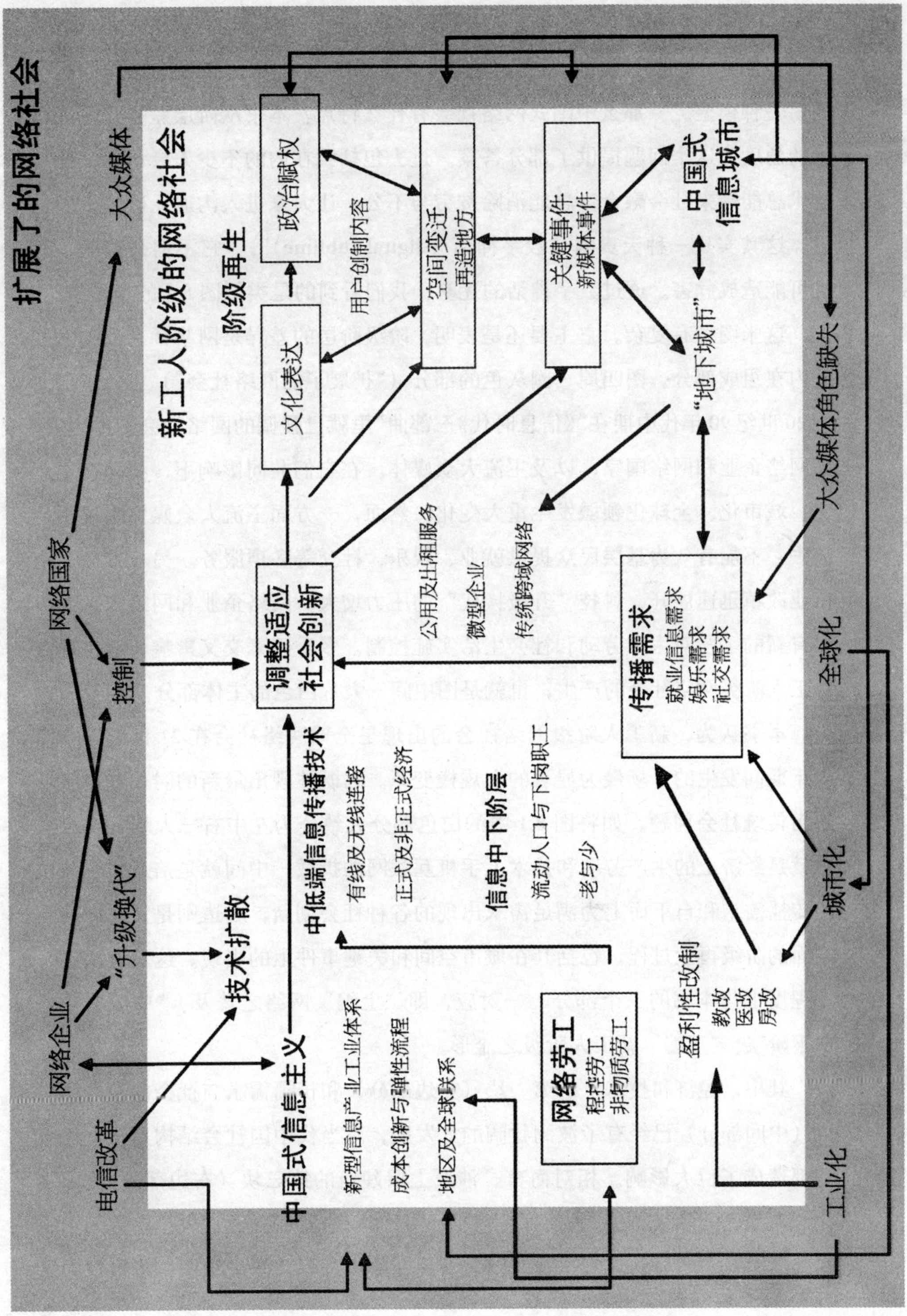

卡斯特在接受《传播与社会学刊》访谈时指出："中国正在建构网络社会的另一种模型。"[1]那么中国式网络社会有什么特点？本书从阶层差异、阶级再生的角度为这个问题提供了部分答案。过去包括我在内的不少人会认为，信息技术总能带来社会融合，总能消除贫穷与不公，让大家进入沟通无碍的大同世界。这其实是一种天真的"数字神话（digital sublime）"，[2]它不但是错的，而且可能造成危害。透过数字神话的迷雾，我们看到的是类似图 8.1 的情形。

这张图稍有复杂。它主要还是表明，阶级阶层的差异是网络社会现实发展的内在组成部分。图四周一圈灰色的部分（"扩展了的网络社会"）包括了卡斯特 20 世纪 90 年代中期在"《信息时代》三部曲"里就已强调的网络社会主要因素，如网络企业和网络国家，以及主流大众媒体。在它们共同影响下，我国在工业化、城市化、全球化领域发生重大变化。然而，一方面主流大众媒体出现角色缺失，不能有效为基层民众提供就业、娱乐、社交等多项服务。另一方面，电信业改革迅速展开，科技"升级换代"的压力增大，网络企业和网络国家也需要有新的手段对生产劳动和社会生活实施控制。多重因素交叉影响，结果导致新工人阶级网络社会的产生，也就是图中间一大片白色的主体部分。

本书认为，新工人阶级网络社会的出现是全球网络社会在 21 世纪第一个十年期间发生的一场最为显著的大规模变革。它既体现出最新的时代脉动又反映出传统社会问题。如将图 8.1 中的白色部分大致分为左中右三大块，那么左边就是经济上的生产劳动和技术上手机互联网的扩散，中间就是信息中下阶层的传播需求和自下而上为满足需求出现的各种社会创新，右边则是文化和政治层面的阶级再生过程，包括其在城市空间和关键事件上的表现。这三大块在一定程度上与本书的三个部分一一对应，即"上编"网络之普及、"中编"信息中下阶层、"下编"新工人阶级之雏形。

其中，经济和技术上的第一块（左边部分）和传播需求与社会创新的第二块（中间部分）已经有了波澜壮阔的大发展，对当代中国社会结构乃至全球市场都造成了巨大影响。相对而言，涉及上层建筑的第三块（右边部分），即文化与政治上的阶级再生，发展规模较小，总体较为滞后，但它也已在空间和时间维度上有了明显的现实呈现。因此即便在阶级意识、阶级组织、阶级权力这些要求更高的层面上，新工人阶级的雏形也已开始出现。特别自2008年全球金融危机以来，它变得更加引人瞩目。

让我们对这三大块逐一进行小结。首先，我们可以用“中国式信息主义”来概括经济及技术上的重大变化，而网络劳工既是该变化的基础，也是它的结果。所谓“信息主义（informationalism）”是卡斯特针对“工业主义”的提法，它是一种“基于人类信息处理和传播能力大增而建立的技术范式，因为微电子、软件、基因工程革命而成为可能”。[3]在中国语境下，这场变革的关键是网络劳工。网络劳工的出现背景是我国在新世纪头十年进入工业化加速期。该阶段有两大特点：一方面，传统制造业与新兴电子制造、服务及内容产业同时起飞，呈混合发展态势；另一方面，劳动过程灵活化，资本积累全球化，网络劳工不光生产新技术，而且让中国式信息主义的一整套产业体系得以成形。它产出的硬件软件和内容再以正式和非正式的渠道扩散出去，其影响不限于城市中国，对农村地区乃至全世界，特别是全球南方，有极为重大的意义。

从装配电子产品的流水线到接听电话的客服中心，从“短信写手”、网游代练到灰领软件测试员，网络劳工包括传统物质生产也包括新兴的非物质工种。该模式有今天的成就（如比亚迪手机电池战胜日本厂商），是因为全球信息业市场需要大量种类繁多的产品，要求品质保障且价格低廉，而该市场变化速度极高。中国式网络企业的答案就是使用一系列“程控劳工”，让他们和具有更高技术水平的“自我程控劳工”及最基础的普工“原始劳工”紧密合作。这在生产过程中形成了新工人阶级再生的劳动价值基础。

换言之，仅依赖低工资，中国新经济产业是不可能发展到今天的。中国模式的核心是全面的“劳工优势”而不是简单的“价格优势”。这种劳工优势包括工种齐全，蓝领、灰领、白领跨层级合作，在数量和质量上都应对极速发展的全球网络媒体市场。所以不但电脑手机等制造行业搬到中国来，连油画、客服、网络游戏产业也向中国转移。

这样的中国模式也存在明显问题。一是过分控制劳工，包括滥用新媒体手段对工人进行监视和管理。二是行业不稳定，管理阶层在股市压力下，随时可能以不负责任的方式放弃中低端信息产业，比如一度拥有近5000万用户的寻呼业，造成工人失业，特别是女工。网络劳工和网络国家之间的关系还有待进一步系统研究。但基本可见的是，虽然网络劳工的出现是中国式网络社会发展的一大突破，但在目前阶段，它还不是一个能够进行独立自我组织、有效广泛动员的社会力量。它还在相当程度上受制于跨国资本、网络企业和网络国家。

其次再看图 8.1 的中间部分，也就是技术扩散之后会发生什么。70 年代初，著名传播政治经济学者达拉斯 - 斯迈思来我国访问后提出“自行车之后，是什么？”这一命题。赵月枝在此基础上结合网络科技的时代特征，继续发问：“手机之后，是什么？”[4]要求大家反思市场权威主义、传播技术和社会主义道路之间的关系。本书回答这一问题的基本出发点就是要回到信息中下阶层的传播需求，再从他们的角度观察基层社会创新。

对中下阶层而言，传播需求涉及最根本的生存性议题，如住房、就业、医疗、教育等。由于传统单位体制式微，同时受到盈利性改制的影响，这些生存议题现在都需要基层民众自己解决。除了就业等信息需求，中下阶层也需要娱乐和社交，这些方面大众媒体角色也有缺失，于是手机互联网除了解决最直接的生存性议题也提供大量娱乐内容和社交功能。娱乐社交在很多情况下甚至远远超过就业等生存议题的信息量，因为它们更加有利可图。不均衡发展的结果是，网络媒体有时还没解决实际问题，反倒先让中下阶层成员陷入新的异化困境。

这当然只是现实发展的一个侧面。总体上说，流动人口、下岗职工、不论男女老少都日渐利用手机互联网服务成为行动主体，这是必须肯定的社会进步。劳动大众自力更生进行社会创新，因地制宜发展多种基层服务，这必须与作为舶来奢侈品或是官本位权力象征的“高科技”区分开来。涉及中低端信息传播技术的社会创新主体包括个人也包括长话吧、网吧等微型企业。它们的一个重要特点是打破技术私有制，用各种方式提供共用及出租服务，使手机互联网日益成为共享的集体资源。它们还充分利用传统跨域网络，发展二手市场，通过自组织手段创造基层就业机会。

中低端信息传播技术也好，信息中下阶层也罢，根本问题不是产品服务的价格或品质高低，而是草根民众在市场结构中的劣势地位和缺乏权力的基本状态。他们常花更多的时间精力金钱，得到的选择反倒更少，改善生活的可能性反倒更低。可见，我国的信息平等状况并不像哈维特所说是一个“成功故事”，也不像吉斯所言社会不公还在随数字鸿沟的出现变得更为加深。[5]两种说法都有事实根据，但现实情形往往更复杂，更难预测。新工人阶级网络社会的提法正是希望综合不同看法，强调未来发展可以有不同方向，各种潜能都存在于错综复杂的基层现实之中。

这里涉及的不单是客观事实，更核心的问题是究竟应该如何思考新媒体与社会变迁之间的关系。我们能超越以技术物件为依归的线性历史观局限吗？[6]能扬弃科技发展过程中的精英主义吗？本书多次批判“升级换代”式的现代化发展方式，因为它是傲慢的自上而下，说起来目标高远，做起来却不但解决不了问题，还常带来意想不到的负面效果。要克服线性历史观和精英主义偏见，就必须从草根群体的实际需求出发，必须学会在基层进行观察，学会倾听，学会辨认那些最重要的生存性议题。我们的根本任务因此就是要发掘出中下阶层内在的网络逻辑，再通过这个窗口去洞察 21 世纪阶级分析的新规律。

这是一片常遭忽视的灰色地带。但正是在这里，中低端信息传播技术已经发展出五彩缤纷的各种形态。它总体规模庞大，但每种形态之所以存在，是因为适应了中下阶层社区里的传播需求。这一适应包括价格下调也包括服务上的改变，包括针对流动人口的空间布局也包括各式各样做手机互联网生意的小商铺。虽然适应的过程肯定会受到所有制和国家政策的影响，但对方兴未艾的新工人阶级网络社会而言，真正重要的还是新媒体的实际社会功能，它能否实施有效的网络动员，能否让贫者与弱者也能通过网络得到赋权。

最后，图右侧涉及文化与政治层面的部分，是相对发展较不充分但近年依然日益明显的阶级再生过程。它主要集中表现在特定的城市空间结构和关键事件上，原因一方面因为包括大众媒体在内的体制内文化与政治组织存在去阶级化倾向，一方面也由于希望表达、进行草根联网的中下阶层成员多利用网络媒体形成较松散的非止式群体。他们平时好像没什么联系，在大面上也看不到，但到了关键时刻，在特定的地方，却马上可以凭借网上网下的互动产生颇具规模的网络效应。

由于本书英文版是在 2008 年全球金融危机之前完成的，所以在文化表达和政治赋权上英文版没能反映出金融危机之后的新变化。现在通过本书第六、七章的讨论，中文版的读者应该可以看到，新工人阶级再生的过程不仅表现为韦伯式的“生命机会”在特定群体内部分配，导致群体间不平等的延续甚至加剧。2008年全球金融危机以来，它更常呈现出马克思论述的阶级矛盾与冲突态势，由车间、宿舍、街头的火花引爆群体抗争型新媒体事件。与此同时，波兰尼描述的劳工社会运动也以更为日常的方式在城市空间中展开。它针对资本压力，以市场为主战场，虽不一定造成大事件，却通过创立新的公益组织、社会企业、草根网络影响基层社区变迁。[7]它带来的影响也是实实在在的。

无论是马克思式、波兰尼式、还是韦伯式，总的态势是一致的，即信息中下阶层并非总处于被动、孤立的状态。是的，资本与权力也在利用网络技术对劳工进行控制，令劳动异化问题更为严重，令“自在”的阶层更难变成有组织的“自为”的阶级。然而，不论自上而下的压力有多大，都不可能让网络社会基层民众完全放弃文化表达的愿望和对草根赋权的渴求。

在北京皮村连续举办三届的新工人艺术节就是新型劳工文化表达上的一个亮点。他们充分利用各种网络资源，有自己的打工数字博物馆、QQ群、淘宝同心义卖店，还有五张音乐专辑在“城边村”等打工文化网站上提供免费下载。此外，通过手机短信流传的打工诗歌、公益群体集体创作的网络视频、工人博客等也都是令人瞩目的新工人文化平台。也许这个圈子以外的人很多还没听过他们的歌曲，没读过她们的诗歌，但即使在目前阶段这些文化创作已呈现出网络社会“大众自传播（mass self-communication）”[8]的最新态势，其发展前景不容小视。到底基层创意实践对网络时代“无产阶级公共领域”[9]的形成有怎样作用？能否实现达拉斯·史麦兹提出“自行车之后怎么办”[10]的社会主义科技文化发展道路？能否导致赵月枝“手机之后怎么办”[11]设问指向的超越西方资本主义的替代性可能？这些问题都值得进一步观察深究。

另一方面，我们依然见到信息中下阶层成员在使用网络媒体过程中缺乏政治主体性，在文化上依附资本，终日生存在“地下城市”的阴影中，有时为了个人利益不惜伤害集体，有时为了眼前享乐不惜出卖自己的健康和尊严。认识这些问题不是否定阶级再生的积极面，而是让我们更全面更准确地把握社会现实。而且，就像 2004 年深圳友利电事件提醒我们那样，新工人群体用博客等网络手段进行集体表达，其实比不少中产人士还要早很多。

换言之，中低端信息传播技术本身并不构成新工人阶级文化表达和政治赋权的充分条件。现阶段要实现促进社会进步的阶级再生，往往首先要看当事人及相关基层群体的行动力有多强，还要看其他阶层民众，包括社会精英和领导干部，也包括主流媒体和相关部门，能在多大程度上参与进来。无论基层行动力还是其他群体的参与，离开了手机互联网又都是不行的。因此中低端信息传播技术虽不足以构成充分条件，却依然是关键的必要条件之一。这在孙志刚案、黄静案、张海超开胸验肺案、南海本田案及乌坎事件中都可看得出来。

当然，新工人阶级再生的过程目前还主要表现为空间上在厂区、宿舍区的地方再造和种类繁多、日益频繁的新媒体事件，而不是正规的制度建设。回到卡斯特的网络社会理论，此发展正好对照他关于“流动的空间（space of flows）”和“无历史的时间（timeless time）”的两点批评。[12] 前者是说全球资本主义把包括工人社区在内的传统空间结构全部扫平了，后者是说新经济让人们只活在当下，不知过去、不想未来。然而，新工人阶级再生的基层实践恰恰是在空间变迁中再次创造出独特的地方，并在非线性发展的当代史进程中打下一个个新媒体事件的烙印。可以说，这才是 21 世纪新工人阶级网络社会为 20 世纪末精英式网络社会带来的最大改变。它不但标志着网络社会在范围上的扩展，更重要的是，网络社会的内在结构和演变机制也发生了深刻变革。

总结全书，可以看到，手机互联网的世界不是平的，它也分高中低端，其市场定位、管理模式、社会功能都有相当差别，应用到基层文化与政治表达上，区分就更大。认识这点是我们反思传播技术与阶级之间关系的第一步。无论过去、现在还是将来，扩展了的网络社会都离不开中低端信息传播技术与信息中下阶层这两个基本维度。

目前，虽然新工人阶级网络社会已露端倪，但这不代表我们就有了填平数字鸿沟的有效方案。信息中下阶层依旧面临被边缘化、被排斥的威胁。即使有了手机互联网，即使成了网络“用户”，他们依然常被排除在公共政策制定过程之外。这一问题仅用数字鸿沟的二元视角很难看到，但它却是新工人阶级网

图 8.2　正在用手机上网的深圳工殇工人

（笔者摄于 2009 年 8 月）

络社会研究关注的重中之重。

中下阶层内部的区隔和来自外部的影响都在相当程度上制约着新工人阶级网络社会的全面发展，有时导致事与愿违的结果，有时甚至造成大灾难。然而，正是现实发展过程中出现的问题唤醒大家珍视现有网络的价值，使其得到巩固和延伸，使其成为新的社会进步力量。虽然目前新工人阶级网络社会还处于草创时期，但这些新旧交织的基层网络已经在很多地方，在很多时候，发挥出不可忽视的、自下而上的社会变革力。

最后，让我用这张来自深圳龙华人民医院的照片结束全书。图中这位师傅和千千万万不幸的电子制造业员工一样，在制造手机外壳时砸伤了指尖。我们课题组在一家公益组织的工殇探访队带领下前往看望，一方面普及劳动保障方面的法律法规知识，一方面了解工友们使用中低端信息传播技术的情况。这位师傅要拿到国家规定的工殇补偿，就必须首先确认他的厂在当地政府注册在案，否则如果是“黑厂”，他就很难走正规的法律程序了。我们告诉他，深圳工商局有个网站可以查到厂家注册信息。他马上拿出自己那部市值大约350元的廉价手机，上“宜搜网”[13]查询。这张照片定格后不久，他就在手机上查到自己工厂的注册信息，脸上露出由衷的笑容。而他身边的一位病友虽然手机更高级，要卖差不多500元，却怎么也上不了网。

照片背后有很多含义：这位工人师傅是因为手机失去指尖的，但手机也为他带来快乐。电子产品不一定越贵越好，关键是能解决现实问题。我们几位来自大学的研究者懂的东西原来如此之少，要不是跟着工殇探访队，基本没法给工友们提供有用信息，连“宜搜网”也没听说过…… 工人师傅的笑容充满了自信，好像他手中握的不是手机，而是命运。不是一个人的命运，而是新工人阶级网络社会的集体命运。它有血有泪，受伤的痛楚难以言表。但它却通向人类社会进步的明天。

附　录

研究方法

信息中下阶层和新工人阶级是中国网络社会这部大机器里“无声转动的小小的连接齿轮”。研究者如何打破沉默，听到他们的心声？如何扬弃偏见，看懂他们的行为？如何体会难以诉说的基层经历，洞察背后的宏观结构与历史影响？阶级分析不光是为了了解世界、解释世界，更是为了改变世界。网络时代的新阶级分析也一样。但究竟如何参与到实际的社会变迁中去——从我们采集资料、分析数据、发布成果的研究活动开始？

本书数据搜集始于 2002 年，包括运用传统社会科学研究方法，如田野调查、深度访谈、焦点组访谈、二手数据分析、新闻资料及历史档案分析等。此外，一些数据搜集方法融入了新的元素，为的是更好适应今日中国的社会现实。新部分包括对用户创制内容（user-created content, 简称 UCC）的采集和分析、调查组（survey group）、基层社区社会空间制图（social-spatial mapping）和多媒体行动研究。由于调查组、社会空间制图及多媒体行动研究需要较多解释，这里首先简单介绍其他几种方法。

田野调查是本书采用的主要数据收集方法，分别在我国东、南、西、北、中部的 11 个省包括 20 多座城市展开。调查中，我反复进入中下阶层群体，有意识地采用当地民众常用的信息接入方式来使用中低端信息传播技术，如山寨机、网吧、QQ 等。这不是暂时体验一下，而包括长时间、规律性使用。比如 2008 年起，我终于开始使用 QQ，包括移动 QQ，作为联系工友和讨论工作的重要工具。同时，一般到哪我总带着部山寨机，为的是从日常经验层次进入到新工人阶级网络社会的“田野”。同时，我还在田野调查中访问了许多劳工公益组织的工作人员、志愿者（南方叫“义工”）、地方管理干部、企业员工和基层手机互联网用户。

我也采用半结构式访谈去接触网吧和长话吧经营者、各地通讯运营商、预付卡发售公司、设备制造商，以及负责互联网和电信项目的省市级政府官员。访谈中会询问多方面问题，包括当地的信息传播技术发展历程、访问对象所在企业的特点、他们的市场策略和竞争对手、面临问题及发展前景等。访谈时间从 30 分钟到两三个小时不等。对部分网吧及长话吧经营者进行了十多次到二三十次不等的回访，以取得深度认识。这些访谈大部分在受访者工作地点进行，也有的在共同进餐或喝东西时进行。之后再对访谈记录进行整理分析。

为了从用户角度了解他们的工作生活以及他们采用网络技术的情况，我利用各种机会与流动打工者交朋友，和他们一起做项目，在他们的社区和宿舍里向他们请教。我也对其他市民进行访问，包括下岗职工、离退休人员和学生。对这些受访者每次访谈时间相对较少，通常在 20 分钟到 1 小时之间，目的主要是了解受访者的基本行为和认知，例如如何使用和看待信息传播技术，使用目的是什么，面临哪些问题等。以这些访谈所采集的数据为基础，再进一步完成调查组问卷的设计（见下文）。

在与信息中下阶层群体初步接触之后，我进一步在广东和上海进行了十多次焦点组访谈。其中六个针对流动打工者群体，另七个则由拥有当地城市户口的市民和学生组成。每个焦点组四到七人，讨论时间约两小时左右，通常在当地餐厅较安静的房间进行。有两个焦点组由于参与者是高校学生，而安排在深圳和上海的大学教室里进行。大多数焦点组使用普通话，有两个则请了广东当地人采用粤语来组织，为的是更好地让当地市民参与进来。所有焦点组访谈内容都有录音并整理为文字记录，以用于数据分析。

另一个重要的数据来源是网上内容，尤其是网上论坛、BBS、博客以及相关网站上的内容。这些网上内容平台有的由信息中下层人群自发组织，有的则由其他商业或公共机构提供，例如劳工公益组织网站“城边村”[14]、新工人艺术团的“大声唱”[15]、网吧业者的“天下网盟”[16]、打工诗歌爱好者的“打工诗人”[17]、打工妹个人博客“菡影的博客”[18]等。这些网上平台提供的丰富资源，包括文本、图像和音频，反映出新工人阶级网络社会在虚拟空间以及现实生活里的形态、特点、也包括问题，让研究者不仅可以看到信息中下阶层内部的日常交往，也可看到对重大事件的反应。然而，由于这些网页一般更新较快，还会受到各种客观条件制约，用户创制内容不会长久保存在网上。比如，2004年深圳友利电罢工和2006年郑州升达学院事件发生后，当事人的博客遭到控制或删除。为此，必须及时保存这些有价值的网上内容，如博客、诗歌、动画，也包括网上的评论。本研究就采用了截屏、打印、粘贴等多种保存手段。记录音频、视频等多媒体内容则利用了iShowU多媒体记录软件进行抓取。

本书也采用了国家机关和市场调研机构提供的二手资料，包括来自信息产业部（工业和信息化部）、中国互联网络信息中心、中国社科院、赛迪网的相关数据，以及中国移动、中国电信、中国网通、中国联通的年报。在地方层面，我集中搜集了广东、上海、江苏、浙江等地省、市、区各级政府机关公开发布的法规文件。此外还通过使用慧科搜索、Factiva等数据库对关键事件的新闻报道进行追踪。

□ 青年打工者调查组

调查组是一种综合了定量与定性手段，并包含参与式赋权因素的数据采集方法。它融合了面对面的问卷调查法（questionnaire survey）和焦点组访谈法（focus group），因此叫“调查组（survey group）”。更重要的是，它在搜集资料过程中强调让中下阶层青年打工者成为草根意见领袖，让她们不仅负责搜集定量的问卷调查数据，而且积极发言参与焦点组讨论。[19]

调查组设计建立在如下假设基础上，即只要将社会经济地位相似的青年打工者组织起来，让她们在与同龄人进行小组互动过程中感到赋权，这些打工者就能很好地观察、阐述和探讨与中低端信息传播技术相关的重要社会议题。此假设是发展传播学赋权式调研方法的延伸，因为“赋权过程从本质上来说是由对谈（dialogue）性质的交流组成。通过和其他人、尤其是在小规模团队内部和同伴的交谈，个人对依靠自身力量去达成期望目标有了信心”[20]。

每次实施调查组，我就有机会认识四五位青年打工者，和他们一起工作四天，进行问卷数据搜集和焦点组讨论。这样的调查组一共进行了六次，先后有22位打工者参与。2002年5到8月是实施的第一阶段，此间在深圳、珠海、广州举行了三次调查组。在实施的第二阶段，2006年1到3月，我有幸得到两位学生助手周玲惠和刘霞的协助。我们还是在深圳、珠海、广州重复实施调查组方法，但因为有她们协助，实施得更严谨。这两位同学来自北京大学深圳研究院，她们也是跨省移民，在广东工作学习已有几年时间。

四天时间里，所有调查组成员每天都会因问卷调查回收问卷而见面。到第三四天，大家围绕与中低端信息传播技术的话题已有不少非正式交流，彼此间也已建立起较融洽的关系。在此基础上，我们在结束时举行一次正式的焦点组访谈。这样的研究设计以密集、互动、协作性的团队工作为基础，让已经赋权的青年打工者参与其中，直接表达自己，再通过小组讨论激荡观点，从而保证了较高的数据质量，包括其信度、效度和丰富性。

由于很难针对打工者群体建立完全科学的抽样框，我采用目的抽样法选取调查组成员。本研究强调的一个基本维度是社会网络，而我们知道跨域移民网络通常按流动人口输出地进行组织。即来自不同地方的老乡构成不同的跨域移民网络，而每个移民网络的传播形态，包括网上网下的交流渠道、沟通方式、语言/方言等都可能存在不同。所以需要尽量选择来自不同地方的青年打工者。具体实施步骤如下：

首先，我们（第一阶段是我自己，第二阶段是我和两位学生助理）在研究开始的第一天到所在城市里最大的劳务市场。在每个劳务市场里，我们选择四至五名来自不同地区的打工者，征求他们同意，成为调查组成员。总体而言，同意参与研究项目的打工者比较年轻（平均年龄为24岁）。除两人为男性外，其他都是女性。22人中，有7位在当时没有收入，处于失业状态或者仍是学生。其他有收入的参与者平均月工资1400元，所从事的职业包括营业员、流水线工人、服务员和文员，平均教育水平为高中毕业。

招募到足够的参与者，我们就以小组形式先进行约两小时的问卷调查培训。培训以项目基本介绍开始。之后是讲解问卷和问卷实施注意事项。这份问卷是事先准备好的，共四页纸，包括多项选择题，也包括开放的填空题。讲解完毕，马上两两一组进行第一份问卷的一对一相互面访。问卷记录当场核实，确保所有问题已完成回答，记录清晰，并对过程中出现的问题进行讨论。此后，我们请大家尽量先找在同一座城市的老乡，用老乡间最习惯的方言进行问卷调查，然后再访谈陌生人。最后有71%的问卷调查访谈用的是普通话，另有29%（即259份问卷）用的是方言，包括17种各地方言。

每位调查组成员都会和项目组签订一份劳动合同，以保护他们的权利，明确他们的责任及工作流程。每完成一份有效问卷，有6元钱的劳动报酬。此外，项目组提供交通费补贴和每人每天30元的伙食津贴。也就是说，四天调查活动下来，每人大概可获得共350元，几乎两倍于她们平时的收入水平。

问卷调查的实际工作量是每人约40份问卷，其中既针对外来打工者也针对有当地户口的城市居民。我们使用配额制保证样本男女比例基本各半，同时来自劳务市场、制造业工厂和第三产业（服务业）的样本数各占约三分之一。访员还被派往不同的城区进行数据搜集，以保证空间上的代表性。

问卷调查部分最终共完成899份有效问卷，其中478份为外来打工者。数据清理除去年龄超过45岁或收入超过5000元的受访者，保留390份用于针对信息中下阶层青年打工者的进一步分析。具体发现在本书的第四、第七章已有部分介绍。其余关于信息中下阶层城市户籍居民部分的定量数据，本书尚未包含，但部分定性分析材料则已在本书第五章中进行了讨论，例如底层老年人使用固定电话的情况。

数据搜集期间，调查组每天碰头，交叉核对当天完成的有效问卷数，当时发放按有效问卷数计算的当日酬劳、交通补贴、伙食津贴。在项目第二天的碰头会上，一般都有部分问卷因填写不完整而被退回，第三天有时也会如此，虽然退回的问卷肯定相对较少。不过由于这是在研究的早期阶段，不少受访者是调查组成员人际关系网里的熟人老乡，所以可以当面或通过电话进行补访，最终填好那些没有完成的问题。

每天碰头还有一个重要目的，就是让调查组成员在一个自然的工作情境下进行互动，比较她们各自的观察与体验，提出问题并与我们进行非正式讨论。我们也提醒调查组成员特别要记录下那些在问卷调查中没有反映出来的发现，好在最后的焦点组访谈部分和大家分享。

正式的焦点组访谈在第四天进行。讨论内容涉及中下阶层打工者与中低端信息传播技术相关的行为、认知、态度，也包括社会组织层面议题，如公共政策。我们专门询问大家认为网络技术带来怎样的好处，怎样的问题，产生问题的原因，以及可以如何解决。焦点组访谈均安排在比较安静的房间里进行，为时大约两小时。全过程有录音记录，之后再进行文字整理与分析。

□ 基层社区的社会空间制图

社会空间制图（socio-spatial mapping）针对基层社区，通过记录和呈现其客观空间结构，直接倾听草根群体以集体方式无声地讲述自己的故事。本项目着重从中下阶层服务提供者角度观察中低端信息传播技术的分布模式，但此方法也可用来考察其他类型的空间分布。

具体而言，本项目进行的社会空间制图希望达到三个目标：一、对特定基层社区内的中低端信息服务进行一次彻底的普查，并对每家草根信息服务店铺进行空间定位。二、为这些中低端信息传播技术服务制定一套分类编码系统。三、呈现商业性信息传播技术服务在社区内的基本分布模式。

2007 年，我们在广州石牌村对社会空间制图法进行了试调查和正式实施，包括对它进行发展完善。2008-2009 年，深圳大学丁未老师的研究团队又采用此方法对深圳石厦村的中低端信息传播技术服务进行了调研。

选择石牌村的原因在于这里是各学科同行研究最多的异质型城中村，但它的媒体和传播系统并未得到系统考察。我决定对村内所有商业信息服务进行空间定位，这出于2007年4到7月我在该城中村进行田野调查得出的两个判断。一方面，在这个社区里，满足信息中下阶层传播需求的服务几乎无一例外属于营利性商业组织。另一方面，尽管许多业务与手机、电脑和互联网有关，但也还有与网络媒体无关的传统信息服务，比如书店。

在研究的第一阶段，即2007年4到9月，我和陈韵博多次走访石牌村。陈韵博是这次制图项目的助理研究员，也是广州暨南大学的青年教师，她就住石牌村附近。此阶段提供协助的还有暨南大学新闻学院的另外几位同学。在研究了相关学术文献和城市规划材料后，我们结合初步走访的观察，制定实施计划草案，包括基层信息服务编码系统的初稿。该初步编码系统收纳了31种服务，包括25种正式经济业务和6种非正式经济业务。

同时，我们找到一份比较详细的社区地区，将它扫描成电子版并做了适当简化和修改，成为我们这次社会空间制图的电子基础图。该图是几年前绘制的，内容有些不准确，因为城中村里经常拆迁、扩建或改建。因此需要对电子基础图进行更新，更新的参照一是谷歌地图提供的近期卫星照片，二是我们在村内走街串巷直接核对。

2007年10月，四位广州中山大学传播与设计学院的同学加入了我们团队，为正式制图搜集前期资料。首先举行为期半天的培训，简要介绍项目设计与目标，然后在石牌村内进行实地练习。四位同学分两组，每组包括一男一女。他们在村内街道挨家挨户进行走访、观察和记录。我们将石牌村分为南北两半，每组各完成一半。

由于此次制图是要为下阶段研究建立基本空间资料库，我要求研究助理们不要进行采访，只记录街上或商店里能直接观察到的信息：包括商店或摊位的门牌号码、店铺名字以及观察记录的时间；信息技术服务主营业务的种类、副业（如果有的话）种类以及原编码系统里尚未囊括的其他服务；各种业务的空间位置，包括街道地址（对没有具体地址的，则记录其附近地标）、垂直位置（地面一楼、楼上、地下室）以及网格位置（即根据电子基础图上的网格坐标，如 A5 或 D2，并用统一的细圆珠笔在纸质地图上清晰标注出来)。对长话吧这一分布最广的服务，还会记录其通话价格，该信息一般店主都会写在告示牌上，放在显著位置。

研究组成员需要交叉核对每个信息服务商业网点的编码结果，特别当观察的店铺提供多种类型服务的时候。同学们还会记录数据收集过程中其他的重要观察，并在当天进行的小组总结讨论中进行报告。除去第一天培训，空间数据搜集工作集中在 2007 年 10 月的三个周末进行。项目组付给每位学生助理 2000 元劳动报酬。

通过正式测绘，我们共定位了 481 个经营网点。其中有些不能归入原编码系统所包含的 31 个类别里。于是我们将分类编码系统扩展到 46 种，包括 37 种正式经济业务和 9 种非正式经济业务。

最后，我们将所有空间及编码信息输入数据库，其变量包括：店铺识别代号、商店名称、地址或附近地标、地图网格位置、主营业务种类、副业种类以及观察时间。同时将这些变量和相应数值添加到电子基础图上，并用不同颜色对不同类型的草根信息服务进行标识。部分结果见本书第六章。

社会空间制图让我们对基层社区的空间结构和中低端信息服务的地理分布模型有了总体评估。它们也方便我们对城中村里特定街道或特定种类的信息服务进行抽样和深度检视。在此后的深度访谈过程中，碰到有的小店主计划在村内其他地方开设信息类商业服务网点，我们也将相关空间分布资料提供给对方作为参考，结果产生很好的互动互信效果。

□ 多媒体行动研究

行动研究是发展传播学，包括 ICTD（信息传播技术与发展）研究领域常见的研究方法。[21] 它和"解释世界、改变世界"的马克思主义学术传统一脉相承。布洛维在《扩展个案方法》中为劳工研究提出四条原则性建议，第一条就是"由观察者扩展为参与者"[22]，也就是说研究者应当放下象牙塔里的矜持，加入社会行动，成为行动者，并让行动成为研究的有机组成部分。

行动对网络媒体研究特别重要，因为网络与传统大众媒体最大的不同正是其参与性和互动性。只做壁上观，就不可能在经验层次上了解多媒体网络运作的社会现实。没有这样的经验，很难在深度访谈中问出适当的问题，也不可能设计出切合实际的调查问卷。就算有了最好的定性或定量数据，也很难进行充分解读。

行动研究是我和卜卫在“边缘群体与媒介赋权：一个关于中国流动人口的研究”项目中采用的主要方法。项目执行时间从2007年开始，到2012年结束。项目前期我负责的部分不涉及多媒体，虽然当时已开始和南方工友团体合作，但还只涉及文字形式的新闻内容。然而卜卫老师的团队，特别是她带的几位出色的研究生，已经开始和北方的新工人文化团体合作，对民众戏剧、民谣演唱会等基层文化表达进行影像记录、编辑和分享。[23]

2009年春，项目组在香港会议期间，我看了他们的作品，听了他们的讨论，很受启发。于是开始亦步亦趋自学草根多媒体制作，包括观看艾晓明、胡杰的《你拿摄像机干什么？DV拍摄入门》。同时开始搜集和学习各地劳工组织制作的视频作品。2010年春，我终于拿起DV，电脑里也装上了新工人艺术团成员建议我用的视频编辑软件，剪出的第一部片子主题是2010年4月初在菲律宾马尼拉进行的一次中国工人文化与多媒体培训活动。

这次在马尼拉也是我第一次参加多媒体培训。提供培训的Isis International是国际女权组织在亚太地区十分重要的媒体培训点。[24] 由于必须提前离开，我只参加了音频内容培训，错过了关于视频的学习。但这个制作音频的培训非常棒，让我有机会学习基础的音频技术，包括硬件（Zoom H2录音机）和软件（Audacity开放源代码编辑器）的使用，更包括与劳工组织成员及同学们一起进行实际操作、小组协作及讨论。回国后，我们和多个南方工人文化团体合作，在马尼拉培训内容的基础上发展出一套更适合国内使用的“工友MP3”短训课程，并于2010年5月和12月先后在深圳、苏州、杭州举行了三次“工友MP3”培训，取得了一些成果。参训人员中有的群体已开始独立制作音频节目，并将其传到网上。

另外，2009年起，我已在与《打工诗人》诗刊合作，利用互联网征集“献给手外科工殇工友的诗"，收到各地投稿近20篇。我们从中选取8首诗，于2010年春夏，与深圳一家草根劳工文化团体合作，对这8首诗进行配乐诗朗诵的录音制作。参加这次录音项目的还有几位香港中文大学的研究生。她们在项目前期录音过程中表现出色，但在后期编辑过程中因为前期准备不足，尤其未对同学们进行较系统的行动研究培训，而项目预期值又太高，结果该学生项目组以解散告终。

音频项目最后由我和深圳的草根劳工文化团体共同完成，成果是"你我同行（第一集）：献给手外科工殇工友的诗"。由于节目时间长达55分钟，文件过大（52.4M），不利于手机之间传递，所以流通范围较小，只在2010年8月的一次南方工友文艺汇演活动中进行了部分播放，以及通过QQ群供珠三角、长三角和北京的劳工公益团体成员下载，未能大范围直接到达项目目标群体：手外科工殇工友。这次音频行动研究因此更多只是内部练兵，成果是有的，但也付了些学费。

视频行动研究更成功一些，部分原因是2010年以来我的视频行动研究集中于富士康事件，前后已制作了6部中文及英文的片子，多为十几分钟的短片，可让自己有逐渐学习摸索的过程；另外更重要是有以"两岸三地富士康联合调研组"为主的合作者团队，包括内地及港台20所高校的60多名师生，以及香港大学师生监察无良企业（SACOM）等社会运动团体，也包括和我一起参加富士康项目的香港中文大学的同学们。相对而言，这个行动研究团队更成熟，有潘毅等老师带队，在劳工研究方面有较充分的准备（这一点比懂多媒体制作更重要）。

"两岸三地联合调研组"给我的分工是负责准备一部短片，作为项目组系列报告的视频脚注。[25] 我们从2010年7月到9月在深圳、8月在苏州的富士康工人生活区进行观察、访谈和拍摄，安排对无法见面的当事人进行电话录音采访(这里用到音频制作)。剪辑出的片子最后定名为《解构富士康》,片长19分钟。该片自2010年10月在北大的联合调研组会议上首映以来，已在上海、香港、深圳、武汉、美国伊利诺伊、密歇根等地公开放映。新浪科技频道将该片作为重点推介，不到一周就有5万多点击。年底，该片推出英文版，至2011年6

月其在Vimeo网站的主页[26]已有3000人次观看，观众来自88个国家地区。此外，短片还被转载到Labournet.tv等国外劳工多媒体资料网站上，并由国际金属工人联合会（International Metalworkers Federation）收入全球工运短片集DVD中。2011年，该片在韩国光州设计双年展上播出。台湾、加州以及欧洲等地的劳工影展也放映此片。台湾还有老师将其作为文化研究与批判理论课程的必看内容。

这么多人关注这部不很成熟的短片，是始料未及的。其中最重要的原因是“两岸三地联合调研组”系列报告成功吸引了大量国内外媒体关注。同时，虽然很多媒体对富士康“N连跳”进行了报道，但总体而言，报道形式以文字为主，视频较少。在有限的视频报道中，一般更多见的是郭台铭和各方面专家，难得见到富士康工人，基本听不到他们的声音。与此相比，《解构富士康》绝大部分篇幅记录的是富士康工人，他们的生活场景、他们的遭遇和想法，包括一位老工人和一位年轻的幸存者讲述自己的故事。这些是在其他媒体报道中很少见的。这应当也是该片引起公众注意的原因。

引起注意，也引来批评。有的来自项目组内的老师同学们，有的来自社会运动团体、公民记者和普通网民，也有的来自中央电视台、荷兰VPro电视台等机构的专业纪录片工作者。批评内容包括技术层面、内容层面、权利关系层面，涉及图像安排、音乐处理、插入文字介绍、访谈技巧等方方面面。有不理解的声音，也有恶意攻击，但更多是具体的建设性意见，让我意识到现阶段视觉行动研究在制作、发行、评估等方面的不足，可以在未来工作中进行改进。

总结一年多来在音频和视频方面的多媒体行动研究，其经验与教训有四点相通之处。首先，作为劳工文化和新型网络媒体研究者，我通过一年多实践，得到了非常多、非常宝贵的田野经验，起到了其他方法无法替代的作用。不仅让我直接参与到新工人阶级网络社会的多媒体文化表达过程中去，与本书研究主题有了新的有机联系，而且让我学会使用新的叙事手段，学会欣赏新的表达方式。最重要是有机会从局内人视角对新工人文化运动和网络媒体的关系进行更深入的了解和反思。

其次，刚开始从事多媒体行动研究，切忌好高骛远，必须重视控制项目规模。参与者不要太杂，作品不要太长。不应过分强调音频、视频制作的技术细节，而应该把精力重点放到和项目参与者进行讨论上，再在讨论的基础上进行修改。作品最后肯定存在这样那样的不足。作为行动研究者，我们必须力争得到的是一个丰富的“扩展个案”，包括它不成功的方面和碰到的各种困难，而不是十全十美的作品。这是行动研究者与专业人士的重要区别。

第三，多媒体行动研究的项目组织工作是十分关键的。对于新加入的项目成员，特别是不太了解劳工运动的成员，必须进行系统的前期培训，必须从根本上扬弃自己居高临下的“研究者”心态，以平等的“参与者”身份进入田野。除了行动研究项目组外，最好能在田野中找到合适的合作伙伴，比如草根工人文化组织对“工友 MP3”音频项目而言、“两岸三地调查组”对富士康视频项目而言，都是至关重要的组织保障。我们的行动研究必须是参与性的，就是必须要参与到这些组织中去，向它们学习，为它们做“义工”，和大家一起进行集体创作，共同推动社会进步。

最后，多媒体行动研究最好能够持之以恒，否则很可能在关键性新媒体事件发生之时缺席，或无法在劳工网络组织最需要帮助的时候进行有效介入，从而错过行动研究的最佳时机。浅尝辄止的参与——或称“春游式”参与——不算真正的行动。碰到问题、受到批评都是正常的，不能因此轻易退场。社会变迁的速度平时慢如蜗牛，一旦变化发生又急如闪电。我们只有一直在场，才能搜集到最有价值的材料，才能在此基础上想象和参与更有可持续性的社会变迁。不试图控制行动的时间，而是力争适应基层网络文化过程的节奏，这也是开展参与式多媒体行动研究应注意的地方。

注释

1 曼威·卡斯特：“学术对谈：中国、传播与网络社会”，《传播与社会学刊》，2006 年第 1 期，第 6 页。

2 参见 Mosco, Vincent, *The Digital Sublime: Myth, Power, and Cyberspace*, Cambridge, MA: The MIT Press, 2004.

3 参见 Castells, Manuel, “Informationalism, Networks, and the Network Society: A Theoretical Blueprint”, in M. Castells (ed), *The Network Society, A Cross-Cultural Perspective*, London: Edward Elgar Publishing, 2004, p. 9. 中文版《网络社会：跨文化的视角》已由社会科学文献出版社于 2009 年翻译出版。

4 赵月枝：《传播与社会：政治经济与文化分析》，中国传媒大学出版社，2011 年，第 243-255 页。

5 参见 Harwit, Eric, "Spreading Telecommunications to Developing Areas in China: Telephones, the Internet and the Digital Divide", *The China Quarterly*,2004(180), p. 1010; Giese, Kasten, "Internet Growth and the Digital Divide: Implications for Spatial Development", in C. Hughes and G. Wacker (eds), "China and the Internet: Politics of the Digital Leap Forward," London: RoutledgeCurzon, 2003, p. 52.

6 参见 Marvin, Carolyn:*When Old Technologies Were New,* UK: Oxford University Press, 1988, p. 4.

7 关于马克思、波兰尼的阶级分析区别，参见沈原：《市场、阶级与国家：转型社会学的关键议题》，社科文献出版社，2007 年，第 182-184 页。

8 参见 Castells, Manuel, "Communication, Power, and Counter-Power in the Network Society", *International Journal of Communication* 1, (2007), p. 238.

9 参见曹卫东："从公私分明到大公无私"，《读书》，1998 年第 6 期，第 87-94 页；Xing, Guoxin, "Urban Workers' Leisure Culture and the Public Sphere: A Study of the Transformation of the Workers' Cultural Palace in Reform-Era China", *Critical Sociology*, 2011. http://crs.sagepub.com/content/early/recent

10 参见 Smythe, Dallas W. (1994). "After Bicycles, What?" In Gubeck, T. (Ed.), *Counterclockwise: Perspectives on Communication*, Dallas Smythe (pp.230-244). Boulder, CO: Westview Press. 此文已由王洪喆译为中文。

11 参见 Zhao, Yuezhi. (2007). After Mobile Phones, What? Re-embedding the Social in China's "Digital Revolution"? *International Journal of Communication,* 1, 92-120.

12 参见 Castells, Manuel, "The Rise of Network Society," Oxford: Blackwell, 1996，中文版《网络社会的崛起》由夏铸九等翻译，社会科学文献出版社 2003 年出版。

13 参见 http://wap.easou.com

14 http://www.chengbiancun.cn/

15 http://www.dashengchang.org.cn/

16 http://www.txwm.com/

17 http://sh.netsh.com/bbs/8832/

18 http://hybh3399.blog.163.com/

19 参见 Qiu, Jack L., "Working-Class ICTs, Migrants, and Empowerment in South China", *Asian Journal of Communication*,2008,18(4), pp. 333-347.

20 参见 Rogers, Everett, and Singhal, Arvind, "Empowerment and Communication: Lessons Learned from Organizing for Social Change", *Communication Yearbook*,2003(27), p. 82.

21 参见 Melkote, Srinivas R.,"Communication for Development in the Third World: Theory and Practice", New Delhi: Sage, 1991; Servaes, Jan, (ed), "Communication for Development and Social Change," New Delhi: Sage, 2003; Hearn, Gregory N., Tachi, Jo A., Foth, Marcus, and Lennie, June, "New Media and Action Research: Concepts, Methods and Cases", Cresskill, NJ: Hampton Press, 2009; Unwin, Tim, (ed), "ICT4D: Information and Communication Technology for Development", Cambridge University Press, 2009.

22 参见 Burawoy, Michael, "The Extended Case Method: Four Countries, Four Decades, Four Great Transformations, and One Theoretical Tradition," Berkeley, CA: University of California Press, 2009, p. 44.

23 卜卫："民族志教学：以'第一届打工文化艺术节'的参与式传播为例"，《新闻学研究》，第 102 期，第 229-251 页。

24 参见 http://www.isiswomen.org/

25 邱林川："视觉行动研究：《解构富士康》"，《传播与社会研究》，第 15 期，2011 年，第 242-252 页。

26 参见 http://www.vimeo.com/17558439

跋 语

决定未来中国国家－社会关系走向

卡罗琳·卡地亚

处于资本全球化大背景下的中国工业化进程正在见证和改写世界发展史。与19世纪末那批实现工业化的国家不同的是，中国在过去30年中融入世界经济体系的历程是在全球化的历史条件下展开的。随着地区间联系的加强和全球化带来新的国际秩序、经济行为和技术可能，传统的时空关系发生了变化，国家、区域和地方之间的关系出现了新的机遇，同时也影响着它们各自在全球范围内发挥的作用。在这样翻天覆地的急速变革与碰撞中，若想概括当代中国转型的宏大历史图景，需要厘清本土的、跨国的、地理政治等诸多方面的复杂关系和相互作用，这一挑战可以说是前所未有的。

这本书接受了这样的挑战。它根植于中国广袤大地上发生的现实，特别是经济社会不均衡发展下的各地人们不同层次的信息化经验。那是来自土地与民众的经验，以及生发于此的关于信息中下阶层和中低端信息传播技术的种种观点。这些发现填补了数字鸿沟理论的不足，同时，也使得我们的视线从单纯的西方舶来观念，转向中国的社会现实，去关注人民怎样基于生存需求和策略的考虑，去追求信息和信息技术。

正是这本书所映射的现实，让我们走近了生活在各处，却有着类似命运和面貌的一群人：他们中的许多人，在城市化进程中，从农村迁移到城市，竭尽所能为生计辛苦劳作。他们脱离了原来熟悉、固定的生活环境，信息对他们来说，已是基本的生存必需。通过力所能及的方式，他们也开始获得信息传播技术，从而可以把握现时，努力寻求改变，去创造一个更美好的将来。

这一形成中的信息社会也彰显了中国现代化转型进程中密集而显著的超国界、超时空的联系。从绵延起伏的山区到沿海的工业集群，从广州的住宅区到香港的摩天大楼，人们通过信息传播技术结成了跨地域，乃至国际化的离散网络，并创造出日常交流的新现实。作为本次研究焦点的中国南方，早在作为中国历史性迁移中心的南中国沿海形成当代网络社会之前，就已经有了紧密的、超越历史和地理空间的社会经济网络。在国家层面上，亚洲地区享有世界上较高的信息传播技术普及率，而当代中国正在融入其中。来自日本、韩国、中国香港、新加坡的直接投资和外包服务将中国带入全球信息产业分工体系之中。由此产生的转型中的地理经济使交流合作更加成为必要。这又导致人们需要在社会经济生活中进一步采用信息传播技术。

中低端信息传播技术的兴起和信息传播技术的采纳、使用情况的变化，与社会流动息息相关。对那些想要改变命运、提升信息管理能力、实现生活愿望、维持良好人际关系，得到培训和教育并努力工作的工人来说，信息传播技术为他们提供了向上流动的渠道。移动设备的市场范围、形形色色的相关产品，以及二手市场，共同为新的使用者提供了更宽泛的选择。这些使用者中，包括低收入群体和节俭的消费者，也包括潮流的追随者。在一些改革开放的先行地区和城市，手机普及率接近饱和，并且可以看到人们对信息传播技术的创新性使用。这些现象使得我们需要结合现实情境，重新思索和定义网络社会的概念。中国的资本集中地区日益被通信线路连接，而在不平等的信息化发展中，中低端信息传播技术正在填补传统的社会鸿沟。

定位中国的信息城市是很重要的一项工作。改革时代的城市转型，见证了居民住宅区大规模开发为商业用地和高档商品房的过程。在这个过程里，毛泽东时代所构建的单位体制无力招架而淡出历史，而生存其中的常住居民不得不搬迁到遥远的郊区环线，且往往无法得到足够的交通补贴。这样的城市生活新现实使得人们必须依靠能够超越地理距离限制的技术来在某种程度上维持从前的社区生活。改革过程中，中国城市的巨变带动了第三产业发展，而建立在中国城市经济重组基础上的世界城市服务业经济将改变城市的未来。任何对国家在当代中国城市转型中所起作用存疑的人，只需要去看下位于上海市人民广场的上海城市规划展示馆。那里顶层展览介绍了当前和今后五年计划的主要目标：大力发展信息产业基础设施，将上海建设成为亚太地区领先的电信枢纽之一。

这本书对信息中下阶层的许多敏锐观察之一是，该人群不但在市场中相对弱势，他们更缺少社会权力。这一当代中国信息社会的现实映射了不断变化的社会条件和机遇，也显示了在一个通过亲缘和地缘关系获取资源以及做出决策的人情社会中，关系和关系网络是一种超越历史的社会运作体系。当然，这类传统的人际关系网在任人唯才、以职业纽带构筑社会交往的现代社会正遭受冲击，但它们仍以各种形式存在，包括官僚科层制度。在这种架构中，权力的掌控者以对信息的自上而下的控制巩固自身权力。

演变中的当代中国国家与社会关系使得治理和治理性——即在涉及社会秩序、规范、控制等公众利益问题上，执政权力的分配——在许多领域都比政府更为重要，特别是从社会分层等在地的、社会分支的角度来看。众所周知，近年来中国的基层公民意见表达得到了发展，然而媒体对于基层示威、工业行动等有组织的市民行动的报道仍被高度限制。有些媒体控制已经松动了，但是国家在控制信息流动中仍持续保护某些特殊群体的利益。所以，无论从公民表达所构筑的中国城市公共空间的角度，还是从市民社会公共领域及其对批判性媒体的依赖来看，中国信息社会将继续依赖信息传播技术的普及和其中所蕴含的信息潜力进一步发展。

这正是当今全球显著的时代特征之一，也是决定未来中国国家—社会关系走向的关键所在。

2008 年 6 月于香港

鸣 谢

最属于新工人阶级的网络文化

邱林川

这本书是 2009 年拙著[1]的中文版。原英文版书中已经鸣谢过的个人及组织在此就不一一重复了。首先，我要多谢“思想 @ 网络 . 中国”丛书项目为本书中文版面世做的多方面准备，包括于 2008 年 6 月在香港中文大学的中国研究大学服务中心举行研讨，正是在那次活动中，我决定将此书翻译、充实，以中文形式出版。大学服务中心的萧今主办了那次研讨，中心的高琦也为本书翻译写作安排了很好的条件。在此，对大学服务中心表示衷心感谢。

本书内容主要来自福特基金会项目“边缘群体与媒介赋权”和香港中文大学亚太研究所华南项目“构建工人阶级社会网络”。感谢两个项目负责同事对本研究的支持。中国社科院新闻所的卜卫老师是“边缘群体与媒介赋权”项目共同负责人；“构建工人阶级社会网络”的协作研究者是复旦大学周葆华老师、深圳大学丁未老师和澳大利亚 RMIT 大学 Larissa Hjorth 老师。几位同仁和他们参与项目的学生在本书写作过程中给我很大支持和宝贵的启发，特别是卜卫老师和她的研究生团队。

香港中文大学新闻与传播学院的于淼、张伟伟、王洪喆三位同学为本书的翻译修改及内容增补做了大量工作，没有他们的辛勤劳动，本书不可能现在面世。其他为本项目研究提供直接帮助的还包括北京大学深圳研究院李奕志老师和周玲慧、刘霞两位同学，香港中文大学陈韵博、中山大学传播与设计学院的李艳红老师和朱天、罗慧、李志平、李若婷四位同学。

近几年来，我在不少地方参加草根公益组织和工人文化团体活动，包括深圳、北京、东莞、苏州、杭州等城市，也包括港台地区。通过这些活动，接触到很多基层新工人群体的工作人员、义工（志愿者）、普通工友，还有不少工殇职业病工友。我从他们身上学到最鲜活、最有生命力、最属于新工人阶级的网络文化。扎根基层，这样的知识在学校里是学不到的。特别是深圳工友组织的“南方两周末”新闻兴趣组，令我对什么是新闻传播有了新的理解。

2010 年夏天以来，我有幸参与了两岸三地高校富士康联合调研组，从潘毅、沈原、李静君、郭于华、卢晖临等老师和调研组众多同学身上得到很多跨学科的合作体验，认识到更多新问题。这对我加深对劳工研究的了解，以及探索多媒体行动研究都特别重要。

2009 年 1 月，我们香港中文大学新闻与传播学院举行了以“新媒体事件”为主题的深度工作坊，在此感谢陈韬文老师和所有工作坊参与者及主办人员，包括马杰伟、郭良文、艾晓明、杨国斌、胡泳老师等。其中，胡泳老师也为“思想 @ 网络 . 中国”系列丛书进行协调，对我进行督促，否则本书肯定还要延迟定稿，在此特别致谢。

本书中文版成稿期间，我参与了复旦大学新马克思主义新闻传播研究中心、悉尼大学中国研究中心、卡塔兰公开大学（Open University of Catalonia）跨学科互联网研究所、南加州大学安南堡传播学院主办的多次重要会议，以及北京大学、清华大学、武汉大学新闻与传播学院、台湾政治大学传播学院、台湾大学建筑与城乡研究所、澳洲新西兰传播学会（ANZCA）、伊利诺伊大学香槟分校图书及信息学院、密歇根州立大学通讯信息及媒体系安排的多次演讲活动。会议及活动组织者包括赵月枝、吕新雨、邢幼田、冯建三、夏铸九、Manuel Castells、Dan Schiller、Mark Levy、David Goodman 等多位学术前辈和同仁。